TEORIA PURA DO DIREITO

TEORIA PURA DO DIREITO

Hans Kelsen

Tradução
JOÃO BAPTISTA MACHADO

wmf martinsfontes

1.ª edição *1985*
8.ª edição *2009*
11.ª tiragem *2023*

Preparação do original
Márcio Della Rosa
Revisões
Marise Simões Leal
Estevam Vieira Ledo Jr.
Dinarte Zorzanelli da Silva
Produção gráfica
Geraldo Alves
Digitalização
Studio 3 Desenvolvimento Editorial
Projeto gráfico da capa
Katia Harumi Terasaka

Dados Internacionais de Catalogação na Publicação (CIP)
(Câmara Brasileira do Livro, SP, Brasil)

Kelsen, Hans, 1881-1973.
Teoria pura do direito / Hans Kelsen ; tradução João Baptista Machado. – 8.ª ed. – São Paulo : Editora WMF Martins Fontes, 2009. – (Biblioteca jurídica WMF)

Título original: Reine Rechtslehre.
Bibliografia
ISBN 978-85-7827-205-0

1. Direito – Bibliografia 2. Direito – Estudo e ensino 3. Direito – Filosofia I. Título. II. Série.

09-09769 CDU-340.12

Índices para catálogo sistemático:
1. Direito : Filosofia 340.12

Editora WMF Martins Fontes Ltda.
Rua Prof. Laerte Ramos de Carvalho, 133 01325-030 São Paulo SP Brasil
Tel. (11) 3293.8150 e-mail: info@wmfmartinsfontes.com.br
http://www.wmfmartinsfontes.com.br

ÍNDICE

II

DIREITO E MORAL

III

DIREITO E CIÊNCIA

IV
ESTÁTICA JURÍDICA

V

DINÂMICA JURÍDICA

VI

DIREITO E ESTADO

VII
O ESTADO E O DIREITO INTERNACIONAL

VIII
A INTERPRETAÇÃO

Prefácio à primeira edição

Há mais de duas décadas que empreendi desenvolver uma teoria jurídica pura, isto é, purificada de toda a ideologia política e de todos os elementos de ciência natural, uma teoria jurídica consciente da sua especificidade porque consciente da legalidade específica do seu objeto. Logo desde o começo foi meu intento elevar a Jurisprudência, que — aberta ou veladamente — se esgotava quase por completo em raciocínios de política jurídica, à altura de uma genuína ciência, de uma ciência do espírito. Importava explicar, não as suas tendências endereçadas à formação do Direito, mas as suas tendências exclusivamente dirigidas ao conhecimento do Direito, e aproximar tanto quanto possível os seus resultados do ideal de toda a ciência: objetividade e exatidão.

Com satisfação posso hoje verificar que não fiquei isolado neste caminho. Em todos os países civilizados, em todos os domínios da variada atividade jurídica, tanto nos teóricos como nos práticos, e até da parte de representantes de ciência afins, encontrei adesões animadoras. Formou-se um círculo de pensadores orientados pelo mesmo escopo e a que se chama a minha "Escola", designação que apenas vale no sentido de que, nesta matéria, cada qual procura apreender do outro sem que, por isso, renuncie a seguir o seu próprio caminho. Também não é pequeno o número daqueles que, sem se confessarem adeptos da Teoria Pura do Direito, em parte sem a mencionar ou até mesmo rejeitando-a aberta e pouco amistosamente, tomam dela resultados essenciais. Para estes, particularmente, vão os meus agradecimentos, pois que eles, melhor que os mais fiéis adeptos, demonstram, mesmo contra a sua vontade, a utilidade da minha doutrina.

Esta, além de adesões e imitações, provocou também oposição — oposição feita com uma paixão quase sem exemplo na his-

tória da ciência jurídica e que de forma alguma se pode explicar pelos contrastes de posições que nessa altura vieram à luz. Com efeito, estes baseiam-se em parte em más interpretações que, para mais, freqüentemente parecem não ser completamente desprovidas de uma intenção e que, mesmo quando sejam sinceros, a custo podem justificar o profundo azedume dos adversários. Na verdade, a teoria combatida não é de forma alguma algo assim de tão completamente novo e em contradição com tudo o que até aqui surgiu. Ela pode ser entendida como um desenvolvimento ou desimplicação de pontos de vista que já se anunciavam na ciência jurídica positivista do séc. XIX. Ora, desta mesma ciência procedem também os meus opositores. Não foi, pois, por eu propor uma completa mudança de orientação à Jurisprudência, mas por eu a fixar a uma das orientações entre as quais ela oscila insegura, não foi tanto a novidade, mas antes as conseqüências da minha doutrina, que provocaram este tumulto na literatura. E isto por si só já permite presumir que no combate à Teoria Pura do Direito não atuam apenas motivos científicos, mas, sobretudo, motivos políticos e, portanto, providos de elevada carga afetiva. A questão de saber se se trata de uma ciência natural ou de uma ciência do espírito não pode aquecer tanto os ânimos, pois a separação entre uma e outra operou-se quase sem resistências. Aqui apenas se pode tratar de imprimir à ciência jurídica — esta província afastada do centro do espírito que só lentamente costuma coxear atrás do progresso — um movimento um tanto mais rápido, através de um contato direto com a teoria geral da ciência. A luta não se trava na verdade — como as aparências sugerem — pela posição da Jurisprudência dentro da ciência e pelas conseqüências que daí resultam, mas pela relação entre a ciência jurídica e a política, pela rigorosa separação entre uma e outra, pela renúncia ao enraizado costume de, em nome da ciência do Direito e, portanto, fazendo apelo a uma instância objetiva, advogar postulados políticos que apenas podem ter um caráter altamente subjetivo, mesmo que surjam, com a melhor das boas fés, como ideal de uma religião, de uma nação ou de uma classe.

É este o fundamento da oposição, já a raiar pelo ódio, à Teoria Pura do Direito, é este o motivo oculto do combate que lhe é movido por todos os meios. Com efeito, tal fundamento afeta os mais vitais interesses da sociedade e, conseqüentemente, não deixa de afetar os interesses pertinentes à posição profissional do jurista. Este, compreensivelmente, só contrariado renuncia a crer e a fazer crer aos outros que possui, com a sua ciência, a resposta à questão de saber como devem ser "corretamente" resolvidos os conflitos de interesses dentro da sociedade, que ele, porque conhece o Direito, também é chamado a conformá-lo quanto ao seu conteúdo, que ele, no seu empenho de exercer influência sobre a criação do Direito, tem em face dos outros políticos mais vantagens do que um simples técnico da sociedade.

Em vista dos efeitos políticos — meramente negativos — que importa a postulada desvinculação da política, em vista desta autolimitação da ciência jurídica que muitos consideram como uma renúncia a uma posição de destaque, é compreensível que os opositores se sintam pouco inclinados a fazer justiça a uma teoria que põe tais exigências. Para a poder combater, não se deve reconhecer a sua verdadeira essência. Assim, acontece que os argumentos que são dirigidos, não propriamente contra a Teoria Pura do Direito, mas contra a sua falsa imagem, construída segundo as necessidades do eventual opositor, se anulam mutuamente e, portanto, quase tornam supérflua uma refutação. É destituída de qualquer conteúdo, é um jogo vazio de conceitos ocos, dizem com desprezo uns; o seu conteúdo significa, pelas suas tendências subversivas, um perigo sério para o Estado constituído e para o seu Direito, avisam outros. Como se mantém completamente alheia a toda a política, a Teoria Pura do Direito afasta-se da vida real e, por isso, fica sem qualquer valor científico. É esta uma das objeções mais freqüentemente levantadas contra ela. Porém, ouve-se também com não menos freqüência: a Teoria Pura do Direito não tem de forma alguma possibilidade de dar satisfação ao seu postulado metodológico fundamental e é mesmo tão-só a expressão de uma determinada atitude política. Mas qual das afirmações é verdadeira? Os fascistas declaram-na liberalismo democrático, os democratas liberais ou os sociais-democratas consideram-na um posto avançado do fascismo. Do lado comunista é desclassificada como ideologia de um estatismo capitalista, do lado capitalista-nacionalista é desqualificada, já como bolchevismo crasso, já como anarquismo velado. O seu espírito é — asseguram muitos — aparentado com o da escolástica católica; ao passo que outros crêem reconhecer nela as características distintivas de uma teoria protestante do Estado e do Direito. E não falta também quem a pretenda estigmatizar com a marca de ateísta. Em suma, não há qualquer orientação política de que a Teoria Pura do Direito não se tenha ainda tornado suspeita. Mas is-

so precisamente demonstra, melhor do que ela própria o poderia fazer, a sua pureza.

O postulado metodológico que ela visa não pode ser seriamente posto em dúvida, se é que deve haver algo como uma ciência do Direito. Duvidoso apenas pode ser até que ponto tal postulado é realizável. A este respeito não pode seguramente perder-se de vista a distinção muito importante que existe, precisamente neste ponto, entre a ciência natural e as ciências sociais. Não que a primeira não corra qualquer risco de os interesses políticos procurarem influenciá-la. A história prova o contrário e mostra com bastante clareza que até pela verdade sobre o curso das estrelas uma potência terrena se sentiu ameaçada. Se é lícito dizer-se que a ciência natural pôde ir até ao ponto de levar a cabo a sua independência da política, isso sucedeu porque existia nesta vitória um interesse social ainda mais poderoso: o interesse no progresso da técnica que só uma investigação livre pode garantir. Porém, da teoria social nenhum caminho tão direto, tão imediatamente visível, conduz a um progresso da técnica social produtora de vantagens indiscutíveis, como o da física e da química conduz às aquisições que representam a construção de máquinas e a terapêutica médica. Relativamente às ciências sociais falta ainda — e o seu estado pouco evoluído não é das razões que menos concorrem para tal — uma força social que possa contrabalançar os interesses poderosos que, tanto aqueles que detêm o poder como também aqueles que ainda aspiram ao poder, têm numa teoria à medida dos seus desejos, quer dizer, numa ideologia social. E isto sucede particularmente na nossa época, que a guerra mundial e as suas conseqüências fizeram verdadeiramente saltar dos eixos, em que as bases da vida social foram profundamente abaladas e, por isso, as oposições dentro dos Estados se aguçaram até ao extremo limite. O ideal de uma ciência objetiva do Direito e do Estado só num período de equilíbrio social pode aspirar a um reconhecimento generalizado. Assim, pois, nada parece hoje mais extemporâneo que uma teoria do Direito que quer manter a sua pureza, enquanto para outras não há poder, seja qual for, a que elas não estejam prontas a oferecer-se, quando já não se tem pejo de alto, bom som e publicamente reclamar uma ciência do Direito política e de exigir para esta o nome de ciência "pura", louvando assim como virtude o que, quando muito, só a mais dura necessidade pessoal poderia ainda desculpar.

Se, no entanto, ouso apresentar nesta altura o resultado do trabalho até agora realizado, faço-o na esperança de que o número daqueles que prezam mais o espírito do que o poder seja maior do que hoje possa parecer; faço-o sobretudo com o desejo de que uma geração mais nova não fique, no meio do tumulto ruidoso dos nossos dias, completamente destituída de fé numa ciência jurídica livre, faço-o na firme convicção de que os seus frutos não se perderão para um futuro distante.

Genebra, maio de 1934.

Prefácio à segunda edição

A segunda edição da minha Teoria Pura do Direito, *aparecida pela primeira vez há mais de um quarto de século, representa uma completa reelaboração dos assuntos versados na primeira edição e um substancial alargamento das matérias tratadas. Ao passo que, então, me contentei com formular os resultados particularmente característicos de uma teoria pura do Direito, agora procuro resolver os problemas mais importantes de uma teoria geral do Direito de acordo com os princípios da pureza metodológica do conhecimento científico-jurídico e, ao mesmo tempo, precisar, ainda melhor do que antes havia feito, a posição da ciência jurídica no sistema das ciências.*

É evidente que uma teoria cujo primeiro esboço se encontra no meu livro Hauptproblemen der Staatsrechtslehre, *aparecido em 1911, não poderia ficar sem alteração durante tão largo período de tempo. Muitas alterações são já visíveis na minha* General Theory of Law and State *(Cambridge, Mass., 1945) e na minha* Théorie Pure du Droit *(tradução francesa da* Reine Rechtslehre *elaborada pelo Prof. Henri Thévenaz, Neuchâtel, 1953). No presente trabalho chamo expressamente a atenção, em notas no final do livro, para as mais importantes alterações. Trata-se quase sempre do desenvolvimento mais conseqüente de princípios; no conjunto — assim o espero —, dos frutos de uma explicitação ou desimplicação que deflui de tendências que são imanentes à própria teoria, a qual permanece inalterada quanto ao seu núcleo essencial.*

Em face da multiplicidade de conteúdo dos ordenamentos jurídicos positivos, em constante aumento com o decorrer da evolução, uma teoria geral do Direito corre sempre o risco de não abranger todos os fenômenos jurídicos nos conceitos jurídicos fun-

damentais por ela definidos. Muitos destes conceitos podem revelar-se demasiado estreitos, outros demasiado latos. Estou plenamente consciente deste perigo ao fazer a presente tentativa e, por isso, agradecerei sinceramente toda a crítica que sob este aspecto me seja feita. Também esta segunda edição da Teoria Pura do Direito *não pretende ser considerada como uma apresentação de resultados definitivos, mas como uma tentativa carecida de um desenvolvimento a realizar através de complementações e outros aperfeiçoamentos. O seu fim terá sido alcançado se for considerada merecedora de tal desenvolvimento — por outros que não o presente autor, já a atingir o limite dos seus dias.*

Antepus a esta segunda edição o prefácio da primeira. Com efeito, ele mostra a situação científica e política em que a Teoria Pura do Direito, *no período da Primeira Guerra Mundial e dos abalos sociais por ela provocados, apareceu, e o eco que ela então encontrou na literatura. Sob este aspecto, as coisas não se modificaram muito depois da Segunda Guerra Mundial e das convulsões políticas que dela resultaram. Agora, como antes, uma ciência jurídica objetiva que se limita a descrever o seu objeto esbarra com a pertinaz oposição de todos aqueles que, desprezando os limites entre ciência e política, prescrevem ao Direito, em nome daquela, um determinado conteúdo, quer dizer, crêem poder definir um Direito justo e, conseqüentemente, um critério de valor para o Direito positivo. É especialmente a renascida metafísica do Direito natural que, com esta pretensão, sai a opor-se ao positivismo jurídico.*

O problema da Justiça, enquanto problema valorativo, situase fora de uma teoria do Direito que se limita à análise do Direito positivo como sendo a realidade jurídica. Como, porém, tal problema é de importância decisiva para a política jurídica, procurei expor num apêndice o que há a dizer sobre ele de um ponto de vista científico e, especialmente, o que há a dizer sobre a doutrina do Direito natural.*

Devo agradecer ao Sr. Dr. Rudolf A. Métall a elaboração da lista dos meus escritos e o valioso auxílio que me prestou na correção das provas.

Berkeley, Califórnia, abril de 1960.

HANS KELSEN

* Este apêndice — que consta da edição alemã — foi publicado em português com o título *A justiça e o Direito Natural* por Arménio Amado Editor, Coimbra. (N. do E.)

I

Direito e natureza

1. A "pureza"

A Teoria Pura do Direito é uma teoria do Direito positivo — do Direito positivo em geral, não de uma ordem jurídica especial. É teoria geral do Direito, não interpretação de particulares normas jurídicas, nacionais ou internacionais. Contudo, fornece uma teoria da interpretação.

Como teoria, quer única e exclusivamente conhecer o seu próprio objeto. Procura responder a esta questão: o que é e como é o Direito? Mas já não lhe importa a questão de saber como deve ser o Direito, ou como deve ele ser feito. É ciência jurídica e não política do Direito.

Quando a si própria se designa como "pura" teoria do Direito, isto significa que ela se propõe garantir um conhecimento apenas dirigido ao Direito e excluir deste conhecimento tudo quanto não pertença ao seu objeto, tudo quanto não se possa, rigorosamente, determinar como Direito. Quer isto dizer que ela pretende libertar a ciência jurídica de todos os elementos que lhe são estranhos. Esse é o seu princípio metodológico fundamental.

Isto parece-nos algo de per si evidente. Porém, um relance de olhos sobre a ciência jurídica tradicional, tal como se desenvolveu no decurso dos sécs. XIX e XX, mostra claramente quão longe ela está de satisfazer à exigência da pureza. De um modo inteiramente acrítico, a jurisprudência tem-se confundido com a psicologia e a sociologia, com a ética e a teoria política. Esta confusão pode porventura explicar-se pelo fato de estas ciências se referirem a objetos que indubitavelmente têm uma estreita conexão com o Direito. Quando a Teoria Pura empreende delimitar o conhecimento do Direito em face destas disciplinas, fá-lo não por ignorar ou, muito menos, por negar essa conexão, mas porque intenta evitar um sincretismo metodológico que obscurece a essência da ciência jurídica e dilui os limites que lhe são impostos pela natureza do seu objeto.

2. O ato e o seu significado jurídico

Se se parte da distinção entre ciências da natureza e ciências sociais e, por conseguinte, se distingue entre natureza e sociedade como objetos diferentes destes dois tipos de ciência, põe-se logo a questão de saber se a ciência jurídica é uma ciência da natureza ou uma ciência social, se o Direito é um fenômeno natural ou social. Mas esta contraposição de natureza e sociedade não é possível sem mais, pois a sociedade, quando entendida como a real ou efetiva convivência entre homens, pode ser pensada como parte da vida em geral e, portanto, como parte da natureza. Igualmente o Direito — ou aquilo que *primo conspectu* se costuma designar como tal — parece, pelo menos quanto a uma parte do seu ser, situar-se no domínio da natureza, ter uma existência inteiramente natural. Se analisarmos qualquer dos fatos que classificamos de jurídicos ou que têm qualquer conexão com o Direito — por exemplo, uma resolução parlamentar, um ato administrativo, uma sentença judicial, um negócio jurídico, um delito, etc. —, poderemos distinguir dois elementos: primeiro, um ato que se realiza no espaço e no tempo, sensorialmente perceptível, ou uma série de tais atos, uma manifestação externa de conduta humana; segundo, a sua significação jurídica, isto é, a significação que o ato tem do ponto de vista do Direito. Numa sala encontram-se reunidos vários indivíduos, fazem-se discursos, uns levantam as mãos e outros não — eis o evento exterior. Significado: foi votada uma lei, criou-se Direito. Nisto reside a distinção familiar aos juristas entre o processo legiferante e o seu produto, a lei. Um outro exemplo: um indivíduo, de hábito talar, pronuncia, de cima de um estrado, determinadas palavras em face de outro indivíduo que se encontra de pé à sua frente. O processo exterior significa juridicamente que foi ditada uma sentença judicial. Um comerciante escreve a outro uma carta com determinado conteúdo, à qual este responde com outra carta. Significa isto que, do ponto de vista jurídico, eles fecharam um contrato. Certo indivíduo provoca a morte de outro em conseqüência de uma determinada atuação. Juridicamente isto significa: homicídio.

3. O sentido subjetivo e o sentido objetivo do ato. A sua auto-explicação

Mas esta significação jurídica não pode ser percebida no ato por meio dos sentidos, tal como nos apercebemos das qualidades naturais de um objeto, como a cor, a dureza, o peso. Na verdade o indivíduo que, atuando racionalmente, põe o ato, liga a este um determinado sentido que se exprime de qualquer modo e é entendido pelos outros. Este sentido subjetivo, porém, pode coincidir com o significado objetivo que o ato tem do ponto de vista do Direito, mas não tem necessariamente de ser assim. Se alguém dispõe por escrito do seu patrimônio para depois da morte, o sentido subjetivo deste ato é o de um testamento. Objetivamente, porém, do ponto de vista do Direito, não o é, por deficiência de forma. Se uma organização secreta, com o intuito de libertar a pátria de indivíduos nocivos, condena à morte um deles, considerado um traidor, e manda executar por um filiado aquilo que subjetivamente considera e designa como uma sentença de condenação à morte, objetivamente, em face do Direito, não estamos perante a execução de uma sentença, mas perante um homicídio, se bem que o fato exterior não se distinga em nada da execução de uma sentença de morte.

Um ato, na medida em que se expresse em palavras faladas ou escritas, pode ele próprio até dizer algo sobre a sua significação jurídica. Nisto reside uma particularidade do material oferecido ao conhecimento jurídico. Uma planta nada pode comunicar sobre si própria ao investigador da natureza que a procura classificar cientificamente. Ela não faz qualquer tentativa para cientificamente explicar a si própria. Um ato de conduta humana, porém, pode muito bem levar consigo uma auto-explicação jurídica, isto é, uma declaração sobre aquilo que juridicamente significa. Os indivíduos reunidos num parlamento podem expressamente declarar que votam uma lei. Uma pessoa pode expressamente designar como testamento a sua disposição de última vontade. Duas pessoas podem declarar que concluem um negócio jurídico. Assim, o conhecimento que se ocupa do Direito encontra já, no próprio material, uma auto-explicação jurídica que toma a dianteira sobre a explicação que ao conhecimento jurídico compete.

4. A norma

a) *A norma como esquema de interpretação*

O fato externo que, de conformidade com o seu significado objetivo, constitui um ato jurídico (lícito ou ilícito), processando-se no espaço e no tempo, é, por isso mesmo, um evento sensorialmente perceptível, uma parcela da natureza, determinada, como tal, pela lei da causalidade. Simplesmente, este evento como tal, como elemento do sistema da natureza, não constitui objeto de um conhecimento especificamente jurídico — não é, pura e simplesmente, algo jurídico. O que transforma este fato num ato jurídico (lícito ou ilícito) não é a sua facticidade, não é o seu ser natural, isto é, o seu ser tal como determinado pela lei da causalidade e encerrado no sistema da natureza, mas o sentido objetivo que está ligado a esse ato, a significação que ele possui. O sentido jurídico específico, a sua particular significação jurídica, recebe-a o fato em questão por intermédio de uma norma que a ele se refere com o seu conteúdo, que lhe empresta a significação jurídica, por forma que o ato pode ser interpretado segundo esta norma. A norma funciona como esquema de interpretação. Por outras palavras: o juízo em que se enuncia que um ato de conduta humana constitui um ato jurídico (ou antijurídico) é o resultado de uma interpretação específica, a saber, de uma interpretação normativa. Mas também na visualização que o apresenta como um acontecer natural apenas se exprime uma determinada interpretação, diferente da interpretação normativa: a interpretação causal. A norma que empresta ao ato o significado de um ato jurídico (ou antijurídico) é ela própria produzida por um ato jurídico, que, por seu turno, recebe a sua significação jurídica de uma outra norma. O que faz com que um fato constitua uma execução jurídica de uma sentença de condenação à pena capital e não um homicídio, essa qualidade — que não pode ser captada pelos sentidos — somente surge através desta operação mental: confronto com o código penal e com o código de processo penal. Que a supramencionada troca de cartas juridicamente signifique a conclusão de um contrato, deve-se única e exclusivamente à circunstância de esta situação fática cair sob a alçada de certos preceitos do código civil. O ser um documento, um testamento válido, não só segundo o seu sentido subjetivo mas também de acordo com o seu sentido objetivo, resulta de ele satisfazer às condições impostas por este código para que possa valer como testamento. Se uma assembléia de homens constitui um parlamento e se o resultado da sua atividade é juridicamente uma lei vinculante — por outras palavras: se estes fatos têm esta significação —, isso quer dizer apenas que toda aquela situação de fato corresponde às normas constitucionais. Isso quer dizer, em suma, que o conteúdo de um acontecer fático coincide com o conteúdo de uma norma que consideramos válida.

b) *Norma e produção normativa*

Ora, o conhecimento jurídico dirige-se a estas normas que possuem o caráter de normas jurídicas e conferem a determinados fatos o caráter de atos jurídicos (ou antijurídicos). Na verdade, o Direito, que constitui o objeto deste conhecimento, é uma ordem normativa da conduta humana, ou seja, um sistema de normas que regulam o comportamento humano. Com o termo "norma" se quer significar que algo *deve* ser ou acontecer, especialmente que um homem se *deve* conduzir de determinada maneira. É este o sentido que possuem determinados atos humanos que intencionalmente se dirigem à conduta de outrem. Dizemos que se dirigem intencionalmente à conduta de outrem não só quando, em conformidade com o seu sentido, prescrevem (comandam) essa conduta, mas também quando a permitem e, especialmente, quando conferem o poder de a realizar, isto é, quando a outrem é atribuído um determinado poder, especialmente o poder de ele próprio estabelecer normas. Tais atos são — entendidos neste sentido — atos de vontade. Quando um indivíduo, através de qualquer ato, exprime a vontade de que um outro indivíduo se conduza de determinada maneira, quando ordena ou permite esta conduta ou confere o poder de a realizar, o sentido do seu ato não pode enunciar-se ou descrever-se dizendo que o outro se conduzirá dessa maneira, mas somente dizendo que o outro se deverá conduzir dessa maneira. Aquele que ordena ou confere o poder de agir, quer, aquele a quem o comando é dirigido, ou a quem a autorização ou o poder de agir é conferido, deve. Desta forma o verbo "dever" é aqui empregado com uma significação mais ampla que a usual. No uso corrente da linguagem apenas ao ordenar corresponde um "dever", correspondendo ao autorizar um "estar autorizado a" e ao conferir competência um "poder".

Aqui, porém, emprega-se o verbo "dever" para significar um ato intencional dirigido à conduta de outrem. Neste "dever" vão incluídos o "ter permissão" e o "poder" (ter competência). Com efeito, uma norma pode não só comandar mas também permitir e, especialmente, conferir a competência ou o poder de agir de certa maneira. Se aquele a quem é ordenada ou permitida uma determinada conduta, ou a quem é conferido o poder de realizar essa conduta, pergunta pelo fundamento dessa ordem, permissão ou poder (e não pela origem do ato através do qual se prescreve, permite ou confere competência), apenas o pode fazer desta forma: por que devo (ou também, no sentido da linguagem corrente: sou autorizado, posso) conduzir-me desta maneira? "Norma" é o sentido de um ato através do qual uma conduta é prescrita, permitida ou, especialmente, facultada, no sentido de adjudicada à competência de alguém. Neste ponto importa salientar que a norma, como o sentido específico de um ato intencional dirigido à conduta de outrem, é qualquer coisa de diferente do ato de vontade cujo sentido ela constitui. Na verdade, a norma é um dever-ser e o ato de vontade de que ela constitui o sentido é um ser. Por isso, a situação fática perante a qual nos encontramos na hipótese de tal ato tem de ser descrita pelo enunciado seguinte: um indivíduo quer que o outro se conduza de determinada maneira. A primeira parte refere-se a um ser, o ser fático do ato de vontade; a segunda parte refere-se a um dever-ser, a uma norma como sentido do ato. Por isso não é correto dizer, como muitas vezes se diz, que o dever um indivíduo fazer algo nada mais significa senão que um outro indivíduo quer algo — o que equivaleria a dizer que o enunciado de um dever-ser se deixa reconduzir ao enunciado de um ser.

A distinção entre ser e dever-ser não pode ser mais aprofundada. É um dado imediato da nossa consciência[1]. Ninguém pode negar que o enunciado: tal coisa é — ou seja, o enunciado através do qual descrevemos um ser fático — se distingue essencialmente do enunciado: algo deve ser — com o qual descrevemos uma norma — e que da circunstância de algo ser não se segue que algo deva ser, assim como da circunstância de que algo deve ser se não segue que algo seja[2].

No entanto, este dualismo de ser e dever-ser não significa que ser e dever-ser se coloquem um ao lado do outro sem qualquer relação. Diz-se: um ser pode corresponder a um dever-ser, o que significa que algo pode ser da maneira como deve ser. Afirma-se, por outro lado, que o dever-ser é "dirigido" a um "ser". A expressão: "um ser corresponde a um dever-ser" não é inteiramente correta, pois não é o ser que corresponde ao dever-ser, mas é aquele "algo", que por um lado "é", que corresponde àquele "algo", que, por outro lado, "deve ser" e que, figurativamente, pode ser designado como conteúdo do ser ou como conteúdo do dever-ser. Também podemos exprimir isto por outras palavras dizendo que um determinado *quid*, especialmente uma determinada conduta, pode ter a qualidade de ser ou a qualidade de dever-ser. Nestas duas proposições: a porta será fechada e a porta deve ser fechada, o "fechar a porta" é, no primeiro caso, enunciado como algo que é e, no segundo caso, como algo que deve ser. A conduta que é e a conduta que deve ser não são idênticas. A conduta que deve ser, porém, equivale à conduta que é em toda a medida, exceto no que respeita à circunstância (modus) de que uma é e a outra deve ser. Portanto a conduta estatuída numa norma como devida (como devendo ser) tem de ser distinguida da correspondente conduta de fato. Porém, a conduta estatuída na norma como devida (como devendo ser), e que constitui o conteúdo da norma, pode ser comparada com a conduta de fato e, portanto, pode ser julgada como correspondendo ou não correspondendo à norma (isto é, ao conteúdo da norma). A conduta devida e que constitui o conteúdo da norma não pode, no entanto, ser a conduta de fato correspondente à norma.

Apesar de tudo também costuma designar-se esta conduta correspondente à norma e, portanto, uma conduta que é (da ordem do ser), como uma conduta devida (que deve ser) — e com isso pretende significar-se que ela é como deve ser. A expressão "conduta devida" é ambígua. Tanto pode designar a conduta que, na norma, enquanto conteúdo da norma, é posta como devida, e que deve ser mesmo quando se não ponha em ser ou realize; como também a conduta que de fato é ou se realiza e corresponde ao conteúdo da norma. Quando se diz que o dever-ser é "dirigido" a um ser, a norma a uma conduta fática (efetiva), quer-se significar a conduta de fato que corresponde ao conteúdo da norma, o conteúdo do ser que equivale ao conteúdo do dever-ser, a conduta em ser que equivale à conduta posta na norma como devida (devendo ser) — mas que se não identifica com ela, por força da diversidade do modus: ser, num caso, dever-ser, no outro.

Os atos que têm por sentido uma norma podem ser realizados de diferentes maneiras. Através de um gesto: assim, com um determinado movimento de mão, o sinaleiro ordena que paremos, com outro, que avancemos. Através de outros símbolos: assim uma luz vermelha significa para o automobilista a ordem de parar, uma luz verde significa que deve avançar. Através da palavra falada ou escrita: uma ordem pode ser dada no modo gramatical do imperativo, v. g.: Cala-te! Mas também o pode ser sob a forma de uma proposição: Eu ordeno-te que te cales. Sob esta forma podem também ser concedidas autorizações ou conferidos poderes. Há enunciados sobre o ato cujo sentido é o comando, a permissão, a atribuição de um poder ou competência. O sentido dessas proposições, porém, não é o de um enunciado sobre um fato da ordem do ser, mas uma norma da ordem do dever-ser, quer dizer, uma ordem, uma permissão, uma atribuição de competência. Uma lei penal pode conter a proposição: o furto será punido com pena de prisão. O sentido desta proposição não é, como o seu teor verbal parece sugerir, a enunciação de um acontecer fático, mas uma norma: uma ordem ou uma atribuição de competência para punir o furto com pena de prisão. O processo legiferante é constituído por uma série de atos, que, na sua totalidade, possuem o sentido de normas. Quando dizemos que, por meio de um dos atos acima referidos ou através dos atos do procedimento legiferante[3], se "produz" ou "põe" uma norma, isto é apenas uma expressão figurada para traduzir que o sentido ou o significado do ato ou dos atos que constituem o procedimento legiferante é uma norma. No entanto, é preciso distinguir o sentido subjetivo do sentido objetivo. "Dever-ser" é o sentido subjetivo de todo o ato de vontade de um indivíduo que intencionalmente visa a conduta de outro. Porém, nem sempre um tal ato tem também objetivamente este sentido. Ora, somente quando esse ato tem também objetivamente o sentido de dever-ser é que designamos o dever-ser como "norma".

A circunstância de o "dever-ser" constituir também o sentido objetivo do ato exprime que a conduta a que o ato intencionalmente se dirige é considerada como obrigatória (devida), não apenas do ponto de vista do indivíduo que põe o ato, mas também do ponto de vista de um terceiro desinteressado — e isso muito embora o querer, cujo sentido subjetivo é o dever-ser, tenha deixado faticamente de existir, uma vez que, com a vontade, não desaparece também o sentido, o dever-ser; uma vez que o dever-ser "vale" mesmo depois de a vontade ter cessado, sim, uma vez que ele vale ainda que o indivíduo cuja conduta, de acordo com o sentido subjetivo do ato de vontade, é obrigatória (devida) nada saiba desse ato e do seu sentido, desde que tal indivíduo é havido como tendo o dever ou o direito de se conduzir de conformidade com aquele dever-ser. Então, e só então, o dever-ser, como dever-ser "objetivo", é uma "norma válida" ("vigente"), vinculando os destinatários. É sempre este o caso quando ao ato de vontade, cujo sentido subjetivo é um dever-ser, é emprestado esse sentido objetivo por uma norma, quando uma norma, que por isso vale como norma "superior", atribui a alguém competência (ou poder) para esse ato. A ordem de um gângster para que lhe seja entregue uma determinada soma de dinheiro tem o mesmo sentido subjetivo que a ordem de um funcionário de finanças, a saber, que o indivíduo a quem a ordem é dirigida deve entregar uma determinada soma de dinheiro. No entanto, só a ordem do funcionário de finanças, e não a ordem do gangster, tem o sentido de uma norma válida, vinculante para o destinatário; apenas o ato do primeiro, e não o do segundo, é um ato produtor de uma norma, pois o ato do funcionário de finanças é fundamentado numa lei fiscal, enquanto que o ato do gangster se não apóia em qualquer norma que para tal lhe atribua competência[4]. Se o ato legislativo, que subjetivamente tem o sentido de dever-ser, tem também objetivamente este sentido, quer dizer, tem o sentido de uma norma válida, é porque a Constituição empresta ao ato legislativo este sentido objetivo. O ato criador da Constituição, por seu turno, tem sentido normativo, não só subjetiva como objetivamente, desde que se pressuponha que nos devemos conduzir como o autor da Constituição preceitua. Se um homem que se encontra em estado de necessidade exige de um outro que lhe preste auxílio, o sentido subjetivo da sua pretensão é o que o outro lhe deve prestar auxílio. Porém, uma norma objetivamente válida que vincule ou obrigue o outro só existe, nesta hipótese, se vale a norma geral do amor do próximo, eventualmente estabelecida pelo fundador de uma religião. E esta, por seu turno, apenas vale como objetivamente vinculante quando se pressupõe que nos devemos conduzir como o fundador da religião preceituou. Um tal pressuposto, fundante da validade objetiva, será designado aqui por norma fundamental (*Grundnorm*)[5]. Portanto, não é do ser fático de um ato de vontade dirigido à conduta de outrem, mas é ainda e apenas de uma norma de dever-ser que deflui a validade — sem sentido objetivo — da norma segundo a qual esse outrem se deve conduzir em harmonia com o sentido subjetivo do ato de vontade.

As normas através das quais uma conduta é determinada como obrigatória (como devendo ser) podem também ser estabelecidas por atos que constituem o fato do costume. Quando os indivíduos que vivem juntamente em sociedade se conduzem durante certo tempo, em iguais condições, de uma maneira igual, surge em cada indivíduo a vontade de se conduzir da mesma maneira por que os membros da comunidade habitualmente se conduzem. O sentido subjetivo dos atos que constituem a situação fática do costume não é logo e desde o início um dever-ser. Somente quando estes atos se repetiram durante um certo tempo surge no indivíduo a idéia de que se deve conduzir como costumam conduzir-se os membros da comunidade e a vontade de que também os outros membros da comunidade se comportem da mesma maneira. Se um membro da comunidade se não conduz pela forma como os outros membros da comunidade se costumam conduzir, a sua conduta é censurada por esses outros porque ele não se conduz como estes querem. Desta forma a situação fática do costume transforma-se numa vontade coletiva cujo sentido subjetivo é um dever-ser. Porém, o sentido subjetivo dos atos constitutivos do costume apenas pode ser interpretado como norma objetivamente válida se o costume é assumido como fato produtor de normas por uma norma superior. Visto o fato do costume ser constituído por atos de conduta humana, também as normas produzidas pelo costume são estabelecidas por atos de conduta humana e, portanto, normas *postas*, isto é, normas *positivas*, tal como as normas que são o sentido subjetivo de atos legislativos. Através do costume tanto podem ser produzidas normas morais como normas jurídicas. As normas jurídicas são normas produzidas pelo costume se a Constituição da comunidade assume o costume — um costume qualificado — como fato criador de Direito.

Finalmente deve notar-se que uma norma pode ser não só o sentido de um ato de vontade mas também — como conteúdo de sentido — o conteúdo de um ato de pensamento. Uma norma pode não só ser querida, como também pode ser simplesmente pensada sem ser querida. Neste caso, ela não é uma norma posta, uma norma positiva. Quer isto dizer que uma norma não tem de ser efetivamente posta — pode estar simplesmente pressuposta no pensamento[6].

c) *Vigência e domínio de vigência da norma*

Com a palavra "vigência" designamos a existência específica de uma norma. Quando descrevemos o sentido ou o significado de um ato normativo dizemos que, com o ato em questão, uma qualquer conduta humana é preceituada, ordenada, prescrita, exigida, proibida; ou então consentida, permitida ou facultada. Se, como acima propusemos, empregarmos a palavra "dever-ser" num sentido que abranja todas estas significações, podemos exprimir a vigência (validade) de uma norma dizendo que certa coisa deve ou não deve ser, deve ou não ser feita. Se designarmos a existência específica da norma como a sua "vigência", damos desta forma expressão à maneira particular pela qual a norma — diferentemente do ser dos fatos naturais — nos é dada ou se nos apresenta. A "existência" de uma norma positiva, a sua vigência, é diferente da existência do ato de vontade de que ela é o sentido objetivo. A norma pode valer (ser vigente) quando o ato de vontade de que ela constitui o sentido já não existe. Sim, ela só entra mesmo em vigor depois de o ato de vontade, cujo sentido ela constitui, ter deixado de existir. O indivíduo que, com o seu ato intencional dirigido à conduta de outrem, criou uma norma jurídica, não precisa continuar a querer essa conduta para que a norma que constitui o sentido do seu ato valha (seja vigente). Os indivíduos que funcionam como órgão legislativo, depois de aprovarem uma lei que regula determinadas matérias e de a porem, portanto, em vigor, dedicam-se, nas suas resoluções, à regulamentação de outras matérias — e as leis que eles puseram em vigor (a que eles deram vigência) podem valer mesmo quando estes indivíduos já tenham morrido há muito tempo e, portanto, nem sequer sejam capazes de querer. É errôneo caracterizar a norma em geral e a norma jurídica em particular como "vontade" ou "comando" — do legislador ou do Estado —, quando por "vontade" ou "comando" se entenda o ato de vontade psíquica[7].

Como a vigência da norma pertence à ordem do dever-ser, e não à ordem do ser, deve também distinguir-se a vigência da norma da sua eficácia, isto é, do fato real de ela ser efetivamente aplicada e observada, da circunstância de uma conduta humana conforme à norma se verificar na ordem dos fatos. Dizer que uma norma vale (é vigente) traduz algo diferente do que se diz quando se afirma que ela é efetivamente aplicada e respeitada, se bem que entre vigência e eficácia possa existir uma certa conexão. Uma norma jurídica é considerada como objetivamente válida apenas quando a conduta humana que ela regula lhe corresponde efetivamente, pelo menos numa certa medida. Uma norma que nunca e em parte alguma é aplicada e respeitada, isto é, uma norma que — como costuma dizer-se — não é eficaz em uma certa medida, não será considerada como norma válida (vigente). Um mínimo de eficácia (como sói dizer-se) é a condição da sua vigência. No entanto, deve existir a possibilidade de uma conduta em desarmonia com a norma. Uma norma que preceituasse um certo evento que de antemão se sabe que necessariamente se tem de verificar, sempre e em toda a parte, por força de uma lei natural, seria tão absurda como uma norma que preceituasse um certo fato que de antemão se sabe que de forma alguma se poderá verificar, igualmente por força de uma lei natural. Vigência e eficácia de uma norma jurídica também não coincidem cronologicamente. Uma norma jurídica entra em vigor antes ainda de se tornar eficaz, isto é, antes de ser seguida e aplicada. Um tribunal que aplica uma lei num caso concreto imediatamente após a sua promulgação — portanto, antes que tenha podido tornar-se eficaz — aplica uma norma jurídica válida. Porém, uma norma jurídica deixará de ser considerada válida quando permanece duradouramente ineficaz. A eficácia é, nesta medida, condição da vigência, visto ao estabelecimento de uma norma se ter de seguir a sua eficácia para que ela não perca a sua vigência. É de notar, no entanto, que, por eficácia de uma norma jurídica que liga a uma determinada conduta, como condição, uma sanção como conseqüência, — e, assim, qualifica como delito a conduta que condiciona a sanção —, se deve entender não só o fato de esta norma ser aplicada pelos órgãos jurídicos, especialmente pelos tribunais — isto é, o fato de a sanção, num caso concreto, ser ordenada e aplicada —, mas também o fato de esta norma ser respeitada pelos indivíduos subordinados à ordem jurídica — isto é, o fato de ser adotada a conduta pela qual se evita a sanção. Na medida em que a estatuição de sanções tem por fim impedir (prevenção) a conduta condicionante da sanção — a prática de delitos —, encontramo-nos perante a hipótese ideal da vigência de uma norma jurídica quando esta nem sequer chega a ser aplicada, pelo fato de a representação da sanção a executar em caso de delito se ter tornado, relativamente aos indivíduos submetidos à ordem jurídica, em motivo para deixarem de praticar o delito. Nesta hipótese, a eficácia da norma jurídica reduz-se à sua observância. No entanto, a observância da norma jurídica pode ser provocada por outros motivos, de forma tal que o que é "eficaz" não é propriamente a representação da norma jurídica mas a representação de uma norma religiosa ou moral. Mais tarde voltaremos ainda a falar desta tão importante conexão entre a vigência e a chamada eficácia da norma jurídica[8].

Se, com a expressão: a norma refere-se a uma determinada conduta, se quer significar a conduta que constitui o conteúdo da norma, então a norma pode referir-se também a fatos ou situações que não constituem conduta humana, mas isso só na medida em que esses fatos ou situações são condições ou efeitos de condutas humanas. Uma norma jurídica pode determinar que, em caso de um cataclismo da natureza, aqueles que por ele não forem imediatamente atingidos estão obrigados a prestar socorro às vítimas na medida do possível. Quando uma norma jurídica pune o homicídio com a pena capital, o tipo legal da ilicitude, assim como as conseqüências do ilícito, não consistem apenas numa determinada conduta humana, ou seja, no comportamento de um indivíduo dirigido à morte de outro, mas também num efeito específico desta conduta: a morte de um homem, que é um processo fisiológico, e não uma ação humana. Visto a conduta humana, assim como as suas condições e efeitos se processarem no espaço e no tempo, o espaço e o tempo em que os fatos descritos pela norma decorrem devem ser fixados no conteúdo da mesma norma. A vigência de todas as normas em geral que regulam a conduta humana, e em particular a das normas jurídicas, é uma vigência espaço-temporal na medida em que as normas têm por conteúdo processos espaço-temporais. Dizer que uma norma vale significa sempre dizer que ela vale para um qualquer espaço ou para um qualquer período de tempo, isto é, que ela se refere a uma conduta que somente se pode verificar em um certo lugar ou em um certo momento (se bem que porventura não venha de fato a verificar-se).

A referência da norma ao espaço e ao tempo é o domínio da vigência espacial e temporal da norma. Este domínio de vigência pode ser limitado, mas pode também ser ilimitado. A norma pode valer apenas para um determinado espaço e para um determinado tempo, fixados por ela mesma ou por uma outra norma superior; ou seja, regular apenas fatos que se desenrolam dentro de um determinado espaço e no decurso de um determinado período de tempo. Pode, porém, valer também — de harmonia com o seu sentido — em toda a parte e sempre, isto é, referir-se a determinados fatos em geral, onde quer que e quando quer que se possam verificar. É este o seu sentido quando ela não contém qualquer determinação espacial e temporal e nenhuma outra norma superior delimita o seu domínio espacial ou temporal. Neste caso, ela não vale a-espacial e intemporalmente, mas apenas sucede que não vigora para um espaço determinado e para um período de tempo determinado, isto é, os seus domínios de vigência espacial e temporal não são limitados. O domínio de vigência de uma norma é um elemento do seu conteúdo, e este conteúdo pode, como mais adiante veremos, ser predeterminado até certo ponto por uma norma superior[9].

Relativamente ao domínio da validade temporal de uma norma positiva, devem distinguir-se o período de tempo posterior e o período de tempo anterior ao estabelecimento da norma. Em geral, as normas referem-se apenas a condutas futuras. No entanto, podem referir-se também a condutas passadas. Assim, uma norma jurídica, que liga à produção de determinado fato um ato coercitivo como sanção, pode determinar que um indivíduo que tenha adotado determinada conduta, antes ainda de a norma jurídica ser editada, seja punido — e desta forma tal conduta vem a ser qualificada como delito. Diz-se então que a norma tem força retroativa. Mas também quanto ao ato coercitivo que, como conseqüência, é estatuído pela norma jurídica, pode esta visar não só o futuro como também o passado. Com efeito, ela pode determinar não só que, sob certas condições, verificadas antes da sua entrada em vigor, se deverá — no futuro — executar um ato de coerção, mas também que um ato de coerção que, no passado, foi efetivamente executado sem o dever ser, isto é, sem ter o caráter de uma sanção, deveria ter sido realizado (nesse mesmo passado), de forma que, de agora em diante, ele valerá como se fora devido, isto é, como sanção. Assim, por exemplo, sob o regime nacional-socialista, na Alemanha, certos atos de coerção que, ao tempo em que foram executados, constituíam juridicamente homicídios, foram posteriormente legitimados retroativamente como sanções e as condutas que os determinaram foram posteriormente qualificadas como delitos. Uma norma jurídica pode retirar, com força retroativa, validade a uma outra norma jurídica que fora editada antes da sua entrada em vigor, por forma a que os atos de coerção, executados, como sanções, sob o domínio da norma anterior, percam o seu caráter de penas ou execuções, e os fatos de conduta humana que os condicionaram sejam despidos posteriormente do seu caráter de delitos. Assim, por exemplo, pode a lei de um governo que conquistou o poder pela via revolucionária retirar a validade, retroativamente, a uma lei editada pelo governo anterior e segundo a qual certas ações praticadas pelos sequazes do partido revolucionário foram punidas como crimes políticos. É verdade que aquilo que já aconteceu não pode ser transformado em não acontecido; porém, o significado normativo daquilo que há um longo tempo aconteceu pode ser posteriormente modificado através de normas que são postas em vigor após o evento que se trata de interpretar.

Além dos domínios de validade espacial e temporal pode ainda distinguir-se um domínio de validade pessoal e um domínio de validade material das normas. Com efeito, a conduta que pelas normas é regulada é uma conduta humana, conduta de homens, pelo que são de distinguir em toda a conduta fixada numa norma um elemento pessoal e um elemento material, o homem, que se deve conduzir de certa maneira, e o modo ou forma por que ele se deve conduzir. Ambos os elementos estão ligados entre si por forma inseparável. Importa aqui notar que não é o indivíduo como tal que, visado por uma norma, lhe fica submetido, mas o é apenas e sempre uma determinada conduta do indivíduo. O domínio pessoal de validade refere-se ao elemento pessoal da conduta fixada pela norma. Também este domínio de validade pode ser limitado ou ilimitado. Uma ordem moral pode manifestar a pretensão de valer para todos os homens, isto é, a conduta determinada pelas normas deste ordenamento é a conduta de todos os homens e não simplesmente de determinados homens qualificados pelo mesmo ordenamento. Exprime-se habitualmente esta idéia dizendo que este ordenamento se dirige a todos os homens. A conduta fixada pelas normas de um ordenamento jurídico estadual é apenas a conduta de homens que vivem no território do Estado ou — quando vivem em outra qualquer parte — são cidadãos desse Estado. Diz-se que a ordem jurídica estadual apenas disciplina a conduta de indivíduos por esta forma determinados, que apenas estes indivíduos estão submetidos à ordem jurídica estadual, ou seja, que o domínio pessoal de validade é limitado a estes indivíduos. Pode falar-se ainda de um domínio material de validade tendo em conta os diversos aspectos da conduta humana que são normados: aspecto econômico, religioso, político, etc. De uma norma que disciplina a conduta econômica dos indivíduos diz-se que ela regula a economia, de uma norma que disciplina a conduta religiosa diz-se que ela regula a religião, etc. Falamos de diferentes matérias ou objetos da regulamentação e queremos traduzir com isso os diferentes aspectos da conduta fixada pelas normas. O que as normas de um ordenamento regulam é sempre uma conduta humana, pois apenas a conduta humana é regulável através das normas. Os outros fatos que não são conduta humana somente podem constituir conteúdo de normas quando estejam em conexão com uma conduta humana — ou, como já notamos, apenas enquanto condição ou efeito de uma conduta humana. O conceito de domínio material de validade encontra aplicação, por exemplo, quando uma ordem jurídica global — como no caso de um Estado federal — se desmembra em várias ordens jurídicas parciais cujos domínios de validade são reciprocamente delimitados com referência às matérias que lhes cabe regular; por exemplo, quando as ordens jurídicas dos Estados-membros apenas podem regular matérias bem determinadas, enumeradas na Constituição ou — como também se costuma dizer — quando apenas a regulamentação destas matérias se enquadra na competência dos Estados-membros, e a regulamentação de todas as outras matérias é reservada à ordem jurídica do Estado federal (que também constitui apenas uma ordem jurídica parcial), ou, por outras palavras, cai sob a alçada ou no domínio de competência do Estado federal. O domínio material de validade de uma ordem jurídica global, porém, é sempre ilimitado, na medida em que uma tal ordem jurídica, por sua própria essência, pode regular sob qualquer aspecto a conduta dos indivíduos que lhe estão subordinados.

d) *Regulamentação positiva e negativa: ordenar, conferir poder ou competência, permitir*

A conduta humana disciplinada por um ordenamento normativo ou é uma ação por esse ordenamento determinada, ou a omissão de tal ação. A regulamentação da conduta humana por um ordenamento normativo processa-se por uma forma positiva e por uma forma negativa. A conduta humana é regulada positivamente por um ordenamento positivo, desde logo, quando a um indivíduo é prescrita a realização ou a omissão de um determinado ato. (Quando é prescrita a omissão de um ato, esse ato é proibido.) Ser a conduta de um indivíduo prescrita por uma norma objetivamente válida é equivalente a ser esse indivíduo obrigado a essa conduta. Se o indivíduo se conduz tal como a norma prescreve, cumpre a sua obrigação, observa a norma; com a conduta oposta, "viola" a norma, ou, o que vale o mesmo, a sua obrigação. A conduta humana é ainda regulada num sentido positivo quando a um indivíduo é conferido, pelo ordenamento normativo, o poder ou competência para produzir, através de uma determinada atuação, determinadas conseqüências pelo mesmo ordenamento normadas, especialmente — se o ordenamento regula a sua própria criação — para produzir normas ou para intervir na produção de normas. O caso é ainda o mesmo quando o ordenamento jurídico, estatuindo atos de coerção atribui a um indivíduo poder ou competência para estabelecer esses atos coercitivos sob as condições estatuídas pelo mesmo ordenamento jurídico. A mesma hipótese de regulamentação positiva se verifica também quando uma determinada conduta, que é em geral proibida, é permitida a um indivíduo por uma norma que limita o domínio de validade da outra norma que proíbe essa conduta. Tal sucede, por exemplo, quando uma norma proíbe, de forma absolutamente genérica, o emprego da força por um indivíduo contra outro, e uma norma particular o permite em caso de legítima defesa. Enquanto um indivíduo pratica as ações para que uma norma lhe confere competência, ou se conduz tal como lhe é positivamente consentido por uma norma, aplica a norma. Competente por força de uma lei, que é uma norma geral, para decidir os casos concretos, o juiz com a sua decisão — que representa uma norma individual — aplica a lei a um caso concreto. Competente, por força da decisão judicial, para executar uma determinada pena, o órgão de execução aplica a norma individual da decisão judicial. Ao fazer-se uso da legítima defesa, aplica-se a norma que positivamente permite o emprego da força. Aplicação de uma norma, contudo, é ainda o juízo através do qual exprimimos que um indivíduo se conduz ou se não conduz tal como uma norma lho prescreve ou positivamente consente, ou que ele age ou não age de acordo com o poder ou competência que uma norma lhe atribui.

Num sentido muito amplo, toda a conduta humana que é fixada num ordenamento normativo como pressuposto ou como conseqüência se pode considerar como autorizada por esse mesmo ordenamento e, neste sentido, como positivamente regulada. Negativamente regulada por um ordenamento normativo é a conduta humana quando, não sendo proibida por aquele ordenamento, também não é positivamente permitida por uma norma delimitadora do domínio de validade de uma outra norma proibitiva — sendo, assim, permitida num sentido meramente negativo. Essa função meramente negativa da permissão deve ser distinguida da função positiva, pois esta consiste num ato positivo. O caráter positivo de uma permissão sobressai especialmente quando se opera uma limitação de uma norma proibitiva de determinada conduta, através de uma outra norma que permite a conduta proibida sob a condição de esta permissão ser concedida por um órgão da coletividade que para tal tem competência. A função — tanto negativa como positiva — da permissão está, assim, essencialmente ligada com a da prescrição. Somente nos quadros de um ordenamento normativo que prescreve determinada conduta humana pode ser permitida uma determinada conduta humana.

A palavra "permitir" é também utilizada no sentido de "conferir um direito". Quando, numa relação entre A e B, se prescreve a A o dever de suportar que B se conduza de determinada maneira, diz-se que a B é permitido (isto é, que ele tem o direito de) conduzir-se dessa maneira. E quando se prescreve a A o dever de prestar a B um determinado *quid*, diz-se que a B é permitido (isto é, que ele tem o direito de) receber aquela determinada prestação de A. No primeiro caso, a proposição: é permitido a B conduzir-se de determinada maneira, nada mais diz que esta outra: é prescrito a A o dever de suportar que B se conduza de determinada maneira. E, no segundo caso, a proposição: é permitido a B receber aquela determinada prestação de A, não significa senão o mesmo que esta: é imposta a A a obrigação de prestar a B um determinado *quid*. O "ser permitido" da conduta de B é apenas um reflexo do ser prescrito da conduta de A. Este "permitir" não é uma função da ordem normativa diferente do "prescrever"[10].

e) *Norma e valor*

Quando uma norma estatui uma determinada conduta como devida (no sentido de "prescrita"), a conduta real (fática) pode corresponder à norma ou contrariá-la. Corresponde à norma quando é tal como deve ser de acordo com a norma; contraria a norma quando não é tal como, de acordo com a norma, deveria ser, porque é o contrário de uma conduta que corresponde à norma. O juízo segundo o qual uma conduta real é tal como deve ser, de acordo com uma norma objetivamente válida, é um juízo de valor, e, neste caso, um juízo de valor positivo. Significa que a conduta real é "boa". O juízo, segundo o qual uma conduta real não é tal como, de acordo com uma norma válida, deveria ser, porque é o contrário de uma conduta que corresponde à norma, é um juízo de valor negativo. Significa que a conduta real é "má". Uma norma objetivamente válida, que fixa uma conduta como devida, constitui um valor positivo ou negativo. A conduta que corresponde à norma tem um valor positivo, a conduta que contraria a norma tem um valor negativo. A norma considerada como objetivamente válida funciona como medida de valor relativamente à conduta real. Os juízos de valor segundo os quais uma conduta real corresponde a uma norma considerada objetivamente válida e, neste sentido, é boa, isto é, valiosa, ou contraria tal norma e, neste sentido, é má, isto é, desvaliosa, devem ser distinguidos dos juízos de realidade que, sem referência a uma norma considerada objetivamente válida — o que, em última análise, quer dizer: sem referência a uma norma fundamental pressuposta — enunciam que algo é ou como algo é[11].

A conduta real a que se refere o juízo de valor e que constitui o objeto da valoração, que tem um valor positivo ou negativo, é um fato da ordem do ser, existente no tempo e no espaço, um elemento ou parte da realidade. Apenas um fato da ordem do ser pode, quando comparado com uma norma, ser julgado valioso ou desvalioso, ter um valor positivo ou negativo. É a realidade que se avalia[12]. Na medida em que as normas que constituem o fundamento dos juízos de valor são estabelecidas por atos de uma vontade humana, e não de uma vontade supra-humana, os valores através delas constituídos são arbitrários. Através de outros atos de vontade humana podem ser produzidas outras normas, contrárias às primeiras, que constituam outros valores, opostos aos valores que estas constituem. O que, segundo aquelas, é bom, pode ser mau segundo estas. Por isso, as norms legisladas pelos homens — e não por uma autoridade supra-humana — apenas constituem valores relativos. Quer isto dizer que a vigência de uma norma desta espécie que prescreva uma determinada conduta como obrigatória, bem como a do valor por ela constituído, não exclui a possibilidade de vigência de uma outra norma que prescreva a conduta oposta e constitua um valor oposto. Assim, a norma que proíbe o suicídio ou a mentira em todas e quaisquer circunstâncias pode valer o mesmo que a norma que, em certas circunstâncias, permita ou até prescreva o suicídio ou a mentira, sem que seja possível demonstrar, por via racional, que apenas uma pode ser considerada como válida e não a outra. Podemos considerar como válida quer uma quer outra — mas não as duas ao mesmo tempo.

Quando, porém, nos representamos a norma constitutiva de certo valor e que prescreve determinada conduta como procedente de uma autoridade supra-humana, de Deus ou da natureza criada por Deus, ela apresenta-se-nos com a pretensão de excluir a possibilidade de vigência (validade) de uma norma que prescreva a conduta oposta. Qualifica-se de absoluto o valor constituído por uma tal norma, em contraposição ao valor constituído através de uma norma legislada por um ato de vontade humana. Uma teoria científica dos valores apenas toma em consideração, no entanto, as normas estabelecidas por atos de vontade humana e os valores por elas constituídos.

Se o valor é constituído por uma norma objetivamente válida, o juízo que afirma que um *quid* real, uma conduta humana efetiva, é "boa", isto é, valiosa, ou "má", isto é, desvaliosa, exprime e traduz que ela é conforme a uma norma objetivamente válida, ou seja, que deve ser (tal como é), ou que contradiz uma norma objetivamente válida, quer dizer, não deve ser (tal como é). O valor, como dever-ser, coloca-se em face da realidade, como ser; valor e realidade — tal como o dever-ser e o ser — pertencem a duas esferas diferentes[13].

Se chamarmos à proposição que afirma que uma conduta humana é conforme a uma norma objetivamente válida, ou a contradiz, um juízo de valor, então o juízo de valor deve ser distiguido da norma constitutiva do valor. Como juízo, pode tal proposição ser verdadeira ou falsa, pois refere-se à norma de um ordenamento vigente. O juízo segundo o qual é bom, de acordo com a Moral cristã, amar os amigos e odiar os inimigos, é inverídico se uma norma da Moral cristã vigente exige que amemos não só os amigos como também os inimigos. O juízo, segundo o qual é conforme ao Direito punir um ladrão com a pena de morte é falso quando, de conformidade com o Direito vigente, um ladrão deve ser punido com a privação da liberdade, mas não com a privação da vida. Pelo contrário, uma norma não é verdadeira ou falsa, mas apenas válida ou inválida.

O chamado "juízo" judicial não é, de forma alguma, tampouco como a lei que aplica, um juízo no sentido lógico da palavra, mas uma norma — uma norma individual, limitada na sua validade a um caso concreto, diferentemente do que sucede com a norma geral, designada como "lei".

Devemos distinguir do valor constituído através de uma norma considerada objetivamente válida o valor que consiste, não na relação com uma tal norma, mas na relação de um objeto com o desejo ou a vontade de um ou de vários indivíduos a tal objeto dirigida. Conforme o objeto corresponde ou não a este desejo ou vontade, tem um valor positivo ou negativo, é "bom" ou "mau". Se designarmos como juízo de valor o juízo através do qual determinamos a relação de um objeto com o desejo ou vontade de um ou vários indivíduos dirigida a esse mesmo objeto e, desse modo, considerarmos bom o objeto quando corresponde àquele desejo ou vontade, e mau, quando contradiz aquele desejo ou vontade, este juízo de valor não se distingue de um juízo de realidade, pois que estabelece apenas a relação entre dois fatos da ordem do ser e não a relação de um fato da ordem do ser com uma norma da ordem do dever-ser objetivamente válida. Constitui apenas um particular juízo de realidade.

Se a afirmação de alguém de que algo é bom ou mau constitui apenas a imediata expressão do *seu* desejo desse algo (ou do seu contrário), essa afirmação não é um "juízo" de valor, visto não corresponder a uma função do conhecimento mas a uma função dos componentes emocionais da consciência. Quando aquela manifestação se dirige à conduta alheia, como expressão de uma aprovação ou desaprovação emocional, pode traduzir-se por exclamações como "bravo!" ou "pfiu!".

O valor que consiste na relação de um objeto, especialmente de uma conduta humana, com o desejo ou vontade de um ou vários indivíduos, àquele objeto dirigida, pode ser designado como valor subjetivo — para o distinguir do valor que consiste na relação de uma conduta com uma norma objetivamente válida e que pode ser designado como valor objetivo. Quando o juízo segundo o qual uma determinada conduta humana é boa apenas significa que ela é desejada ou querida por uma outra ou várias outras pessoas, e o juízo segundo o qual uma conduta humana é má apenas traduz que a conduta contrária é desejada ou querida por uma outra ou várias outras pessoas, então o valor "bom" e o desvalor "mau" apenas existem para aquela ou aquelas pessoas que desejam ou querem aquela conduta ou a conduta oposta, e não para a pessoa ou pessoas cuja conduta é desejada ou querida. Diversamente, quando o juízo segundo o qual uma determinada conduta humana é boa traduz que ela corresponde a uma norma objetivamente válida, e o juízo segundo o qual uma determinada conduta humana é má traduz que tal conduta contraria uma norma objetivamente válida, o valor "bom" e o desvalor "mau" valem em relação às pessoas cuja conduta assim é apreciada ou julgada, e até em relação a todas as pessoas cuja conduta é determinada como devida (devendo ser) pela norma objetivamente válida, independentemente do fato de elas desejarem ou quererem essa conduta ou a conduta oposta. A sua conduta tem um valor positivo ou negativo, não por ser desejada ou querida — ela mesma ou a conduta oposta —, mas porque é conforme a uma norma ou a contradiz. O ato de vontade cujo sentido objetivo é a norma não entra aqui em linha de conta.

O valor em sentido subjetivo, ou seja, o valor que consiste na relação de um objeto com o desejo ou vontade de uma pessoa, distingue-se do valor em sentido objetivo — ou seja do valor que consiste na relação de uma conduta com uma norma objetivamente válida — ainda na medida em que aquele pode ter diferentes graduações, pois o desejo ou vontade do homem é susceptível de diferentes graus de intensidade, ao passo que a graduação do valor no sentido objetivo não é possível, visto uma conduta somente poder ser conforme ou não ser conforme a uma norma objetivamente válida, contrariá-la ou não a contrariar — mas não ser-lhe conforme ou contrariá-la em maior ou menor grau[14].

Quando designamos os juízos de valor que exprimem um valor objetivo como objetivos, e os juízos de valor que exprimem um valor subjetivo como subjetivos, devemos notar que os predicados "objetivo" e "subjetivo" se referem aos valores expressos e não ao juízo como função do conhecimento. Como função do conhecimento tem um juízo de ser sempre objetivo, isto é, tem de formular-se independentemente do desejo e da vontade do sujeito judicante. Isto é bem possível. Podemos, com efeito, determinar a relação de uma determinada conduta humana com um ordenamento normativo, ou seja, afirmar que esta conduta está de acordo ou não está de acordo com o ordenamento, sem ao mesmo tempo tomarmos emocionalmente posição em face dessa ordem normativa, aprovando-a ou desaprovando-a. A resposta à questão de saber se, de acordo com a Moral cristã, é bom amar o inimigo, e o juízo de valor que daí resulta, pode e deve dar-se sem ter em conta se aquele que tem de responder e formular o juízo de valor aprova ou desaprova o amor dos inimigos. A resposta à questão de saber se, de acordo com o Direito vigente, um assassino deve ser punido com a pena capital, e, assim, se a pena de morte para o homicida é valiosa de acordo com esse Direito, pode e deve verificar-se sem ter em conta se aquele que deve dar a resposta aprova ou desaprova a pena de morte. Então, e somente então, é objetivo este juízo de valor.

Quando o juízo traduz a relação de um objeto, especialmente de uma conduta humana, com o desejo ou vontade de uma ou várias pessoas dirigidas a esse objeto, e exprime, portanto, um valor subjetivo, esse juízo de valor é objetivo na medida em que o sujeito judicante formula tal juízo sem atenção ao fato de ele próprio desejar ou querer determinado objeto ou o objeto oposto, de ele próprio aprovar ou desaprovar tal conduta, mas simplesmente enuncia o fato de que uma ou várias pessoas desejam ou querem um determinado objeto ou o objeto oposto, particularmente o fato de que essa ou essas pessoas aprovam ou desaprovam determinada conduta.

Contra a distinção aqui feita entre juízos de valor que exprimem um valor objetivo enquanto enunciam a relação de uma conduta humana com uma norma considerada objetivamente válida — pelo que se distinguem essencialmente dos juízos de realidade — e juízos de valor que expressam um valor subjetivo, enquanto traduzem a relação de um objeto, e particularmente da conduta humana, com o fato de que uma ou várias pessoas desejam ou querem esse objeto ou o seu oposto, especialmente com o fato de que aprovam ou desaprovam determinada conduta humana — pelo que são apenas uma espécie particular dos juízos de realidade —, objeta-se que os juízos de valor em primeiro lugar referidos também são juízos de realidade. Com efeito — diz-se —, a norma que constitui o fundamento do juízo de valor é fixada através de um ato ou imperativo humano ou produzida através do costume — e, portanto, através de fatos da realidade empírica. A relação de um fato, particularmente de uma conduta real efetiva, com uma norma também representaria, assim, apenas uma relação entre fatos da realidade empírica.

Esta objeção esquece que o fato, que é o ato de comando ou imperativo, ou o costume, e a norma, que através destes fatos é produzida, são duas coisas diferentes: um fato e um conteúdo de sentido; e que, por isso, a relação de uma conduta real com uma norma, e a relação desta conduta com o fato da ordem do ser cujo sentido é a norma, constituem duas relações diferentes. O enunciado da relação de uma conduta com a norma que a estatui como devida (devendo ser) é inteiramente possível sem tomar em consideração o fato do ato imperativo ou do costume através do qual a norma é produzida. É este claramente o caso quando se trate de normas cuja estatuição se verificou já há muito tempo, normas que foram estatuídas por atos de homens já há muito falecidos ou esquecidos, e, particularmente, de normas que vieram à luz através dos usos e costumes de gerações passadas, de tal forma que já apenas são consciencializadas, por aqueles cuja conduta regulam, como conteúdos de sentido. Quando uma determinada conduta é considerada como moralmente boa ou má — por ser conforme a uma norma moral considerada válida ou por a contrariar —, na maior parte dos casos não se tem de modo algum consciência do costume através do qual foi produzida a norma que constitui o fundamento de tal juízo. Mas interessa especialmente ter em conta que os atos através dos quais são produzidas as normas jurídicas apenas são tomados em consideração, do ponto de vista do conhecimento jurídico em geral, na medida em que são determinados por outras normas jurídicas; e que a norma fundamental, que constitui o fundamento da validade destas normas, nem sequer é estatuída através de um ato de vontade, mas é pressuposta pelo pensamento jurídico[15].

Como valor designa-se ainda a relação que tem um objeto, e particularmente uma conduta humana, com um fim. Adequação ao fim (*Zweckmässigkeit*) é o valor positivo, contradição com o fim (*Zweckwidrigkeit*), o valor negativo. Por "fim" pode entender-se tanto um fim objetivo como um fim subjetivo. Um fim objetivo é um fim que *deve ser* realizado, isto é, um fim estatuído por uma norma considerada como objetivamente válida. É um fim posto à natureza em geral, ou ao homem em particular, por uma autoridade sobrenatural ou supra-humana. Um fim subjetivo é um fim que um indivíduo se põe a si próprio, um fim que ele deseja realizar. O valor que reside na correspondência-ao-fim é, portanto, idêntico ao valor que consiste na correspondência-à-norma, ou ao valor que consiste na correspondência-ao-desejo.

Se se deixa de parte a circunstância de aquilo que o fim representa, aquilo que se visa (escopo), ser objetivamente devido (obrigatório) ou subjetivamente desejado, a relação de meio a fim apresenta-se como relação de causa a efeito. Dizer que algo é adequado ao fim (*zweckmässig*) significa que é apropriado a realizar o fim, isto é, a produzir, como causa, o efeito representado pelo fim. O juízo que afirma que algo é adequado ao fim pode, conforme o caráter subjetivo ou objetivo do fim, ser um juízo de valor subjetivo ou objetivo. Um tal juízo de valor, porém, é apenas possível com base numa visualização da relação causal que existe entre os fatos a considerar como meio e como fim. Só quando se sabe que entre A e B existe a relação de causa e efeito, que A é a causa de que B é o efeito, se alcança o juízo de valor (subjetivo ou objetivo): se B é desejado como fim ou é estatuído numa norma como devido (como devendo ser), A é adequado ao fim (é producente). O juízo relativo à relação entre A e B é um juízo de valor — subjetivo ou objetivo — apenas na medida em que B é pressuposto como fim subjetivo ou objetivo, isto é, como desejado, ou estatuído por uma norma[16].

5. A ordem social

a) *Ordens sociais que estatuem sanções*

A conduta de um indivíduo pode estar — mas não tem necessariamente de estar — em relação com um ou vários indivíduos, isto é, um indivíduo pode comportar-se de determinada maneira em face de outros indivíduos. Porém, uma pessoa pode ainda comportar-se de determinada maneira em face de outros objetos que não indivíduos humanos: em face dos animais, das plantas e dos objetos inanimados. A relação em que a conduta de uma pessoa está com uma ou várias outras pessoas pode ser imediata ou mediata. O homicídio é uma conduta do homicida em face da vítima. É uma relação imediata de homem a homem. Quem destrói um objeto valioso, atua imediatamente em face de uma coisa e mediatamente em face de uma ou várias pessoas que estão interessadas nessa coisa, especialmente se ela é propriedade dessas pessoas. Uma ordem normativa que regula a conduta humana na medida em que ela está em relação com outras pessoas é uma ordem social. A Moral e o Direito são ordens sociais deste tipo. A lógica tem por objeto uma ordem normativa que não tem qualquer caráter social, pois os atos de pensar do homem, que as normas desta ordem regulam, não afetam outras pessoas — o homem não pensa "perante" outro homem da mesma forma que atua em face de outro homem. A conduta que uma pessoa observa perante uma ou várias outras pessoas pode ser prejudicial ou útil a esta ou estas pessoas. Vista de uma perspectiva psicossociológica, a função de qualquer ordem social consiste em obter uma determinada conduta por parte daquele que a esta ordem está subordinado, fazer com que essa pessoa omita determinadas ações consideradas como socialmente — isto é, em relação às outras pessoas — prejudiciais, e, pelo contrário, realize determinadas ações consideradas socialmente úteis. Esta função motivadora é exercida pelas representações das normas que prescrevem ou proíbem determinadas ações humanas.

Conforme o modo pelo qual as ações humanas são prescritas ou proibidas, podem distinguir-se diferentes tipos — tipos ideais, não tipos médios. A ordem social pode prescrever uma determinada conduta humana sem ligar à observância ou não observância deste imperativo quaisquer conseqüências. Também pode, porém, estatuir uma determinada conduta humana e, simultaneamente, ligar a esta conduta a concessão de uma vantagem, de um prêmio, ou ligar à conduta oposta uma desvantagem, uma pena (no sentido mais amplo da palavra). O princípio que conduz a reagir a uma determinada conduta com um prêmio ou uma pena é o princípio retributivo (*Vergeltung*). O prêmio e o castigo podem compreender-se no conceito de sanção. No entanto, usualmente, designa-se por sanção somente a pena, isto é, um mal — a privação de certos bens como a vida, a saúde, a liberdade, a honra, valores econômicos — a aplicar como conseqüência de uma determinada conduta, mas já não o prêmio ou a recompensa.

Finalmente, uma ordem social pode — e é este o caso da ordem jurídica — prescrever uma determinada conduta precisamente pelo fato de ligar à conduta oposta uma desvantagem, como a privação dos bens acima referidos, ou seja, uma pena no sentido mais amplo da palavra. Desta forma, uma determinada conduta apenas pode ser considerada, no sentido dessa ordem social, como prescrita — ou seja, na hipótese de uma ordem jurídica, como juridicamente prescrita —, na medida em que a conduta oposta é pressuposto de uma sanção (no sentido estrito). Quando uma ordem social, tal como a ordem jurídica, prescreve uma conduta pelo fato de estatuir como devida (devendo ser) uma sanção para a hipótese da conduta oposta, podemos descrever esta situação dizendo que, no caso de se verificar uma determinada conduta, se deve seguir determinada sanção. Com isto já se afirma que a conduta condicionante da sanção é proibida e a conduta oposta é prescrita. O ser-devida da sanção inclui em si o ser-proibida da conduta que é o seu pressuposto específico e o ser-prescrita da conduta oposta. Devemos a propósito notar que, com o ser-"prescrita" ou o ser-"proibida" de uma determinada conduta se significa não o ser-devida desta conduta ou da conduta oposta, mas o ser-devida da conseqüência desta conduta, isto é, da sanção. A conduta prescrita não é a conduta devida; devida é a sanção. O ser-prescrita uma conduta significa que o contrário desta conduta é pressuposto do ser-devida da sanção. A execução da sanção é prescrita, é conteúdo de um dever jurídico, se a sua omissão é tornada pressuposto de uma sanção. Se não for esse o caso, ela apenas pode valer como autorizada, e não também como prescrita. Visto não podermos admitir um *regressum ad infinitum*, a última sanção nesta série apenas pode ser autorizada, e não prescrita.

Daí resulta que, dentro de uma tal ordem normativa, uma mesma conduta pode, neste sentido, ser "prescrita" e simultaneamente "proibida", e que tal situação pode ser descrita sem contradição lógica. As proposições: A deve ser e A não deve ser, excluem-se mutuamente; de ambas as normas assim descritas apenas uma pode ser válida. Não podem ser ambas simultaneamente observadas ou aplicadas. Mas as duas proposições: se A é, X deve ser e, se não-A é, X deve ser, não se excluem mutuamente e ambas as normas por elas descritas podem ser simultaneamente válidas. No domínio de uma ordem jurídica pode surgir uma situação — e de fato surgem tais situações, como veremos — em que uma determinada conduta humana e, ao mesmo tempo, a conduta oposta, têm uma sanção como conseqüência. Ambas as normas — as normas que estatuem as sanções — podem valer uma ao lado da outra e ser efetivamente aplicadas porque se não contradizem, isto é, porque podem ser descritas sem contradição lógica. Mas nas duas normas obtêm expressão duas tendências políticas opostas que, se bem que não provoquem uma contradição lógica, engendram um conflito teleológico. A situação, embora possível, é politicamente insatisfatória. Por isso os ordenamentos jurídicos contêm, em regra, preceitos por força dos quais uma das normas é nula ou pode ser anulada.

Na medida em que o mal que funciona como sanção — a pena no sentido mais amplo da palavra — deve ser aplicada contra a vontade do atingido e, em caso de resistência, através do recurso à força física, a sanção tem o caráter de um ato de coação. Uma ordem normativa que estatui atos de coerção como reação contra uma determinada conduta humana é uma ordem coercitiva. Mas os atos de coerção podem ser estatuídos — e é este o caso da ordem jurídica, como veremos — não só como sanção, isto é, como reação contra uma determinada conduta humana, mas também como reação contra situações de fato socialmente indesejáveis que não representam conduta humana e, por isso, não podem ser consideradas como proibidas.

Vistos de um ângulo sócio-psicológico, o prêmio e a pena são estabelecidos a fim de transformar o desejo do prêmio e o receio da pena em motivo da conduta socialmente desejada. Esta conduta, porém, pode efetivamente ser provocada por outros motivos que não o desejo do prêmio ou o receio da pena estabelecida pelo ordenamento. De conformidade com o seu sentido imanente, pode o ordenamento estatuir as suas sanções sem ter em conta os motivos que efetivamente conduziram, no caso concreto, à conduta que as condiciona. O sentido do ordenamento traduz-se pela afirmação de que, na hipótese de uma determinada conduta — quaisquer que sejam os motivos que efetivamente a determinaram —, deve ser aplicada uma sanção (no sentido amplo de prêmio ou de pena). Certamente que um ordenamento pode premiar uma conduta apenas quando esta não seja motivada pelo desejo do prêmio. Assim sucede quando, segundo uma ordem moral, apenas é digno de louvor aquele que pratica o bem por si mesmo, e não por causa do louvor. Já que atrás falamos da "eficácia" de um ordenamento, importa aqui destacar que um ordenamento que estabelece um prêmio ou uma pena só é "eficaz", no sentido próprio da palavra, quando a conduta que condiciona a sanção (no sentido amplo de prêmio ou de pena) é causalmente determinada pelo desejo do prêmio ou — a conduta oposta — pelo receio da pena. Mas fala-se ainda de um ordenamento "eficaz" quando a conduta das pessoas corresponde em geral e *grosso modo* a esse ordenamento, sem ter em conta os motivos pelos quais ela é determinada. O conceito de eficácia tem aqui um significado normativo, e não causal.

b) *Haverá ordens sociais desprovidas de sanção?*

Inteiramente contraposto a um ordenamento social que estatui sanções (no sentido lato) é aquele que prescreve uma determinada conduta sem que ligue um prêmio ou um castigo à conduta oposta, ou seja, uma ordem social em que não tem aplicação o princípio retributivo (*Vergeltung*). Como exemplo de um tal ordenamento social refere-se geralmente a Moral que, precisamente por isso, se costuma distinguir do Direito, como ordem estatuidora de sanções. É uma ordem moral desprovida de sanções aquela que visa que Jesus no Sermão da Montanha, em que rejeita decididamente o princípio de talião do Velho Testamento — responder ao bem com o bem e ao mal com o mal. "Vós tendes ouvido dizer olho por olho e dente por dente. Eu, porém, digo-vos que não deveis resistir ao mal" (isto é, que o mal não deve ser retribuído com o mal). "Vós tendes ouvido dizer que devemos amar o nosso próximo (isto é, aquele que nos quer bem) e odiar o nosso inimigo (isto é, aquele que nos odeia). Eu, porém, digo-vos: amai os vossos inimigos..." (isto é, não retribuais o mal com o mal, fazei bem àqueles que vos fazem mal). "Pois se amais aqueles que vos amam (isto é, se apenas ao bem respondeis com o bem), que recompensa tereis? Não faz também o mesmo o publicano?"[17]. É evidentemente à recompensa celeste que Jesus se refere aqui. Também neste sistema moral do mais alto idealismo não está totalmente excluído, portanto, o princípio da retribuição. Não é, na verdade, uma recompensa terrestre mas uma recompensa celestial que é prometida àquele que renuncia à sua aplicação no aquém, àquele que não retribui o mal com o mal nem faz bem apenas a quem lhe faz bem. E também a pena no além faz parte deste sistema, que rejeita a pena no aquém. Trata-se de uma ordem moral transcendente que estatui sanções, e, nestes termos, de uma ordem moral religiosa — mas não de uma ordem moral desprovida de sanções.

Para avaliar a possibilidade de uma ordem moral desprovida de sanções, tem de ter-se em conta que, quando uma ordem moral prescreve uma determinada conduta, prescreve ao mesmo tempo que a conduta de uma pessoa conforme à conduta prescrita seja aprovada pelas outras pessoas, mas que a conduta oposta seja desaprovada. Quem desaprova a conduta prescrita, ou aprova a conduta oposta, comporta-se imoralmente e deve ser, ele próprio, moralmente reprovado. Ora, também a aprovação ou a desaprovação por parte dos nossos semelhantes são recebidas como recompensa e castigo e podem, por isso, ser interpretadas como sanções. Por vezes, constituem sanções mais eficazes do que outras formas de recompensa e de castigo, pois satisfazem ou ferem o desejo de valimento (importância do homem), um dos mais importantes componentes do instinto de conservação. Aqui impõe-se observar que a norma moral que prescreve uma determinada conduta e a norma moral que prescreve a desaprovação de uma conduta oposta àquela estão numa dependência essencial uma da outra, formam um todo unitário na sua validade (vigência). É por isso duvidoso que seja sequer possível uma distinção entre ordens sociais sancionadas e ordens sociais não sancionadas. A única distinção de ordens sociais a ter em conta não reside em que umas estatuem sanções e outras não, mas nas diferentes espécies de sanções que estatuem.

c) *Sanções transcendentes e sanções socialmente imanentes*

As sanções estabelecidas numa ordem social têm ora um caráter transcendente, ora um caráter socialmente imanente. Sanções transcendentes são aquelas que, segundo a crença das pessoas submetidas ao ordenamento, provêm de uma instância supra-humana. Uma tal crença é um elemento específico da mentalidade primitiva. O primitivo interpreta os acontecimentos naturais que imediatamente afetam os seus interesses segundo o princípio da retribuição: os que lhe são benéficos, interpreta-os como recompensa, e os que lhe são desfavoráveis como castigo, pela observância ou não observância, respectivamente, da ordem social estabelecida[18]. São — originariamente, sem dúvida — as almas dos mortos que, de acordo com as representações religiosas do homem primitivo, recompensam a conduta socialmente boa com o sucesso na caça, boas colheitas, vitória no combate, saúde, fertilidade, longa vida; e castigam a conduta socialmente má com os fatos opostos, especialmente com a doença e a morte. A interpretação social da natureza faz aparecer esta como uma ordem social normativa estatuidora de sanções. Esta ordem tem um caráter totalmente religioso. Mas também no plano das religiões mais evoluídas, como a judaico-cristã, a interpretação normativa da natureza desempenha um papel que não deve ser menosprezado. Até o homem civilizado dos nossos dias se pergunta instintivamente, quando é atingido por uma infelicidade: que mal fiz eu para merecer este castigo? Por outro lado, sente-se inclinado a considerar a sua felicidade como recompensa por certa observância dos mandamentos divinos. As religiões altamente evoluídas diferenciam-se, sob este aspecto, das primitivas, apenas na medida em que acrescentam às sanções que se realizam no aquém aquelas sanções que somente serão aplicadas por Deus — e não pelas almas dos mortos — no além-túmulo. Estas sanções são transcendentes, não apenas no sentido de que provêm de uma instância sobre-humana, e supra-social, portanto, mas ainda no sentido de que elas se realizam fora da sociedade, fora do mundo do aquém, numa esfera transcendente[19].

Completamente distintas das sanções transcendentes são aquelas que não só se realizam no aquém, dentro da sociedade, mas também são executadas por homens, membros da sociedade, e que, por isso, podem ser designadas como sanções socialmente imanentes. Tais sanções podem consistir na simples aprovação ou desaprovação, expressa de qualquer maneira, por parte dos nossos semelhantes, ou em atos específicos, determinados mais rigorosamente pelo ordenamento social, o qual também designa os indivíduos por quem esses atos são realizados ou postos num processo pelo mesmo ordenamento regulado. Nesta última hipótese podemos falar de sanções socialmente organizadas. A mais antiga sanção desta espécie é a vingança de sangue (*Blutrache*), praticada na sociedade primitiva. Esta sanção, com a qual a primitiva ordem social reage contra o homicídio perpetrado — por forma natural ou mágica — por um membro de um grupo constituído pela comunidade de sangue — a família em sentido mais estrito ou em sentido mais amplo — na pessoa de um membro de um outro grupo, é executada pelos membros deste grupo e aplicada aos membros daquele. O homicídio dentro do mesmo grupo deveria, originariamente, ser sancionado apenas através da sanção transcendente da vingança da alma da vítima. Como, porém, as almas dos mortos apenas têm poder dentro do seu próprio grupo, um homicídio praticado por um membro de um outro grupo somente pode ser vingado pela ação dos parentes da vítima. Apenas o não-cumprimento do dever de vingança fica sob a sanção transcendente da vingança por parte da alma do assassinado. Deve notar-se que esta mais antiga sanção socialmente organizada tem originariamente um caráter intergrupal. Ela apenas se torna sanção intragrupal quando a comunidade social abrange vários grupos baseados na comunidade de sangue, isto é, quando ela supera a comunidade familiar.

De um ponto de vista sociológico, a evolução religiosa é caracterizada por três momentos: centralização da instância supra-humana, aumento do seu poder e, ao mesmo tempo, aumento da distância entre ela e o indivíduo. Da pluralidade das almas dos mortos surgem alguns deuses e, finalmente, tudo se reduz a um só, todo-poderoso, colocado no além. Até que ponto o pensamento social retributivo domina esta evolução, mostra-o particularmente o fato de que, quando, na crença dos homens, ao mundo do aquém acresce um mundo do além, este último, em correspondência com o princípio do prêmio e do castigo, divide-se em céu para os bons e inferno para os maus.

Constitui fato digno de nota que, das duas sanções correspondentes à idéia de retribuição, prêmio e castigo, a segunda desempenhe na realidade social um papel muito mais importante do que a primeira. Isto não só resulta do fato de a ordem social de longe mais importante, o Direito, se servir essencialmente desta sanção, mas também é visível com particular nitidez nos casos em que a ordem social tem ainda um caráter puramente religioso, isto é, é garantida através de sanções transcendentes. A conduta em conformidade com a ordem dos primitivos, especialmente a observância das numerosas proibições, dos chamados tabus, é, em primeira linha, determinada pelo medo dos graves malefícios com os quais a instância supra-humana — as almas dos mortos — reage contra a ofensa da ordem tradicional. A expectativa do prêmio apenas tem, relativamente ao medo que domina a vida dos primitivos, uma importância subalterna. E até na crença religiosa dos homens civilizados, segundo a qual a retribuição divina não é executada, ou não é somente executada, no aquém, mas é relegada para o além, tem lugar de primazia o medo da pena que os aguarda depois da morte. A representação do inferno como lugar do castigo é muito mais viva do que a imagem geralmente vaga que as pessoas se fazem de uma vida no céu, que é o prêmio da piedade. Mesmo quando se não ponha qualquer espécie de limites à fantasia impulsada pelo desejo, ela apenas produz, no entanto, uma ordem transcendente que não difere essencialmente da sociedade empírica.

6. A ordem jurídica

a) *O Direito: ordem de conduta humana*

Uma teoria do Direito deve, antes de tudo, determinar conceitualmente o seu objeto. Para alcançar uma definição do Direito, é aconselhável primeiramente partir do uso da linguagem, quer dizer, determinar o significado que tem a palavra *Recht* (Direito) na língua alemã e as suas equivalentes nas outras línguas (*law, droit, diritto*, etc.). É lícito verificar se os fenômenos sociais que com esta palavra são designados apresentam características comuns através das quais possam ser distinguidos de outros fenômenos semelhantes, e se estas características são suficientemente significativas para servirem de elementos de um conceito do conhecimento científico sobre a sociedade. Desta indagação poderia perfeitamente resultar que, com a palavra *Recht* ("Direito") e as suas equivalentes de outras línguas, se designassem objetos tão diferentes que não pudessem ser abrangidos por qualquer conceito comum. Tal não se verifica, no entanto, com o uso desta palavra e das suas equivalentes. Com efeito, quando confrontamos uns com os outros os objetos que, em diferentes povos e em diferentes épocas, são designados como "Direito", resulta logo que todos eles se apresentam como ordens de conduta humana. Uma "ordem" é um sistema de normas cuja unidade é constituída pelo fato de todas elas terem o mesmo fundamento de validade. E o fundamento de validade de uma ordem normativa é — como veremos — uma norma fundamental da qual se retira a validade de todas as normas pertencentes a essa ordem. Uma norma singular é uma norma jurídica enquanto pertence a uma determinada ordem jurídica, e pertence a uma determinada ordem jurídica quando a sua validade se funda na norma fundamental dessa ordem.

As normas de uma ordem jurídica regulam a conduta humana. É certo que, aparentemente, isto só se aplica às ordens sociais dos povos civilizados, pois nas sociedades primitivas também o comportamento dos animais, das plantas e mesmo das coisas mortas é regulado da mesma maneira que o dos homens. Assim, lemos na Bíblia[20] que um boi que matou um homem deve também ser morto — como castigo, evidentemente. Na antigüidade havia em Atenas um tribunal especial perante o qual corria o processo contra uma pedra, uma lança ou qualquer outro objeto através do qual um homem, presumivelmente sem intenção, havia sido morto[21]. E ainda na Idade Média era possível pôr uma ação contra um animal — contra um touro, por exemplo, que houvesse provocado a morte de um homem, ou contra os gafanhotos que tivessem aniquilado as colheitas. O animal processado era condenado na forma legal e enforcado, precisamente como se fosse um criminoso humano[22]. Se as sanções previstas pela ordem jurídica se não dirigem só contra os homens mas também contra os animais, é porque isto significa que não só a conduta dos homens mas também a dos animais é juridicamente fixada. Por outro lado, se o que é juridicamente prescrito deve ser considerado conteúdo de um dever jurídico[23], isto quer dizer que não só os homens mas também os animais são considerados como juridicamente adstritos a uma determinada conduta. Este conteúdo jurídico, absurdo para as nossas atuais concepções, deve ser reconduzido à representação animística segundo a qual não só os homens mas também os animais e os objetos inanimados têm uma "alma" e, por isso, não existe qualquer diferença essencial entre eles e os indivíduos humanos. Conseqüentemente, as normas que estatuem sanções e, portanto, deveres jurídicos, podem ser aplicadas tanto àqueles como a estes. O fato de as modernas ordens jurídicas regularem apenas a conduta dos homens e não a dos animais, das plantas e dos objetos inanimados, enquanto dirigem sanções apenas àqueles e não a estes, não exclui, no entanto, que estas ordens jurídicas prescrevam uma determinada conduta de homens não só em face de outros homens como também em face dos animais, das plantas e dos objetos inanimados. Assim, pode ser proibido, sob cominação de uma pena, matar certos animais — em qualquer tempo ou apenas em certas épocas —, prejudicar certas espécies de plantas ou edifícios de valor histórico. Através de tais normas jurídicas, no entanto, não se regula a conduta dos animais, plantas ou objetos inanimados assim protegidos, mas a conduta do homem contra o qual se dirige a ameaça da pena.

Esta conduta pode consistir numa ação positiva ou numa omissão. Na medida, porém, em que a ordem jurídica é uma ordem social, ela somente regula, de uma maneira positiva[24], a conduta de um indivíduo enquanto esta se refere — imediata e mediatamente — a um outro indivíduo. É a conduta de um indivíduo em face de um, vários ou todos os outros indivíduos, a conduta recíproca dos indivíduos, que constitui o objeto desta regulamentação. A referência da conduta de um a outro ou a vários outros indivíduos pode ser individual, como no caso da norma que vincula toda e qualquer pessoa a não matar outra pessoa, ou da norma que obriga o devedor a pagar ao credor determinada soma de dinheiro, ou da norma que a todos obriga a respeitar a propriedade alheia. Essa referência, porém, também pode ter um caráter coletivo. A conduta que é regulada por uma norma que obriga ao serviço militar não é a conduta de um indivíduo em face de outro indivíduo determinado — como no caso da norma que proíbe o homicídio —, mas a conduta desse indivíduo em face da comunidade jurídica, isto é, em face de todos os subordinados à ordem jurídica, de todas as pessoas pertencentes à comunidade jurídica. O mesmo vale dizer ainda quando se pune a tentativa de suicídio. E, neste sentido, podem ainda ser interpretadas como normas sociais as normas acima referidas destinadas a proteger os animais, as plantas e os objetos inanimados. A autoridade jurídica prescreve uma determinada conduta humana apenas porque — com razão ou sem ela — a considera valiosa para a comunidade jurídica dos indivíduos. Esta referência à comunidade jurídica é também decisiva, em última análise, para a regulamentação jurídica da conduta de uma pessoa que individualmente se refere a outra pessoa determinada. Não é apenas — e talvez não seja tanto — o interesse do credor concreto aquilo que é protegido pela norma jurídica que vincula o devedor ao pagamento: é antes o interesse da comunidade — apreciado pela autoridade jurídica — na manutenção de um determinado sistema econômico.

b) *O Direito: uma ordem coativa*

Uma outra característica comum às ordens sociais a que chamamos Direito é que elas são ordens coativas, no sentido de que reagem contra as situações consideradas indesejáveis, por serem socialmente perniciosas — particularmente contra condutas humanas indesejáveis — com um ato de coação, isto é, com um mal — como a privação da vida, da saúde, da liberdade, de bens econômicos e outros —, um mal que é aplicado ao destinatário mesmo contra sua vontade, se necessário empregando até a força física — coativamente, portanto. Dizer-se que, com o ato coativo que funciona como sanção, se aplica um mal ao destinatário, significa que este ato é normalmente recebido pelo destinatário como um mal. Pode excepcionalmente suceder, no entanto, que não seja este o caso. Assim acontece, por exemplo, quando alguém que cometeu um crime deseja, por remorso, sofrer a pena estatuída pela ordem jurídica e sinta esta pena, portanto, como um bem; ou quando alguém comete um delito para sofrer a pena de prisão correspondente, porque a prisão lhe garante teto e alimento. Como observamos, trata-se, no entanto, de exceções. Pode tomar-se como pressuposto que o ato coativo que funciona de sanção é normalmente recebido pelo destinatário como um mal. Neste sentido, as ordens sociais a que chamamos Direito são ordens coativas da conduta humana. Exigem uma determinada conduta humana na medida em que ligam à conduta oposta um ato de coerção dirigido à pessoa que assim se conduz (ou aos seus familiares). Quer isto dizer que elas dão a um determinado indivíduo poder ou competência para aplicar a um outro indivíduo um ato coativo como sanção. As sanções estatuídas por uma ordem jurídica são — diferentemente das sanções transcendentes — sanções socialmente imanentes e — diversamente daquelas, que consistem na simples aprovação ou desaprovação — socialmente organizadas. Mas uma ordem jurídica pode, através dos atos de coação por ela estatuídos, reagir não só contra uma determinada conduta humana mas ainda, como melhor veremos, contra outros fatos socialmente nocivos. Por outras palavras, enquanto o ato de coação normado pela ordem jurídica é sempre a conduta de um determinado indivíduo, a condição de que aquele depende não tem de ser necessariamente determinada conduta de um indivíduo, mas pode também sê-lo uma outra situação de fato considerada, por qualquer motivo, como socialmente perniciosa. O ato de coação normado pela ordem jurídica pode — como veremos mais tarde — ser referido à unidade da ordem jurídica, ser atribuído à comunidade jurídica constituída pela mesma ordem jurídica, ser explicado como reação da comunidade jurídica contra uma situação de fato considerada socialmente nociva e, quando esta situação de fato é uma determinada conduta humana, como sanção. Dizer que o Direito é uma ordem coativa significa que as suas normas estatuem atos de coação atribuíveis à comunidade jurídica. Isto não significa, porém, que em todos os casos da sua efetivação se tenha de empregar a coação física. Tal apenas terá de suceder quando essa efetivação encontre resistência, o que não é normalmente o caso.

As modernas ordens jurídicas também contêm, por vezes, normas através das quais são previstas recompensas para determinados serviços, como títulos e condecorações. Estas, porém, não constituem característica comum a todas as ordens sociais a que chamamos Direito nem nota distintiva da função essencial destas ordens sociais. Desempenham apenas um papel inteiramente subalterno dentro destes sistemas que funcionam como ordens de coação. De resto, as normas relativas à concessão de títulos e condecorações estão numa conexão essencial com as normas que estatuem sanções. Com efeito, o porte de um título ou de uma condecoração, isto é, de um emblema, cujo sentido subjetivo é uma distinção, ou não é juridicamente proibido, quer dizer, não condiciona a aplicação de uma sanção e é, portanto, negativamente permitido, ou — e é este o caso normal — é jurídica e positivamente permitido, quer dizer, é proibido, condicionando a aplicação de uma sanção, quando não for expressamente permitido, por efeito da sua concessão. A situação jurídica só pode, neste caso, ser descrita como delimitação, através de uma norma, da validade de uma norma proibitiva estatuidora de uma sanção e, portanto, apenas o pode ser com referência a essa tal norma coativa.

Como ordem coativa, o Direito distingue-se de outras ordens sociais. O momento coação, isto é, a circunstância de que o ato estatuído pela ordem como conseqüência de uma situação de fato considerada socialmente prejudicial deve ser executado mesmo contra a vontade da pessoa atingida e — em caso de resistência — mediante o emprego da força física, é o critério decisivo.

α) *Os atos de coação estatuídos pela ordem jurídica como sanções*

Na medida em que o ato de coação estatuído pela ordem jurídica surge como reação contra a conduta de um indivíduo pela mesma ordem jurídica especificada, esse ato coativo tem o caráter de uma sanção e a conduta humana contra a qual ele é dirigido tem o caráter de uma conduta proibida, antijurídica, de um ato ilícito ou delito — quer dizer, é o contrário daquela conduta que deve ser considerada como prescrita ou conforme ao Direito, conduta através da qual será evitada a sanção. Dizer que o Direito é uma ordem coativa não significa — como às vezes se afirma — que pertença à essência do Direito "forçar" (obter à força) a conduta conforme ao Direito, prescrita pela ordem jurídica. Esta conduta não é conseguida à força através da efetivação do ato coativo, pois o ato de coação deve precisamente ser efetivado quando se verifique, não a conduta prescrita, mas a conduta proibida, a conduta que é contrária ao Direito. Precisamente para este caso é que é estatuído o ato coativo, que funciona como sanção.

Se, com a afirmação em questão, se pretende significar que o Direito, pela estatuição de sanções, motiva os indivíduos a realizarem a conduta prescrita, na medida em que o desejo de evitar a sanção intervém como motivo na produção desta conduta, deve responder-se que esta motivação constitui apenas uma função possível e não uma função necessária do Direito, que a conduta conforme ao Direito, que é a conduta prescrita, também pode ser provocada por outros motivos e, de fato, é muito freqüentemente, provocada também por outros motivos, como sejam as idéias religiosas ou morais. A coação que reside na motivação é uma coação psíquica. E esta coação, que a representação do Direito e, particularmente, das sanções por ele estatuídas exerce sobre os súditos da ordem jurídica, enquanto se transforma em motivo da conduta prescrita ou conduta conforme ao Direito, não deve ser confundida com a estatuição do ato coativo. Coação psíquica exercem-na todas as ordens sociais com certo grau de eficácia, e muitas — como, porventura, a religiosa — exercem-na numa medida ainda mais ampla do que a ordem jurídica. Esta coação psíquica, não é, pois, uma característica que distinga o Direito das outras ordens sociais. O Direito é uma ordem coativa, não no sentido de que ele — ou, mais rigorosamente, a sua representação — produz coação psíquica; mas, no sentido de que estatui atos de coação, designadamente a privação coercitiva da vida, da liberdade, de bens econômicos e outros, como conseqüência dos pressupostos por ele estabelecidos. Pressuposto deste gênero é em primeira linha — mas não exclusivamente, como já observamos e mais tarde melhor veremos —, uma determinada conduta humana que, pelo fato de ser tornada pressuposto de um ato coercitivo que é dirigido contra a pessoa que assim se conduz (ou contra os seus familiares), se transforma em conduta proibida, contrária ao Direito e que, por isso, deve ser impedida, devendo a conduta oposta — socialmente útil, desejada, conforme ao Direito — ser fomentada.

β) O monopólio de coação da comunidade jurídica

Enquanto as diferentes ordens jurídicas coincidem globalmente quanto aos atos de coação por elas estatuídos e atribuíveis à comunidade jurídica — estes consistem sempre, com efeito, na privação forçada dos bens mencionados —, divergem consideravelmente pelo que respeita aos pressupostos a que esses atos de coação estão ligados, particularmente quanto à conduta humana cuja contrária deve ser obtida através da estatuição de sanções, isto é, quanto à situação garantida pela ordem jurídica e socialmente desejada, consistente na conduta conforme ao Direito, ou seja ainda, quanto ao *valor jurídico* que é constituído através das normas. Se considerarmos a evolução por que o Direito passou desde os seus primeiros começos até ao estádio representado pelo Direito estadual moderno, podemos observar, com referência ao valor jurídico a realizar, uma certa tendência que é comum às ordens jurídicas que se encontram nos níveis mais altos da evolução. É a tendência para proibir — numa medida que aumenta com o decorrer da evolução — o emprego da coação física, o uso da força por um indivíduo contra o outro. Como esta proibição se opera por forma a que um tal uso da força passe a constituir pressuposto de uma sanção, e a sanção, por seu turno, é ela própria um ato de coação, isto é, uso da força, a proibição do emprego da força só pode ser uma proibição limitada, e, por isso, haverá sempre que distinguir entre o uso proibido e o uso autorizado da força — autorizado, este último, como reação contra uma situação de fato socialmente indesejável, particularmente como reação contra uma conduta humana socialmente perniciosa, quer dizer, autorizado como sanção e atribuível à comunidade jurídica. A distinção não significa, porém, que um emprego da força que não seja positivamente autorizado pela ordem jurídica como reação, atribuível à comunidade jurídica, contra uma situação de fato considerada socialmente nociva, tenha de ser proibido pela mesma ordem jurídica e, por isso, seja contrário ao Direito, por forma a constituir um ato antijurídico ou delito. Nas ordens jurídicas primitivas ainda não se proíbe, de modo algum, todo o emprego da força que não tenha o caráter de uma reação, imputável à comunidade jurídica, contra uma situação fática considerada como socialmente nociva. Até mesmo a morte da pessoa humana só é restritivamente proibida, pois que apenas a morte dos membros livres da comunidade, e não a morte dos estrangeiros e dos escravos, constitui ato ilícito. A morte dos estrangeiros e dos escravos é, na medida em que não seja proibida, permitida no sentido negativo — mas sem ser positivamente autorizada como sanção. Gradualmente, porém, estabelece-se o princípio de que todo o emprego da força física é proibido quando não seja — e temos aqui uma limitação ao princípio — especialmente autorizado como reação, da competência da comunidade jurídica, contra uma situação de fato considerada socialmente perniciosa. Então é a ordem jurídica que, taxativamente, determina as condições sob as quais a coação física deverá ser aplicada e os indivíduos que a devem aplicar. Dado que o indivíduo a quem a ordem jurídica atribui poder para aplicar a coação pode ser considerado como órgão da ordem jurídica, ou — o que é o mesmo — da comunidade constituída pela ordem jurídica, pode a execução de atos de coerção, realizada por este indivíduo, ser imputada à comunidade constituída pela ordem jurídica[25]. Neste sentido, pois, estamos perante um monopólio da coação por parte da comunidade jurídica. Este monopólio da coação está descentralizado quando os indivíduos que têm competência para a execução dos atos coativos estatuídos pela ordem jurídica não têm o caráter de órgãos especiais, funcionando segundo o princípio da divisão do trabalho, mas é aos indivíduos que se consideram lesados por uma conduta antijurídica de outros indivíduos que a ordem jurídica atribui o poder de utilizar a força contra os violadores do Direito — ou seja, quando ainda perdura o princípio da autodefesa.

γ) *Ordem jurídica e segurança coletiva*[26]

Quando a ordem jurídica determina os pressupostos sob os quais a coação, como força física, deve ser exercida, e os indivíduos pelos quais deve ser exercida, protege os indivíduos que lhe estão submetidos contra o emprego da força por parte dos outros indivíduos. Quando esta proteção alcança um determinado mínimo, fala-se de segurança coletiva — no sentido de que é garantida pela ordem jurídica enquanto ordem social. Pode dar-se já como alcançado esse mínimo quando a ordem jurídica institui um monopólio coercitivo da comunidade, ainda que não seja senão um monopólio de coerção descentralizado — e, portanto, mesmo que subsista ainda o princípio da autodefesa. Em um tal estado de evolução podemos ver o grau mínimo da segurança coletiva. Mas também podemos conceber uma noção mais restrita de segurança coletiva, falando de segurança coletiva somente quando o monopólio da coerção por parte da comunidade jurídica atingir um mínimo de centralização, por forma a que a autodefesa seja, pelo menos em princípio, excluída. É o que acontece quando se subtrai aos indivíduos diretamente implicados no conflito pelo menos a decisão da questão de saber se, num caso concreto, houve uma ofensa do Direito e quem é por ela responsável, para a deferir a um órgão que funcione segundo o princípio da divisão do trabalho, a um tribunal independente; quando a questão de saber se um certo emprego da força constitui um ilícito ou uma ação imputável à comunidade — especialmente, se constitui uma sanção — pode ser decidida de uma maneira objetiva. A segurança coletiva pode, assim, ter vários graus que, em primeira linha, dependem da medida em que é centralizado o processo através do qual se determina, nos casos concretos, a existência dos pressupostos a que é ligado o ato coercitivo da sanção e se executa este ato coercitivo. A segurança coletiva atinge o seu grau máximo quando a ordem jurídica, para tal fim, estabelece tribunais dotados de competência obrigatória e órgãos executivos centrais tendo à sua disposição meios de coerção de tal ordem que a resistência normalmente não tem quaisquer perspectivas de resultar. É o caso do Estado moderno, que representa uma ordem jurídica centralizada no mais elevado grau.

A segurança coletiva visa a paz, pois a paz é ausência do emprego da força física. Determinando os pressupostos sob os quais deve recorrer-se ao emprego da força e os indivíduos pelos quais tal emprego deve ser efetivado, instituindo um monopólio da coerção por parte da comunidade, a ordem jurídica estabelece a paz nessa comunidade por ela mesma constituída. A paz do Direito, porém, é uma paz relativa e não uma paz absoluta, pois o Direito não exclui o uso da força, isto é, a coação física exercida por um indivíduo contra outro. Não constitui uma ordem isenta de coação, tal como exige um anarquismo utópico. O Direito é uma ordem de coerção e, como ordem de coerção, é — conforme o seu grau de evolução — uma ordem de segurança, quer dizer, uma ordem de paz. Mas, tal como podemos conceber a noção de segurança coletiva num sentido mais estrito e falar dela somente quando exista uma certa centralização do monopólio coercitivo por parte da comunidade, também podemos pressupor que uma pacificação da comunidade jurídica somente aparece num estádio mais elevado da evolução jurídica, a saber, naquele estádio evolutivo em que a autodefesa passa a ser proibida, pelo menos em princípio, e, por isso, nos encontramos em face de uma segurança coletiva em sentido estrito. De fato, a custo se poderá falar seriamente de pacificação, mesmo relativa, da comunidade, nos estádios primitivos da evolução jurídica. Enquanto não houver tribunais que determinem, de um modo objetivo, quando se está perante um uso proibido da força e, portanto, enquanto todo e qualquer indivíduo que se julgue lesado por outro nos seus direitos for autorizado a empregar a força como sanção, ou seja, como reação contra o ilícito de que foi vítima, ao mesmo tempo que o indivíduo contra quem este uso da força é dirigido também é autorizado a reagir contra este emprego da força com o uso da força, que ele pode justificar como sanção, isto é, como reação contra um ilícito de que está a ser vítima; enquanto a vingança de sangue constituir uma instituição jurídica, enquanto o duelo for juridicamente permitido e até juridicamente regulado, enquanto apenas a morte dos membros livres da comunidade, e não a morte dos escravos e dos estrangeiros, constituir ato ilícito; enquanto, nas relações entre os Estados, a guerra não for proibida pelo Direito internacional, não pode validamente afirmar-se que a situação jurídica represente necessariamente uma situação de paz, que assegurar a paz constitua uma função essencial do Direito[27]. O que pode afirmar-se é que a evolução do Direito tem esta tendência. Mesmo que, portanto, a paz fosse de considerar como um valor moral absoluto, ou como um valor comum a todas as ordens morais positivas — o que, como mais tarde veremos, não é o caso —, não poderia o asseguramento da paz, a pacificação da comunidade jurídica, ser considerado como valor moral essencial a todas as ordens jurídicas, como o "mínimo ético" comum a todo o Direito.

Na proibição do emprego da força manifesta-se a tendência para alargar o círculo das situações de fato que a ordem jurídica põe como pressupostos de atos coercitivos. E esta tendência, com o decorrer da evolução, passa muito além daquela proibição, enquanto liga atos coercitivos, como conseqüências jurídicas, não apenas ao emprego da força, mas também a ações que não têm este caráter, bem como a simples omissões. Se o ato coercitivo estatuído pela ordem jurídica surge como reação contra uma determinada conduta humana tida por socialmente nociva, e o fim da sua estatuição é impedir essa conduta (prevenção individual e geral), esse ato coercitivo assume o caráter de uma sanção no sentido específico e estrito dessa palavra. E a circunstância de uma determinada conduta humana ser tornada, nestes termos, pressuposto de uma sanção, significa que essa conduta é juridicamente proibida, isto é, constitui um ilícito, um delito. Este conceito de sanção e o conceito de ilícito são correlativos. A sanção é conseqüência do ilícito; o ilícito (ou delito) é um pressuposto da sanção. Nas ordens jurídicas primitivas a reação da sanção à situação de fato que constitui o ilícito está completamente descentralizada. É deixada aos indivíduos cujos interesses foram lesados pelo ato ilícito. Estes têm poder para determinar, num caso concreto, a verificação do tipo legal do ilícito fixado por via geral pela ordem jurídica e para executar a sanção pela mesma determinada. Domina o princípio de autodefesa. Com o decorrer da evolução, esta reação da sanção ao fato ilícito é centralizada em grau cada vez maior, na medida em que tanto a verificação do fato ilícito como a execução da sanção são reservadas a órgãos que funcionam segundo o princípio da divisão do trabalho: aos tribunais e às autoridades executivas. O princípio da autodefesa é limitado o mais possível. Mas não pode ser completamente excluído. Mesmo no Estado moderno, no qual a centralização da reação coercitiva contra o fato ilícito atinge o grau máximo, subsiste um mínimo de autodefesa. É o caso da legítima defesa. No entanto, nas ordens jurídicas modernas, altamente centralizadas, há ainda outros casos que têm passado quase completamente desapercebidos à teoria do Direito e nos quais, se bem que em medida reduzida, a utilização da força física não é reservada a órgãos especiais mas é deixada aos indivíduos diretamente interessados. Tal é o caso do direito de correção que também as ordens jurídicas modernas conferem aos pais na educação dos seus filhos. É limitado, porquanto o seu exercício não pode traduzir-se na lesão da saúde do filho, em maus tratos. A decisão, porém, sobre a questão de saber qual a conduta do filho que deve ser considerada como pressuposto de um corretivo corporal, isto é, que deve ser considerada como pedagógica e socialmente indesejável, é deixada fundamentalmente aos pais, que podem transferir este direito para os educadores por dever de cargo ou profissão.

δ) *Atos coercitivos que não têm o caráter de sanções*

Com o decorrer da evolução — especialmente na passagem do Estado-jurisdição para o Estado-administração[28] — amplia-se ainda o círculo dos fatos que são considerados pressupostos de atos coercitivos, na medida em que se classificam como tais não somente atos e omissões humanos socialmente indesejáveis, mas também outros fatos que não têm o caráter de fatos ilícitos. A este propósito importa referir desde logo aquelas normas que dão competência a determinados órgãos da comunidade, qualificados como órgãos de polícia, para privar da liberdade indivíduos suspeitos de terem praticado um delito, a fim de se garantir o processo judicial contra eles dirigido e no qual então se verifica se praticaram o delito de que são suspeitos. O pressuposto da privação da liberdade não é uma determinada conduta do indivíduo que essa medida atinge, mas a suspeita de uma tal conduta. Os órgãos policiais podem ser autorizados pela ordem jurídica a colocar os indivíduos sob prisão protetora, isto é, a retirar-lhes a liberdade a fim de os proteger contra agressões antijurídicas de que estão ameaçados. As ordens jurídicas modernas prescrevem o internamento compulsivo de doentes mentais perigosos em asilos e dos portadores de doenças contagiosas em hospitais. Interessa ainda referir a expropriação forçada quando um interesse público a exige, a aniquilação compulsiva de animais domésticos portadores de doenças contagiosas, a derruição compulsiva de edifícios quando ameaçam ruína, ou para impedir o alastramento de um incêndio. Segundo o Direito dos Estados totalitários, o governo tem poder para encerrar em campos de concentração, forçar a quaisquer trabalhos e até matar os indivíduos de opinião, religião ou raça indesejável. Podemos condenar com a maior veemência tais medidas, mas o que não podemos é considerá-las como situando-se fora da ordem jurídica desses Estados.

De conformidade com os respectivos fatos extrínsecos, todos estes atos representam privação compulsória da vida, da liberdade, da propriedade, tal como as sanções da pena de morte, pena de prisão e execução civil. Distinguem-se destas sanções, como já notamos, apenas na medida em que estes atos de coerção não são ligados, como conseqüências, a uma determinada ação ou omissão de certo indivíduo, ação ou omissão socialmente indesejável e juridicamente fixada, porquanto o seu pressuposto não é um ato ilícito ou um delito juridicamente prefixado e cometido por um determinado indivíduo. O ato ilícito ou o delito é uma determinada ação ou omissão humana que, por ser socialmente indesejável, é proibida pelo fato de a ela ou, mais corretamente, à sua verificação num processo juridicamente regulado se ligar um ato de coerção, pelo fato de a ordem jurídica a tornar pressuposto de um ato de coerção por ela estatuído. E este ato de coerção apenas pode, como sanção (no sentido de conseqüência de um ato ilícito), distinguir-se de outros atos de coerção estatuídos pela ordem jurídica na medida em que o fato condicionante ou pressuposto deste ato de coerção é uma determinada ação ou omissão socialmente indesejável e juridicamente prefixada, ao passo que os atos de coerção não qualificados como sanções, no sentido de conseqüências do ilícito, são condicionados por outros fatos[29]. Certos destes atos de coerção podem ser interpretados como sanções desde que se não limite este conceito à hipótese da reação contra uma determinada conduta humana cuja existência seja juridicamente averiguada, mas se estenda a casos em que o ato de coerção seja executado, na verdade, como reação contra uma determinada conduta humana, contra um delito, mas contra um delito cuja comissão por um determinado indivíduo ainda não foi juridicamente averiguada, como sucede no caso da privação compulsiva da liberdade, pela polícia, do suspeito de ter cometido o delito, e nos casos em que o ato de coerção se processa contra um delito ainda não cometido mas que é de esperar como possível no futuro — como sucede na hipótese do internamento de doentes mentais perigosos em asilos ou de pessoas de feição de espírito, religião ou raça indesejável em campos de concentração, na medida em que este internamento se faça para as impedir de realizarem uma conduta perniciosa de que são consideradas capazes, com razão ou sem ela, pela autoridade jurídica. Este motivo está claramente na base das limitações à liberdade a que são sujeitos, ao eclodir uma guerra, os cidadãos de um dos Estados contendores que vivem no território do outro.

Se o conceito de sanção é alargado nestes termos, já não coincidirá com o de conseqüência do ilícito. A sanção, neste sentido amplo, não tem necessariamente de seguir-se ao ato ilícito: pode precedê-lo.

Finalmente, o conceito de sanção pode ser estendido a todos os atos de coerção estatuídos pela ordem jurídica, desde que com ele outra coisa não se queira exprimir se não que a ordem jurídica, através desses atos, reage contra uma situação de fato socialmente indesejável e, através desta reação, define a indesejabilidade dessa situação de fato. É esta, na verdade, a característica comum a todos os atos de coerção estatuídos pela ordem jurídica. Se tomarmos o conceito de sanção neste sentido amplíssimo, então o monopólio da coerção por parte da comunidade jurídica pode ser expresso na seguinte alternativa: a coação exercida por um indivíduo contra outro ou é um delito, ou uma sanção (entendendo, porém, como sanção, não só a reação contra um delito, isto é, contra uma determinada conduta humana, mas também a reação contra outras situações de fato socialmente indesejáveis).

ε) *O mínimo de liberdade*

Como ordem social que estatui sanções, o Direito regula a conduta humana não apenas num sentido positivo — enquanto prescreve uma tal conduta ao ligar um ato de coerção, como sanção, à conduta oposta e, assim, proíbe esta conduta — mas também por uma forma negativa — na medida em que não liga um ato de coerção a determinada conduta, e, assim, não proíbe esta coduta nem prescreve a conduta oposta. Uma conduta que não é juridicamente proibida é — neste sentido negativo — juridicamente permitida. Visto que uma determinada conduta humana ou é proibida ou não o é, e que, se não é proibida, deve ser considerada como permitida pela ordem jurídica, toda e qualquer conduta de um indivíduo submetido à ordem jurídica pode considerar-se como regulada — num sentido positivo ou negativo — pela mesma ordem jurídica. Na medida em que a conduta de um indivíduo é permitida — no sentido negativo — pela ordem jurídica, porque esta não a proíbe, o indivíduo é juridicamente livre.

A liberdade que, pela ordem jurídica, é negativamente deixada aos indivíduos pelo simples fato de aquela não lhes proibir uma determinada conduta, deve ser distinguida da liberdade que a ordem jurídica positivamente lhes garante. A liberdade de uma pessoa que assenta no fato de uma determinada conduta lhe ser permitida, por não ser proibida, é garantida pela ordem jurídica apenas na medida em que esta prescreve às outras pessoas o respeito desta liberdade e lhes proíbe a ingerência nesta esfera de liberdade, isto é, proíbe a conduta pela qual alguém é impedido de realizar uma conduta que lhe não é interdita e, neste sentido, lhe é permitida. Somente então pode a conduta não proibida — e, neste sentido negativo, permitida — valer como um direito, isto é, como conteúdo de um direito que é o reflexo de uma obrigação que lhe corresponde[30].

Simplesmente, nem toda a conduta permitida — no sentido negativo do não-ser-proibida — é garantia pela proibição da conduta de outrem que impeça aquela ou se lhe oponha; nem a toda a conduta de uma pessoa por este motivo permitida corresponde uma obrigação correlativa de outra pessoa. Uma determinada conduta de um indivíduo pode não ser proibida pela ordem jurídica e ser, neste sentido, permitida, sem que seja interdita pela mesma ordem jurídica a conduta de um outro indivíduo que àquela se opõe, por forma a também esta última conduta ser permitida. Uma determinada conduta de um indivíduo pode não ser proibida pelo fato de não ter qualquer relação com outro indivíduo e por não ter qualquer efeito nocivo em relação a outro indivíduo. Mas também nem toda a conduta de um indivíduo que tenha um efeito nocivo em relação a outro indivíduo é proibida. Assim, pode, por exemplo, não ser proibido que o proprietário de uma casa faça uma abertura numa parede no limite da sua propriedade e aí instale um ventilador. Mas também pode, ao mesmo tempo, não ser proibido que o proprietário do terreno adjacente construa neste uma casa de que uma das paredes fique colada à parede da casa do vizinho provida da abertura de ventilação, por forma a malograr-se o uso do ventilador. Nesse caso é permitido a um impedir o que ao outro é permitido fazer, a saber, introduzir ar num aposento da sua casa por meio de um ventilador.

Se não é proibida (e, neste sentido, é permitida) a conduta de um indivíduo que é contrária à conduta de um outro indivíduo também não proibida (e, neste sentido, permitida), é possível um conflito face ao qual a ordem jurídica não toma qualquer disposição. Esta não procura evitá-lo, como o faz relativamente a outros conflitos, proibindo a conduta de um indivíduo que é contrária à do outro — ou, por outras palavras, proibindo a realização do interesse de um que é contrário ao interesse de um outro. A ordem jurídica não pode, de forma alguma, procurar impedir todos os conflitos possíveis. O que pelas modernas ordens jurídicas é — pode afirmar-se — proibido sem exceção é o obstar à conduta não proibida de outrem pelo recurso à força física. Na verdade, o emprego da força física, isto é, a realização de um ato coercitivo, é em princípio proibida, exceto quando seja positivamente consentida a determinadas pessoas, exceto quando a determinadas pessoas se confira poder ou competência para tal.

Visto que uma ordem jurídica — como toda a ordem social normativa — apenas pode prescrever ações e omissões inteiramente determinadas, nunca o indivíduo pode, na sua existência total, na totalidade da sua conduta externa e interna, do seu agir, do seu querer, do seu pensar e do seu sentir, ver a sua liberdade limitada através de uma ordem jurídica. A ordem jurídica pode limitar mais ou menos a liberdade do indivíduo enquanto lhe dirige prescrições mais ou menos numerosas. Fica sempre garantido, porém, um mínimo de liberdade, isto é, de ausência de vinculação jurídica, uma esfera de existência humana na qual não penetra qualquer comando ou proibição. Mesmo sob a ordem jurídica mais totalitária existe algo como uma liberdade inalienável — não enquanto direito inato do homem, enquanto direito natural, mas como uma conseqüência da limitação técnica que afeta a disciplina positiva da conduta humana.

No entanto, esta esfera de liberdade apenas pode ser considerada como juridicamente garantida — conforme já pusemos em relevo — na medida em que a ordem jurídica proíba intrusões nela. Sob este aspecto, têm uma especial importância política as chamadas liberdades constitucionalmente garantidas. Trata-se de preceitos de Direito constitucional através dos quais a competência do órgão legislativo é limitada por forma a não lhe ser permitido — ou apenas o ser sob condições muito especiais — editar normas que prescrevam ou proíbam aos indivíduos uma conduta de determinada espécie, como a prática da religião, a expressão de opiniões e outras condutas análogas[31].

c) *O Direito como ordem normativa de coação. Comunidade jurídica e "bando de salteadores"*

Costuma caracterizar-se o Direito como ordem coativa, dizendo que o Direito prescreve uma determinada conduta humana sob "cominação" de atos coercitivos, isto é, de determinados males, como a privação da vida, da liberdade, da propriedade e outros. Esta formulação, porém, ignora o sentido normativo com que os atos de coerção em geral e as sanções em particular são estatuídas pela ordem jurídica. O sentido de uma cominação é que um mal *será* aplicado sob determinados pressupostos; o sentido da ordem jurídica é que certos males *devem*, sob certos pressupostos, ser aplicados, que — numa fórmula mais genérica — determinados atos de coação *devem*, sob determinadas condições, ser executados. Este não é apenas o sentido subjetivo dos atos através dos quais o Direito é legislado, mas também o seu sentido objetivo. Precisamente pela circunstância de ser esse o sentido que lhes é atribuído, esses atos são reconhecidos como atos criadores de Direito, como atos produtores ou executores de normas.

Também o ato de um salteador de estradas[32] que ordena a alguém, sob cominação de qualquer mal, a entrega de dinheiro, tem — como já acentuamos — o sentido subjetivo de um dever-ser. Se representarmos a situação de fato criada por um tal comando dizendo: um indivíduo expressa uma vontade dirigida à conduta de outro indivíduo, o que nós fazemos é descrever a ação do primeiro como um fenômeno ou evento que de fato se produz, como um evento da ordem do ser. A conduta do outro, porém, que é intendida (visada) no ato de vontade do primeiro, não pode ser descrita como um evento da ordem do ser, pois este ainda não age, ainda não efetua uma conduta, e porventura nem sequer se conduzirá da forma intendida. Ele apenas *deve* — de acordo com a intenção do primeiro — conduzir-se por aquela forma. A sua conduta não pode ser descrita como um sendo (da ordem do ser), mas apenas o pode ser, na medida em que cumpre apreender o sentido subjetivo do ato de comando, como um devido (da ordem do dever-ser). Desta forma tem de ser descrita toda a situação em que um indivíduo manifesta uma vontade dirigida à conduta de outro. Quanto à questão em debate isto significa: na medida em que apenas se tome em linha de conta o sentido subjetivo do ato em questão, não existe qualquer diferença entre a descrição de um comando de um salteador de estradas e a descrição do comando de um órgão jurídico. A diferença apenas ganha expressão quando se descreve, não o sentido subjetivo, mas o sentido objetivo do comando que um indivíduo endereça a outro. Então, atribuímos ao comando do órgão jurídico, e já não ao do salteador de estradas, o sentido objetivo de uma norma vinculadora do destinatário. Quer dizer: interpretamos o comando de um, mas não o comando do outro, como uma norma objetivamente válida. E, então, num dos casos, vemos na conexão existente entre o não acatamento do comando e um ato de coerção uma simples "ameaça", isto é, a afirmação de que *será* executado um mal, ao passo que, no outro, interpretamos essa conexão no sentido de que *deve ser* executado um mal. Assim, neste último caso, interpretamos a execução efetiva do mal como a aplicação ou a execução de uma norma objetivamente válida que estatui o ato de coerção; no primeiro caso, porém, interpretamo-lo — na medida em que façamos uma interpretação normativa — como um delito, referindo ao ato de coerção normas que consideramos como o sentido objetivo de certos atos que, por isso mesmo, caracterizamos como atos jurídicos.

Mas por que é que, num dos casos, consideramos o sentido subjetivo do ato como sendo também o seu sentido objetivo, e já não no outro? Encarados sem qualquer *pressuposição*, também os atos criadores do Direito têm apenas o sentido subjetivo de dever-ser. Por que é que aceitamos que, de ambos aqueles atos, que possuem o sentido subjetivo de dever-ser, apenas um produz objetivamente uma norma válida, isto é, vinculativa? Ou, por outras palavras: Qual é o fundamento de validade da norma que nós consideramos como sendo o sentido objetivo deste ato? Esta é a questão decisiva.

Uma análise dos juízos pelos quais interpretamos certos atos como atos jurídicos, quer dizer, como atos cujo sentido objetivo é norma, fornece-nos a resposta. Essa análise mostra o *pressuposto* sob o qual é possível esta interpretação.

Partamos da hipótese, já acima referida, de um juízo pelo qual interpretamos a morte de um indivíduo por outro como execução de uma sentença de morte, e não como homicídio. Este juízo baseia-se no fato de reconhecermos no ato de matar a execução de uma decisão judiciária que ordenou a morte como pena. Quer dizer: atribuímos ao ato do tribunal o sentido objetivo de uma norma individual e, assim, consideramos ou interpretamos como tribunal o grupo de indivíduos que pôs o ato. Isto fazemo-lo nós porque reconhecemos no ato do tribunal a efetivação de uma lei, isto é, de normas gerais que estatuem atos de coerção e que consideramos como sendo não só o sentido subjetivo, mas também o sentido objetivo de um ato que foi posto por certos indivíduos que, por isso mesmo, consideramos ou interpretamos como órgão legislativo. E fazemos isto porque consideramos o ato de produção legislativa como a realização da Constituição, isto é, de normas gerais que, de conformidade com o seu sentido subjetivo, conferem àqueles mesmos indivíduos competência para estabelecer outras normas gerais que estatuam atos de coerção. Assim, caracterizamos ou interpretamos estes indivíduos como órgão legislativo. Para efeito de podermos considerar as normas que conferem competência ao órgão legislativo como constituindo o sentido, não só subjetivo mas também objetivo, de um ato posto por determinados indivíduos, caracterizamos ou interpretamos estas normas como Constituição. Tratando-se de uma Constituição que é historicamente a primeira, tal só é possível se *pressupusermos* que os indivíduos se *devem* conduzir de acordo com o sentido subjetivo deste ato, que *devem* ser executados atos de coerção sob os pressupostos fixados e pela forma estabelecida nas normas que caracterizamos como Constituição, quer dizer, desde que pressuponhamos uma norma por força da qual o ato a interpretar como ato constituinte seja de considerar como um ato criador de normas objetivamente válidas e os indivíduos que põem este ato como autoridade constitucional. Esta norma é — como mais tarde se verá melhor[33] — a norma fundamental de uma ordem jurídica estadual. Esta não é uma norma posta através de um ato jurídico positivo, mas — como o revela uma análise dos nossos juízos jurídicos — uma norma pressuposta, pressuposta sempre que o ato em questão seja de entender como ato constituinte, como ato criador da Constituição, e os atos postos com fundamento nesta Constituição como atos jurídicos. Constatar esta pressuposição é uma função essencial da ciência jurídica. Em tal pressuposição reside o último fundamento de validade da ordem jurídica, fundamento esse que, no entanto, pela sua mesma essência, é um fundamento tão-somente condicional e, neste sentido, hipotético.

Temos aqui em vista, neste contexto, apenas uma ordem jurídica estadual ou nacional, isto é, uma ordem jurídica limitada no seu domínio territorial de validade a um determinado espaço — o chamado território do Estado. O fundamento de validade da ordem jurídica internacional, cujo domínio de validade territorial não é assim limitado, bem como a relação da ordem jurídica internacional com as ordens jurídicas estaduais, não nos preocupam de momento[34].

Já acima fizemos notar a outro propósito que a validade de uma norma, isto é, o devermo-nos conduzir tal como a norma determina, não deve confundir-se com a eficácia da norma, isto é, com o fato de que as pessoas efetivamente assim se conduzem. Mas também fizemos notar que pode existir uma relação essencial entre estas duas coisas — que uma ordem coercitiva que se apresenta como Direito só será considerada válida quando for globalmente eficaz. Quer dizer: a norma fundamental que representa o fundamento de validade de uma ordem jurídica refere-se apenas a uma Constituição que é a base de uma ordem de coerção eficaz. Somente quando a conduta real (efetiva) dos indivíduos corresponda, globalmente considerada, ao sentido subjetivo dos atos dirigidos a essa conduta é que este sentido subjetivo é reconhecido como sendo também o seu sentido objetivo, e esses atos são considerados ou interpretados como atos jurídicos.

Agora podemos dar resposta à questão de saber por que é que não conferimos ao comando de um salteador de estradas, proferido sob ameaça de morte, o sentido objetivo de uma norma vinculadora do destinatário, isto é, de uma norma válida, por que é que não interpretamos este ato como um ato jurídico, por que interpretamos a realização da ameaça como um delito e não como a execução de uma sanção.

Se se trata do ato isolado de um só indivíduo, tal ato não pode ser considerado como um ato jurídico e o seu sentido não pode ser considerado como uma norma jurídica, já mesmo pelo fato de o Direito — conforme já acentuamos — não ser uma norma isolada, mas um sistema de normas, um ordenamento social, e uma norma particular apenas pode ser considerada como norma jurídica na medida em que pertença a um tal ordenamento. O confronto com uma ordem jurídica apenas seria de considerar se se tratasse da atividade sistemática de um bando organizado que tornasse inseguro um determinado território pelo fato de coagir os indivíduos que aí vivessem, sob a ameaça de certos males, à entrega do seu dinheiro e valores patrimoniais. Nesse caso, a ordem que regula a conduta recíproca dos membros deste grupo, qualificado como "bando de salteadores", deve ser distinguida da ordem externa, isto é, dos comandos que os membros ou os órgãos do bando dirigem, sob a cominação de certos males, àqueles que não pertencem ao grupo. Com efeito, somente em relação aos estranhos é que o grupo se comporta como bando de "salteadores". Se a rapina e o assassinato não fossem proibidos nas relações entre os salteadores, não estaríamos sequer em face de qualquer comunidade, não existiria um "bando" de salteadores. Por isso, pode ainda a ordem interna do bando entrar muitas vezes em conflito com uma ordem de coerção, considerada como ordem jurídica, em cujo domínio territorial de validade se exerça a atividade do mesmo bando. Se a ordem de coerção que constitui esta comunidade e abrange a sua ordenação interna e externa não é considerada como ordem jurídica, se o seu sentido subjetivo, segundo o qual as pessoas se devem conduzir de conformidade com ela, não é havido como sendo o seu sentido objetivo, é porque não se pressupõe qualquer norma fundamental por virtude da qual as pessoas se devam conduzir de harmonia com tal ordenamento — isto é, por força da qual a coação deve ser exercida sob os pressupostos e pela forma que esse ordenamento determina. Mas — e é esta a questão decisiva — por que é que não se pressupõe essa norma fundamental? Ela não é pressuposta porque, ou melhor, se esse ordenamento não tem aquela eficácia duradoura sem a qual não é pressuposta qualquer norma fundamental que se lhe refira e fundamente a sua validade objetiva. Ele não tem claramente esta eficácia se as normas estatuidoras de sanções da ordem jurídica em cujo domínio territorial de validade se exerce a atividade do bando são aplicadas de fato a esta atividade enquanto ela constitui uma conduta contrária ao Direito e os componentes do bando são compulsoriamente privados da liberdade, ou mesmo da vida, por meio de atos que são interpretados como pena de privação da liberdade e pena de morte e, assim, se põe um termo à atividade do bando — ou seja: quando a ordem de coação reconhecida como ordem jurídica é mais eficaz do que a ordem de coação constitutiva do bando de salteadores.

Se esta ordem de coação é limitada no seu domínio territorial de validade a um determinado território e, dentro desse território, é por tal forma eficaz que exclui toda e qualquer outra ordem de coação, pode ela ser considerada como ordem jurídica e a comunidade através dela constituída como "Estado", mesmo quando este desenvolva externamente — segundo o Direito internacional positivo — uma atividade criminosa. Isto mesmo se comprova pela existência dos chamados Estados de piratas, na costa do norte da África (Argel, Túnis, Trípoli), cujos barcos ameaçaram a segurança do Mediterrâneo, por meio de atos de pirataria, desde o séc. XVI até o começo do séc. XIX[35]. Estas comunidades eram qualificadas como comunidades de "piratas" ou "corsários" apenas com referência ao emprego da força, contrário ao Direito internacional, contra os barcos de outros Estados. Segundo a sua ordem interna, porém, o emprego da força entre os seus membros era eficazmente proibido na medida necessária a garantir aquele mínimo de segurança coletiva que é condição de uma eficácia relativamente durável da ordem constitutiva da comunidade.

A segurança coletiva ou a paz é função que — como já notamos — tem de fato, se bem que em grau diferente, as ordens coercitivas designadas como Direito que tenham atingido uma determinada fase de evolução. Esta função é um fato objetivamente determinável. A verificação, por parte da ciência jurídica, de que uma ordem jurídica estabelece a paz na comunidade jurídica por ela constituída não implica qualquer espécie de juízo de valor e, especialmente, não significa o reconhecimento de um valor de Justiça, que, destarte, não é por forma alguma elevado à categoria de um elemento do conceito de Direito e, por isso, também não pode servir como critério para a distinção entre comunidade jurídica e bando de salteadores, contra o que sucede na teologia de Agostinho. Na sua *Civitas Dei*, onde levanta a questão desta distinção, escreve este autor: "Que são os impérios sem Justiça senão grandes bandos de salteadores? E são os bandos de salteadores outra coisa senão pequenos impérios?"[36]. Um Estado, ou, para Agostinho, uma comunidade jurídica, não pode existir sem Justiça. Pois "o Direito não pode existir onde não exista a verdadeira Justiça. O que acontece de conformidade com o Direito, acontece de fato justamente; o que é feito de uma maneira injusta, não pode acontecer segundo o Direito". O que é, porém, a Justiça? "Justiça é a virtude que dá a cada um o que é seu (*Justitia porro ea virtus est, quae sua cuique distribuit*). "Em que consiste, pois, a Justiça dos homens que rouba o homem ao verdadeiro Deus e o submete aos demônios impuros? Ou não é injusto aquele que subtrai ao comprador um pedaço de terreno e o dá a quem não tem qualquer direito a ele? E é porventura justo aquele que se furta a si próprio ao Senhor por quem foi criado e se põe ao serviço de espíritos maléficos?"[37].

Segundo a concepção que está na base deste raciocínio, o Direito é uma ordem de coerção justa e distingue-se, assim, através da Justiça do seu conteúdo, da ordem coercitiva de um bando de salteadores.

Que a Justiça não pode ser uma característica que distinga o Direito de outras ordens coercitivas resulta do caráter relativo do juízo de valor segundo o qual uma ordem social é justa[38]. Visto Agostinho somente querer considerar como justa uma ordem que atribua a cada um o que é seu e empregar esta fórmula destituída de conteúdo por maneira a fazer valer como justa aquela ordem que reserva ao verdadeiro Deus — que é para ele o Deus judaico-cristão, e não os deuses dos romanos — o que a ele e só a ele pertence, a saber, a correspondente adoração, que adquire a sua expressão no culto, uma ordem que não corresponda a esta exigência não pode ser Direito e a comunidade por ela constituída não pode formar um Estado mas apenas um bando de salteadores. Com isso recusa-se ao Direito romano o caráter jurídico.

Se a Justiça é tomada como o critério da ordem normativa a designar como Direito, então as ordens coercitivas capitalistas do mundo ocidental não são de forma alguma Direito do ponto de vista do ideal comunista do Direito, e a ordem coercitiva comunista da União Soviética não é também de forma alguma Direito do ponto de vista do ideal de Justiça capitalista. Um conceito de Direito que conduz a uma tal conseqüência não pode ser aceito por uma ciência jurídica positiva. Uma ordem jurídica pode ser julgada como injusta do ponto de vista de uma determinada norma de Justiça. O fato, porém, de o conteúdo de uma ordem coercitiva eficaz poder ser julgado como injusto, não constitui de qualquer forma um fundamento para não considerar como válida essa ordem coercitiva.

Após a vitória da Revolução Francesa dos fins do séc. XVIII, assim como depois da vitória da Revolução Russa dos começos do séc. XX, manifestou-se nos outros Estados uma nítida tendência para não interpretar como ordem jurídica a ordem coercitiva instituída pela Revolução, e para não interpretar como atos jurídicos os atos do governo que havia revolucionariamente alcançado o poder; no primeiro caso, porque a Revolução ofendia o princípio da legitimidade monárquica, no segundo, porque ela acabava com a propriedade privada dos meios de produção. Com este último fundamento houve mesmo tribunais dos Estados Unidos que se negaram a reconhecer como atos jurídicos os atos do governo russo revolucionariamente estabelecido, com a justificação de que não se estava perante atos de um Estado mas em face de atos de um bando de gângsteres. Logo que, no entanto, as ordens coercitivas revolucionariamente instituídas provaram ser duradouramente eficazes, passaram a ser reconhecidas como ordens jurídicas, os governos das comunidades por elas constituídas passaram a ser havidos como governos de um Estado e os seus atos como atos estaduais e, conseqüentemente, como atos jurídicos.

d) *Deveres jurídicos sem sanção?*

Se se concebe o Direito como uma ordem de coerção, a fórmula com a qual traduzimos a norma fundamental de uma ordem jurídica estadual significa: a coação de um indivíduo por outro deve ser praticada pela forma e sob os pressupostos fixados pela primeira Constituição histórica. A norma fundamental delega na primeira Constituição histórica a determinação do processo pelo qual se devem estabelecer as normas estatuidoras de atos de coação. Uma norma, para ser interpretada objetivamente como norma jurídica, tem de ser o sentido subjetivo de um ato posto por este processo — pelo processo conforme à norma fundamental — e tem de estatuir um ato de coação ou estar em essencial ligação com uma norma que o estatua. Com a norma fundamental, portanto, pressupõe-se a definição nela contida do Direito como norma coercitiva[39]. A definição do Direito pressuposta na norma fundamental tem como conseqüência que apenas se deve considerar como juridicamente prescrita — ou, o que é o mesmo, como conteúdo de um dever jurídico — uma certa conduta, quando a conduta oposta seja normada como pressuposto de um ato coercitivo que é dirigido contra os indivíduos que por tal forma se conduzam (ou contra os seus familiares). Deve notar-se, no entanto, que o próprio ato de coação não precisa ser prescrito com este sentido, que a sua decretação e a sua execução podem ser apenas autorizadas.

Ora, faz-se valer contra a definição do Direito como ordem de coerção, isto é, contra a assunção do momento coação no conceito de Direito, que as ordens jurídicas que a história nos apresenta contêm de fato normas que não estatuem qualquer ato de coação, normas que permitem uma conduta ou conferem o poder de realizar uma conduta. Igualmente se faz valer, contra aquela definição, que existem normas que exigem uma conduta, obrigam a uma conduta, sem que, no entanto, liguem à conduta oposta, como pressuposto, um ato de coação, como conseqüência; e, particularmente, que a não-aplicação das normas que estatuem atos de coação não é muitas vezes transformada em pressuposto de atos coercitivos que funcionem como sanções.

A objeção referida em último lugar não colhe, pois a definição do Direito como ordem de coerção pode subsistir mesmo quando a norma estatuidora de um ato de coação não esteja ela própria em ligação essencial com uma norma que ligue uma sanção à não-aplicação ou à não-execução da coação num caso concreto, quando, portanto, a estatuição geral do ato de coação é de interpretar juridicamente, isto é, objetivamente, não como prescrita, mas apenas como autorizada (facultada) ou positivamente permitida (muito embora o sentido subjetivo do ato pelo qual o ato de coação é estatuído em forma geral seja o de uma prescrição). A definição do Direito como uma ordem coercitiva pode ainda manter-se em face daquelas normas que conferem competência ou poder para uma conduta que não tenha o caráter de um ato de coação, ou permitem positivamente tal conduta, na medida em que tais normas são normas não-autônomas, por estarem em ligação essencial com normas estatuidoras de atos de coerção. Um exemplo típico de tais normas, que são apresentadas como argumento contra a assunção do momento coercitivo no conceito de Direito, fornecem-no-lo as normas do direito constitucional. As normas da Constituição que regulam o processo legislativo não estatuem — argumenta-se — quaisquer sanções para a hipótese de não serem observadas. Uma análise mais detalhada mostra, porém, que se trata de normas não-autônomas que fixam apenas um dos pressupostos sob os quais são de aplicar e executar os atos de coação estatuídos por outras normas[40]. São normas que conferem ao órgão legislativo competência para produzir normas. Não prescrevem a produção de normas e, nessa medida, as sanções nem sequer entram aqui em linha de conta. Se as determinações da Constituição não são respeitadas, então não se produzem quaisquer normas jurídicas válidas, as normas em tais condições produzidas são nulas ou anuláveis, isto é: o sentido subjetivo dos atos postos inconstitucionalmente e que, portanto, não são postos de acordo com a norma fundamental, não será interpretado como seu sentido objetivo ou, então, essa interpretação — provisória — vem a ser repudiada[41].

A hipótese praticamente mais significativa na qual a jurisprudência tradicional presume a existência de uma norma destituída de sanção e que, no entanto, é constitutiva de um dever jurídico, é a hipótese da chamada obrigação natural. Esta é caracterizada como um dever de prestação cujo cumprimento não pode ser exigido através de uma ação intentada em tribunal e cujo não-cumprimento não constitui pressuposto de uma execução civil. O falar-se, apesar disso, de um dever jurídico de prestar baseia-se na circunstância de a prestação, uma vez realizada, não poder ser repetida com fundamento no enriquecimento sem causa. Isso, porém, não significa senão que vigora uma norma geral que determina que, quando o que recebe uma prestação à qual o que a presta não estava juridicamente vinculado não restitui o que foi prestado, pode ser dirigida contra o seu patrimônio, através de uma ação judicial, uma execução civil, e que a validade desta norma estatuidora de um ato de coação é limitada a certos casos fixados pela ordem jurídica. A situação de fato em presença pode, assim, ser descrita sem se pressupor a existência de uma norma desprovida de sanção constitutiva de um dever de prestar, já que o pode ser como simples limitação da validade de uma norma estatuidora de uma sanção.

Não pode evidentemente negar-se que o legislador pode pôr um ato — e isto através de um processo conforme à norma fundamental — cujo sentido subjetivo seja uma norma que prescreva uma determinada conduta humana, sem que seja posto um outro ato cujo sentido subjetivo seja uma norma que estatui, para a hipótese da conduta oposta, um ato coercitivo como sanção, e sem que, como no caso da obrigação natural, a situação possa ser descrita como limitação da validade de uma norma estatuidora de um ato de coação. Nesse caso, se a norma fundamental pressuposta é formulada como uma norma estatuidora de atos de coerção, o sentido subjetivo do ato em questão não pode ser interpretado como sendo o seu sentido objetivo, nem a norma que é o seu sentido subjetivo pode ser interpretada como norma jurídica, mas ambos têm de ser considerados como juridicamente irrelevantes. Mas ainda por outras razões, pode ser considerado como juridicamente irrelevante o sentido subjetivo de um ato posto através de um processo conforme à norma fundamental. Com efeito, o sentido subjetivo de um tal ato pode ser algo que nem sequer possua o caráter de uma norma impondo, permitindo ou autorizando uma conduta humana. Uma lei produzida de pleno acordo com a Constituição pode ter um conteúdo que não represente qualquer espécie de norma mas exprima uma teoria religiosa ou política, como talvez o princípio de que o Direito provém de Deus, ou de que a lei é justa ou que realiza o interesse de toda a coletividade. Na forma de uma lei constitucionalmente criada podem ser apresentadas ao Chefe de Estado, por ocasião do seu jubileu governativo, as felicitações da Nação, simplesmente para dar a essas felicitações uma forma particularmente solene. Na medida em que os atos constitucionalmente produzidos são expressos em palavras, eles podem ter qualquer sentido, isto é, podem assumir uma forma que de modo algum apenas possa ter normas por conteúdo. Na medida em que o Direito em geral é definido como norma, a ciência jurídica não pode dispensar o conceito de conteúdo juridicamente irrelevante.

Visto o Direito regular o processo através do qual ele próprio é produzido, importa distinguir este processo regulado pelo Direito, como forma jurídica, do conteúdo por este processo produzido, como conteúdo jurídico, e falar de um conteúdo jurídico juridicamente irrelevante. Na jurisprudência tradicional este pensamento ganha expressão em certa medida na distinção de lei em sentido formal e lei em sentido material. Esta distinção baseia-se no fato de que, na forma de lei, podem surgir não só normas gerais reguladoras da conduta humana mas também decisões administrativas, como a concessão da cidadania a um determinado indivíduo, ou a aprovação do orçamento do Estado; ou até sentenças penais se o órgão legislativo, em certos casos, funciona também como tribunal. No entanto, seria mais correto falar de forma legal e conteúdo legal em vez de lei em sentido formal e material. Os termos forma jurídica e conteúdo jurídico são, no entanto, inexatos e mesmo desorientadores, na medida em que, para um ato ser objetivamente interpretado como ato jurídico, é necessário não só que esse ato seja posto num determinado processo mas também que ele tenha um determinado sentido subjetivo. Depende da definição de Direito pressuposta na norma fundamental qual deva ser esse sentido. Se o Direito não fosse definido como ordem de coação mas apenas como ordem posta em conformidade com a norma fundamental e esta fosse formulada com o sentido de que as pessoas se devem conduzir, nas condições fixadas pela primeira Constituição histórica, tal como esta mesma Constituição determina, então poderiam existir normas jurídicas desprovidas de sanção, isto é, normas jurídicas que, sob determinados pressupostos, prescrevessem uma determinada conduta humana, sem que uma outra norma estatuísse uma sanção para a hipótese de a primeira não ser respeitada. Nessa hipótese, o sentido subjetivo de um ato posto em conformidade com a norma fundamental — sentido esse que não é uma norma nem pode ser posto em relação com uma norma — seria juridicamente irrelevante. Nessa hipótese ainda, uma norma posta pelo legislador constitucional que prescrevesse uma determinada conduta humana sem ligar à conduta oposta um ato coercitivo — a título de sanção — só poderia ser distinguida de uma norma moral pela sua origem, e uma norma jurídica produzida pela via consuetudinária nem sequer poderia ser distinguida de uma norma de moral também produzida consuetudinariamente. Se o costume é considerado pela Constituição como fato produtor de normas jurídicas, então toda a Moral constituiria parte integrante da ordem jurídica, na medida em que as suas normas são efetivamente produzidas pela via consuetudinária.

É, por isso, de rejeitar uma definição do Direito que o não determine como ordem de coação, especialmente porque só através da assunção do elemento coação no conceito de Direito este pode ser distintamente separado de toda e qualquer outra ordem social, e porque, com o elemento coação, se toma por critério um fator sumamente significativo para o conhecimento das relações sociais e altamente característico das ordens sociais a que chamamos "Direito"; e mais especialmente ainda porque só então será possível levar em conta a conexão que existe — na hipótese mais representativa para o conhecimento do Direito, que é a do moderno direito estadual — entre o Direito e o Estado, já que este é essencialmente uma ordem de coação e uma ordem de coação centralizadora e limitada no seu domínio territorial de validade[42].

Nas ordens jurídicas modernas só muito excepcionalmente se encontram normas que são o sentido subjetivo de atos de legislação e que prescrevem uma determinada conduta sem que a conduta oposta seja tomada como pressuposto de um ato coercitivo que funcione como sanção. Se, no entanto, as ordens sociais a que chamamos Direito contivessem de fato em quantidade apreciável normas prescritivas que não estivessem essencialmente ligadas a normas que estatuem atos coercitivos como sanção — o que não é, porém, o caso —, então a admissibilidade de uma definição do Direito como ordem de coerção seria posta em causa. E se das ordens sociais a que chamamos Direito viesse a desaparecer — como profetiza o socialismo marxista — o elemento coação (como conseqüência do desaparecimento da propriedade privada dos meios de produção), estas ordens sociais mudariam radicalmente de caráter: perderiam — no sentido da definição do Direito aqui admitida — o seu caráter jurídico, do mesmo modo que as comunidades por elas construídas perderiam o seu caráter estatal; ou seja, na terminologia de Marx, o Estado — e com o Estado também o Direito — "morreria".

e) *Normas jurídicas não-autônomas*

Já num outro contexto fizemos notar que, quando uma norma prescreve uma determinada conduta e uma segunda norma estatui uma sanção para a hipótese da não-observância da primeira, estas duas normas estão essencialmente interligadas. Isto vale particularmente para a hipótese em que um ordenamento normativo — como o ordenamento jurídico — prescreve uma determinada conduta pelo fato de ligar à conduta oposta um ato coercitivo a título de sanção, de tal forma que uma conduta somente se pode considerar como prescrita, nos termos desse ordenamento — e, portanto, no caso do ordenamento jurídico, como juridicamente prescrita —, se a conduta oposta é pressuposto de uma sanção. Se uma ordem jurídica ou uma lei feita pelo parlamento contém uma norma que prescreve uma determinada conduta e uma outra norma que liga à não-observância da primeira uma sanção, aquela primeira norma não é uma norma autônoma, mas está essencialmente ligada à segunda; ela apenas estabelece — negativamente — o pressuposto a que a segunda liga a sanção. E, quando a segunda norma determina positivamente o pressuposto a que liga a sanção, a primeira torna-se supérflua do ponto de vista da técnica legislativa. Se, por exemplo, um código civil contém a norma de que o devedor deve restituir ao credor, de acordo com as estipulações contratuais, o empréstimo recebido, e a norma segundo a qual, quando o devedor não restitui ao credor a soma emprestada, de conformidade com as estipulações contratuais, deve ser realizada sobre o patrimônio do devedor, a requerimento do credor, uma execução civil, tudo o que a primeira norma determina está contido negativamente na segunda como pressuposto. Um código penal moderno não contém, a maior parte das vezes, normas nas quais, como nos Dez Mandamentos, o homicídio, o adultério e outros delitos estejam proibidos, mas limita-se a ligar sanções penais a determinados tipos legais (*Tatbestände*). Aqui se mostra claramente que a norma "Não matarás" é supérflua quando vigora uma norma que diz: "Quem matar será punido", ou seja, que a ordem jurídica proíbe uma determinada conduta pelo fato mesmo de ligar a esta conduta uma sanção, ou prescreve uma determinada conduta enquanto liga uma sanção à conduta oposta. Normas jurídicas não-autônomas são também aquelas que permitem positivamente uma determinada conduta, pois elas apenas limitam o domínio de validade de uma norma jurídica que proíbe essa conduta na medida em que lhe liga uma sanção. Já nos referimos à norma permissiva da legítima defesa. A conexão entre ambas as normas em questão surge com particular clareza na Carta das Nações Unidas que, no seu artigo 2, nº 4, proíbe a todos os seus membros o emprego da força, enquanto liga a esse emprego da força as sanções estatuídas no artigo 39, e no artigo 51 permite o uso da força como autodefesa individual ou coletiva, limitando assim a proibição geral do artigo 2, nº 4. Os artigos citados formam uma unidade. A Carta poderia conter um único artigo proibindo aos membros das Nações Unidas o uso da força que não fosse autodefesa individual ou coletiva, fazendo do emprego da força, assim limitado, pressuposto de uma sanção. Um outro exemplo: uma norma proíbe o tráfico de bebidas alcoólicas, isto é, fá-lo pressuposto de uma pena, sendo, porém, esta norma limitada por uma outra segundo a qual o tráfico de bebidas alcoólicas, quando feito com permissão da autoridade, não é proibido, isto é, não é punível. A segunda norma, através da qual o domínio de validade da primeira é limitado, é uma norma não-autônoma. Aquela apenas faz sentido em combinação com esta. Ambas formam uma unidade. Os respectivos conteúdos podem ser expressos numa norma do seguinte teor: quem traficar bebidas alcoólicas sem permissão da competente autoridade será punido. A função da simples permissão negativa, que consiste em a ordem jurídica não proibir uma determinada conduta, já não nos interessa aqui, pois a permissão não é feita, nesse caso, através de uma norma positiva.

Assim como uma norma jurídica pode limitar o domínio de validade de uma outra, assim também lhe pode retirar completamente a validade. Também estas normas derrogatórias são normas não-autônomas que apenas se podem compreender em conexão com outras normas estatuidoras de atos de coerção.

São ainda normas não-autônomas as normas jurídicas que conferem competência para realizar uma determinada conduta, desde que por "conferir competência" entendamos conferir a um indivíduo um poder jurídico, ou seja, conferir-lhe o poder de produzir normas jurídicas. Com efeito, elas fixam apenas um dos pressupostos aos quais — numa norma autônoma — se liga o ato de coação. Trata-se das normas que conferem competência para a produção de normas jurídicas gerais, as normas da Constituição que regulam o procedimento legislativo ou põem o costume como fato produtor de Direito, e das normas que regulam os procedimentos jurisdicional e administrativo nos quais as normas gerais produzidas através da lei ou do costume são aplicadas, pelas autoridades jurisdicionais ou administrativas para o efeito competentes, nas normas individuais a produzir por estes órgãos. Um exemplo ilustrará este ponto. Consideremos a situação que se nos apresenta quando, numa determinada ordem jurídica, o furto é proibido por lei sob pena de prisão. Pressuposto da pena estabelecida não é de forma alguma o só fato de que um indivíduo cometeu um furto. O furto tem de ser averiguado, num processo ou segundo um processo fixado pelas normas da ordem jurídica, por um tribunal que essas normas para tal considerem competente; ao que se seguirá a aplicação, por este tribunal, de uma pena fixada pela lei ou pelo direito consuetudinário, pena essa a ser executada por um outro órgão. O tribunal é competente para, num determinado processo, aplicar ao furto uma pena, somente quando foi produzida, segundo um processo constitucional, uma norma geral que liga ao furto uma determinada pena. A norma da Constituição que confere competência para a produção desta norma geral fixa um pressuposto ao qual é ligada a sanção. A proposição jurídica que descreve esta situação diz: Se os indivíduos competentes para legislar estabeleceram uma norma geral por força da qual quem comete furto deve ser punido de certa maneira, e se o tribunal competente segundo o ordenamento processual penal verificou, de conformidade com um procedimento fixado pelo mesmo ordenamento processual, que determinado indivíduo cometeu um furto, e se este mesmo tribunal aplicou a pena legalmente fixada, então deve um certo órgão executar essa pena. Esta formulação da proposição jurídica descritiva do Direito mostra que as normas da Constituição que conferem competência para a produção de normas gerais ao regularem a organização e o processo do órgão legislativo, e as normas de processo penal que conferem competência para a produção das normas individuais das decisões penais ao regularem a organização e o procedimento dos tribunais penais, são normas não-autônomas, pois elas apenas determinam as condições ou pressupostos da execução das sanções penais. A execução de todos os atos de coação estatuídos por uma ordem jurídica, mesmo daqueles que são aplicados, não num processo jurisdicional, mas num processo administrativo, e daqueles que não têm o caráter de sanções, é condicionada por esta maneira. A produção, conforme à Constituição, das normas gerais a aplicar pelos órgãos aplicadores do Direito e a produção, conforme à lei, das normas individuais nas quais estes órgãos têm de concretizar as normas gerais, são tanto pressupostos da execução do ato coercitivo como a verificação do tipo legal de delito ou de outras circunstâncias que as normas jurídicas considerem condição de atos de coação e que não tenham o caráter de sanções. Mas a norma geral que estatui o ato de coerção sob todos estes pressupostos é uma norma autônoma, muito embora o ato de coação não seja prescrito, por à sua execução não estar ligado um novo ato de coação. Quando se diz que o ato de coação é autorizado, a palavra "autorizar" (conferir poder ou competência, *ermächtigen*) é utilizada num sentido amplo. Ela significa, neste caso, não apenas a concessão de um poder jurídico, isto é, da faculdade de produzir normas jurídicas, mas também a concessão da faculdade de pôr os atos de coação estatuídos pelas normas jurídicas. Se também nesta faculdade se vê um "poder", poderá ela então ser também designada como um poder jurídico no sentido amplo desta palavra.

Como normas não-autônomas devem finalmente considerar-se ainda aquelas que determinam com maior exatidão o sentido de outras normas, definindo porventura um conceito utilizado na formulação de uma outra norma ou interpretando autenticamente uma norma. Um código penal pode, por exemplo, conter um artigo que diga: "O homicídio é aquela conduta de um indivíduo pela qual este provoca intencionalmente a morte de outro indivíduo". Este artigo é uma definição do homicídio. Ele só tem caráter normativo em conexão com outro artigo que determine: "Se um indivíduo pratica um homicídio, o tribunal para o efeito competente deve aplicar-lhe a pena de morte". E este artigo, por sua vez, está numa conexão inseparável com um terceiro que prescreva: "A pena de morte é executada pelo enforcamento".

Do que fica dito resulta que uma ordem jurídica, se bem que nem todas as suas normas estatuam atos de coação, pode, no entanto, ser caracterizada como ordem de coação, na medida em que todas as suas normas que não estatuam elas próprias um ato coercitivo e, por isso, não contenham uma prescrição mas antes confiram competência para a produção de normas ou contenham uma permissão positiva, são normas não-autônomas, pois apenas têm validade em ligação com uma norma estatuidora de um ato de coerção. E também nem todas as normas estatuidoras de um ato de coerção prescrevem uma conduta determinada (a conduta oposta à visada por esse ato), mas somente aquelas que estatuam o ato de coação como reação contra uma determinada conduta humana, isto é, como sanção. Por isso o Direito, ainda por esta razão[43], não tem caráter exclusivamente prescritivo ou imperativista. Visto que uma ordem jurídica é uma ordem de coação no sentido que acaba de ser definido, pode ela ser descrita em proposições enunciando que, sob pressupostos determinados (determinados pela ordem jurídica), devem ser aplicados certos atos de coerção (determinados igualmente pela ordem jurídica). Todo o material dado nas normas de uma ordem jurídica se enquadra neste esquema de proposição jurídica formulada pela ciência do Direito, proposição esta que se deverá distinguir da norma jurídica posta pela autoridade estadual[44].

II
Direito e Moral

1. As normas morais como normas sociais

Ao definir o Direito como norma, na medida em que ele constitui o objeto de uma específica ciência jurídica, delimitamo-lo em face da natureza e, ao mesmo tempo, delimitamos a ciência jurídica em face da ciência natural. Ao lado das normas jurídicas, porém, há outras normas que regulam a conduta dos homens entre si, isto é, normas sociais, e a ciência jurídica não é, portanto, a única disciplina dirigida ao conhecimento e à descrição de normas sociais. Essas outras normas sociais podem ser abrangidas sob a designação de Moral e a disciplina dirigida ao seu conhecimento e descrição pode ser designada como Ética[1]. Na medida em que a Justiça é uma exigência da Moral, na relação entre a Moral e o Direito está contida a relação entre a Justiça e o Direito[2]. A tal propósito deve notar-se que, no uso corrente da linguagem, assim como o Direito é confundido com a ciência jurídica, a Moral é muito freqüentemente confundida com a Ética, e afirma-se desta o que só quanto àquela está certo: que regula a conduta humana, que estatui deveres e direitos, isto é, que estabelece autoritariamente normas, quando ela apenas pode conhecer e descrever a norma moral posta por uma autoridade moral ou consuetudinariamente produzida. A pureza de método da ciência jurídica é então posta em perigo, não só pelo fato de se não tomarem em conta os limites que separam esta ciência da ciência natural, mas — muito mais ainda — pelo fato de ela não ser, ou de não ser com suficiente clareza, separada da Ética: de não se distinguir claramente entre Direito e Moral.

O caráter social da Moral é por vezes posto em questão apontando-se que, além das normas morais que estatuem sobre a conduta de um homem em face de outro, há ainda normas morais que prescrevem uma conduta do homem em face de si mesmo, como a norma que proíbe o suicídio ou as normas que prescrevem a coragem ou a castidade. O certo, porém, é que também estas normas apenas surgem na consciência de homens que vivem em sociedade. A conduta do indivíduo que elas determinam apenas se refere imediatamente, na verdade, a este mesmo indivíduo; mediatamente, porém, refere-se aos outros membros da comunidade. Na verdade, só por causa dos efeitos que esta conduta tem sobre a comunidade é que ela se transforma, na consciência dos membros da comunidade, numa norma moral. Também os chamados deveres do homem para consigo próprio são deveres sociais. Para um indivíduo que vivesse isolado não teriam sentido.

2. A Moral como regulamentação da conduta interior

A distinção entre a Moral e o Direito não pode referir-se à conduta a que obrigam os homens as normas de cada uma destas ordens sociais. O suicídio não pode ser apenas proibido pela Moral mas tem de o ser também pelo Direito; a coragem e a castidade não podem ser apenas deveres morais — são também deveres jurídicos. E também a concepção, freqüentemente seguida, de que o Direito prescreve uma conduta externa e a Moral uma conduta interna não é acertada. As normas das duas ordens determinam ambas as espécies de conduta. A virtude moral da coragem não consiste apenas no estado de alma de ausência de medo, mas também numa conduta exterior condicionada por aquele estado. E, quando uma ordem jurídica proíbe o homicídio, proíbe não apenas a produção da morte de um homem através da conduta exterior de um outro homem, mas também uma conduta interna, ou seja, a intenção de produzir um tal resultado. A conduta "interna", que a Moral, diferentemente do Direito — segundo o ponto de vista de muitos filósofos moralistas —, exige, devera consistir em uma conduta que, para ser moral, terá de ser realizada contra a inclinação[3] ou — o que é o mesmo — contra o interesse egoístico. Na medida em que isso não signifique senão que subsiste o dever de realizar determinada conduta, estatuído por uma norma moral, ou seja, que esta norma vale, mesmo quando a inclinação ou o interesse egoístico se oponham à conduta prescrita, poderá afirmar-se justamente o mesmo dos deveres estatuídos através de normas jurídicas. Não pode evitar-se que a ordem social prescreva uma conduta que possivelmente vá dirigida contra qualquer inclinação ou interesse egoístico dos indivíduos cujas condutas o ordenamento regula. Prescrever apenas uma conduta que corresponda a todas as inclinações ou interesses egoísticos dos destinatários das normas seria supérfluo, pois que os homens seguem as suas inclinações ou procuram realizar os seus interesses egoísticos mesmo sem a tal serem obrigados. Uma ordem social, ou seja, uma norma que prescreve uma determinada conduta humana, apenas tem sentido se a situação deve ser diferente daquela que resultaria do fato de cada qual seguir as suas próprias inclinações ou procurar realizar os interesses egoístas que atuariam na ausência da validade e eficácia de uma ordem social. Por outras palavras: aquela ordem só tem sentido se os indivíduos se devem conduzir mesmo contra estas inclinações ou interesses egoísticos. Neste ponto importa notar que, quando os indivíduos submetidos à ordem social se comportam de fato em conformidade com as normas desta ordem, isso também sucede apenas porque tal conduta corresponde à sua inclinação ou interesse egoístico, uma inclinação e um interesse egoístico que são provocados pela ordem social e que possivelmente — mas não necessariamente — são contrários à inclinação ou ao interesse egoístico que existiria se não fora a intervenção da ordem social. O homem pode ter inclinações ou interesses que mutuamente se contradizem. A sua conduta efetiva depende de qual seja a inclinação mais intensa, de qual seja o interesse mais forte. Nenhuma ordem social pode precludir as inclinações dos homens, os seus interesses egoísticos, como motivos das suas ações e omissões. Ela apenas pode, se quer ser eficaz, criar para o indivíduo a inclinação ou interesse de se conduzir em harmonia com a ordem social e se opor às inclinações ou interesses egoísticos que, na ausência daquela, atuariam.

No entanto, a doutrina ética acima referida é por vezes entendida no sentido de que apenas uma conduta dirigida contra a inclinação ou interesse egoístico tem valor moral[4]. Como "ter valor moral" não signfica senão corresponder a uma norma moral, afirmar esta doutrina implica afirmar-se que a Moral não prescreve senão que o indivíduo deve, na sua conduta, reprimir as suas inclinações, não realizar os seus interesses egoísticos, mas agir por outros motivos. Quer isto dizer que a norma moral apenas se refere aos motivos da conduta. À parte o fato de que a satisfação da exigência de que devemos agir por outros motivos que não a nossa inclinação ou o nosso interesse egoístico é psicologicamente impossível, uma Moral cuja norma apenas se refira aos motivos da conduta pressupõe uma outra ordem social que prescreva uma conduta externa. A norma de uma Moral que apenas se refere aos motivos da conduta externa é imperfeita ou incompleta: apenas pode valer em combinação com as normas que prescrevem a conduta externa, e também estas normas têm de ser normas morais. Nem toda e qualquer conduta pode ser moral apenas por ser realizada contra a inclinação ou o interesse egoístico. Se alguém obedece ao comando de outrem que lhe ordena a execução de um homicídio, a sua ação não pode ter qualquer valor moral, mesmo que seja realizada contra a sua inclinação ou o seu interesse egoístico, enquanto o homicídio for proibido, isto é, considerado como desvalioso, pela ordem social que se pressupõe como válida. Uma conduta apenas pode ter valor moral quando não só o seu motivo determinante como também a própria conduta correspondam a uma norma moral. Na apreciação moral o motivo não pode ser separado da conduta motivada. Por esta razão ainda, o conceito de moral não pode ser limitado à norma que disponha: reprime as suas inclinações, deixa de realizar os seus interesses egoísticos. Mas a verdade é que somente se o conceito de Moral for assim delimitado é que Moral e Direito se podem distinguir pela forma indicada: referir-se aquela à conduta interna ao passo que este também dispõe sobre a conduta externa[5].

3. A Moral como ordem positiva sem caráter coercitivo

O Direito e a Moral também não se podem distinguir essencialmente com referência à produção ou à aplicação das suas normas. Tal como as normas do Direito, também as normas da Moral são criadas pelo costume ou por meio de uma elaboração consciente (v. g. por parte de um profeta ou do fundador de uma religião, como Jesus). Neste sentido a Moral é, como o Direito, *positiva*, e só uma Moral positiva tem interesse para uma Ética científica, tal como apenas o Direito positivo interessa a uma teoria científica do Direito. É verdade que uma ordem moral não prevê quaisquer órgãos centrais, isto é, órgãos funcionando segundo o princípio da divisão do trabalho, para a aplicação das suas normas. Esta aplicação consiste na apreciação moral da conduta de outrem regulada por aquela ordem. Mas também uma ordem jurídica primitiva é completamente descentralizada e não pode, portanto, distinguir-se, sob este aspecto, de uma ordem moral. É muito significativo a este propósito que por vezes não se queira conferir senão o valor de *Moral* internacional ao *Direito* internacional geral, que é um Direito completamente descentralizado.

Uma distinção entre o Direito e a Moral não pode encontrar-se *naquilo* que as duas ordens sociais prescrevem ou proíbem, mas no *como* elas prescrevem ou proíbem uma determinada conduta humana. O Direito só pode ser distinguido essencialmente da Moral quando — como já mostramos — se concebe como uma ordem de coação, isto é, como uma ordem normativa que procura obter uma determinada conduta humana ligando à conduta oposta um ato de coerção socialmente organizado, enquanto a Moral é uma ordem social que não estatui quaisquer sanções desse tipo, visto que as suas sanções apenas consistem na aprovação da conduta conforme às normas e na desaprovação da conduta contrária às normas, nela não entrando sequer em linha de conta, portanto, o emprego da força física.

4. O Direito como parte da Moral

Estabelecido que o Direito e a Moral constituem diferentes espécies de sistemas de normas, surge o problema das relações entre o Direito e a Moral. Esta questão tem um duplo sentido. Pode com ela pretender-se indagar qual a relação que de fato *existe* entre o Direito e a Moral, mas também se pode pretender descobrir a relação que *deve* existir entre os dois sistemas de normas. Estas duas questões são confundidas uma com a outra, o que conduz a equívocos. À primeira questão responde-se por vezes que o Direito é por sua própria essência moral, o que significa que a conduta que as normas jurídicas prescrevem ou proíbem também é prescrita ou proibida pelas normas da Moral. E acrescenta-se que, se uma ordem social prescreve uma conduta que a Moral proíbe, ou proíbe uma conduta que a Moral prescreve, essa ordem não é Direito porque não é justa. A questão, porém, é também respondida no sentido de que o Direito pode ser moral — no sentido acabado de referir, isto é, justo —, mas não tem necessariamente de o ser; que uma ordem social que não é moral, ou seja, justa, pode, no entanto, ser Direito, se bem que se admita a exigência de que o Direito deve ser moral, isto é, deve ser justo.

Quando se entende a questão das relações entre o Direito e a Moral como uma questão acerca do conteúdo do Direito e não como uma questão acerca da sua forma, quando se afirma que o Direito por sua própria essência tem um conteúdo moral ou constitui um valor moral, com isso afirma-se que o Direito vale no domínio da Moral, que o Direito é uma parte constitutiva da ordem moral, que o Direito é moral e, portanto, é por essência justo. Na medida em que uma tal tese vise uma justificação do Direito — e é este o seu sentido próprio —, tem de pressupor que apenas *uma* Moral que é a única válida, ou seja, uma Moral absoluta, fornece um valor moral absoluto e que só as normas que correspondam a esta Moral absoluta e, portanto, constituam o valor moral absoluto, podem ser consideradas "Direito". Quer dizer: parte-se de uma definição do Direito que o determina como parte da Moral, que identifica Direito e Justiça.

5. Relatividade do valor moral

Se, do ponto de vista de um conhecimento científico, se rejeita o suposto de valores absolutos em geral e de um valor moral absoluto em particular — pois um valor absoluto apenas pode ser admitido com base numa crença religiosa na autoridade absoluta e transcendente de uma divindade — e se aceita, por isso, que desse ponto de vista não há uma Moral absoluta, isto é, que seja a única válida, excluindo a possibilidade da validade de qualquer outra; se se nega que o que é bom e justo de conformidade com uma ordem moral é bom e justo em todas as circunstâncias, e o que segundo esta ordem moral é mau é mau em todas as circunstâncias; se se concede que em diversas épocas, nos diferentes povos e até no mesmo povo dentro das diferentes categorias, classes e profissões valem sistemas morais muito diferentes e contraditórios entre si, que em diferentes circunstâncias pode ser diferente o que se toma por bom e mau, justo e injusto e nada há que tenha de ser havido por necessariamente bom ou mau, justo ou injusto em todas as possíveis circunstâncias, que apenas há valores morais relativos — então a afirmação de que as normas sociais devem ter um conteúdo moral, devem ser justas, para poderem ser consideradas como Direito, apenas pode significar que estas normas devem conter algo que seja comum a todos os sistemas de Moral enquanto sistemas de Justiça. Em vista, porém, da grande diversidade daquilo que os homens efetivamente consideram como bom e mau, justo e injusto, em diferentes épocas e nos diferentes lugares, não se pode determinar qualquer elemento comum aos conteúdos das diferentes ordens morais. Tem-se afirmado que uma exigência comum a todos os sistemas de Moral seria: conservar a paz, não exercer violência sobre ninguém. Mas já Heráclito ensinou que a guerra não só é o "pai", isto é, a origem de tudo, mas também o "rei", isto é, a mais alta autoridade normativa, o mais alto valor, sendo, portanto, boa, que o Direito é luta e que a luta, por isso, é justa[6]. E até Jesus diz: "Eu não vim para trazer a paz à terra, mas a discórdia"[7]; e, portanto, não proclama de forma alguma, pelo menos para a ordem moral deste mundo, a paz como o valor mais alto. Poderá negar-se que também hoje, segundo a convicção de muitos, a guerra tem valor moral porque possibilita a comprovação das virtudes, a realização de idéias que se colocam em plano mais alçado que os valores da paz? Ou é porventura a moral do pacifismo uma moral indiscutida? Corresponde a filosofia da vida do liberalismo segundo a qual a competição, a luta da concorrência, garantem a melhor situação possível da sociedade, ao ideal da paz? Este não representa de forma alguma para todos os sistemas de Moral o valor mais elevado, e para muitos nem sequer representa qualquer valor. E, mesmo que se pudesse determinar um elemento comum a todos os sistemas morais até aqui vigentes, ainda assim não haveria razão suficiente para não considerar como "moral" ou "justa" e, portanto, para não considerar como Direito, uma ordem de coação que não contivesse aquele elemento e prescrevesse uma conduta que ainda não tivesse sido considerada em qualquer comunidade, como boa ou justa, ou proibisse uma conduta que ainda não tivesse sido considerada em qualquer comunidade como má ou injusta. Com efeito, quando se não pressupõe qualquer *a priori* como dado, isto é, quando se não pressupõe qualquer valor moral absoluto, não se tem qualquer possibilidade de determinar o que é que tem de ser havido, em todas as circunstâncias, por bom e mau, justo e injusto. E, nesse caso, não se poderá negar que também aquilo que a ordem coercitiva em questão prescreve pode ser tido por bom ou justo, e aquilo que ela proíbe por mau ou injusto; e que, portanto, também ela é — relativamente — moral ou justa. O que é necessariamente comum a todos os sistemas morais possíveis não é outra coisa senão a circunstância de eles serem normas sociais, isto é, normas que estatuem, quer dizer, estabelecem como devida (devendo ser) uma determinada conduta de homens referida — imediata ou mediatamente — a outros homens. O que é comum a todos os sistemas morais possíveis é a sua forma, o dever-ser, o caráter de norma. É moralmente bom o que corresponde a uma norma social que estatui uma determinada conduta humana; é moralmente mau o que contraria uma tal norma. O valor moral relativo é constituído por uma norma social que estabelece um determinado comportamento humano como devido (devendo-ser). Norma e valor são conceitos correlativos.

Sob estes pressupostos, a afirmação de que o Direito é, por sua essência, moral, não significa que ele tenha um determinado conteúdo, mas que ele é norma e uma norma social que estabelece, com o caráter de devida (como devendo-ser), uma determinada conduta humana. Então, neste sentido relativo, todo o Direito tem caráter moral, todo o Direito constitui um valor moral (relativo). Isto, porém, quer dizer: a questão das relações entre o Direito e a Moral não é uma questão sobre o conteúdo do Direito, mas uma questão sobre a sua forma. Não se poderá então dizer, como por vezes se diz, que o Direito não é apenas norma (ou comando), mas também constitui ou corporiza um valor. Uma tal afirmação só tem sentido pressupondo-se um valor divino absoluto. Com efeito, o Direito constitui um valor precisamente pelo fato de ser norma: constitui o *valor jurídico* que, ao mesmo tempo, é um valor moral (relativo). Ora, com isto mais se não diz senão que o Direito é norma.

Por tal forma, pois, não se aceita de modo algum a teoria de que o Direito, por essência, representa um mínimo moral, que uma ordem coercitiva, para poder ser considerada como Direito, tem de satisfazer uma exigência moral mínima. Com esta exigência, na verdade, pressupõe-se uma Moral absoluta, determinada quanto ao conteúdo, ou, então, um conteúdo comum a todos os sistemas de Moral positiva. Do exposto resulta que o que aqui se designa como valor jurídico não é um mínimo moral neste sentido, e especialmente que o valor de paz não representa um elemento essencial ao conceito de Direito.

6. Separação do Direito e da Moral

Se supusermos que o Direito *é*, por sua essência, moral (tem caráter moral), então não faz qualquer sentido a exigência — feita sob o pressuposto da existência de um valor moral absoluto — de que o Direito *deve* ser moral. Uma tal exigência apenas tem sentido, e a Moral para o efeito pressuposta somente representa um critério de valoração relativamente ao Direito, quando se admita a possibilidade de um Direito imoral, de um Direito moralmente mau, e, por conseqüência, quando na definição de Direito não entre o elemento que representa um conteúdo moral. Quando uma teoria do Direito positivo se propõe distinguir Direito e Moral em geral e Direito e Justiça em particular, para os não confundir entre si, ela volta-se contra a concepção tradicional, tida como indiscutível pela maioria dos juristas, que pressupõe que apenas existe *uma única* Moral válida — que é, portanto, *absoluta* — da qual resulta uma Justiça absoluta. A exigência de uma separação entre Direito e Moral, Direito e Justiça, significa que a validade de uma ordem jurídica positiva é independente desta Moral absoluta, única válida, da Moral por excelência, de *a* Moral. Se pressupusermos somente valores morais relativos, então a exigência de que o Direito *deve* ser moral, isto é, justo, apenas pode significar que o Direito positivo deve corresponder a *um determinado* sistema de Moral entre os vários sistemas morais possíveis. Mas com isto não fica excluída a possibilidade da pretensão que exija que o Direito positivo deve harmonizar-se com um outro sistema moral e com ele venha eventualmente a concordar de fato, contradizendo um sistema moral diferente deste. Se, pressupondo a existência de valores meramente relativos, se pretende distinguir o Direito da Moral em geral e, em particular, distinguir o Direito da Justiça, tal pretensão não significa que o Direito nada tenha a ver com a Moral e com a Justiça, que o conceito de Direito não caiba no conceito de bom. Na verdade, o conceito de "bom" não pode ser determinado senão como "o que deve ser", o que corresponde a uma norma. Ora, se definimos Direito como norma, isto implica que o que é conforme-ao-Direito (*das Rechtmässige*) é um bem. A pretensão de distinguir Direito e Moral, Direito e Justiça, sob o pressuposto de uma teoria relativa dos valores, apenas significa que, quando uma ordem jurídica é valorada como moral ou imoral, justa ou injusta, isso traduz a relação entre a ordem jurídica e um dos vários sistemas de Moral, e não a relação entre aquela e "a" Moral. Desta forma, é enunciado um juízo de valor relativo e não um juízo de valor absoluto. Ora, isto significa que a validade de uma ordem jurídica positiva é independente da sua concordância ou discordância com qualquer sistema de Moral.

Uma teoria dos valores relativista não significa — como muitas vezes erroneamente se entende — que não haja qualquer valor e, especialmente, que não haja qualquer Justiça. Significa, sim, que não há valores absolutos mas apenas valores relativos, que não existe uma Justiça absoluta mas apenas uma Justiça relativa, que os valores que nós constituímos através dos nossos atos produtores de normas e pomos na base dos nossos juízos de valor não podem apresentar-se com a pretensão de excluir a possibilidade de valores opostos.

É de per si evidente que uma Moral simplesmente relativa não pode desempenhar a função, que consciente ou inconscientemente lhe é exigida, de fornecer uma medida ou padrão absoluto para a valoração de uma ordem jurídica positiva. Uma tal medida também não pode ser encontrada pela via do conhecimento científico. Isto não significa, porém, que não haja qualquer medida. Todo e qualquer sistema moral pode servir de medida ou critério para tal efeito. Devemos ter presente, porém, quando apreciamos "moralmente" uma ordem jurídica positiva, quando a valoramos[8] como boa ou má, justa ou injusta, que o critério é um critério relativo, que não fica excluída uma diferente valoração com base num outro sistema de moral, que, quando uma ordem jurídica é considerada injusta se apreciada com base no critério fornecido por um sistema moral, ela pode ser havida como justa se julgada pela medida ou critério fornecido por um outro sistema moral.

7. Justificação do Direito pela Moral

Uma justificação do Direito positivo pela Moral apenas é possível quando entre as normas da Moral e as do Direito possa existir contraposição, quando possa existir um Direito moralmente bom e um Direito moralmente mau. Quando uma ordem moral, como, v. g., a proclamada[9] por Paulo na sua Epístola aos Romanos, prescreve a observância, em todas as circunstâncias, das normas postas pela autoridade jurídica e, assim, exclui de antemão toda a contradição entre ela própria e o Direito positivo, não pode realizar a sua intenção de legitimar o Direito positivo emprestando-lhe o valor moral. Com efeito, se todo o Direito positivo, por ser querido por Deus, e, portanto, justo, é bom, assim como tudo que é, por ser querido por Deus, é bom, nenhum Direito positivo pode ser mau, assim como nada do que é pode ser mau. Se o Direito é identificado com a Justiça, o ser com o dever-ser, o conceito de Justiça, assim como o de bom, perdem o seu sentido. Se nada há que seja mau (injusto), nada pode haver que seja bom (justo). A necessidade de distinguir o Direito da Moral e a ciência jurídica da Ética significa que, do ponto de vista de um conhecimento científico do Direito positivo, a legitimação deste por uma ordem moral distinta da ordem jurídica é irrelevante, pois a ciência jurídica não tem de aprovar ou desaprovar o seu objeto, mas apenas tem de o conhecer e descrever. Embora as normas jurídicas, como prescrições de dever-ser, constituam valores, a tarefa da ciência jurídica não é de forma alguma uma valoração ou apreciação do seu objeto, mas uma descrição do mesmo alheia a valores (*wertfreie*). O jurista científico não se identifica com qualquer valor, nem mesmo com o valor jurídico por ele descrito.

Se a ordem moral não prescreve a obediência à ordem jurídica em todas as circunstâncias e, portanto, existe a possibilidade de uma contradição entre a Moral e a ordem jurídica, então a exigência de separar o Direito da Moral e a ciência jurídica da Ética significa que a validade das normas jurídicas positivas não depende do fato de corresponderem à ordem moral, que, do ponto de vista de um conhecimento dirigido ao Direito positivo, uma norma jurídica pode ser considerada como válida ainda que contrarie a ordem moral.

O que sobretudo importa, porém — o que tem de ser sempre acentuado e nunca o será suficientemente — é a idéia de que não há uma única Moral, "a" Moral, mas vários sistemas de Moral profundamente diferentes uns dos outros e muitas vezes antagônicos, e que uma ordem jurídica positiva pode muito bem corresponder — no seu conjunto — às concepções morais de um determinado grupo, especialmente do grupo ou camada dominante da população que lhe está submetida — e, efetivamente, verifica-se em regra essa correspondência — e contrariar ao mesmo tempo as concepções morais de um outro grupo ou camada de população. Igualmente é de acentuar, com particular relevo, que as concepções sobre o que é moralmente bom ou mau, sobre o que é e o que não é moralmente justificável — como, v. g., o Direito — estão submetidas a uma permanente mutação, e que uma ordem jurídica ou certas das suas normas que, ao tempo em que entraram em vigor, poderiam ter correspondido às exigências morais de então, hoje podem ser condenadas como profundamente imorais. A tese, rejeitada pela Teoria Pura do Direito mas muito espalhada na jurisprudência tradicional, de que o Direito, segundo a sua própria essência, deve ser moral, de que uma ordem social imoral não é Direito, pressupõe, porém, uma Moral absoluta, isto é, uma Moral válida em todos os tempos e em toda a parte. De outro modo não poderia ela alcançar o seu fim de impor a uma ordem social um critério de medida firme, independente de circunstâncias de tempo e de lugar, sobre o que é direito (justo) e o que é injusto.

A tese de que o Direito é, segundo a sua própria essência, moral, isto é, de que somente uma ordem social moral é Direito, é rejeitada pela Teoria Pura do Direito, não apenas porque pressupõe uma Moral absoluta, mas ainda porque ela na sua efetiva aplicação pela jurisprudência dominante numa determinada comunidade jurídica, conduz a uma legitimação acrítica da ordem coercitiva estadual que constitui tal comunidade. Com efeito, pressupõe-se como evidente que a ordem coercitiva estadual própria é Direito. O problemático critério de medida da Moral absoluta apenas é utilizado para apreciar as ordens coercitivas de outros Estados. Somente estas são desqualificadas como imorais e, portanto, como não-Direito, quando não satisfaçam a determinadas exigências a que a nossa própria ordem dá satisfação, v. g., quando reconheçam ou não reconheçam a propriedade privada, tenham caráter democrático ou não-democrático, etc. Como, porém, a nossa própria ordem coercitiva é Direito, ela tem de ser, de acordo com a dita tese, também moral. Uma tal legitimação do Direito positivo pode, apesar da sua insuficiência lógica, prestar politicamente bons serviços. Do ponto de vista da ciência jurídica ela é insustentável. Com efeito, a ciência jurídica não tem de legitimar o Direito, não tem por forma alguma de justificar — quer através de uma Moral absoluta, quer através de uma Moral relativa — a ordem normativa que lhe compete — tão-somente — conhecer e descrever.

III

Direito e ciência

1. As normas jurídicas como objeto da ciência jurídica

Na afirmação evidente de que o objeto da ciência jurídica é o Direito, está contida a afirmação — menos evidente — de que são as normas jurídicas o objeto da ciência jurídica, e a conduta humana só o é na medida em que é determinada nas normas jurídicas como pressuposto ou conseqüência, ou — por outras palavras — na medida em que constitui conteúdo de normas jurídicas. Pelo que respeita à questão de saber se as relações inter-humanas são objeto da ciência jurídica, importa dizer que elas também só são objeto de um conhecimento jurídico enquanto relações jurídicas, isto é, como relações que são constituídas através de normas jurídicas[1]. A ciência jurídica procura apreender o seu objeto "juridicamente", isto é, do ponto de vista do Direito. Apreender algo juridicamente não pode, porém, significar senão apreender algo como Direito, o que quer dizer: como norma jurídica ou conteúdo de uma norma jurídica, como determinado através de uma norma jurídica[2].

2. Teoria jurídica estática e teoria jurídica dinâmica

Conforme o acento é posto sobre um ou sobre o outro elemento desta alternativa: as normas reguladoras da conduta humana ou a conduta humana regulada pelas normas, conforme o conhecimento é dirigido às normas jurídicas produzidas, a aplicar ou a observar por atos de conduta humana ou aos atos de produção, aplicação ou observância determinados por normas jurídicas, podemos distinguir uma teoria estática e uma teoria dinâmica do Direito[3]. A primeira tem por objeto o Direito como um sistema de normas em vigor, o Direito no seu momento estático; a outra tem por objeto o processo jurídico em que o Direito é produzido e aplicado, o Direito no seu movimento. Deve, no entanto, observar-se, a propósito, que este mesmo processo é, por sua vez, regulado pelo Direito. É, com efeito, uma característica muito significativa do Direito o ele regular a sua própria produção e aplicação. A produção das normas jurídicas gerais, isto é, o processo legislativo, é regulado pela Constituição, e as leis formais ou processuais, por seu turno, tomam à sua conta regular a aplicação das leis materiais pelos tribunais e autoridades administrativas. Por isso, os atos de produção e de aplicação (que, como veremos, também é ela própria produção)[4] do Direito, que representam o processo jurídico, somente interessam ao conhecimento jurídico enquanto formam o conteúdo de normas jurídicas, enquanto são determinados por normas jurídicas. Desta forma, também a teoria dinâmica do Direito é dirigida a normas jurídicas, a saber, àquelas normas que regulam a produção e a aplicação do Direito.

3. Norma jurídica e proposição jurídica

Na medida em que a ciência jurídica apenas apreende a conduta humana enquanto esta constitui conteúdo de normas jurídicas, isto é, enquanto é determinada por normas jurídicas, representa uma interpretação normativa destes fatos de conduta. Descreve as normas jurídicas produzidas através de atos de conduta humana e que hão-de ser aplicadas e observadas também por atos de conduta e, conseqüentemente, descreve as relações constituídas, através dessas normas jurídicas, entre os fatos por elas determinados. As proposições ou enunciados nos quais a ciência jurídica descreve estas relações devem, como *proposições* jurídicas, ser distinguidas das *normas* jurídicas que são produzidas pelos órgãos jurídicos a fim de por eles serem aplicadas e serem observadas pelos destinatários do Direito. *Proposições* jurídicas são juízos hipotéticos que enunciam ou traduzem que, de conformidade com o sentido de uma ordem jurídica — nacional ou internacional — dada ao conhecimento jurídico, sob certas condições ou pressupostos fixados por esse ordenamento, devem intervir certas conseqüências pelo mesmo ordenamento determinadas. As *normas* jurídicas, por seu lado, não são juízos, isto é, enunciados sobre um objeto dado ao conhecimento. Elas são antes, de acordo com o seu sentido, mandamentos e, como tais, comandos, imperativos. Mas não são apenas comandos, pois também são permissões e atribuições de poder ou competência. Em todo o caso, não são — como, por vezes, identificando Direito com ciência jurídica, se afirma — instruções (ensinamentos). O Direito prescreve, permite, confere poder ou competência — não "ensina" nada. Na medida, porém, em que as normas jurídicas são expressas em linguagem, isto é, em palavras e proposições, podem elas aparecer sob a forma de enunciados do mesmo tipo daqueles através dos quais se constatam fatos. A norma segundo a qual o furto deve ser punido é freqüentemente formulada pelo legislador na seguinte proposição: o furto é punido com pena de prisão; a norma que confere ao chefe de Estado competência para concluir tratados, assume a forma: o chefe de Estado conclui tratados internacionais. Do que se trata, porém, não é da forma verbal, mas do sentido do ato produtor de Direito, do ato que põe a norma. E o sentido deste ato é diferente do sentido da proposição jurídica que descreve o Direito. Na distinção entre proposição jurídica e norma jurídica ganha expressão a distinção que existe entre a função do conhecimento jurídico e a função, completamente distinta daquela, da autoridade jurídica, que é representada pelos órgãos da comunidade jurídica[5]. A ciência jurídica tem por missão conhecer — de fora, por assim dizer — o Direito e descrevê-lo com base no seu conhecimento. Os órgãos jurídicos têm — como autoridade jurídica — antes de tudo por missão produzir o Direito para que ele possa então ser conhecido e descrito pela ciência jurídica. É certo que também os órgãos aplicadores do Direito têm de conhecer — de dentro, por assim dizer — primeiramente o Direito a aplicar. O legislador, que, na sua atividade própria, aplica a Constituição, deve conhecê-la; e igualmente o juiz, que aplica as leis, deve conhecê-las. O conhecimento, porém, não é o essencial: é apenas o estádio preparatório da sua função que, como adiante melhor se mostrará, é simultaneamente — não só no caso do legislador como também no do juiz — produção jurídica: o estabelecimento de uma norma jurídica geral — por parte do legislador — ou a fixação de uma norma jurídica individual — por parte do juiz[6].

Também é verdade que, no sentido da teoria do conhecimento de Kant, a ciência jurídica como conhecimento do Direito, assim como todo o conhecimento, tem caráter constitutivo e, por conseguinte, "produz" o seu objeto na medida em que o apreende como um todo com sentido. Assim como o caos das sensações só através do conhecimento ordenador da ciência se transforma em cosmos, isto é, em natureza como um sistema unitário, assim também a pluralidade das normas jurídicas gerais e individuais postas pelos órgãos jurídicos, isto é, o material dado à ciência do Direito, só através do conhecimento da ciência jurídica se transforma num sistema unitário isento de contradições, ou seja, numa ordem jurídica. Esta "produção", porém, tem um puro caráter teorético ou gnoseológico. Ela é algo completamente diferente da produção de objetos pelo trabalho humano ou da produção do Direito pela autoridade jurídica.

É freqüentemente ignorada a distinção entre a função da ciência jurídica e a função da autoridade jurídica, e, portanto, a distinção entre o produto de uma e de outra. Assim acontece no uso da linguagem em que o Direito e ciência jurídica aparecem como expressões sinônimas[7]. Fala-se, por exemplo, do "Direito internacional clássico", querendo significar-se com isso uma determinada teoria do Direito internacional, ou chega mesmo a falar-se na concepção segundo a qual a ciência jurídica seria uma fonte de Direito no sentido de que se poderia esperar dela a decisão vinculante de uma questão jurídica. A ciência jurídica, porém, apenas pode descrever o Direito; ela não pode, como o Direito produzido pela autoridade jurídica (através de normas gerais ou individuais), *prescrever* seja o que for[8]. Nenhum jurista pode negar a distinção essencial que existe entre uma lei publicada no jornal oficial e um comentário jurídico a essa lei, entre o código penal e um tratado de Direito penal. A distinção revela-se no fato de as proposições normativas formuladas pela ciência jurídica, que descrevem o Direito e que não atribuem a ninguém quaisquer deveres ou direitos, poderem ser verídicas ou inverídicas, ao passo que as normas de dever-ser, estabelecidas pela autoridade jurídica — e que atribuem deveres e direitos aos sujeitos jurídicos — não são verídicas ou inverídicas mas válidas ou inválidas, tal como também os fatos da ordem do ser não são quer verídicos, quer inverídicos, mas apenas existem ou não existem, somente as afirmações sobre esses fatos podendo ser verídicas ou inverídicas. A proposição contida num tratado de Direito civil em que se afirme que (em conformidade com o Direito estadual que forma objeto do tratado) quem não cumpre uma dada promessa de casamento (esponsais) tem de indenizar pelo prejuízo que por tal fato cause, caso contrário deverá proceder-se a execução forçada no seu patrimônio, é inverídica se no Direito estadual que constitui o objeto deste tratado — tratado que se propõe descrever o Direito — se não prescreve tal dever, já que se não prevê essa execução forçada. A resposta à questão de saber se uma tal norma jurídica vigora ou não dentro de determinada ordem jurídica é — não direta mas indiretamente — verificável, pois uma tal norma tem — para vigorar — de ser produzida atavés de um ato empiricamente verificável. Contudo, a norma estatuída pela autoridade jurídica que prescreve a indenização do prejuízo causado e a execução forçada, na hipótese de conduta discordante, não pode ser verídica ou inverídica, pois ela não é um enunciado, não é uma descrição de um objeto, mas uma prescrição e, como tal, é o objeto a descrever — a descrever pela ciência jurídica. A norma estatuída pelo legislador que prevê a execução do patrimônio daquele que não indeniza o prejuízo causado pelo não-cumprimento da sua promessa esponsalícia, e a proposição descritiva desta norma, formulada pela ciência jurídica: quando alguém não indeniza o prejuízo causado pelo não-cumprimento de uma promessa esponsalícia deve proceder-se a execução forçada no seu patrimônio — têm caráter logicamente diverso. Por isso é aconselhável distinguir também terminologicamente estas duas formas de expressão chamando-lhes, respectivamente, norma jurídica e proposição jurídica. As proposições jurídicas formuladas pela ciência do Direito não são, pois, simples repetição das normas jurídicas postas pela autoridade jurídica. A objeção de que são supérfluas, porém, não é tão patentemente infundada como a que considerasse supérflua uma ciência natural a lado da natureza. É que a natureza não se manifesta, como o Direito, em palavras faladas e escritas. A essa objeção de que uma proposição jurídica, formulada pela ciência do Direito, é supérflua ao lado da norma jurídica — que a autoridade jurídica estabelece e aquela ciência descreve — pode apenas fazer-se face mostrando que ela conduz a afirmar que é supérflua, ao lado de uma lei penal, uma descrição jurídico-científica da mesma, que é supérflua, ao lado do Direito, uma ciência jurídica.

Dado que as normas jurídicas como prescrições, isto é, enquanto comandos, permissões, atribuições de competência, não podem ser verdadeiras nem falsas, põe-se a questão de saber como é que os princípios lógicos, particularmente o princípio da não-contradição e as regras da concludência do raciocínio, podem ser aplicados à relação entre normas (como desde sempre tem feito a Teoria Pura do Direito) quando, segundo a concepção tradicional, estes princípios apenas são aplicáveis a proposições ou enunciados que possam ser verdadeiros ou falsos. A resposta a esta questão é a seguinte: os princípios lógicos podem ser, se não direta, indiretamente, aplicados às normas jurídicas, na medida em que podem ser aplicados às proposições jurídicas que descrevem estas normas e que, por sua vez, podem ser verdadeiras ou falsas. Duas normas jurídicas contradizem-se e não podem, por isso, ser afirmadas simultaneamente como válidas quando as proposições jurídicas que as descrevem se contradizem; e uma norma jurídica pode ser deduzida de uma outra quando as proposições jurídicas que as descrevem podem entrar num silogismo lógico.

A isto não se opõe o fato de estas proposições serem e terem de ser proposições normativas (*Sollsätze*) por descreverem normas de dever-ser. A proposição que descreve a validade de uma norma penal que prescreva a pena de prisão para o furto seria falsa se afirmasse que, segundo tal norma, o furto é punido com prisão, pois casos há nos quais, apesar da vigência desta norma, o furto não é efetivamente punido, v. g., quando o ladrão se subtrai à punição. A proposição jurídica que descreva esta norma apenas poderá traduzir que, se alguém comete furto, deverá ser punido. Porém, o dever-ser da proposição jurídica não tem, como o dever-ser da norma jurídica, um sentido prescritivo, mas um sentido descritivo. Esta ambivalência da palavra "dever" (*Sollen*, dever-ser) é esquecida quando se identificam proposições normativas (*Sollsätze*) com imperativos[9].

4. Ciência causal e ciência normativa

Determinando o Direito como norma (ou, mais exatamente, como um sistema de normas, como uma ordem normativa) e limitando a ciência jurídica ao conhecimento e descrição de normas jurídicas e às relações, por estas constituídas, entre fatos que as mesmas normas determinam, delimita-se o Direito em face da natureza e a ciência jurídica, como ciência normativa, em face de todas as outras ciências que visam o conhecimento, informado pela lei da causalidade, de processos reais. Somente por esta via se alcança um critério seguro que nos permitirá distinguir univocamente a sociedade da natureza e a ciência social da ciência natural.

A natureza é, segundo uma das muitas definições deste objeto, uma determinada ordem das coisas ou um sistema de elementos que estão ligados uns com os outros como causa e efeito, ou seja, portanto, segundo um princípio que designamos por causalidade. As chamadas leis naturais, com as quais a ciência descreve este objeto — como, v. g., esta proposição: quando um metal é aquecido, dilata-se — são aplicações desse princípio. A relação que intercede entre o calor e a dilatação é a de causa e efeito.

Se há uma ciência social que é diferente da ciência natural, ela deve descrever o seu objeto segundo um princípio diferente do da causalidade. Como objeto de uma tal ciência que é diferente da ciência natural a sociedade é uma ordem normativa de conduta humana. Mas não há uma razão suficiente para não conceber a conduta humana também como elemento da natureza, isto é, como determinada pelo princípio da causalidade, ou seja, para a não explicar, como os fatos da natureza, como causa e efeito. Não pode duvidar-se de que uma tal explicação — pelo menos em certo grau — é possível e efetivamente resulta. Na medida em que uma ciência que descreve e explica por esta forma a conduta humana seja, por ter como objeto a conduta dos homens uns em face dos outros, qualificada de ciência social, tal ciência social não pode ser essencialmente distinta das ciências naturais.

Quando, contudo, se procede à análise das nossas afirmações sobre a conduta humana, verifica-se que nós conexionamos os atos de conduta humana entre si e com outros fatos, não apenas segundo o princípio da causalidade, isto é, como causa e efeito, mas também segundo um outro princípio que é completamente diferente do da causalidade, segundo um princípio para o qual ainda não há na ciência uma designação geralmente aceita. Somente se é possível a prova de que um tal princípio está presente no nosso pensamento e é aplicada por ciências que têm por objeto a conduta dos homens entre si enquanto determinada por normas, ou seja, que têm por objeto as normas que determinam essa conduta, é que teremos fundamento para considerar a sociedade como uma ordem diferente da da natureza e para distinguir das ciências naturais as ciências que aplicam na descrição do seu objeto este outro princípio ordenador, para considerar estas como essencialmente diferentes daquelas. Somente quando a sociedade é entendida como uma ordem normativa da conduta dos homens entre si é que ela pode ser concebida como um objeto diferente da ordem causal da natureza, só então é que a ciência social pode ser contraposta à ciência natural. Somente na medida em que o Direito for uma ordem normativa da conduta dos homens entre si pode ele, como fenômeno social, ser distinguido da natureza, e pode a ciência jurídica, como ciência social, ser separada da ciência da natureza.

5. Causalidade e imputação; lei natural e lei jurídica

Na descrição de uma ordem normativa da conduta dos homens entre si é aplicado aquele outro princípio ordenador, diferente da causalidade, que podemos designar como *imputação*. Pela via da análise do pensamento jurídico pode mostrar-se que, nas proposições jurídicas, isto é, nas proposições através das quais a ciência jurídica descreve o seu objeto, o Direito — quer seja um Direito nacional ou o Direito internacional —, é aplicado efetivamente um princípio que, embora análogo ao da causalidade, no entanto, se distingue dele por maneira característica. A analogia reside na circunstância de o princípio em questão ter, nas proposições jurídicas, uma função inteiramente análoga à do princípio da causalidade nas leis naturais, com as quais a ciência da natureza descreve o seu objeto. Proposições jurídicas são, por exemplo, as seguintes: Se alguém comete um crime, deve ser-lhe aplicada uma pena; se alguém não paga a sua dívida, deve proceder-se a uma execução forçada do seu patrimônio; se alguém é atacado de doença contagiosa, deve ser internado num estabelecimento adequado. Procurando uma fórmula geral, temos: sob determinados pressupostos, fixados pela ordem jurídica, deve efetivar-se um ato de coerção, pela mesma ordem jurídica estabelecido. É esta a forma fundamental da proposição jurídica, já acima posta em evidência. Tal-qualmente uma lei natural, também uma proposição jurídica liga entre si dois elementos. Porém, a ligação que se exprime na proposição jurídica tem um significado completamente diferente daquela que a lei natural descreve, ou seja, a da causalidade. Sem dúvida alguma que o crime não é ligado à pena, o delito civil à execução forçada, a doença contagiosa ao internamento do doente como uma causa é ligada ao seu efeito. Na proposição jurídica não se diz, como na lei natural, que, quando A é, B é, mas que, quando A é, B deve ser, mesmo quando B, porventura, efetivamente não seja. O ser o significado da cópula ou ligação dos elementos na proposição jurídica diferente do da ligação dos elementos na lei natural resulta da circunstância de a ligação na proposição jurídica ser produzida através de uma norma estabelecida pela autoridade jurídica — através de um ato de vontade, portanto —, enquanto que a ligação de causa e efeito, que na lei natural se afirma, é independente de qualquer intervenção dessa espécie.

Esta distinção desaparece nos quadros de uma mundividência metafísico-religiosa. Com efeito, por força dessa mundividência, a ligação de causa e efeito é produzida pela vontade do divino Criador. Portanto, também as leis naturais descrevem normas nas quais se exprime a vontade divina, normas que prescrevem à natureza um determinado comportamento. E, por isso, uma teoria metafísica do Direito crê poder encontrar na natureza um Direito natural. No entanto, nos quadros de uma mundividência científica, dentro dos quais apenas pode achar lugar uma teoria positivista do Direito, a distinção entre lei natural e proposição jurídica deve ser sustentada e acentuada com firme decisão. Quando a proposição jurídica é aqui formulada com o sentido de que, sob determinados pressupostos, *deve* realizar-se uma determinada conseqüência, isto é, quando a ligação, produzida por uma norma jurídica, dos fatos estabelecidos como pressuposto e conseqüência é expressa na proposição jurídica pela cópula "deve (-ser)" (*Sollen*), esta palavra não é empregada no seu sentido usual — como já notamos acima[10] e deve uma vez mais ser bem acentuado. Com "dever-ser" exprime-se usualmente a idéia do ser-prescrito, não a do ser-competente (ser-autorizado) ou a do ser-permitido. O dever-ser jurídico, isto é, a cópula que na proposição jurídica liga pressuposto e conseqüência, abrange as três significações: a de um ser-prescrito, a de um ser-competente (ser-autorizado) e a de um ser-(positivamente)-permitido das conseqüências. Quer isto dizer: com o "dever-ser" (*Sollen*) que a proposição jurídica afirma são designadas as três funções normativas. Este "dever-ser" apenas exprime o específico sentido com que entre si são ligados ambos os fatos através de uma norma jurídica, ou seja, numa norma jurídica. A ciência jurídica não pode exprimir esta conexão produzida através da norma jurídica, especialmente a conexão do ilícito com a conseqüência do ilícito, senão pela cópula "deve-ser". Para traduzir o sentido específico com que a norma jurídica se endereça aos órgãos e sujeitos jurídicos, aquela não pode formular a proposição jurídica senão como uma proposição que afirme que, de acordo com determinada ordem jurídica positiva, sob certos pressupostos deverá intervir uma determinada conseqüência. Se se afirma que a ciência jurídica nada mais diz senão que uma norma jurídica entrou "em vigor" ou passou a estar "em vigência", em uma determinada data, numa determinada ordem jurídica, e, portanto, que não exprime — diferentemente da norma jurídica — um "dever-ser", mas um ser, isso não é verdade. Uma vez que a afirmação de que está "em vigor" ou tem "vigência" uma norma que prescreve determinada conduta, a autoriza (para ela confere competência) ou a permite (positivamente) não pode significar que essa conduta efetivamente se realiza; ela apenas pode significar que tal conduta deve realizar-se[11]. Em especial, a ciência jurídica não pode afirmar que, de conformidade com uma determinada ciência jurídica, desde que se verifique um ilícito, se verifica efetivamente uma conseqüência do ilícito. Com uma tal afirmação colocar-se-ia em contradição com a realidade, na qual muito freqüentemente se comete um ilícito sem que intervenha a conseqüência do ilícito estatuída pela ordem jurídica. Por outro lado, esta realidade não é o objeto a descrever pela ciência jurídica. Em nada altera a questão o fato de as normas de uma ordem jurídica a descrever pela ciência do Direito somente valerem, ou seja, o fato de a conduta por elas fixada somente ser devida (obrigatória), num sentido objetivo, quando tal conduta efetivamente corresponda, numa certa medida, à ordem jurídica. Esta eficácia da ordem jurídica é — como sempre tem de ser acentuado — apenas o pressuposto da vigência e não a própria vigência. Quando a ciência jurídica tem de exprimir a vigência da ordem jurídica, isto é, o sentido específico com que a ordem jurídica se dirige aos indivíduos que lhe estão submetidos, ela apenas pode afirmar que, de harmonia com uma determinada ordem jurídica, realizado o pressuposto que consiste na prática de um ilícito pela mesma ordem jurídica determinado, se deve verificar a efetivação de uma determinada conseqüência do ilícito, também por aquela ordem jurídica fixada. Com este "dever-ser" abrange-se tanto a hipótese de a execução da conseqüência do ilícito ser apenas autorizada ou permitida (positivamente), como também a hipótese de ela ser prescrita. As proposições jurídicas a serem formuladas pela ciência do Direito apenas podem ser proposições normativas (*Soll-sätze*). *Mas* — e é esta a dificuldade lógica que se nos depara na representação desta realidade —, com o emprego da palavra "dever-ser", a proposição jurídica formulada pela ciência do Direito não assume a significação autoritária da norma jurídica por ela descrita: o "dever-ser" tem, na proposição jurídica, um caráter simplesmente descritivo. Porém, do fato de a proposição jurídica descrever algo, não se segue que esse algo descrito seja um fato da ordem do ser, pois não só os fatos da ordem do ser mas também as normas de dever-ser (*Soll-Normen*) podem ser descritos. Particularmente, a proposição jurídica não é um imperativo: é um juízo, a afirmação sobre um objeto dado ao conhecimento[12]. E também não implica qualquer espécie de aprovação da norma jurídica por ela descrita. O jurista científico que descreve o Direito não se identifica com a autoridade que põe a norma jurídica. A proposição jurídica permanece descrição objetiva — não se torna prescrição. Ela apenas afirma, tal como a lei natural, a ligação de dois fatos, uma conexão funcional.

Se bem que a ciência jurídica tenha por objeto normas jurídicas e, portanto, os valores jurídicos através delas constituídos, as suas proposições são, no entanto — tal como as leis naturais da ciência da natureza — uma descrição do seu objeto alheia aos valores (*wertfreie*). Quer dizer: esta descrição realiza-se sem qualquer referência a um valor metajurídico e sem qualquer aprovação ou desaprovação emocional. Quem, do ponto de vista da ciência jurídica, afirma, na sua descrição de uma ordem jurídica positiva, que, sob um pressuposto nessa ordem jurídica determinado, deve ser posto um ato de coação pela mesma ordem jurídica fixado, exprime isto mesmo, ainda que tenha por injustiça e desaprove a imputação do ato coercivo ao seu pressuposto. As normas constitutivas do valor jurídico devem ser distinguidas das normas segundo as quais é valorada a constituição do Direito. Na medida em que a ciência jurídica em geral tem de dar resposta à questão de saber se uma conduta concreta é conforme ou é contrária ao Direito, a sua resposta apenas pode ser uma afirmação sobre se essa conduta é prescrita ou proibida, cabe ou não na competência de quem a realiza, é ou não permitida, independentemente do fato de o autor da afirmação considerar tal conduta como boa ou má moralmente, independentemente de ela merecer a sua aprovação ou desaprovação.

Visto a proposição jurídica, tal como a lei natural, exprimir uma conexão funcional, ela pode — segundo a analogia com a lei natural — ser também designada por lei jurídica. Como já se notou e deve acentuar-se, com a palavra "dever-ser" tal proposição apenas exprime o sentido específico com que são entre si ligados, pela ordem jurídica, o pressuposto e a conseqüência e, especialmente, o ilícito e a conseqüência do ilícito. Desta forma, essa conexão descrita na lei jurídica é, na verdade, análoga à conexão de causa e efeito expressa na lei natural — sendo, no entanto, diferente dela.

Assim como a lei natural é uma afirmação ou enunciado descritivo da natureza, e não o objeto a descrever, assim também a lei jurídica é um enunciado ou afirmação descritiva do Direito, a saber, a proposição jurídica formulada pela ciência do Direito, e não o objeto a descrever, isto é, o Direito, a norma jurídica. Esta — se bem que, quando tem caráter geral, seja designada como "lei" — não é uma lei, isto é, não é algo que, por qualquer espécie de analogia com a lei natural, possa ser designado como "lei". Ela não é, com efeito, um enunciado pelo qual se descreva uma ligação de fatos, uma conexão funcional. Não é sequer um enunciado, mas o sentido de um ato com o qual se prescreve algo e, assim, se cria a ligação entre fatos, a conexão funcional que é descrita pela proposição jurídica, como lei jurídica.

A este propósito deve notar-se que a proposição jurídica, que assim se apresenta como lei jurídica, tem — tal como a lei natural — um caráter geral, isto é, descreve as normas gerais da ordem jurídica e as relações através delas constituídas. As normas jurídicas individuais, que são postas através das decisões jurisdicionais e das resoluções administrativas, são descritas pela ciência jurídica de maneira análoga àquela pela qual a ciência da natureza descreve uma experiência concreta, remetendo para uma lei natural que nesta lei se manifesta. Um tratado de física conterá, por exemplo, o seguinte passo: Visto que, segundo uma lei natural, um corpo metálico se dilata quando é aquecido, a esfera de metal utilizada por certo físico e que este, antes do aquecimento, faz passar através de uma argola de madeira, poderá já não passar na argola depois de aquecida. Num tratado de Direito penal alemão poderia, por seu turno, encontrar-se esta passagem: Visto que, segundo uma lei jurídica a formular com referência ao Direito alemão, um indivíduo que pratique um furto deverá ser punido por um tribunal com a pena de prisão, o tribunal X, de Y, após ter verificado que A praticou um furto, estatuiu que A deve ser compulsoriamente internado, por um ano, na prisão Z. Com a proposição que afirma que A, que praticou um determinado furto, deve ser compulsoriamente internado na prisão Z, pelo espaço de um ano, descreve-se a norma individual fixada pelo tribunal X, de Y.

Se se designa como "imputação" a ligação de pressuposto e conseqüência expressa na proposição jurídica com a palavra "dever-ser", de modo algum se introduz, com isso, uma nova palavra numa disciplina que já de há muito opera com o conceito de "imputabilidade". Imputável é aquele que pode ser punido pela sua conduta, isto é, aquele que pode ser responsabilizado por ela, ao passo que inimputável é aquele que — porventura por ser menor ou doente mental — não pode ser punido pela mesma conduta, ou seja, não pode por ela ser responsabilizado. Diz-se, na verdade, que a um, e já não ao outro, lhe é imputada a sua ação ou omissão. Porém, a ação ou omissão em questão é precisamente imputada ou não é imputada pelo fato de, num dos casos, a conduta ser ligada a uma conseqüência do ilícito e, assim, ser qualificada como ilícito, enquanto que, no outro caso, tal já não acontece, pelo que um inimputável não pode cometer um ilícito. Isso, porém, significa que a imputação não consiste noutra coisa senão nesta conexão entre o ilícito e a conseqüência do ilícito. A imputação que é expressa no conceito de imputabilidade não é, portanto — como pressupõe a teoria tradicional — a ligação de uma determinada conduta com a pessoa que assim se conduz. Para tal não seria preciso qualquer ligação através de uma norma jurídica, pois a conduta de modo algum se deixa separar do homem que a realiza. Também a conduta de um inimputável é a sua conduta, a sua ação ou omissão, se bem que não seja um ilícito imputável. A imputação que se exprime no conceito de imputabilidade é a ligação de uma determinada conduta, a saber, de um ilícito, com uma conseqüência do ilícito. Por isso pode dizer-se: a conseqüência do ilícito é imputada ao ilícito, mas não é produzida pelo ilícito, como sua causa. É evidente que a ciência jurídica não visa uma explicação causal dos fenômenos jurídicos: ilícito e conseqüências do ilícito. Nas proposições jurídicas pelas quais ela descreve estes fenômenos ela não aplica o princípio da causalidade mas um princípio que — como mostra esta análise — se pode designar por imputação.

6. O princípio da imputação no pensamento dos primitivos

Uma investigação das sociedades primitivas e da especificidade da mentalidade primitiva mostra que o mesmo princípio está na base da interpretação da natureza pelos homens primitivos[13]. É mais do que provável que o primitivo ainda não explicasse os fenômenos naturais segundo o princípio da causalidade. Este princípio, como princípio fundamental da ciência natural, é, como ela mesma, aquisição de uma civilização relativamente avançada. O homem primitivo interpreta os fatos que apreende através dos seus sentidos segundo os mesmos princípios que determinam as relações com os seus semelhantes, designadamente, segundo normas sociais.

Constitui um fato fundamental o de que, quando os homens vivem em comum num grupo, surge na sua consciência a idéia de que uma determinada conduta é justa ou boa e uma outra é injusta ou má, ou seja, de que os membros do grupo, sob determinadas condições, se devem conduzir por determinada maneira, e isto num sentido objetivo, por tal forma que o indivíduo singular que num caso concreto deseje uma conduta oposta e de fato se conduza de acordo com o seu desejo tem consciência de se não ter conduzido como se deve conduzir. Isto significa que, na consciência dos homens que vivem em sociedade, existe a representação de normas que regulam a conduta entre eles e vinculam os indivíduos. É ainda fato que homens que vivem em comum num grupo apreciam ou julgam a sua conduta recíproca segundo essas normas que, efetivamente, se formam pela via consuetudinária, se bem que sejam interpretadas como ordens ou comandos de uma autoridade supra-humana. As normas mais antigas da humanidade são provavelmente aquelas que visam frenar e limitar os impulsos sexuais e agressivos. O incesto e o homicídio são deveras os crimes mais antigos, e a perda da paz (*Friedloslegung*) (isto é, a exclusão do grupo) e a vingança de sangue as mais antigas sanções socialmente organizadas. Está-lhes na base uma regra que determina toda a vida social dos primitivos, a regra da retribuição (retaliação). Esta compreende tanto a pena como o prêmio. Pode ser formulada mais ou menos nestes termos: se te portas retamente, deves ser premiado, isto é, algo de bem te deve caber; se te portas mal, deves ser punido, isto é, algo de mal te deve acontecer. Nesta regra fundamental o pressuposto e a conseqüência estão ligados um ao outro, não segundo o princípio fundamental da causalidade, mas segundo o princípio igualmente fundamental da imputação. Tanto quanto exista na consciência do primitivo uma necessidade de explicação dos fenômenos, esta processa-se segundo o princípio básico da retribuição. Quando um evento é recebido como um mal, é interpretado como castigo por uma má conduta, por um ato ilícito; quando é recebido como um bem, interpretado como um prêmio por uma boa conduta. Por outras palavras: a infelicidade, isto é, os eventos desvantajosos como as más colheitas, o insucesso na caça, a derrota na guerra, a doença, a morte, são atribuídos, como castigos, à conduta contrária à norma dos membros do grupo; ao passo que os eventos vantajosos, tais como as boas colheitas, o sucesso na caça, a vitória na guerra, a saúde, uma longa vida, são atribuídos, como prêmio, à conduta conforme às normas dos membros do grupo. Sempre que surge um acontecimento que, na consciência do primitivo, pede explicação — e isto apenas sucede quando o acontecimento imediatamente afeta os seus interesses —, aquele não pergunta qual é a causa desse acontecimento mas quem é por ele responsável. Não se trata de uma explicação causal mas de uma explicação normativa da natureza. E, uma vez que a norma da retribuição, segundo a qual a interpretação se realiza, é um princípio especificamente social que regula a conduta recíproca dos homens, podemos designar esta forma de explicação da natureza como interpretação sócio-normativa da natureza.

O chamado animismo dos primitivos, a sua concepção de que nem só o homem tem uma alma, de que todas as coisas inanimadas — inanimadas segundo a nossa concepção — são dotadas de alma, de que nas coisas ou por detrás delas existem espíritos invisíveis mas poderosos, ou seja, de que todas as coisas são homens ou seres hominais, pessoas — toda esta concepção se funda na crença de que as coisas se comportam em relação aos homens tal como os homens se comportam entre si, isto é, segundo o princípio basilar da retribuição, segundo o princípio da pena e do prêmio. Na crença dos primitivos é destas almas ou espíritos que vêm a infelicidade do homem, como castigo, e a sua felicidade, como prêmio. Se, nessa crença dos primitivos, existe uma conexão ou interdependência, por um lado, entre a má conduta dos homens e a sua infelicidade como castigo, e, por outro lado, entre a boa conduta e a felicidade como prêmio, isso é assim porque eles acreditam que entes poderosos supra-humanos, mas com o caráter de pessoas, dirigem a natureza neste sentido, isto é, segundo o princípio retributivo. A essência do animismo é uma interpretação personalística, e portanto sócio-normativa, da natureza, uma interpretação que opera não segundo o princípio da causalidade, mas segundo o princípio da imputação.

Conseqüentemente, não pode sequer existir, na consciência do primitivo, algo como natureza no sentido da ciência moderna, isto é, uma ordem de elementos que estão ligados uns com os outros segundo o princípio da causalidade. Aquilo que, do ponto de vista da ciência moderna, é natureza, é, para o primitivo, uma parte da sua sociedade como uma ordem normativa cujos elementos estão ligados entre si segundo o princípio fundamental da imputação. O dualismo da natureza, com uma ordem causal, e da sociedade, como uma ordem normativa, o dualismo de dois métodos diferentes para ligar entre si os elementos dados, é completamente alheio à consciência primitiva. O fato de tal dualismo existir no pensamento do homem civilizado é o resultado de uma evolução espiritual durante a qual se alcança a distinção entre seres humanos e outros seres, entre homens e coisas ou pessoas e coisas — distinção que é desconhecida do primitivo —, e a explicação causal das relações entre as coisas se liberta e separa da interpretação normativa das relações entre os homens. A moderna ciência da natureza é o resultado de uma emancipação da interpretação social da natureza, isto é, do animismo. Numa fórmula um tanto paradoxal, poder-se-ia dizer que, no começo da evolução, durante o período animístico da humanidade, apenas houve sociedade (como ordem normativa), e que a natureza, como ordem causal, somente foi criada pela ciência, depois de esta se ter libertado do animismo. O instrumento daquela emancipação é o princípio da causalidade.

7. O surgimento do princípio causal a partir do princípio retributivo

É mais que provável que a lei da causalidade tenha surgido da norma da retribuição[14]. É o resultado de uma transformação do princípio da imputação, em virtude do qual, na norma da retribuição, a conduta não-reta é ligada à pena e a conduta reta é ligada ao prêmio. Este processo de transformação começou na filosofia natural dos antigos gregos. É altamente significativo que a palavra grega para causa, *αἰτία*, originariamente significasse o mesmo que culpa: a causa é culpa pelo efeito, a causa é responsável pelo efeito e o efeito é imputado à causa da mesma forma que a pena o é ao ato ilícito. Uma das primeiras formulações da lei causal é o célebre fragmento de Heráclito: "Se o Sol não se mantiver no caminho prescrito (preestabelecido), as Erínias, acólitas da Justiça, corrigi-lo-ão". Aqui a lei natural aparece ainda como lei jurídica: o Sol não deixa o caminho que lhe foi prefixado, pois, se o fizesse, os órgãos do Direito interviriam (procederiam) contra ele. O passo decisivo nesta transição de uma interpretação normativa para uma interpretação causal da natureza, do princípio da imputação para o princípio da causalidade, reside no fato de o homem se tornar consciente de que as relações entre as coisas — diferentemente das relações entre os homens — são determinadas independentemente de uma vontade humana ou supra-humana ou, o que vem a dar no mesmo, não são determinadas por normas, de que o comportamento das coisas não é prescrito ou permitido por qualquer autoridade. A depuração completa do princípio da causalidade de todos os elementos do pensamento animista ou personalista, a determinação da causalidade como um princípio diferente da imputação, apenas se poderia processar gradualmente. Assim, por exemplo, a idéia de que a causalidade representa uma relação absolutamente necessária de causa e efeito — uma idéia que ainda dominava nos princípios do séc. XX — é seguramente uma conseqüência da concepção segundo a qual é a vontade de uma autoridade absoluta e todo-poderosa e, portanto, transcendente, existente para lá do domínio da experiência humana, que produz a ligação entre a causa e o efeito. Se se põe de parte esta concepção, nada impede que se elimine do conceito de causalidade o elemento de necessidade e se substitua este elemento pelo da simples probabilidade. Se, no entanto, se conserva o elemento de necessidade, deve este sofrer uma mudança de significado, deve a necessidade absoluta da vontade divina, que se manifesta na relação de causa e efeito, transmudar-se numa necessidade do pensamento humano, isto é, na validade, sem exceção possível, de um postulado do conhecimento humano.

8. Ciência social causal e ciência social normativa

Uma vez conhecido o princípio da causalidade, ele torna-se também aplicável à conduta humana. A Psicologia, a Etnologia, a História, a Sociologia são ciências que têm por objeto a conduta humana na medida em que ela é determinada através de leis causais, isto é, na medida em que se processa no domínio da natureza ou da realidade natural. Quando uma ciência é designada como ciência social por se dirigir à conduta recíproca dos homens, uma tal ciência social, na medida em que procura explicar causalmente a conduta humana, não se distingue essencialmente, como já foi salientado, das ciências naturais como a Física, a Biologia ou a Psicologia. Até que ponto é possível uma tal explicação causal da conduta humana, essa é uma outra questão. A distinção que, sob este aspecto, existe entre as mencionadas ciências sociais e as ciências naturais é, em todo o caso, uma distinção apenas de grau e não de princípio. Uma distinção essencial existe apenas entre as ciências naturais e aquelas ciências sociais que interpretam a conduta recíproca dos homens, não segundo o princípio da causalidade, mas segundo o princípio da imputação; ciências que não descrevem como se processa a conduta humana determinada por leis causais, no domínio da realidade natural, mas como ela, determinada por normas positivas, isto é, por normas postas através de atos humanos, se deve processar. Se o domínio considerado por estas ciências é contraposto, como uma esfera de valores, à esfera da realidade natural, deve ter-se em conta que se trata de valores que são constituídos por normas positivas, isto é, normas que são postas no espaço e no tempo através de atos humanos, e que, por isso, o objeto destas ciências sociais não é irreal, que também a ele lhe pertence ou corresponde uma realidade qualquer — só que, neste caso, é uma realidade diferente da natural, a saber, uma realidade social. Ciências sociais deste tipo são a Ética, isto é, a ciência da Moral, e a Jurisprudência, ciência do Direito. Se estas ciências são designadas como ciências normativas, isto não significa que elas estabeleçam normas para a conduta humana e, conseqüentemente, prescrevem uma conduta humana, confiram competência para ela ou positivamente a permitam, mas que elas descrevem certas normas, postas por atos humanos, e as relações entre os homens através delas criadas. O teórico da sociedade, como teórico da Moral ou do Direito, não é uma autoridade social. A sua tarefa não é regulamentar a sociedade humana, mas conhecer, compreender a sociedade humana. A sociedade, como objeto de uma ciência social normativa, é uma ordem normativa da conduta dos homens uns em face dos outros. Estes pertencem a uma sociedade na medida em que a sua conduta é regulada por uma tal ordem, é prescrita, é autorizada ou é positivamente permitida por essa ordem. Quando dizemos que uma sociedade determinada é constituída através de uma ordem normativa que regula a conduta recíproca de uma pluralidade de indivíduos, devemos ter consciência de que ordem e sociedade não são coisas diferentes uma da outra, mas uma e a mesma coisa, de que a sociedade não consiste senão nesta ordem e de que, quando a sociedade é designada como comunidade, a ordem que regula a conduta recíproca dos indivíduos é, no essencial, o que há de comum entre esses indivíduos.

Isto surge com especial clareza no caso de uma ordem jurídica — ou antes, da comunidade jurídica por ela constituída — a que podem pertencer indivíduos de várias línguas, raças, religiões, concepções do mundo e, particularmente, a que podem pertencer também indivíduos e grupos com interesses diferentes e antagônicos. Todos eles formam uma comunidade jurídica na medida em que estão submetidos a uma e mesma ordem jurídica, isto é, na medida em que a sua conduta recíproca é regulada através de uma e a mesma ordem jurídica. É verdade que apenas consideramos válida uma ordem normativa quando ela é, globalmente considerada, eficaz; e que, quando uma ordem normativa, particularmente uma ordem jurídica, é eficaz, isto é, quando a conduta humana que ela regula, considerada de modo global, lhe corresponde, podemos afirmar: se os pressupostos que são estatuídos nas normas da ordem social efetivamente se verificam, também as conseqüências que nessas normas são ligadas àqueles pressupostos se verificarão com toda a probabilidade; ou, no caso de uma ordem jurídica eficaz: se foi praticado um ilícito previsto pela ordem jurídica, também será provavelmente realizada a conseqüência do ilícito por aquela mesma ordem jurídica prescrita. Se supusermos que a relação de causa e efeito não é a de uma absoluta necessidade, mas a de uma simples probabilidade, e que a essência da causalidade consiste na possibilidade de prever acontecimentos futuros, então parece que as leis jurídicas nem sequer se distinguem das leis naturais e que, por isso, deveriam ser formuladas como proposições de ser e não como proposições de dever-ser. Assim como aquelas prevêem o modo como a natureza se comportará de futuro, preveriam estas o modo como a sociedade (ou o Estado) se comportaria no futuro. Uma lei natural diz: se um corpo metálico for aquecido, dilatar-se-á; uma lei jurídica diz: se um indivíduo furtar, será punido pelo tribunal. Partindo deste pressuposto, representantes eminentes da chamada jurisprudência "realística" americana afirmam que o Direito — *the law* — não é outra coisa senão uma profecia sobre como os tribunais decidirão, que o Direito é uma ciência de previsão[15]. Contra esta opinião deve, em primeiro lugar, notar-se que a afirmação de que as leis jurídicas são, como as leis naturais, asserções sobre um futuro acontecer se não pode referir às normas estabelecidas pela autoridade jurídica — quer às normas gerais estatuídas pelo legislador, quer às normas individuais fixadas pelos tribunais nas suas decisões — isto é, não se pode referir ao Direito, mas apenas às proposições jurídicas descritivas do Direito formuladas pela ciência jurídica. As normas jurídicas não são, como já se salientou, afirmações, quer sobre acontecimentos futuros, quer sobre acontecimentos passados. Em regra, elas referem-se, na verdade, a uma conduta humana futura. Porém, nada afirmam sobre essa conduta, mas prescrevem-na, autorizam-na ou permitem-na. Pelo contrário, as proposições jurídicas formuladas pela ciência do Direito são, de fato, asserções (enunciados), porém, não — como a lei natural — asserções no sentido de que algo acontecerá, mas — uma vez que as normas jurídicas por elas descritas prescrevem, autorizam ou permitem (positivamente) — no sentido de que, em conformidade com o Direito a descrever pela ciência jurídica, algo deve acontecer. A objeção de que as normas jurídicas apenas são tomadas como válidas pela ciência do Direito quando são eficazes, e de que, se as proposições jurídicas apenas descrevem normas jurídicas eficazes, são afirmações sobre um acontecer fático, não colhe. Com efeito, validade e eficácia não são — como se mostrou — idênticas. Uma norma jurídica não é somente válida quando é inteiramente eficaz, isto é, quando é aplicada e observada, mas também quando é eficaz apenas até certo grau. Deve sempre existir a possibilidade da sua ineficácia, ou seja, a possibilidade de não ser aplicada e observada em casos particulares. Precisamente neste ponto se revela a distinção entre lei jurídica e lei natural. Quando se descobre um fato que está em contradição com uma lei natural, deve a lei natural ser posta de parte pela ciência, como falsa, e ser substituída por uma outra que corresponda ao fato. A conduta antijurídica, porém, quando a sua freqüência não ultrapassa uma certa medida, não constitui de forma alguma razão para a ciência jurídica considerar como não válida a norma jurídica violada por essa conduta e para substituir a sua proposição jurídica, descritiva do Direito, por uma outra. As leis naturais, formuladas pela ciência da natureza, devem orientar-se pelos fatos. Os fatos das ações e omissões humanas, porém, devem orientar-se pelas normas que à ciência jurídica compete descrever. Por isso, as proposições que descrevem o Direito têm de ser asserções normativas ou de dever-ser (*Soll-Aussagen*).

A confusão de Direito e ciência jurídica que subjaz à chamada "jurisprudência realística" é extremamente significativa e mostra claramente a necessidade de distinguir do conceito de norma jurídica o conceito de proposição jurídica como lei do Direito, análoga à lei natural mas diferente dela. De resto, pode pôr-se em dúvida que as leis naturais sejam previsões de acontecimentos futuros. Uma lei natural, causal, confirma-se quando com base nela se pode predizer um evento futuro. Porém, ela funciona em primeira linha como explicação de um evento já verificado enquanto efeito de uma causa por ela mesma revelada. Nessa medida, a lei refere-se ao passado. As leis naturais baseiam-se na nossa experiência e a nossa experiência reside no passado, não no futuro. Como predição do futuro, uma lei natural é apenas aplicável sob o problemático pressuposto de que o passado se repita no futuro. Esta questão, no entanto, pode aqui ser deixada por resolver. A tarefa da ciência jurídica não é, em qualquer dos casos, fazer profecias sobre as decisões dos tribunais. Ela dirige-se não só ao conhecimento das normas jurídicas individuais, postas pelos tribunais, mas também ao conhecimento das normas gerais, produzidas pelos órgãos legislativos e pelo costume, a respeito das quais a custo seria possível uma previsão, pois a Constituição normalmente apenas predetermina o processo da produção legislativa, e não o conteúdo das leis[16]. Uma predição das decisões judiciárias, porém, fundamenta-se essencialmente no fato de que os tribunais costumam, de uma maneira geral, aplicar as normas jurídicas produzidas pelo órgão legislativo e pelo costume, e, portanto, em mais não consiste senão na afirmação de que os tribunais decidirão como devem decidir, de acordo com as normas gerais vigentes. As profecias da jurisprudência realística distinguem-se das proposições jurídicas da ciência normativa do Direito apenas pelo fato de serem afirmações de ser e não de dever-ser. Mas, como asserções de ser, não traduzem o específico sentido do Direito. Na medida em que os tribunais, nas suas decisões, criam Direito novo, a sua predição é tão pouco possível como a predição das normas gerais a produzir pelo órgão legislativo. Estas normas jurídicas, porém, formam a maior parte do Direito, que é o objeto da ciência jurídica.

Mas, mesmo que a predição seja em certa medida possível, ela não constitui tarefa da ciência do Direito, a qual somente pode descrever as normas individuais, produzidas pelos tribunais, e as normas gerais, produzidas pelos órgãos legislativos e pelo costume, depois de elas serem vigentes. A predição de uma futura decisão judicial pode ser própria da função de um advogado que aconselha os seus clientes. O conhecimento jurídico, porém, não deve ser confundido com a atividade do jurisconsulto (*Rechtsberatung*). Mesmo se uma ordem jurídica que, globalmente considerada, é eficaz, pode ser descrita em proposições que afirmem, como as leis naturais, que sob certos pressupostos se verificam efetivamente certas conseqüências — que, quando algo acontece e esse algo é qualificado pelos órgãos aplicadores do Direito, de conformidade com tal ordem jurídica, como fato ilícito, intervém de fato a conseqüência do ilícito fixada pela mesma ordem jurídica —, não é, no entanto, a ciência jurídica que se propõe uma tal descrição. A ciência jurídica, com efeito, não pretende, com as proposições jurídicas por ela formuladas, mostrar a conexão causal, mas a conexão de imputação, entre os elementos do seu objeto.

9. Diferenças entre o princípio da causalidade e o princípio da imputação

A forma verbal em que são apresentados tanto o princípio da causalidade como o da imputação é um juízo hipotético em que um determinado pressuposto é ligado com uma determinada conseqüência. O sentido da ligação, porém, é — como já vimos — diferente nos dois casos. O princípio da causalidade afirma que, quando é A, B também é (ou será). O princípio da imputação afirma que, quando A é, B deve ser. Como exemplo de uma aplicação do princípio da causalidade numa lei natural concreta remeto para a lei já referida que descreve a ação do calor sobre os metais. Exemplos de aplicações do princípio da imputação no domínio das ciências sociais normativas são: quando alguém te fez algum bem, deves mostrar-te agradecido; quando alguém sacrifica a sua vida pela pátria, a sua memória deve ser honrada; quando alguém pecou, deve fazer penitência. São proposições de Moral, ou leis morais, em que são representadas normas positivas, isto é, normas estabelecidas pelos comandos de um chefe religioso ou pelo costume. Proposições ou leis jurídicas em que são representadas as normas positivas estabelecidas por um legislador ou através do costume são, por exemplo, as seguintes: quando alguém comete um crime, deve ser punido; quando alguém não paga o que deve, deve ser executado o seu patrimônio. A distinção entre causalidade e a imputação reside em que — como já notamos — a relação entre o pressuposto, como causa, e a conseqüência, como efeito, que é expressa na lei natural, não é produzida, tal como a relação entre pressuposto e conseqüência que se estabelece numa lei moral ou jurídica, através de uma norma posta pelos homens, mas é independente de toda a intervenção desta espécie. Visto que o sentido específico do ato através do qual é produzida a relação entre pressuposto e conseqüência numa lei moral ou jurídica é uma norma, pode falar-se de uma relação normativa — para a distinguir de uma relação causal. "Imputação" designa uma relação normativa. É esta relação — e não qualquer outra — que é expressa na palavra "dever-ser", sempre que esta é usada numa lei moral ou jurídica.

Uma outra distinção entre causalidade e imputação consiste em que toda a causa concreta pressupõe, como efeito, uma outra causa, e todo o efeito concreto deve ser considerado como causa de um outro efeito, por tal forma que a cadeia de causa e efeito — de harmonia com a essência da causalidade — é interminável nos dois sentidos. Daí vem que todo o evento concreto seja o ponto de intercepção de um número em princípio limitado de séries causais. A situação é completamente diferente no caso da imputação. O pressuposto a que é imputada a conseqüência numa lei moral ou jurídica, como, por exemplo, a morte pela pátria, o ato generoso, o pecado, o crime, a que são imputados, respectivamente, a veneração da memória do morto, o reconhecimento, a penitência e a pena, todos esses pressupostos não são necessariamente conseqüências que tenham de ser atribuídas a outros pressupostos. E as conseqüências, como, por exemplo, a veneração da memória, o reconhecimento, a penitência, a pena, que são imputadas, respectivamente, à morte pela pátria, ao ato generoso, ao pecado e ao crime, não têm necessariamente de ser também pressupostos a que sejam de atribuir novas conseqüências. O número dos elos de uma série imputativa não é, como o número dos elos de uma série causal, ilimitado, mas limitado. Existe um ponto terminal da imputação. Na série causal, porém, tal ponto não existe. A pressuposição de uma primeira causa, de uma *prima causa*, o análogo do ponto terminal da imputação, é inconciliável com a idéia da causalidade — pelo menos com a idéia da causalidade tal como ela se apresenta nas leis da física clássica. A representação de uma primeira causa que, como vontade criadora de Deus ou como vontade livre do homem, desempenha na metafísica religiosa um papel decisivo, é igualmente um resíduo do pensamento primitivo em que o princípio da causalidade ainda não se havia emancipado do da imputação.

10. O problema da liberdade

Precisamente sobre esta distinção fundamental entre imputação e causalidade, sobre o fato de que há um ponto terminal da imputação mas não um ponto terminal da causalidade, se baseia a oposição entre a necessidade, que domina na natureza, e a liberdade que dentro da sociedade existe e é essencial para as relações normativas dos homens. Dizer que o homem, como parte da natureza, não é livre, significa que a sua conduta, considerada como fato natural, é, por força de uma lei da natureza, causada por outros fatos, isto é, tem de ser vista como efeito destes fatos e, portanto, como determinada por eles. Mas, por outro lado, dizer que o homem, como personalidade moral ou jurídica, é "livre" e, portanto, responsável, tem uma significação completamente diferente. Quando um homem é moral ou juridicamente responsabilizado pela sua conduta moral ou imoral, jurídica ou antijurídica, num sentido de aprovação ou desaprovação, isto é, quando a conduta humana é interpretada, segundo uma lei moral ou jurídica, como ato meritório, como pecado ou como ato ilícito, e ao ato meritório, ao ato pecaminoso e ao ato antijurídico são respectivamente imputados um prêmio, um castigo ou uma conseqüência do ilícito (ou seja, uma pena em sentido amplo), esta imputação encontra o seu ponto terminal na conduta do homem interpretada como ato meritório, como pecado ou ilícito. É verdade que sói dizer-se que imputamos o mérito, o pecado, ou o ilícito à pessoa que é responsável pela conduta assim caracterizada. Mas o sentido próprio desta afirmação é, como já se referiu, que a pessoa deve ser recompensada pelo seu mérito ou, mais exatamente ainda, que o mérito desta pessoa deve ter a sua recompensa, que a pessoa deve fazer penitência pelos seus pecados — mais rigorosamente, que os pecados desta pessoa devem ter o seu castigo; que o criminoso deve ser punido — mais exatamente, que o seu crime deve encontrar a adequada punição. Não é a conduta qualificada como ato meritório, pecado, ou crime que é imputada à pessoa que assim se conduz. Uma tal imputação seria supérflua, pois, como já foi enfatizado, uma determinada conduta humana não pode de forma alguma ser separada do homem que assim se conduz. Quando, na hipótese de um homem praticar um ato meritório, um pecado ou um crime, se põe a questão da imputação, esta não é a questão de saber quem praticou o ato meritório, o pecado ou o crime. Essa é uma questão de fato. A questão moral ou jurídica da imputação põe-se assim: quem é responsável pela conduta em apreço? E esta questão significa: quem deve por ela ser premiado, fazer penitência ou ser punido? São a recompensa, a penitência e a pena que são imputadas, como conseqüências específicas, a um específico pressuposto. E o pressuposto é a conduta que representa o mérito, o pecado ou o crime. A imputação da recompensa ao mérito, da penitência ao pecado, da pena ao crime inclui em si a imputação à pessoa — única imputação que é posta em evidência no uso corrente da linguagem.

O problema da responsabilidade moral ou jurídica está essencialmente ligado com a retribuição (*Vergeltung*), e retribuição é imputação da recompensa ao mérito, da penitência ao pecado, da pena ao ilícito. Se o princípio retributivo liga uma conduta conforme à norma com a recompensa e uma conduta contrária à norma com a penitência ou com a pena e, assim, pressupõe uma norma que prescreva ou proíba essa conduta — ou uma norma que proíbe a conduta precisamente porque lhe liga uma pena —; e se a conduta que constitui o imediato pressuposto da recompensa, da penitência ou da pena é ela mesma prescrita ou proibida sob um determinado pressuposto, então também a conduta a que são imputados, como a um pressuposto imediato, o prêmio, a penitência ou a pena, pode — se se entende por imputação toda a ligação de uma conduta humana com o pressuposto sob o qual ela é prescrita ou proibida numa norma[17] — ser imputada ao pressuposto sob o qual ela é prescrita ou proibida. Por exemplo, a moral prescreve: quando alguém necessita de auxílio, deve ser ajudado; quando alguém observa este comando, a sua conduta deve ser aprovada, quando alguém o não observa a sua conduta deve ser reprovada. As sanções da aprovação e desaprovação são imputadas ao seu pressuposto imediato: o auxílio prescrito e a omissão de prestar auxílio proibida; a prestação de auxílio prescrita é imputada ao fato, que constitui seu pressuposto imediato, de que alguém precisa de auxílio. Este fato é o pressuposto mediato da aprovação da prestação de auxílio e da desaprovação da não-prestação do auxílio, que funcionam como sanções. O Direito prescreve: quando alguém recebe um empréstimo e não o reembolsa, deve, como sanção, fazer-se execução do seu património. A sanção da execução forçada é imputada — como ao seu pressuposto imediato — ao não-reembolso do empréstimo, qualificado como ilícito; o prescrito reembolso do empréstimo é imputado ao seu pressuposto imediato: a recepção do empréstimo. Este fato é o pressuposto mediato da sanção da execução forçada. Para além deste pressuposto mediato da sanção não há lugar para qualquer imputação. Mas a recompensa, a penitência, a pena (em sentido amplo) são imputadas, não ao seu pressuposto mediato, mas apenas ao seu pressuposto imediato: ao mérito, ao pecado, ao ilícito. Não se recompensa, penitencia ou pune o pressuposto sob o qual uma determinada conduta é prescrita, como meritória, ou proibida, como pecado ou ilícito, mas o indivíduo que se conduz em acordo ou em desacordo com o preceito, ou, mais corretamente: a sua conduta em concordância com o preceito é recompensada, a sua conduta em discordância com o preceito é sujeita a penitência ou punida. Nesta sua conduta a imputação, que representa a sua responsabilidade moral ou jurídica, encontra o seu ponto terminal. Quando, porém, um determinado evento é efeito de uma causa, e esta causa, como sempre acontece, tem por seu turno também uma causa, também esta é — como *causa remota* — uma causa do evento em questão. Este é referido não só à sua causa imediata, mas também a todas as suas causas mediatas: é interpretado como efeito de todas estas causas, que formam uma série interminável. Decisivo é que a conduta que constitui o ponto terminal da imputação — que, de acordo com uma ordem moral ou jurídica, apenas representa a responsabilidade segundo essa ordem existente —, de acordo com a causalidade da ordem da natureza não é, nem como causa nem como efeito, um ponto terminal, mas apenas um elo numa série sem fim.

É este o verdadeiro significado da idéia de que o homem, como sujeito de uma ordem moral ou jurídica, isto é, como membro de uma sociedade, como personalidade moral ou jurídica, é "livre". E dizer que um homem sujeito a uma ordem moral ou jurídica é "livre" significa que ele é ponto terminal de uma imputação apenas possível com base nessa ordem normativa. No entanto, segundo a concepção corrente, a liberdade é entendida como o oposto da determinação causal. Diz-se livre o que não está sujeito à lei da causalidade. Costuma afirmar-se: o homem é responsável, isto é, capaz de imputação moral ou jurídica, porque é livre ou tem uma vontade livre, o que, segundo a concepção corrente, significa que ele não está submetido à lei causal que determina a sua conduta, na medida em que a sua vontade é, deveras, causa de efeitos, mas não é ela mesma o efeito de causas. Somente porque o homem é livre é que o podemos fazer responsável pela sua conduta, é que ele pode ser recompensado pelo seu mérito, é que se pode esperar dele que faça penitência pelos seus pecados, é que o podemos punir pelo seu crime. A verdade, porém, é que o pressuposto de que apenas a liberdade do homem, ou seja, o fato de ele não estar submetido à lei da causalidade, é que torna possível a responsabilidade ou a imputação está em aberta contradição com os fatos da vida social. A instituição de uma ordem normativa reguladora da conduta dos indivíduos — com base na qual somente pode ter lugar a imputação — pressupõe exatamente que a vontade dos indivíduos cuja conduta se regula seja causalmente determinável e, portanto, não seja livre. Com efeito, a inegável função de uma tal ordem é induzir os homens à conduta por ela prescrita, tornar possíveis as normas que prescrevem uma determinada conduta, criar, para as vontades dos indivíduos, motivos determinantes de uma conduta conforme às normas. Isto, porém, significa que a representação de uma norma que prescreva uma determinada conduta se torna em causa de uma conduta conforme a essa norma. Só através do fato de a ordem normativa se inserir, como conteúdo das representações dos indivíduos cuja conduta ela regula, no processo causal, no fluxo de causas e efeitos, é que esta ordem preenche a sua função social. E também só com base numa tal ordem normativa, que pressupõe a sua causalidade relativamente à vontade do indivíduo que lhe está submetido, é que a imputação pode ter lugar.

Já acima[18] se notou que não teria sentido uma norma que preceituasse que algo deve acontecer, sabendo-se de antemão que esse algo tem necessariamente de acontecer, sempre e em toda a parte, por força de uma lei natural. Com isto parece admitir-se que a normatividade e a causalidade se excluem mutuamente. Tal não é, porém, o caso. A norma preceituando que devemos dizer a verdade não é sem sentido, pois não temos qualquer fundamento para supor uma lei natural por força da qual os homens têm de dizer a verdade sempre e em toda a parte, e sabemos que os homens dizem muitas vezes a verdade e mentem muitas vezes. Quando, porém, um homem fala verdade, ou quando mente, a sua conduta é, em ambos os casos, causalmente determinada, isto é, determinada por uma lei natural. No entanto, não é determinada por uma lei natural por força da qual se tem de dizer, sempre e em toda a parte, a verdade, ou se tem de mentir sempre e em toda a parte, mas através de uma outra lei natural, porventura uma lei segundo a qual o homem adota aquela conduta da qual espera o maior prazer. A representação da norma segundo a qual se deve falar verdade pode — em consonância com esta lei natural — ser um motivo eficaz de uma conduta conforme à norma. Uma norma que prescrevesse que o homem não deve morrer não teria sentido, pois sabemos de antemão que todos os homens têm de morrer por força de uma lei natural. A representação de uma tal norma não pode de forma alguma ser um motivo eficaz de uma conduta conforme à norma mas contrária à lei natural. Precisamente por falta desta possibilidade de eficácia causal é que ela é destituída de sentido como norma.

Por vezes não se nega que a vontade do homem seja efetivamente determinada por via causal, como todo o acontecer, mas afirma-se que, para tornar possível a imputação ético-jurídica, se deve considerar o homem como se a sua vontade fosse livre. Quer dizer: crê-se que se tem de manter a liberdade da vontade, a sua não-determinação causal, como uma ficção necessária[19]. Só que, quando a imputação é reconhecida como uma ligação de fatos diversa da causalidade, mas sem estar de forma alguma em contradição com ela, esta ficção é desnecessária — revela-se inteiramente supérflua.

Visto não poder negar-se a determinação objetiva da vontade pela lei da causalidade, muitos autores crêem que podem fundamentar a possibilidade da imputação no fato subjetivo de que o homem, não sendo na verdade livre, no entanto se considera como livre, ainda que erroneamente[20]. Do fato de o homem se considerar livre, conclui-se que ele sente arrependimento e remorsos quando pratica uma ação moral ou juridicamente má[21]. Isso, porém, não está certo. Não são de forma alguma todos os homens que sentem arrependimento e rebates de consciência como conseqüência de um ato mau que praticaram. Sobretudo, muitos não consideram mau ou ilícito o que qualquer ordem moral ou jurídica, sob a qual porventura vivam, considera como mau ou ilícito — e que varia muito, conforme as diversas ordens morais e jurídicas. Os homens sentem arrependimento e remorsos mesmo quando têm consciência de ter praticado um ato por eles próprios considerado como mau sob a pressão de um motivo que foi mais forte do que aquele que os impelia à omissão do ato. Até mesmo um determinista convicto pode sentir arrependimento e rebates de consciência se fizer alguma coisa que considera má, assim como também um determinista convicto não tira da sua doutrina a conclusão de que uma conduta proibida pela Moral ou pelo Direito não possa ser desaprovada ou punida, de que não possa haver lugar a qualquer imputação. A imputação não pressupõe nem o fato nem a ficção da liberdade como uma indeterminação causal, nem o erro subjetivo dos homens que se crêem livres. Muitos autores crêem poder resolver o problema do conflito entre a liberdade, como um pressuposto indispensável da imputação, e o princípio de uma causalidade determinante de todo o acontecer pela seguinte maneira: um indivíduo é moral ou juridicamente responsável por um evento quando este é provocado pelo seu ato de vontade ou pelo fato de ele ter omitido um ato de vontade que evitaria esse evento. Não é responsável por um evento quando este, patentemente, não é provocado pelo seu ato de vontade ou pela omissão de um ato de vontade que evitaria o evento. Afirmar que o homem é livre não traduz senão a sua consciência de poder agir como quer (ou deseja)[22]. Este fato seria inteiramente compatível com o determinismo, pois o ato de vontade em questão, ou a sua omissão, são tomados como causalmente determinados. Falha a tentativa de salvar a liberdade interpretando-a como a possibilidade de se agir como se quer. Com efeito, a consciência de se poder agir como se quer é a consciência de que a nossa ação é causada pela nossa vontade. A questão, porém, não é a de saber se a nossa ação é causada pela nossa vontade — isso não o nega o indeterminismo —, mas a de saber se a vontade é ou não causalmente determinada. Se a tentativa em questão não significa simplesmente a negação da liberdade mas pretende ser uma solução do problema mantendo o pressuposto de que a responsabilidade somente é possível sob condição de haver liberdade, então nada mais temos senão um adiamento do problema[23]. O que, com a questionada impostação do problema se demonstra é apenas que a imputação ético-jurídica é possível e de fato se verifica sendo a vontade causalmente determinada.

Muito freqüente é o asserto de que é necessário admitir que o homem tem uma vontade livre, isto é, não determinada causalmente, para explicar por que é que apenas consideramos ético-juridicamente responsável o homem e não as coisas inanimadas, os fenômenos da natureza ou os animais — para explicar por que é que apenas consideramos imputável o homem. Mas o certo é que apenas consideramos imputáveis os homens porque e na medida em que as ordens morais e jurídicas apenas prescrevem condutas humanas. Por outro lado, elas apenas prescrevem condutas humanas porque se admite que a representação das suas normas somente no homem provoca atos de vontade que, por sua vez, causam a conduta prescrita. A explicação não está, portanto, na liberdade mas, inversamente, na determinação causal da vontade humana.

Um outro argumento a favor do dogma da liberdade é a indicação do fato de que os modernos ordenamentos jurídicos excetuam certos casos da responsabilidade, ou seja, da imputação, porque, como sói dizer-se, em tais casos não pode admitir-se uma decisão de vontade livre. Por isso, as crianças e os doentes mentais, assim como os adultos de mente sã quando submetidos a uma "coação irresistível", não seriam de responsabilizar pela sua conduta e pelos respectivos efeitos. Pelo que toca aos dois primeiros casos, a explicação reside em que se admite que as crianças e os doentes mentais, em razão da constituição da sua consciência, não podem ou não podem com eficácia bastante ser conduzidos à conduta prescrita através da representação de normas jurídicas, em que outros motivos são em regra mais fortes do que estas representações, especialmente porque a maioria das vezes estes indivíduos não tomam consciência das normas jurídicas. Quanto aos adultos e aos mentalmente sãos, porém, pode presumir-se que em regra a representação das normas jurídicas e das conseqüências que a sua violação usualmente acarreta constitui um motivo mais forte do que os motivos que conduzem a uma conduta contrária ao Direito. Estes últimos motivos também podem, evidentemente, ser os mais fortes num adulto mentalmente são. Esta, porém, é a hipótese excepcional. As ordens jurídicas modernas pressupõem um tipo médio de homem e um tipo médio de circunstâncias externas sob as quais os homens atuam, causalmente determinados. Quando um homem constitucionalmente normal e em circunstâncias normais adota, causalmente determinado, uma conduta que a ordem jurídica proíbe, ele é — por força desta ordem jurídica — responsável por essa conduta e pelos seus efeitos. Quando ele, determinado causalmente por quaisquer outras circunstâncias, diferentes das circunstâncias normais pressupostas pela ordem jurídica, adota uma conduta proibida por esta, diz-se que atua sob coação irresistível, se bem que a coação sob a qual o homem, em todas as circunstâncias, atua, seja sempre irresistível. Com efeito, a causalidade é, pela sua própria essência, coação irresistível. O que em terminologia jurídica se chama coação irresistível é apenas um caso especial de coação irresistível, ou seja, aquele dada cuja existência a ordem jurídica não prevê qualquer responsabilidade por uma conduta pela qual, quando produzida por outras causas, o homem que atue por elas causalmente determinado é responsável. Quando se procede à imputação está-se sempre em presença de uma coação irresistível. Mas nem em todos os casos de coação irresistível há lugar à imputação.

Por fim, deve mencionar-se ainda a doutrina segundo a qual o determinismo apenas é conciliável com a responsabilidade ético-jurídica através do recurso ao fato de que o nosso conhecimento da determinação causal da conduta humana é imperfeito, de que não conhecemos ou não conhecemos suficientemente as causas que determinam a conduta humana. Se nós conhecêssemos exatamente estas causas, então já não estaríamos em posição de responsabilizar um homem pela sua conduta e pelo respectivo efeito. Daí a máxima: tudo compreender é tudo perdoar. Compreender a conduta de um homem significa: conhecer as suas causas; perdoar-lhe significa: renunciar a pedir-lhe contas por essa conduta, a censurá-lo ou a puni-lo por ela, a ligar a essa conduta uma conseqüência da ilicitude, isto é, a fazer a imputação. Mas, em muitíssimos casos, embora se conheçam muito bem as causas da sua conduta e, portanto, essa conduta seja compreendida, não se renuncia de forma alguma à imputação, tal conduta não é de modo algum desculpada. O ditado acima baseia-se na errônea idéia de que a causalidade exclui a imputação.

Do que acima dissemos resulta que não é a liberdade, isto é, a indeterminação causal da vontade, mas, inversamente, que é a determinabilidade causal da vontade que torna possível a imputação. Não se imputa algo ao homem porque ele é livre, mas, ao contrário, o homem é livre porque se lhe imputa algo. Imputação e liberdade estão, de fato, essencialmente ligadas entre si. Mas esta liberdade não pode excluir a causalidade. E, de fato, não a exclui de forma alguma. Se a afirmação de que o homem, como personalidade moral ou jurídica, é livre, deve ter qualquer sentido, tem esta liberdade moral ou jurídica de ser compossível com a determinação, segundo a lei da causalidade, da conduta humana. O homem é livre porque e enquanto são imputadas a uma determinada conduta humana, como ao seu pressuposto a recompensa, a penitência ou a pena — não porque esta conduta não seja causalmente determinada, mas não obstante ela ser causalmente determinada, ou até: por ela ser causalmente determinada. O homem é livre porque esta sua conduta é um ponto terminal da imputação, embora seja causalmente determinada. Por isso, não existe qualquer contradição entre a causalidade da ordem natural e a liberdade sob a ordem moral ou jurídica; tal como também não existe, nem pode existir, qualquer contradição entre a ordem da natureza, por um lado, e a ordem moral e jurídica, pelo outro, pois a primeira é uma ordem de ser e as outras são ordens de dever-ser, e apenas pode existir uma contradição lógica entre um ser e um ser, ou entre um dever-ser e um dever-ser, mas não entre um ser e um dever-ser — enquanto objeto de asserções ou enunciados[24].

11. Outros fatos, que não a conduta humana, como conteúdo de normas sociais

O princípio da imputação — no seu significado original — conexiona um com o outro dois atos de conduta humana: a conduta de um indivíduo com a conduta de outro indivíduo, como, por exemplo, na lei moral, a recompensa com o mérito, ou, na proposição jurídica, a pena com o crime; ou a conduta de um indivíduo com uma outra conduta do mesmo indivíduo, como, por exemplo, na lei religioso-moral que liga a penitência com o pecado. Em todos estes casos a conduta humana prescrita por uma norma é condicionada por uma outra conduta humana. O pressuposto, como a conseqüência, é um ato de conduta humana. Mas as normas de uma ordem social não têm de se referir apenas à conduta humana: podem referir-se também a outros fatos. Uma norma pode — como já fizemos ressaltar num outro ponto — proibir uma determinada conduta humana que tenha um efeito bem determinado (por exemplo, a proibição do homicídio), e também pode prescrever uma determinada conduta humana que seja condicionada não apenas pela conduta de um outro homem, mas ainda por outros fatos, diversos da conduta humana — por exemplo, a norma moral do amor do próximo: se alguém sofre, deves procurar libertá-lo do seu sofrimento; ou a norma jurídica: se alguém, por virtude de doença mental, é perigoso para a comunidade, deve ser compulsoriamente internado. A imputação, que se realiza com fundamento no princípio retributivo (*Vergeltungsprinzip*) e representa a responsabilidade moral e jurídica, é tão-somente um caso particular — se bem que o mais importante — de imputação no sentido mais lato da palavra, isto é, a ligação da conduta humana com o pressuposto sob o qual essa conduta é prescrita numa norma. Toda retribuição (*Vergeltung*) é imputação; mas nem toda imputação é retribuição. Além disso, importa ter em atenção que as normas podem-se referir a indivíduos sem, por isso, se referirem à sua conduta. É este, por exemplo, o caso da responsabilidade pelo ilícito de outrem e, particularmente, o caso da responsabilidade coletiva[25].

Por vezes, no juízo segundo o qual, em determinadas condições, deve ter lugar uma determinada conduta humana, o pressuposto não representa, ou não representa exclusivamente, uma conduta humana. Ora, quando, também neste caso, a ligação entre o fato condicionante e a conduta humana condicionada é designada como imputação, este conceito é empregado num sentido mais lato do que o seu sentido originário. Na verdade, a conseqüência não é imputada apenas a uma conduta humana, ou — expresso na terminologia usual — a conseqüência não é somente imputada a uma pessoa, mas também a fatos ou circunstâncias exteriores. Mas é sempre e apenas a conduta humana que é imputada.

12. Normas categóricas

Parece mesmo haver normas sociais que prescrevem uma determinada conduta humana sem fixar quaisquer pressupostos ou, o que é o mesmo, que a prescrevem em todas e quaisquer circunstâncias. Neste sentido, tais normas são normas categóricas — por contraposição às normas hipotéticas. Estão neste caso certas normas que prescrevem uma omissão, como, por exemplo, as normas: não deves matar, não deves furtar, não deves mentir. Se estas normas tivessem de fato o caráter de normas categóricas, então não seria possível traduzir normativamente a situação social criada através delas num enunciado que ligasse dois elementos um com o outro como pressuposto e conseqüência. Então, o princípio da imputação não seria utilizável.

Mas a verdade é que também as normas que prescrevem uma simples omissão não podem ser normas categóricas. Que uma ação positiva não pode ser prescrita incondicionalmente (sem a fixação de pressupostos), pois uma tal ação apenas é possível sob determinadas condições ou pressupostos, isso é de per si evidente. Mas também as omissões não podem ser normadas incondicionalmente, de outro modo poderiam as respectivas normas ser observadas ou violadas incondicionalmente. Também as omissões somente são possíveis sob pressupostos bem determinados. Um homem não pode matar, furtar, mentir em todas as circunstâncias, mas apenas sob pressupostos bem determinados, e, por isso, também só pode deixar de matar, furtar, mentir sob estes pressupostos. Se as normas morais que prescrevem omissões estabelecessem deveres a cumprir incondicionalmente — isto é, deveres categóricos, a cumprir sempre e em toda a parte —, daríamos satisfação a estes deveres mesmo durante o sono e o sono seria, moralmente, uma situação ideal.

O pressuposto sob o qual uma determinada ação é normada é o conjunto das circunstâncias nas quais essa ação é possível. A isto acresce ainda que, numa sociedade empírica, não pode haver prescrições, mesmo prescrições de omissão, que não consintam quaisquer exceções. Até as proibições mais fundamentais, como: não devemos matar, não devemos subtrair a ninguém um bem que lhe pertença sem o seu consentimento ou o seu conhecimento, não devemos mentir, valem apenas com estas limitações. As ordens sociais positivas têm sempre de estatuir condições sob as quais não é proibido matar, subtrair a propriedade alheia, mentir. Também isto mostra que todas as normas gerais de uma ordem social empírica, incluindo as normas gerais de omissão, apenas podem prescrever uma determinada conduta sob condições ou pressupostos bem determinados, e que, por isso, toda norma geral produz uma conexão entre dois fatos, conexão essa que pode ser descrita pelo enunciado segundo o qual, sob um determinado pressuposto, deve realizar-se uma determinada conseqüência. É esta, como se mostrou, a expressão verbal do princípio da imputação, diversa da que convém ao princípio da causalidade[26].

Apenas as normas individuais podem ser categóricas, no sentido de que prescrevem, autorizam ou positivamente permitem uma dada conduta de determinado indivíduo sem a vincular a determinado pressuposto. É o que se passa quando, por exemplo, um tribunal decide que um certo órgão tem de proceder a certa execução num determinado patrimônio, ou que um certo órgão deve colocar numa prisão, por um determinado período de tempo, um certo réu. Contudo, as normas individuais também podem ser hipotéticas, quer dizer, fixar apenas como condicionalmente devida a especificada conduta de um determinado indivíduo. Assim acontece, por exemplo, quando o tribunal ordena a execução no patrimônio do devedor em mora, apenas sob a condição de o devedor não pagar a soma devida dentro de um determinado prazo ou quando o tribunal ordena a execução da pena aplicada a um determinado indivíduo, apenas na hipótese de este indivíduo cometer de novo um delito punível, dentro de um determinado prazo.

13. A negação do dever-ser; o Direito como "ideologia"

A possibilidade de uma ciência normativa, isto é, de uma ciência que descreve o Direito como sistema de normas, é, por vezes, posta em questão com o argumento de que o conceito de dever-ser, cuja expressão é a norma, é sem sentido ou constitui tão-somente uma ilusão ideológica[27]. Daí tira-se a conclusão de que é de todo impossível uma ciência jurídica normativa, isto é, uma ciência dirigida ao conhecimento de normas, a conclusão de que a ciência jurídica apenas é possível como sociologia jurídica.

A sociologia do Direito não põe os fatos da ordem do ser cujo conhecimento lhe compete em relação com normas válidas, mas põe-nos em relação com outros fatos da ordem do ser, como causas e efeitos. Ela pergunta, por exemplo, por que causas foi determinado um legislador a editar precisamente estas normas e não outras, e que efeitos tiveram os seus comandos. Pergunta por que forma os fatos econômicos e as representações religiosas influenciam, de fato, a atividade do legislador e dos tribunais, por que motivos os indivíduos adaptam ou não a sua conduta à ordem jurídica. Assim, não é, a bem dizer, o próprio Direito que forma o objeto deste conhecimento: são-no antes certos fenômenos paralelos da natureza. De igual modo a fisiologia, que investiga os processos químicos ou físicos que condicionam ou acompanham certos sentimentos, não apreende os próprios sentimentos que, como fenômenos psicológicos, se não deixam apreender quer química quer fisiologicamente. A Teoria Pura do Direito, como específica ciência do Direito, concentra — como já se mostrou — a sua visualização sobre as normas jurídicas e não sobre os fatos da ordem do ser, quer dizer: não a dirige para o querer ou para o representar das normas jurídicas, mas para as normas jurídicas como conteúdo de sentido — querido ou representado. Ela abrange e apreende quaisquer fatos apenas na medida em que são conteúdo de normas jurídicas, quer dizer, na medida em que são determinados por normas jurídicas. O seu problema é a específica legalidade autônoma de uma esfera de sentido.

Se o conceito do dever-ser é negado como algo sem sentido, então os atos de produção jurídica apenas podem ser conhecidos como meios de provocar uma determinada conduta dos indivíduos a que esses atos se dirigem — como causas de determinados efeitos, portanto. E, então, crê-se somente ser possível apreender a ordem jurídica na regularidade de um certo curso de conduta humana. Ignora-se deliberadamente o sentido normativo com que estes atos nos surgem, pois crê-se que não é possível admitir o sentido de um dever-ser diferente do ser. Nessa hipótese, porém, o sentido de um ato em que a autoridade jurídica prescreva, autorize ou positivamente permita uma determinada conduta humana, cientificamente apenas pode ser descrito como uma tentativa de produzir nos indivíduos determinadas representações através de cuja força motivante eles são induzidos a uma determinada conduta. O juízo jurídico de que se "deve" punir o ladrão, ou de que não se "deve" furtar, é reduzido à verificação do fato de que uns procuram conduzir os outros a não furtar ou a punir o ladrão, e de que os indivíduos em regra não furtam (omitem furtar) e, quando excepcionalmente é cometido um furto, punem o ladrão. Vê-se no Direito — como relação entre os que fazem e os que executam as leis — um empreendimento da mesma espécie que, v. g., o de um caçador que põe um engodo à caça para assim a atrair para uma armadilha. Tal confronto é válido não só enquanto o complexo motivatório é o mesmo, mas ainda na medida em que, segundo a visualização do Direito em apreço, à apresentação do Direito como norma (pelo legislador ou pela jurisprudência) subjaz um embuste ou ilusão. Deste ponto de vista não "há" qualquer espécie de "normas", e a afirmação de que isto ou aquilo "deve ser" não tem qualquer sentido, nem mesmo qualquer específico sentido jurídico-positivo diferente do sentido moral. Esta visualização apenas considera o acontecer natural, inserto num nexo causal, toma os atos jurídicos apenas na sua facticidade, mas já não toma em conta o específico teor de sentido com que eles nos aparecem. Este, o dever-ser, não pode — segundo uma consideração meramente sociológica —, como ilusão ideológica, ter expressão numa descrição científica do Direito.

Uma tal ilusão existe, de fato, quando, com o dever-ser jurídico, se afirme um valor moral absoluto. Não se pode, porém, falar de uma ilusão ideológica quando se atribui ao dever-ser, na proposição jurídica que descreve o Direito, o mero significado de uma específica conexão funcional. Já acima se mostrou que existe uma tal conexão funcional específica, diferente do nexo causal, na imputação da recompensa ao mérito, da pena ao crime, da penitência ao pecado, que essa conexão não tem caráter causal e desempenha, no pensamento do homem, particularmente no pensamento jurídico, um papel importante. A conexão causal que uma teoria sociológica descreve existe — se é que existe — entre quaisquer fatos econômicos ou políticos e os atos produtores do Direito, por um lado, e entre estes atos e a conduta humana por eles visada, por outro lado. Nesta última hipótese, tal conexão causal apenas existe quando esta conduta seja, de fato, motivada pela representação da intenção do ato, o que nem sempre sucede, pois a conduta conforme ao Direito é muito freqüentemente causada por outros motivos.

Mas importa, sobretudo, notar que os fatos que a imputação jurídica conexiona entre si são diferentes daqueles. Com efeito, a imputação não liga o ato de produção jurídica com a conduta conforme ao Direito, mas o fato, determinado pela ordem jurídica como pressuposto, com a conseqüência pela mesma ordem jurídica fixada. A imputação é, da mesma forma que a causalidade, um princípio ordenador do pensamento humano e, por isso, é, tanto ou tampouco como aquela, uma ilusão ou ideologia, pois — para falar como Hume ou Kant — também aquela não é mais que um hábito ou categoria de pensamento.

Não pode seriamente negar-se que o sentido subjetivo dos atos de produção jurídica seja um dever-ser quando esses atos sejam considerados, de conformidade com o seu sentido, como atos de comando, como imperativos[28]. Questionar-se pode apenas se é ou não possível interpretar também este seu sentido como objetivo, se o dever-ser, que é o sentido subjetivo dos atos de produção jurídica, pode ou não ser considerado como norma objetivamente válida que obriga os indivíduos e lhes confere direitos. É esta a questão de como distinguir os atos de produção jurídica de outros atos de comando — por exemplo, do comando de um salteador de estradas. Já acima se indicou a condição sob a qual é possível a interpretação em questão: a pressuposição da norma fundamental.

Se se recusa à norma que consideramos como objetivamente válida e através da qual é produzida a conexão imputativa, ao "dever-ser" que exprime esta conexão, todo o significado, então não teria qualquer sentido afirmar que isto é juridicamente permitido e aquilo é juridicamente proibido, que isto me pertence a mim e aquilo te pertence a ti, que X tem direito àquilo e Y é obrigado àquilo, etc. Em resumo, todas aquelas inúmeras afirmações nas quais a vida do Direito diariamente se exprime deixariam de ter sentido. A isso se opõe, porém, o fato inegável de que toda a gente sem mais compreende que é algo diferente o dizer-se que A está juridicamente obrigado a entregar 1.000 a B e o dizer-se que existe uma certa probabilidade (*chance*) de que A entregue 1.000 a B. E também toda a gente compreende que é completamente diferente dizer-se: Esta conduta é — no sentido da lei (isto é, de acordo com uma norma jurídica geral) — um delito e deve — de acordo com a lei — ser punida, e dizer-se: Quem fez isto será, segundo toda a probabilidade, punido. O sentido imanente com que o legislador se dirige ao órgão aplicador do Direito, com que este órgão — na sentença judicial e no ato administrativo — se dirige ao sujeito jurídico, com que o sujeito jurídico — no negócio jurídico — se dirige ao outro sujeito jurídico, não é apreendido pela afirmação sobre o curso provável de uma futura conduta. Tal afirmação tem lugar de um ponto de partida transcendente ao Direito. Ela não responde à questão especificamente jurídica de saber o que, por virtude do Direito, deve acontecer, mas à questão metajurídica de saber o que efetivamente acontece e presumivelmente acontecerá.

Os juízos jurídicos, que traduzem a idéia de que nos devemos conduzir de certa maneira, não podem ser reduzidos a afirmações sobre fatos presentes ou futuros da ordem do ser, pois não se referem de forma alguma a tais fatos, nem tampouco ao fato (da ordem do ser) de que determinadas pessoas querem que nos conduzamos de certa maneira. Eles referem-se antes ao sentido específico que tem o fato (da ordem do ser) de um tal ato de vontade, e o dever-ser, a norma, é precisamente esse sentido, o qual é algo de diferente do ser deste ato de vontade. Somente quando se entenda "ideologia" como oposição à realidade dos fatos da ordem do ser, isto é, quando por ideologia se entenda tudo que não seja realidade determinada por lei causal ou uma descrição desta realidade, é que o Direito, como norma — isto é, como sentido de atos da ordem do ser causalmente determinados mas diferente destes atos —, é uma ideologia. Nesse caso, uma teoria do Direito, que não descreve estes atos na sua conexão causal com outros fatos da ordem do ser mas apenas descreve as normas que constituem o sentido destes atos — e o faz, na verdade, através de proposições jurídicas, isto é, em leis que não afirmam, como as leis naturais, uma conexão causal mas uma conexão de imputação — vai dirigida à legalidade própria de uma ideologia. Nesse caso, a Teoria Pura do Direito desimpediu o caminho para aquele ponto de vista a partir do qual o Direito pode ser entendido como ideologia neste sentido — isto é, como um complexo sistemático diferente da natureza.

A possibilidade e a necessidade de uma tal disciplina, endereçada ao Direito como teor de sentido normativo, são demonstradas pelo fato secular da ciência do Direito que, como jurisprudência dogmática, e enquanto houver Direito, servirá as necessidades intelectuais dos que deste se ocupam. Não há qualquer razão para deixar insatisfeitas estas necessidades inteiramente legítimas e para renunciar a tal ciência do Direito. Substituí-la pela sociologia do Direito é impossível, pois esta ocupa-se de um problema inteiramente diferente daquele. Assim como, enquanto houver uma religião, terá de haver uma teologia dogmática que não pode ser substituída por qualquer psicologia ou sociologia da religião, também haverá sempre — enquanto houver um Direito — uma teoria jurídica normativa. A sua posição no sistema global das ciências é uma outra questão, uma questão subalterna. O que importa não é fazer desaparecer esta ciência juntamente com a categoria do dever-ser ou da norma, mas limitá-la ao seu objeto e clarificar criticamente o método.

Se por "ideologia" se entende, porém, não tudo o que não é realidade natural ou a sua descrição, mas uma representação não-objetiva, influenciada por juízos de valor subjetivos, que encobre, obscurece ou desfoca o objeto do conhecimento, e se se designa por "realidade", não apenas a realidade natural como objeto da ciência da natureza, mas todo o objeto do conhecimento e, portanto, também o objeto da ciência jurídica, o Direito positivo como realidade jurídica, então também uma representação do Direito positivo se tem de manter isenta de ideologia (neste segundo sentido da palavra). Se se considera o Direito positivo, como ordem normativa, em contraposição com a realidade do acontecer fático que, segundo a pretensão do Direito positivo, deve corresponder a este (se bem que nem sempre lhe corresponda), então podemos qualificá-lo como "ideologia" (no primeiro sentido da palavra). Se o consideramos em relação a uma ordem "superior" que tem a pretensão de ser o Direito "ideal", o Direito "justo", e exige que o Direito positivo lhe corresponda — em relação, por exemplo, com o Direito natural ou com uma Justiça por qualquer forma concebida —, então o Direito positivo, isto é, o Direito estabelecido por atos humanos, o Direito vigente, o Direito que, de um modo geral, é aplicado e seguido, apresenta-se como o Direito "real", e uma teoria do Direito positivo que o confunda com um Direito natural ou com qualquer outra idéia de Justiça, com o intuito de justificar ou desqualificar aquele, tem de ser rejeitada como ideológica (no segundo sentido da palavra). Neste sentido, a Teoria Pura do Direito tem uma pronunciada tendência antiideológica. Comprova-se esta sua tendência pelo fato de, na sua descrição do Direito positivo, manter este isento de qualquer confusão com um Direito "ideal" ou "justo". Quer representar o Direito tal como ele é, e não como ele deve ser: pergunta pelo Direito real e possível, não pelo Direito "ideal" ou "justo". Neste sentido é uma teoria do Direito radicalmente realista, isto é, uma teoria do positivismo jurídico. Recusa-se a valorar o Direito positivo. Como ciência, ela não se considera obrigada senão a conceber o Direito positivo de acordo com a sua própria essência e a compreendê-lo através de uma análise da sua estrutura. Recusa-se, particularmente, a servir quaisquer interesses políticos, fornecendo-lhes as "ideologias" por intermédio das quais a ordem social vigente é legitimada ou desqualificada. Assim, impede que, em nome da ciência jurídica, se confira ao Direito positivo um valor mais elevado do que o que ele de fato possui, identificando-o com um Direito ideal, com um Direito justo; ou que lhe seja recusado qualquer valor e, conseqüentemente, qualquer vigência, por se entender que está em contradição com um Direito ideal, um Direito justo. Por tal fato, a Teoria Pura do Direito surge em aguda contradição com a ciência jurídica tradicional que — consciente ou inconscientemente, ora em maior ora em menor grau — tem um caráter "ideológico", no sentido que acaba de ser explicitado. Precisamente através desta sua tendência antiideológica se revela a Teoria Pura do Direito como verdadeira ciência do Direito. Com efeito, a ciência tem, como conhecimento, a intenção imanente de desvendar o seu objeto. A "ideologia", porém, encobre a realidade enquanto, com a intenção de a conservar, de a defender, a obscurece ou, com a intenção de a atacar, de a destruir e de a substituir por uma outra, a desfigura. Tal ideologia tem a sua raiz na vontade, não no conhecimento, nasce de certos interesses, melhor, nasce de outros interesses que não o interesse pela verdade — com o que, naturalmente, nada se afirma sobre o valor ou sobre a dignidade desses outros interesses. A autoridade que cria o Direito e que, por isso, o procura manter, pode perguntar-se se é útil um conhecimento do seu produto isento de ideologia. E também as forças que destroem a ordem existente e a querem substituir por uma outra, havida como melhor, podem não saber como empreender algo importante com um tal conhecimento jurídico. A ciência do Direito não pode, no entanto, preocupar-se, quer com uma, quer com as outras. Uma tal ciência jurídica é o que a Teoria Pura do Direito pretende ser.

IV
Estática jurídica

1. A sanção: ilícito e conseqüência do ilícito

a) *As sanções do Direito nacional e do Direito internacional*

Se o Direito é concebido como uma ordem de coerção, isto é, como uma ordem estatuidora de atos de coerção, então a proposição jurídica que descreve o Direito toma a forma da afirmação segundo a qual, sob certas condições ou pressupostos pela ordem jurídica determinados, deve executar-se um ato de coação, pela mesma ordem jurídica especificado. Atos de coerção são atos a executar mesmo contra a vontade de quem por eles é atingido e, em caso de resistência, com o emprego da força física. Como ressalta da investigação precedente, devem distinguir-se duas espécies de atos de coação:

Sanções, isto é, atos de coerção que são estatuídos contra uma ação ou omissão determinada pela ordem jurídica, como, por exemplo, a pena de prisão prevista para o furto; e aos de coação que não têm este caráter, como, por exemplo, o internamento compulsório de indivíduos atacados por uma doença perigosa ou que são considerados perigosos por causa da sua raça, das suas convicções políticas ou do seu credo religioso, ou ainda a aniquilação ou privação compulsória da propriedade no interesse público. Nestas últimas hipóteses, entre os pressupostos do ato da coerção estatuído pela ordem jurídica não se encontra qualquer ação ou omissão de determinado indivíduo especificada pela mesma ordem jurídica.

As sanções no sentido específico desta palavra aparecem — no domínio das ordens jurídicas estaduais — sob duas formas diferentes: como pena (no sentido estrito da palavra) e como execução (execução forçada). Ambas as espécies de sanções consistem na realização compulsória de um mal ou — para exprimir o mesmo sob a forma negativa — na privação compulsória de um bem: no caso da pena capital, a privação da vida, no caso das penas corporais, outrora usadas (como a privação da vista, a amputação de uma mão ou da língua), a privação do uso de um membro do corpo, ou o castigo corretivo: a provocação de dores; no caso da pena de prisão, a privação da liberdade; no caso das penas patrimoniais, a privação de valores patrimoniais, especialmente da propriedade. Mas também a privação de outros direitos pode ser cominada como pena: tal a demissão ou a perda dos direitos políticos. Também a execução é a produção compulsória de um mal. Distingue-se, porém, da pena pelo fato de — como costuma dizer-se — ser levada a efeito para compensar (indenizar) o ilícito que consiste na conduta contra a qual esta sanção é dirigida como reação. A chamada indenização do ilícito consiste em pôr termo à situação criada em virtude da conduta contrária ao Direito (situação que, nestes termos, é também contrária ao Direito) e em produzir ou restabelecer um situação conforme ao Direito. Esta situação pode ser a mesma que deveria ter sido produzida através de uma conduta do delinqüente conforme ao Direito; mas também pode ser uma outra que funcione como sucedânea dela, quando o restabelecimento de tal situação não seja possível. Exemplos do primeiro caso: A omite o cumprimento do dever de prestar a B uma coisa que se encontra em seu poder. A sanção de execução constitutiva deste dever consiste em a coisa ser compulsoriamente retirada a A e entregue a B. Outro exemplo: A omite cumprir o dever de aparecer perante o tribunal como testemunha. A sanção de execução constitutiva deste dever consiste em A ser conduzido compulsoriamente diante do tribunal, quer dizer: em ser-lhe retirada, para o efeito, a liberdade. Exemplo da segunda hipótese: A omite cumprir o dever de prestar a B uma coisa que não se encontra na sua posse, ou de lhe prestar um determinado trabalho. A sanção de execução constitutiva deste dever consiste em retirar-se compulsoriamente a A um valor patrimonial correspondente à coisa ou ao trabalho devido e em entregar a B a soma pecuniária realizada através da venda forçada. Se a conduta contrária ao Direito consiste — como sucede no primeiro e no último exemplos — no fato de se causar a outrem um prejuízo, a sanção da execução é a indenização do prejuízo ilicitamente causado. Neste caso existe uma certa semelhança entre pena patrimonial e execução. Ambas são execução forçada de um patrimônio. Distinguem-se uma da outra pelo fato de o valor patrimonial compulsoriamente subtraído ir, no caso da pena patrimonial, que normalmente consiste em dinheiro, para um fundo público (caixa estadual ou municipal), enquanto que, no caso da execução, tal valor é atribuído ao lesado para indenização do prejuízo material ou moral, no que se revela um fim determinado pela ordem jurídica que, no caso da pena, não existe. A custo será possível determinar o conceito de pena pelo seu fim. Com efeito, o fim da pena não resulta — ou não resulta imediatamente — do conteúdo da ordem jurídica. A interpretação segundo a qual esse fim consiste em prevenir, pela intimidação, a ação ou omissão contra a qual a pena é dirigida, é uma interpretação que também é possível em face de ordenamentos jurídico-penais cujo aparecimento não foi determinado pela idéia de prevenção, mas o foi tão simplesmente pelo princípio de que se deve retribuir o mal com o mal. As penas de morte e de prisão permanecem as mesmas, quer se vise ou não, ao estatuí-las, um fim de prevenção. Sob este aspecto não existe qualquer diferença essencial entre pena e execução (civil), pois também esta pode — sendo, como é, sentida como um mal pelo indivíduo que atinge — ter um efeito preventivo, por forma tal que o fim de indenização se pode combinar, aqui, com o fim de prevenção. Ambas as espécies de sanções — pena e execução (civil) — são aplicadas tanto pela autoridade judicial como pela autoridade administrativa, em processo para o efeito previsto. Por isso devem distinguir-se penas judiciais, aplicadas pelos tribunais penais, e penas administrativas, aplicadas pelas autoridades administrativas; execuções judiciais, feitas pelos tribunais civis (execuções civis), e execuções administrativas, feitas pelas autoridades administrativas. Também se deve distinguir o ato pelo qual é ordenada a sanção da pena, ou da execução do ato pelo qual a efetivação da norma posta por aquele ato, a pena ou execução, é levada a efeito — do ato pelo qual é posto o fato coercitivo da sanção. Este ato é sempre posto por uma autoridade administrativa.

As sanções do Direito internacional geral (represálias e guerra) — das quais se falará mais tarde — não são, na verdade, qualificadas quer como penas, quer como execução civil, mas representam, tal como estas, uma privação compulsória de bens ou, o que significa o mesmo, uma lesão, estatuída pela ordem jurídica, de interesse de um Estado (que, aliás, em outras circunstâncias, são protegidos) por parte de um outro Estado. Se se admite que, segundo o Direito internacional vigente, um Estado apenas pode recorrer às represálias ou à guerra contra um outro quando este se recuse a indenizar os prejuízos que lhe foram ilicitamente causados, e que estes atos de coerção apenas podem ser efetivados com o fim de obter a indenização, então existe um certo parentesco entre as sanções do Direito internacional geral e a execução forçada do Direito civil.

Saber, contudo, se as represálias e a guerra podem sequer ser interpretadas como sanções do Direito internacional e se este, portanto, deve ser considerado como uma ordem jurídica, constitui questão muito debatida[1].

b) *O ilícito (delito) não é negação, mas pressuposto do Direito*

Como já se depreende do que foi dito, a ação ou omissão determinada pela ordem jurídica, que forma a condição ou o pressuposto de um ato de coerção estatuído pela mesma ordem jurídica, representa o fato designado como ilícito ou delito, e o ato de coação estatuído como sua conseqüência representa a conseqüência do ilícito ou sanção. Somente pelo fato de uma ação ou omissão determinada pela ordem jurídica ser feita pressuposto de um ato de coação estatuído pela mesma ordem jurídica é que ela é qualificada como ilícito ou delito; apenas pelo fato de um ato de coação ser estatuído pela ordem jurídica como conseqüência de uma ação ou omissão por ela determinada é que este ato de coação tem o caráter de uma sanção ou conseqüência do ilícito. Como já anteriormente foi acentuado, os atos de coação estatuídos pela ordem jurídica como conseqüência de outros fatos (que não ações ou omissões) não são "sanções" no sentido específico de conseqüência do ilícito; e os fatos que as condicionam, uma vez que não são ações ou omissões de certos indivíduos determinadas pela ordem jurídica, não têm o caráter de um ilícito ou delito.

A relação entre ilícito e conseqüência do ilícito não consiste, assim — como pressupõe a jurisprudência tradicional —, em a uma ação ou omissão, pelo fato de representar um ilícito ou delito, ser ligado um ato de coação como conseqüência do ilícito, mas em uma ação ou omissão ser um ilícito ou delito por lhe ser ligado um ato de coação como sua conseqüência. Não é uma qualquer qualidade imanente e também não é qualquer relação com uma norma metajurídica, natural ou divina, isto é, qualquer ligação com um mundo transcendente ao Direito positivo, que faz com que uma determinada conduta humana tenha de valer como ilícito ou delito — mas única e exclusivamente o fato de ela ser tornada, pela ordem jurídica positiva, pressuposto de um ato de coerção, isto é, de uma sanção[2].

A teoria dominante na jurisprudência tradicional, segundo a qual um elemento de valor moral vai ínsito aos conceitos do ilícito e da conseqüência do ilícito e o ilícito tem necessariamente de significar algo de imoral e a pena algo de infamante, é insustentável — já mesmo pelo caráter altamente relativo dos juízos de valor tomados em conta. Pode ser verdade que as ações e omissões determinadas por uma ordem jurídica como pressupostos de atos de coerção sejam consideradas como imorais pelas concepções de determinados círculos, mas não pode negar-se que já pode não ser este o caso segundo as concepções de outros círculos. Um homem que mata a esposa adúltera ou o seu amante é, segundo a maioria das ordens jurídicas vigentes, um criminoso, mas o seu feito pode por muitos não ser de forma alguma reprovado, sim, pode mesmo ser aprovado como exercício de um direito natural a proteger a sua honra. O duelo, contra o qual é cominada uma pena, é considerado por uma determinada camada social, não apenas como não imoral, mas como dever moral, e a pena de prisão que lhe corresponde não é tida como desonrosa. A doutrina da essencial qualificação moral do ilícito não é, de modo algum, mantida pelo que respeita ao delito civil e à conseqüência do ilícito a ele ligada, isto é, à execução civil. Do ponto de vista de uma teoria do Direito positivo não há qualquer fato que, em si e por si, isto é, sem ter consideração a respectiva conseqüência estatuída pela ordem jurídica, seja um ilícito ou delito. Não há *mala in se*, mas apenas *mala prohibita*. Isto é, de resto, apenas a conseqüência do princípio geral reconhecido no direito penal, *nullum crimen sine lege, nulla poena sine lege*; e este princípio, que vale não só para o direito penal, não só para os delitos criminais, como também para todos os delitos, não só em relação às penas mas também em relação a todas as sanções, é tão-somente a conseqüência do positivismo jurídico. Um e o mesmo fato é, segundo uma ordem jurídica, um ilícito ou delito, por esta lhe ligar a uma sanção, e não o é segundo uma outra que não prevê tal conseqüência.

É de per si evidente que uma determinada conduta ou omissão humana é feita pela ordem jurídica pressuposto de um ato de coação porque essa ação ou omissão é considerada, pela autoridade jurídica, como socialmente indesejável ou nociva. Mas, do ponto de vista de uma consideração dirigida ao sentido imanente da ordem jurídica, esta circunstância é irrelevante para o conceito de ilícito. Se uma ação ou omissão especificada pela ordem jurídica é feita pressuposto de um ato de coação, deve ser considerada como um ilícito, mesmo por aquele jurista que a não considere prejudicial ou porventura até a considere útil; e inversamente. A distinção entre um fato que constitui um ilícito por ser punível segundo o direito positivo e um fato que é punível porque é um ilícito baseia-se numa concepção de Direito natural. Ela pressupõe que a qualidade de ilícito, o valor negativo, é imanente a certos fatos e exige a punição por parte do Direito positivo. Com a rejeição do pressuposto fundante do Direito natural de que o valor e o desvalor são imanentes à realidade, cai a distinção pela base.

Na designação de "não"-Direito (ilícito), "contradição"-com-o-Direito, "quebra"-do-Direito, "violação"-do-Direito exprime-se a idéia de uma negação do Direito, a representação de algo que está fora do Direito e contra ele, que ameaça, interrompe ou mesmo suprime a existência do Direito. Esta representação induz em erro. Ela nasce do fato de interpretarmos como contradição lógica a relação entre uma norma que prescreve uma determinada conduta e uma conduta fática que é o oposto da prescrita. Uma contradição lógica, porém, apenas pode existir entre duas proposições das quais uma afirme que A é e a outra que A não é, ou das quais uma afirme que A deve ser e a outra que A não deve ser. As duas proposições não podem subsistir uma ao lado da outra, pois apenas uma delas pode ser verdadeira. Entre a proposição descritiva de uma ordem que diz que um indivíduo se *deve* comportar de determinada maneira e a proposição que diz que ele *de fato* se não comporta dessa maneira, mas realiza a conduta oposta, não existe qualquer contradição lógica. Ambas as proposições podem subsistir, uma em face da outra, ambas podem ser simultaneamente verdadeiras. A existência ou validade (vigência) de uma norma que prescreve uma determinada conduta não é "quebrada" pela conduta oposta como se quebra uma cadeia que prende um indivíduo; pois a cadeia do Direito prende também o indivíduo que "quebra" o Direito. A norma não é "lesada" como pode ser lesado, isto é, como pode ser prejudicado na sua existência, um indivíduo, pelo ato de coerção dirigido contra ele.

Se uma ordem normativa prescreve uma determinada conduta apenas pelo fato de ligar uma sanção à conduta oposta, o essencial da situação de fato é perfeitamente descrito através de um juízo hipotético que afirme que, se existe uma determinada conduta, deve ser efetivado um determinado ato de coação. Nesta proposição, o ilícito aparece como um pressuposto (condição) e não como uma negação do Direito; e, então, mostra-se que o ilícito não é um fato que esteja fora do Direito e contra o Direito, mas é um fato que está dentro do Direito e é por este determinado, que o Direito, pela sua própria natureza, se refere precisa e particularmente a ele. Como tudo o mais, também o ilícito (não-Direito) juridicamente apenas pode ser concebido como Direito. Quando se fala de conduta "contrária"-ao-Direito, o elemento condicionante é o ato de coação; quando se fala de conduta "conforme"-ao-Direito, significa-se a conduta oposta, a conduta que evita o ato de coação.

Enquanto a ciência jurídica interpreta como um pressuposto (condição) do Direito o delito, representado no pensamento ingênuo pré-científico como negação do Direito, como não-Direito (ilícito), cumpre um processo análogo ao da teologia em face do problema da teodicéia, isto é, em face do problema do mal num mundo criado por um Deus totalmente bom e todo-poderoso. Visto que tudo o que é tem de ser concebido como querido por Deus, surge a questão: como pode o mal ser concebido como querido pelo bom Deus? A resposta de uma teologia monoteísta conseqüente é: interpretando o mal como uma condição (pressuposto) necessária da realização do bem. A suposição de que o mal não é obra de Deus mas é dirigido contra Deus, de que é obra do Diabo, não é conciliável com a hipótese monoteísta, pois implica a idéia de um anti-Deus, de um não-Deus.

O delito, que é uma ação ou omissão humana determinada pela ordem jurídica, não é o único pressuposto a que a mesma ordem jurídica liga a sanção. Com efeito, a hipótese condicionante desta, como veremos, pode ser composta de partes constitutivas muito diversas, entre as quais também avulta outra conduta humana que não pode ser qualificada como delito — tal, por exemplo, o ato legislativo pelo qual é produzida a norma geral que fixa o fato delituoso e o ato jurisdicional através do qual se verifica a existência do fato delituoso concreto. Sendo assim, surge a questão de saber como pode a conduta a qualificar como delito ser distinguida de outros pressupostos, especialmente de outra conduta humana que apareça como parte constitutiva da hipótese condicionante. O delito é normalmente a conduta daquele indivíduo contra o qual — como conseqüência dessa conduta — é dirigido o ato coercitivo que funciona de sanção. Esta determinação conceitual do delito, porém, apenas está certa quando a sanção é dirigida contra o delinqüente, isto é, contra aquele que, pela sua conduta, cometeu o delito. É este o caso — que mais tarde será analisado — da responsabilidade por conduta própria.

A sanção, porém, não tem de ser dirigida contra o delinqüente, ou apenas contra ele, mas pode também ser dirigida contra um outro indivíduo — ou contra outros indivíduos. Nesse caso, a ordem jurídica tem de determinar a relação em que o delinqüente está para com o indivíduo ou os indivíduos que respondem pelo seu delito. A ordem jurídica pode responsabilizar o pai do delinqüente, o seu cônjuge ou outros membros da sua família, ou ainda os membros de um outro grupo a que o delinqüente pertença. Se, por uma questão de simplificação terminológica, designarmos aqueles indivíduos que, estando numa determinada relação com o delinqüente — relação essa especificada pela ordem jurídica — respondem pelo seu delito como os seus "parentes" (por laços de família, de etnia, de nacionalidade), pode o delito ser determinado como a conduta daquele indivíduo contra o qual ou contra cujos "parentes" é dirigida a sanção como conseqüência.

2. Dever jurídico e responsabilidade

a) *Dever jurídico e sanção*

A conduta de um indivíduo prescrita por uma ordem social é aquela a que este indivíduo está obrigado. Por outras palavras: um indivíduo tem o dever de se conduzir de determinada maneira quando esta conduta é prescrita pela ordem social. Dizer que uma conduta é prescrita e que um indivíduo é obrigado a uma conduta, que é seu dever conduzir-se de certa maneira, são expressões sinônimas. Visto a ordem jurídica ser uma ordem social, a conduta a que um indivíduo é juridicamente obrigado é uma conduta que — imediata ou mediatamente — tem de ser realizada em face de outro indivíduo. Se o Direito é concebido como ordem coercitiva, uma conduta apenas pode ser considerada como objetivamente prescrita pelo Direito e, portanto, como conteúdo de um dever jurídico, se uma norma jurídica liga à conduta oposta um ato coercitivo como sanção. Costuma-se, na verdade, distinguir norma jurídica e dever jurídico e dizer que uma norma jurídica estatui um dever jurídico. Porém, o dever jurídico de realizar uma determinada conduta não é uma situação de fato diversa da norma jurídica que prescreve esta conduta. A afirmação: um indivíduo é juridicamente obrigado a uma determinada conduta é idêntica à afirmação: uma norma jurídica prescreve aquela conduta determinada de um indivíduo; e uma ordem jurídica prescreve uma determinada conduta ligando à conduta oposta um ato coercitivo como sanção.

O dever jurídico tem, tal como a norma jurídica que com ele se identifica, um caráter geral ou individual. A norma jurídica que prescreve a indenização de um prejuízo causado a outrem estatui — ou melhor: é — um dever jurídico geral. A decisão judicial, ou seja, a norma individual que, num caso concreto, prescreve que um determinado indivíduo, A, deve indenizar um determinado prejuízo por ele causado a outro indivíduo determinado, B, através da prestação de uma determinada soma pecuniária, estatui — melhor: é — o dever jurídico individual de A. Com isto, no entanto, apenas se diz que a prestação por A de determinada soma de dinheiro a B forma o conteúdo de uma norma jurídica individual. A maior parte das vezes fala-se de dever jurídico somente quando exista uma norma jurídica individual, e, como a teoria tradicional apenas toma em consideração normas jurídicas gerais e ignora a existência de normas jurídicas individuais, perde-se de vista a identidade de norma jurídica e dever jurídico e considera-se o dever jurídico como um objeto do conhecimento jurídico diferente da norma jurídica, se bem que com esta tenha uma qualquer conexão.

A tentativa de determinar por esta forma o dever jurídico induz em erro. Assim sucede com a suposição de que o dever jurídico é um impulso ínsito ao homem, uma impulsão para uma conduta que ele sente como prescrita, a vinculação por uma norma natural ou divina que lhe é inata e cuja observância a ordem jurídica positiva se limita a garantir, estatuindo uma sanção. Ele não é, porém, senão a norma jurídica positiva que prescreve a conduta deste indivíduo pelo fato de ligar à conduta oposta uma sanção. E o indivíduo é juridicamente obrigado à conduta assim prescrita, mesmo que a representação desta norma jurídica não desencadeie nele qualquer espécie de impulso para essa conduta, sim, mesmo quando ele não tenha qualquer representação da norma jurídica que o obriga — na medida em que valha o princípio jurídico-positivo de que o desconhecimento do Direito não isenta da sanção pelo mesmo estatuída.

Com isto fica determinado o conceito de dever jurídico. Este encontra-se numa relação essencial com a sanção. Juridicamente obrigado está o indivíduo que, através da sua conduta, pode cometer o ilícito, isto é, o delito, e, assim, pode provocar a sanção, a conseqüência do ilícito — o delinqüente potencial; ou o que pode evitar a sanção pela conduta oposta. No primeiro caso, fala-se da violação do dever, no segundo, em cumprimento do dever. O indivíduo que cumpre o dever que lhe é imposto por uma norma jurídica, observa a norma jurídica; o indivíduo que, em caso de violação do Direito, efetiva a sanção estatuída na norma jurídica, aplica a norma. Tanto a observância da norma jurídica como a sua aplicação representam uma conduta conforme à norma. Se, por eficácia de uma ordem jurídica, se entende o fato de os indivíduos — cuja conduta ela regula enquanto liga a uma conduta por ela determinada um ato coercitivo, igualmente por ela determinado, a título de sanção — se conduzirem em conformidade com as suas normas, então essa eficácia manifesta-se tanto na efetiva observância das normas jurídicas, isto é, no cumprimento dos deveres jurídicos por elas estatuídos, como na aplicação das normas jurídicas, isto é, na efetivação das sanções por elas estatuídas.

Conteúdo de um dever jurídico é normalmente a conduta de um indivíduo apenas. Mas também o pode ser a conduta de dois ou mais indivíduos. É este o caso se o dever pode ser cumprido por um *ou* pelo outro dos indivíduos — alternativamente, portanto —, e é violado quando não é cumprido por qualquer deles; ou ainda se o dever apenas pode ser cumprido através da ação combinada de todos — cooperativamente, portanto — e é violado quando esta cooperação não tenha lugar.

Na teoria tradicional utiliza-se, ao lado do conceito de dever jurídico, o conceito de sujeito do dever, como seu "portador", assim como ao lado do conceito de direito subjetivo se utiliza o conceito de sujeito do direito como seu portador ou titular. Ambos são reunidos no conceito de sujeito jurídico, como portador dos deveres e direitos estatuídos pela ordem jurídica. Como sujeito ou portador do dever é designado normalmente o indivíduo cuja conduta forma o conteúdo do dever. Mas este indivíduo não é algo que "porte" o dever como um objeto que dele se distingue. Não é sequer o indivíduo, como tal, que entra em linha de conta na situação fática que representa o dever jurídico, mas tão-somente uma determinada conduta de um indivíduo, apenas o elemento pessoal desta conduta que, inseparavelmente ligada com o elemento material, forma o conteúdo do dever jurídico. Só neste sentido é admissível o conceito de sujeito do dever. Sujeito de um dever jurídico é o indivíduo cuja conduta é o pressuposto a que é ligada a sanção dirigida contra esse indivíduo (ou contra os seus "parentes") como conseqüência dessa conduta. É o indivíduo que, através da sua conduta, pode violar os deveres, isto é, provocar a sanção, e que, portanto, pode cumprir o dever, isto é, evitar a sanção.

b) *Dever jurídico e dever-ser*

À palavra "dever" (*"Pflicht"*) está ligada na língua alemã — especialmente depois da Ética de Kant — a idéia de um valor moral absoluto. O princípio segundo o qual o homem deve cumprir sempre o seu "dever" ou os seus "deveres" pressupõe evidentemente que haja deveres absolutos, inteligíveis para todos. De outro modo, isto é, se se admitisse que não há uma moral absoluta, mas várias e muito diversas ordens morais que prescrevem condutas que se contrariam, o princípio citado, que constitui o princípio fundamental da ética kantiana, reconduzir-se-ia à tautologia de que o homem deve sempre fazer aquilo que, de conformidade com a ordem moral tomada em consideração, é prescrito, ou seja: que ele deve fazer o que deve fazer. O conceito de dever jurídico refere-se exclusivamente a uma ordem jurídica positiva e não tem qualquer espécie de implicação moral. Um dever jurídico pode — embora isso se não verifique necessariamente — ter como conteúdo a mesma conduta que é prescrita em qualquer sistema moral, mas também pode ter por conteúdo a conduta oposta, por forma a existir — como costuma admitir-se em tal hipótese — um conflito entre dever jurídico e dever moral. Para evitar a possibilidade de um tal conflito foi mesmo afirmado que o dever em geral não é um conceito jurídico, que apenas a Moral, e não o Direito, obriga, que a função específica do Direito — diferentemente da da Moral — é conferir direitos. Se, contudo, se reconhece que ser obrigado a uma conduta não significa senão que esta conduta é prescrita por uma norma — e não pode negar-se que a ordem jurídica (como toda ordem normativa) prescreve uma determinada conduta humana — então obrigar (constituir na obrigação de) tem de considerar-se uma função essencial do Direito e, como se mostra pela análise que faremos em seguida da função do conferir-direitos, tem mesmo de se reconhecer que tal função ocupa um lugar de primazia em relação a esta última.

Visto que as normas não só prescrevem (ou proíbem) uma determinada conduta como também podem conferir autorização (competência) para uma determinada conduta, não é supérfluo realçar que, quando a um indivíduo é conferida competência para uma determinada conduta, ele não tem de ser, por tal motivo, obrigado a essa conduta. Na medida em que "conferir competência" ("autorizar"), dentro de uma ordem jurídica, significa o mesmo que atribuir um poder jurídico, isto é, atribuir a capacidade de produzir Direito, apenas uma ação positiva, e não uma omissão, pode ser objeto de uma atribuição de competência (autorização), enquanto que uma ordem ou comando se pode referir tanto a uma ação como a uma omissão. Podemos, portanto, ser juridicamente obrigados a fazer ou a omitir algo; mas apenas nos pode ser conferido poder ou competência para fazer algo. O que sucede, porém, é que podemos ser juridicamente obrigados a fazer uso de uma competência: uma ação para a qual a ordem jurídica atribui competência a um indivíduo pode, ao mesmo tempo, ser prescrita ou ordenada, isto é, pode ser tornada conteúdo do seu dever. Ao juiz é conferida competência (isto é, ele tem o poder jurídico, que pelo Direito lhe é atribuído, a ele próprio e a mais ninguém) para aplicar uma pena sob determinadas condições. Ele pode também ser obrigado — embora não tenha necessariamente de o ser — a aplicar esta pena; e é juridicamente obrigado a proceder assim quando a omissão de tal agir é pela ordem jurídica sujeita a uma sanção. O mesmo vale dizer para a hipótese em que uma conduta é positivamente permitida (através de uma norma em que uma proibição geral dessa conduta é restringida): a ordem jurídica pode — se bem que não tenha necessariamente de proceder assim — estatuir um dever de usar essa permissão.

A este respeito recorde-se uma vez mais que, se a proposição jurídica é formulada com o sentido de que, sob determinadas condições ou pressupostos, deve intervir um determinado ato de coação, a palavra "deve" nada diz sobre a questão de saber se a aplicação do ato coercitivo constitui conteúdo de um dever jurídico, de uma permissão positiva ou de uma atribuição de competência (autorização), antes, as três hipóteses são igualmente abrangidas. Se se emprega a palavra "dever-ser" para designar qualquer dos sentidos, não só o sentido da norma que prescreve uma determinada conduta mas também o sentido da norma que positivamente permite uma determinada conduta ou a autoriza (para ela confere competência), isto é, se com o dizermos que nos "devemos" conduzir de certa maneira apenas afirmamos que esta conduta está estatuída numa norma, então o dever jurídico é o oposto daquela conduta que constitui o pressuposto de um ato de coerção prescrito, ou seja: é aquela conduta cuja não-efetivação, por seu turno, constitui, ela própria, o pressuposto de um ato de coerção, ou para a qual é atribuída uma competência, ou que é positivamente permitida. O dever jurídico, como já notamos numa outra ordem de idéias[3], não é, ou pelo menos não é imediatamente, a conduta devida. Devido é apenas o ato de coerção que funciona como sanção. Se se diz que quem está juridicamente obrigado a uma determinada conduta "deve", por força do Direito, conduzir-se do modo prescrito, o que com isso se exprime é o ser-devido — ou seja, o ser positivamente permitido, o ser autorizado e o ser prescrito — do ato coercitivo que funciona como sanção e é estatuído como conseqüência da conduta oposta[4].

c) *Responsabilidade*

Conceito essencialmente ligado com o conceito de dever jurídico, mas que dele deve ser distinguido, é o conceito de responsabilidade. Um indivíduo é juridicamente obrigado a uma determinada conduta quando uma oposta conduta sua é tornada pressuposta de uma ato coercitivo (como sanção). Mas este ato coercitivo, isto é, a sanção como conseqüência do ilícito, não tem de ser necessariamente dirigida — como já se fez notar — contra o indivíduo obrigado, quer dizer, contra o indivíduo cuja conduta é o pressuposto do ato coercitivo, contra o delinqüente, mas pode também ser dirigido contra um outro indivíduo que se encontre com aquele numa relação determinada pela ordem jurídica. O indivíduo contra quem é dirigida a conseqüência do ilícito *responde* pelo ilícito, é juridicamente *responsável* por ele. No primeiro caso, responde pelo ilícito próprio. Aqui o indivíduo obrigado e o indivíduo responsável são uma e a mesma pessoa. Responsável é o delinqüente potencial. No segundo caso, responde um indivíduo pelo delito cometido por um outro: o indivíduo obrigado e o indivíduo responsável não são idênticos. É-se obrigado a uma conduta conforme ao Direito e responde-se por uma conduta antijurídica. O indivíduo obrigado pode, pela sua conduta, provocar ou evitar a sanção. O indivíduo que apenas responde pelo não-cumprimento do dever de um outro (pelo ilícito cometido por um outro) não pode, pela sua conduta, provocar ou impedir a sanção. Isto é patente no caso de responsabilidade penal pelo delito de outrem, ou seja, no caso em que a sanção tem o caráter de uma pena. Mas vale dizer o mesmo também para o caso da responsabilidade civil pelo delito de outrem quando a sanção tem o caráter de uma execução civil. A está obrigado a prestar 1.000 a B quando a ordem jurídica determina que, se A não presta 1.000 a B, se deve fazer execução no patrimônio de A ou no patrimônio de C. No último caso, C responde pelo não-cumprimento do dever de A de prestar 1.000 a B. C não pode, pela sua conduta, provocar a sanção, pois pressuposto da sanção é a conduta de A, não a de C. C, porém, também não pode, pela sua conduta, impedir a sanção se apenas responde pelo delito civil de A. Seria esse o caso se a ordem jurídica determinasse que a sanção deve ser dirigida contra C quando A omite prestar 1.000 a B, mesmo que C preste os 1.000 a B; quer dizer: se a ordem jurídica não confere validade ao cumprimento do dever de A por C (como seu representante). Mas C pode não só responder pelo fato de A não cumprir o seu dever de prestar 1.000 a B como também pode ser obrigado a prestar 1.000 a B quando A não cumpra o seu dever. Isto é assim quando a ordem jurídica — como normalmente sucede — determina que deve ser feita execução no patrimônio de C se tanto A como C omitem prestar 1.000 a B. Então C pode — como sujeito do dever de prestar 1.000 a B — provocar ou evitar a sanção através da sua conduta. Se estamos perante uma hipótese de responsabilidade pelo não-cumprimento de um dever jurídico que é constituído pela execução forçada de um patrimônio, tem de distinguir-se o caso em que o patrimônio sobre o qual deve incidir a execução forçada é patrimônio próprio do indivíduo contra o qual se dirige o ato de coerção do caso em que tal patrimônio é o patrimônio de outrem sobre o qual esse indivíduo tem o poder de disposição. No primeiro caso, o indivíduo responde com a sua pessoa e com o seu patrimônio. No segundo caso, para efeitos de responsabilidade, são tomados em consideração dois indivíduos: aquele que tem o poder de disposição sobre o patrimônio e aquele que é o sujeito dos direitos que formam o patrimônio. Um responde só com a sua pessoa, o outro com o seu patrimônio.

No caso de responsabilidade pelo ilícito de outrem a conduta que constitui o pressuposto da sanção não é uma determinada conduta do indivíduo contra o qual se dirige a sanção, mas a conduta de um outro indivíduo. O indivíduo que responde por um ilícito de outrem não é sujeito de uma conduta determinada pela ordem jurídica como pressuposto da conseqüência do ilícito; ele é apenas objeto de uma conduta determinada pela ordem jurídica como conseqüência de outra conduta, a saber, é objeto do ato coercitivo da sanção. Sob este aspecto existe uma certa semelhança entre esta situação e aquela que se apresenta quando a ordem jurídica estatui aqueles atos coercitivos acima referidos que não têm o caráter de sanções. Também nestes casos o indivíduo contra o qual se dirige o ato coercitivo não é sujeito de uma conduta determinada pela ordem jurídica como pressuposto do ato coercitivo, mas é apenas objeto de uma conduta determinada pela ordem jurídica como conseqüência, ou seja, é objeto do ato coercitivo contra ele dirigido. A diferença, porém, reside em que, no caso de responsabilidade pelo ilícito de outrem, aparece entre os pressupostos do ato de coerção uma conduta de um determinado indivíduo especificada pela ordem jurídica, enquanto no caso de atos coercitivos que não têm o caráter de sanções se não encontra, entre os pressupostos do ato coercitivo, uma tal conduta.

d) *Responsabilidade individual e coletiva*

A distinção entre dever (obrigação) e responsabilidade também encontra expressão na linguagem. Somos obrigados *a* uma determinada conduta, que é sempre e apenas a nossa própria conduta; não podemos ser obrigados à conduta de outrem. Respondemos *por* uma determinada conduta própria, e respondemos também pela conduta de outrem. A responsabilização por um delito cometido por outrem, no caso em que a sanção é dirigida contra outro indivíduo que não o delinqüente, apenas pode ter eficácia preventiva quando entre os dois indivíduos existe uma relação que permita presumir que o indivíduo obrigado, o delinqüente potencial, também receba como um mal a execução da sanção no caso de ela incidir sobre um outro indivíduo como objeto da responsabilidade — quando este é, por exemplo, membro da sua própria família, do seu grupo étnico ou do seu Estado, isto é, quando ele pertence a um grupo cujos membros se identificam mais ou menos uns com os outros, quando o indivíduo obrigado e o indivíduo responsabilizado pertençam à mesma coletividade. É uma tal relação que, em regra, determina a ordem jurídica quando ela estabelece a responsabilidade pelo ilícito de outrem. Neste sentido, a responsabilidade pelo ilícito de outrem pode ser designada como responsabilidade coletiva. No entanto, também podemos falar de responsabilidade coletiva somente quando as conseqüências do ilícito se dirijam, não contra um indivíduo em singular, mas contra vários ou todos os membros de um grupo determinado a que o delinqüente pertence — como no caso da vingança de sangue, que pode ser executada contra todos os membros da família a que pertence o assassino; ou no caso das sanções do Direito internacional, represálias e guerra, que se dirigem contra os nacionais do Estado cujo órgão cometeu um delito de Direito internacional.

A responsabilidade coletiva é um elemento característico da ordem jurídica primitiva e está em estreita conexão com o pensar e o sentir identificadores dos primitivos. À falta de uma consciência do eu suficientemente acusada, o primitivo sente-se de tal modo uno com os membros do seu grupo que interpreta todo o feito, por qualquer forma notável, de um membro do grupo como feito do grupo — como algo que "nós" fizemos —; e, por isso, assim como reclama a recompensa para o grupo, assim aceita, de igual modo, a pena como algo que impende sobre todo o grupo. Inversamente, a responsabilidade individual existe quando a sanção se dirige exclusivamente contra o delinqüente, isto é, contra aquele que, através da sua conduta, cometeu o delito.

e) *Responsabilidade pela culpa e pelo resultado*

É usual distinguir duas espécies de responsabilidade: responsabilidade pela culpa e responsabilidade pelo resultado. Quando a ordem jurídica faz pressuposto de uma conseqüência do ilícito uma determinada ação ou omissão através da qual é produzido ou não é impedido um evento indesejável (por exemplo, a morte de um homem), pode distinguir-se entre a hipótese em que este sucesso é visado ou, pelo menos, previsto pelo indivíduo cuja conduta se considera e a hipótese em que o mesmo evento ou sucesso se verificou sem qualquer intenção ou previsão — "casualmente", como sói dizer-se. No primeiro caso, fala-se de responsabilidade pela culpa, no segundo, de responsabilidade pelo resultado. Se o evento que, segundo a ordem jurídica, é indesejável, foi pretendido ou intencionalmente visado, pode distinguir-se conforme a intenção do indivíduo cuja conduta se considera é subjetivamente uma intenção "má", quer dizer, conforme tal evento é produzido ou não é impedido com a intenção de prejudicar, ou, pelo contrário, é produzido ou não é impedido com a intenção de ser útil como, por exemplo, quando o médico provoca a morte de um paciente que sofre de doença incurável para pôr termo ao seus sofrimentos. O momento a que chamamos "culpa" é uma parte integrante específica do fato ilícito: consiste numa determinada relação positiva entre o comportamento (atitude) íntimo, anímico, do delinqüente e o evento produzido ou não impedido através da sua conduta externa; consiste na sua previsão ou na sua intenção, àquele evento dirigida. Estamos perante uma responsabilidade pelo resultado onde não exista uma tal relação, onde o evento não é previsto nem intencionalmente visado.

Sob o conceito de responsabilidade pela culpa costuma também abranger-se a hipótese da chamada negligência. Esta surge quando a produção ou o não-impedimento de um evento (resultado), indesejável segundo a ordem jurídica, é proibido, mesmo que não tenha sido efetivamente previsto ou intencionalmente visado pelo indivíduo através de cuja conduta ele foi produzido ou não foi evitado, já que normalmente teria podido e devido prevê-lo e, portanto, teria podido e devido não o provocar ou evitá-lo. Isto significa que a ordem jurídica prescreve a previsão de determinados eventos indesejáveis que podem ser normalmente previstos como conseqüências de uma determinada conduta e, desse jeito, determina que se omita a sua produção ou se impeça o seu aparecimento. A negligência consiste na omissão deste dever de previsão prescrito pela ordem jurídica, na falta da prudência prescrita. Ela não é — como a previsão ou a intenção — uma relação positiva entre o íntimo do delinqüente e o resultado (evento) indesejável produzido ou não evitado pela sua conduta exterior. Consiste na ausência de uma tal relação, relação essa que é prescrita pela ordem jurídica. Neste sentido, o delito negligente é um delito de omissão para cuja verificação é estatuída a responsabilidade pelo resultado.

f) *O dever de indenização*

Muitas vezes o dever jurídico em que se constitui um indivíduo de ressarcir os prejuízos materiais ou morais causados por ele ou por outrem é interpretado como sanção e, por isso, também este dever é designado como responsabilidade. Esta construção confunde os conceitos de dever jurídico, de responsabilidade e de sanção. A sanção não é em si mesma um dever — ela pode ser estatuída como tal, porém, não tem necessariamente de o ser —, mas é o ato coercitivo que uma norma liga a uma determinada conduta cuja conduta oposta é, desse modo, juridicamente prescrita, constituindo conteúdo de um dever jurídico. Também pode exprimir-se isto dizendo: a sanção é o ato coercitivo que constitui o dever jurídico. Também a responsabilidade não é — como se mostrou — um dever, mas a relação do indivíduo contra o qual o ato coercitivo é dirigido com o delito por ele ou por outrem cometido. O dever é a omissão do delito por parte do indivíduo cuja conduta forma o delito. A ordem jurídica pode constituir os indivíduos no dever de não causarem prejuízos a outrem sem estatuir a obrigação ou o dever de indenizar os prejuízos causados com a infração daquele primeiro dever. Um tal dever de indenização apenas existe quando não somente a produção de um prejuízo mas também a não-indenização do prejuízo antijuridicamente causado é considerada pressuposto de uma sanção. O fato de que a ordem jurídica obriga à indenização de um prejuízo é corretamente descrito na seguinte proposição jurídica: se um indivíduo causa a outrem um prejuízo e este prejuízo não é indenizado, deve ser dirigido contra o patrimônio de um outro indivíduo um ato coercitivo como sanção, quer dizer, deve retirar-se compulsoriamente a outro indivíduo um valor patrimonial e atribuí-lo ao indivíduo prejudicado, para ressarcimento do prejuízo. Um indivíduo poderia — como já foi notado — ser constituído no dever de não causar a outrem um prejuízo, sem ser obrigado a indenizar o prejuízo causado com a infração daquele dever. Tal seria o caso se ele não pudesse evitar a sanção através da indenização do prejuízo. Segundo o Direito positivo, porém, ele pode — normalmente — evitar a sanção pela indenização do prejuízo. Quer dizer: ele não só é obrigado a não causar a outrem qualquer prejuízo com a sua conduta mas ainda, no caso de, com essa sua conduta, ter causado um prejuízo a outrem, a indenizar esse prejuízo. A sanção da execução civil constitui dois deveres: o dever de não causar prejuízos, como dever principal, e o dever de ressarcir os prejuízos licitamente causados, como dever subsidiário que vem tomar o lugar do dever principal violado. O dever de ressarcir os prejuízos não é uma sanção, mas é esse dever subsidiário. A sanção da execução, isto é, a indenização compulsória do prejuízo através do órgão aplicador do Direito, apenas surge quando este dever não é cumprido. Se esta sanção da execução civil se dirige ao patrimônio do indivíduo que causou o prejuízo através da sua conduta e o não indenizou, este indivíduo responde pelo seu próprio delito, que consiste no não-ressarcimento do prejuízo por ele causado. Mas, por este delito, isto é, pelo não-ressarcimento do prejuízo por ele causado, também pode responder um outro indivíduo. Tal é o caso se a sanção da execução civil deve ser dirigida contra o patrimônio de um outro indivíduo na hipótese de o primeiro não cumprir o seu dever de indenização. O segundo indivíduo, quando não possa impedir a sanção ressarcindo ele próprio o prejuízo causado pelo primeiro indivíduo, apenas é sujeito de uma responsabilidade. Normalmente, porém, segundo o Direito positivo, ele pode por esse meio evitar a sanção. Com efeito, normalmente, ele não responde apenas pelo não-ressarcimento do prejuízo por parte do indivíduo obrigado — em primeira linha — a esse ressarcimento mas está também obrigado — em segunda linha — a indenizar o prejuízo causado por esse indivíduo quando ele o não indenize. Apenas enquanto sujeito deste dever, e não enquanto objeto da responsabilidade, é que ele pode evitar a sanção. Mas, então, responde não só pela não indenização do prejuízo por parte do indivíduo que, com infração do seu dever, não indenizou o prejuízo por ele próprio causado, mas também pelo seu próprio não-ressarcimento desse prejuízo. Este seu dever de indenizar o prejuízo não é uma sanção, nem tampouco o é a sua responsabilidade pelo cumprimento de tal dever. A sanção apenas surge quando nem um indivíduo, nem o outro, indenize o prejuízo.

g) *A responsabilidade coletiva como responsabilidade pelo resultado*

Quando a sanção não é dirigida contra o delinqüente, mas — como no caso da responsabilidade coletiva — contra um outro indivíduo que está, com o delinqüente, numa relação pela ordem jurídica determinada, a responsabilidade tem sempre o caráter de uma responsabilidade pelo resultado. Com efeito, não existe qualquer relação íntima entre o indivíduo que responde pelo ilícito e o evento, segundo a ordem jurídica indesejável, produzido ou não impedido pela conduta de outrem. O sujeito da responsabilidade não precisa ter previsto ou intencionalmente visado esse evento. Mas é perfeitamente possível que a ordem jurídica apenas estatua a responsabilidade por um ilícito praticado por outrem quando o ilícito tenha sido cometido culposamente pelo delinqüente. Então, a responsabilidade tem o caráter de responsabilidade pela culpa, em relação ao delinqüente, e o caráter de responsabilidade pelo resultado, em relação ao objeto da responsabilidade.

3. Direito subjetivo: atribuição de um direito e atribuição de um poder ou competência

a) *Direito e dever*

Usualmente contrapõe-se ao dever jurídico o direito como direito subjetivo, colocando este em primeiro lugar. Fala-se, no domínio do Direito, de direito e dever, não de dever e direito (no sentido subjetivo) como no domínio da Moral onde se acentua mais aquele do que este. Na descrição do Direito, o direito (subjetivo) avulta tanto no primeiro plano, que o dever quase desaparece por detrás dele e aquele — na linguagem jurídica alemã e francesa — é mesmo designado pela própria palavra com que se designa o sistema das normas que forma a ordem jurídica: pela palavra *Recht* (direito), *droit*. Para se distinguir deste, tem o direito (*Berechtigung*), como direito "subjetivo" (ou seja, pois, o direito de um determinado sujeito), de ser distinguido da ordem jurídica, como Direito "objetivo". Na linguagem jurídica inglesa dispõe-se da palavra *right* quando se quer designar o direito (subjetivo), o direito de um determinado sujeito, para o distinguir da ordem jurídica, do Direito objetivo, da *law*.

O entendimento da essência do direito subjetivo é dificultado pelo fato de com esta palavra serem designadas várias situações muito diferentes umas das outras. A uma delas se refere a afirmação de que um indivíduo tem o direito de se conduzir de determinada maneira. Com isso pode não se significar mais que o fato negativo de que a tal indivíduo não é proibida juridicamente a conduta em questão, de que, neste sentido negativo, tal conduta lhe é permitida, de que ele é livre de realizar ou omitir uma determinada ação. Com essa afirmação, porém, pode também significar-se que um determinado indivíduo se encontra juridicamente obrigado, ou mesmo, que todos os indivíduos estão juridicamente obrigados a conduzirem-se por determinada maneira diretamente em face de um outro indivíduo, o indivíduo que é titular do direito. A conduta a que um indivíduo é obrigado imediatamente em face de um outro pode ser uma conduta positiva ou negativa, isto é, uma determinada ação ou omissão. A ação consiste numa prestação do indivíduo obrigado ao outro indivíduo. Objeto da prestação é uma determinada coisa ou um serviço determinado (prestação de coisa ou de serviço). A omissão a que um indivíduo é obrigado em face de um outro pode ser a omissão de uma ação determinada do indivíduo obrigado — tal sucede, por exemplo, no caso do dever de não matar um outro indivíduo —, ou a omissão do impedir ou por qualquer forma prejudicar uma determinada conduta de outro indivíduo. Neste último caso, toma-se particularmente em consideração o dever de um indivíduo de não impedir um outro indivíduo na sua conduta em relação a uma determinada coisa ou de não prejudicar por qualquer forma essa conduta. Quando estamos perante o dever de um indivíduo de não impedir ou por qualquer forma dificultar uma determinada conduta de outro indivíduo, fala-se de tolerar ou suportar a conduta de um indivíduo por parte de um outro e contrapõe-se ao dever de prestação o dever de tolerância.

À conduta a que um indivíduo é obrigado em face de outro corresponde uma determinada conduta do outro indivíduo. Este pode exigir ou reclamar a conduta do outro, a conduta a que este é obrigado em face dele. Na hipótese de um dever de prestação, ele pode receber a prestação da coisa ou do serviço. Na hipótese de um dever de tolerância, a conduta que corresponde à conduta devida consiste na conduta a tolerar ou a suportar: se se trata de suportar uma conduta em face de uma coisa determinada, aquela outra conduta consiste no uso da coisa; se se trata de alimentos, no consumo dos mesmos. Pode até consistir no aniquilamento da coisa.

A conduta do outro correlativa da conduta devida do indivíduo obrigado é designada, num uso de linguagem mais ou menos conseqüente, como conteúdo de um "direito", como objeto de uma "pretensão" correspondente ao dever. Essa conduta do outro correlativa da conduta devida do primeiro indivíduo, particularmente enquanto se traduz na exigência da conduta devida, é considerada como exercício de um direito. No entanto, no caso de um dever de omissão de uma determinada ação, por exemplo, no caso do dever de omitir o homicídio, o furto, etc., não se costuma falar de um direito ou pretensão a não ser morto, a não ser roubado, etc. No caso de um dever de tolerância, essa conduta do segundo correlativa da conduta devida do primeiro é designada como "gozo" de um direito. Fala-se especialmente de gozo de um direito quando se trata de tolerar, por parte do outro, o uso, o consumo ou a aniquilação de uma determinada coisa.

Esta situação, designada como "direito" ou "pretensão" de um indivíduo, não é porém, outra coisa senão o dever do outro ou dos outros. Se, neste caso, se fala de um direito subjetivo ou de uma pretensão de um indivíduo, como se este direito ou esta pretensão fosse algo de diverso do dever do outro (ou dos outros), cria-se a aparência de duas situações juridicamente relevantes onde só uma existe. A situação em questão é esgotantemente descrita com o dever jurídico do indivíduo (ou dos indivíduos) de se conduzir por determinada maneira em face de um outro indivíduo. Dizer que um indivíduo é obrigado a uma determinada conduta significa que, no caso da conduta oposta, se deve verificar uma sanção; o seu dever é a norma que prescreve esta conduta enquanto liga uma sanção à conduta oposta. Quando um indivíduo é obrigado em face de outro a uma determinada prestação, é a prestação a receber pelo outro que forma o conteúdo do dever; apenas se pode prestar a outrem algo que esse outrem receba. E, quando um indivíduo está obrigado em face de outrem a suportar uma determinada conduta deste, é a tolerância desta mesma conduta que constitui o conteúdo do dever. Quer dizer: a conduta do indivíduo em face do qual o dever existe, correlativa da conduta devida, está já conotada na conduta que forma o conteúdo do dever. Se se designa a relação do indivíduo, em face do qual uma determinada conduta é devida, com o indivíduo obrigado a essa conduta como "direito", este direito é apenas um reflexo daquele dever.

A propósito, importa notar que "sujeito" nesta relação é apenas o obrigado, isto é, aquele indivíduo que pela sua conduta pode violar ou cumprir o dever. O indivíduo que tem o direito, isto é, aquele em face do qual esta conduta há de ter lugar, é apenas objeto da conduta que, como correspondente à conduta devida, está já conotada nesta. Este conceito de um direito subjetivo que apenas é o simples reflexo de um dever jurídico, isto é, o conceito de um direito reflexo, pode, como conceito auxiliar, facilitar a representação da situação jurídica. É, no entanto, supérfluo do ponto de vista de uma descrição cientificamente exata da situação jurídica. Isto revela-se até no fato de não pressupormos um direito subjetivo reflexo em todos os casos de um dever jurídico. Quando a conduta devida de um indivíduo se não refere a um outro indivíduo concretamente determinado, quer dizer, não deve ter lugar em face de um indivíduo concretamente determinado[5], mas apenas é prescrita para ter lugar em face da comunidade enquanto tal, fala-se por vezes, na verdade, de um direito da comunidade, especialmente do Estado, a esta conduta do indivíduo obrigado. É o que sucede, por exemplo, na hipótese do dever militar. Em outros casos, porém, contentamo-nos com admitir um dever jurídico sem um direito reflexo que lhe corresponda. Tal acontece, por exemplo, no caso das normas jurídicas que prescrevem uma determinada conduta dos indivíduos em face de certos animais, plantas ou objetos inanimados, sob cominação de uma pena, como sucede quando é juridicamente proibido matar certos animais — em determinadas épocas ou em qualquer época — ou colher certas flores, abater certas árvores ou destruir certos edifícios ou monumentos historicamente significativos. São deveres que — mediatamente — subsistem perante a comunidade jurídica, interessada nestes objetos. Mas nem por isso são admitidos direitos reflexos dos animais, das plantas e dos objetos inanimados em face dos quais estes deveres imediatamente subsistem. O argumento de que os animais, plantas e objetos inanimados dessa forma protegidos não são sujeitos de direitos reflexos porque estes objetos não são "pessoas", não colhe. Com efeito, "pessoa" significa, como veremos, sujeito jurídico; e se sujeito de um direito reflexo é o homem em face do qual deve ter lugar a conduta do indivíduo a tal obrigado, então os animais, plantas e objetos inanimados em face dos quais os indivíduos são obrigados a conduzirem-se de determinada maneira são "sujeitos" de um direito a esta conduta no mesmo sentido em que o credor é sujeito do direito que consiste na obrigação (dever) que o devedor tem em face dele. Mas, como já foi notado, quando um homem é obrigado a conduzir-se de determinada maneira em face de outro homem, apenas aquele, e não este, é "sujeito", a saber, sujeito de uma obrigação (dever). Visto que o direito reflexo se identifica com o dever jurídico, o indivíduo em face do qual existe este dever não é tomado juridicamente em consideração como "sujeito", pois ele não é sujeito deste dever. O homem em face do qual deve ter lugar a conduta conforme ao dever é apenas objeto desta conduta, tal como o animal, a planta ou o objeto inanimado em face do qual os indivíduos estão obrigados a conduzirem-se por determinada maneira. Também falha o argumento de que os animais, as plantas ou os objetos inanimados não podem sustentar ou fazer valer uma "pretensão" correspondente ao dever, pois, para a existência de um direito reflexo, não é essencial que se sustente uma pretensão à conduta devida. O fato de se não sustentar ou de não se poder sustentar, por qualquer motivo, uma pretensão, em nada modifica a situação jurídica.

Uma "pretensão" a ser sustentada num ato jurídico apenas existe quando o não-cumprimento do dever se possa fazer valer através de uma ação judicial. Mas, então, encontramo-nos perante uma situação completamente diferente da de um simples direito reflexo. Dela falaremos mais tarde. Em todo caso, um direito reflexo não pode existir sem o correspondente dever jurídico. Apenas quando um indivíduo é juridicamente obrigado a uma determinada conduta em face de um outro tem este, perante aquele, um "direito" a esta conduta. Sim, o direito reflexo de um consiste apenas no dever do outro.

A concepção tradicional de que o direito é um objeto do conhecimento jurídico diferente do dever, de que àquele caberia mesmo a prioridade em relação a este, é sem dúvida devida à doutrina do Direito natural. Esta parte da suposição de direitos naturais, de direitos inatos ao homem, que existem antes de toda e qualquer ordem jurídica positiva. Entre eles desempenha um papel principal o direito subjetivo da propriedade individual. A função de uma ordem jurídica positiva (do Estado), que põe termo ao estado de natureza, é, de acordo com esta concepção, garantir os direitos naturais através da estatuição dos correspondentes deveres. Esta concepção, porém, também influenciou os representantes da escola histórica do Direito, os quais não só inauguraram o positivismo jurídico do século XIX como também influíram, de um modo inteiramente decisivo, na elaboração conceitual da teoria geral do Direito. Assim, lemos, por exemplo, em Dernburg: "Os direitos em sentido subjetivo existiam historicamente já muito antes de uma ordem estadual autoconsciente ter sido elaborada. Eles fundavam-se na personalidade dos indivíduos e no respeito que eles conseguiram obter e impor pela sua pessoa e pelos seus bens. Somente através da abstração é que mais tarde se deveria extrair gradualmente da concepção de direitos subjetivos preexistentes o conceito de ordem jurídica. É, portanto, uma concepção a-histórica e incorreta aquela segundo a qual os direitos em sentido subjetivo mais não são do que projeções do Direito em sentido objetivo"[6]. Se se afasta a hipótese dos direitos naturais e se reconhecem apenas os direitos estatuídos por uma ordem jurídica positiva, então verifica-se que um direito subjetivo, no sentido aqui considerado, pressupõe um correspondente dever jurídico, é mesmo este dever jurídico.

b) *Direitos pessoais e direitos reais*

Sob a influência da antiga jurisprudência romana costuma distinguir-se entre o direito sobre uma coisa (*jus in rem*) e o direito em face de uma pessoa (*jus in personam*). Esta distinção induz em erro. Também o direito sobre uma coisa é um direito em face de pessoas. Quando, para manter a distinção entre direito real e direito pessoal, se define aquele como o direito de um indivíduo a dispor por qualquer forma de uma coisa determinada, perde-se de vista que aquele direito apenas consiste em que os outros indivíduos são juridicamente obrigados a suportar esta disposição, quer dizer: a não a impedir ou por qualquer forma dificultar; que, portanto, o *jus in rem* é também um *jus in personam*. De primária importância é a relação entre indivíduos, a qual também no caso dos chamados direitos reais consiste no dever de uma determinada conduta em face de um indivíduo determinado. A relação com a coisa é de secundária importância, pois apenas serve para determinar com mais rigor a relação primária. Trata-se da conduta de um indivíduo em relação a uma determinada coisa, conduta que todos os outros indivíduos são obrigados, em face do primeiro, a suportar.

O direito real subjetivo por excelência, sobre o qual é talhada toda a distinção, é a propriedade. É definida pela jurisprudência tradicional como domínio exclusivo de uma pessoa sobre uma coisa e, por isso mesmo, distinguida dos direitos de crédito que apenas fundamentam relações jurídicas pessoais. Esta distinção, importante para a sistemática do direito civil, tem um pronunciado caráter ideológico.

Visto que o Direito, como ordem social, regula a conduta de indivíduos nas suas relações — imediatas ou mediatas — com outros indivíduos[7], também a propriedade só pode juridicamente consistir numa determinada relação de um indivíduo com outros indivíduos, a saber, no dever destes de não impedir aquele no exercício do seu poder de disposição sobre uma determinada coisa e não dificultar também de forma nenhuma o exercício desse poder de disposição. Aquilo que se designa como exclusivo domínio de uma pessoa sobre uma coisa é a exclusão de todos os outros, estatuída pela ordem jurídica, do poder de disposição sobre a coisa. O "domínio" de um, juridicamente, é apenas o reflexo da exclusão dos outros. É uma relação entre os outros e o primeiro, ou seja, na terminologia usual, uma relação entre pessoas; e apenas secundariamente é uma relação com uma coisa — a saber, uma relação desses outros com a coisa que mediatiza a sua relação com o primeiro (o titular). Se, apesar disso, se mantém a definição tradicional de propriedade como domínio exclusivo de uma pessoa sobre uma coisa e, assim fazendo, se ignora a relação juridicamente essencial, isso sucede, como é patente, porque a definição da propriedade como relação entre uma pessoa e uma coisa encobre a sua função econômico-socialmente decisiva: uma função que — na medida em que se trata de propriedade dos meios de produção — é designada pela doutrina socialista — se com razão ou sem ela é coisa que não importa aqui decidir — como "exploração", uma função que, em qualquer dos casos, consiste precisamente na relação do proprietário com todos os outros sujeitos que são excluídos da ingerência na sua coisa, que são obrigados, pelo Direito objetivo, a respeitar o exclusivo poder de disposição do proprietário. Mas, contrariamente, a teoria jurídica tradicional defende-se com a maior pertinácia da idéia de que o direito subjetivo (ou seja, a titularidade do direito — *Berechtigung*) de um é apenas o reflexo do dever jurídico dos outros, pois que ela — também por razões meramente ideológicas — crê dever acentuar o caráter primário do direito subjetivo.

As duas espécies de situações caracterizadas pela jurisprudência tradicional como relações jurídicas pessoais e relações jurídicas reais serão classificadas e distinguidas — mais corretamente, porque sem qualquer tendência ideológica — como direitos reflexos absolutos e direitos reflexos relativos. Conduzir-se em face de um determinado indivíduo de uma determinada maneira pode ser o dever de um certo e determinado indivíduo; tal é o caso, por exemplo, na relação entre devedor e credor, pois aqui apenas o devedor está obrigado a fazer ao credor uma determinada prestação, e, por isso, só o credor tem o direito reflexo a esta prestação. Tal como sucede com a obrigação do devedor, também o direito reflexo do credor apenas existe em face de um determinado indivíduo e é, neste sentido, um direito meramente relativo. Quando, porém, a conduta se refere a uma determinada coisa, pode ser dever de todos os outros indivíduos conduzirem-se de determinada maneira em face de um determinado indivíduo. Tal é o caso do direito de propriedade, pois aqui todos os outros são obrigados a não impedirem um indivíduo determinado de dispor sobre uma determinada coisa ou a não prejudicarem por qualquer forma este poder de disposição. O direito reflexo, que consiste no dever de todos os outros indivíduos, dirige-se contra todos eles e é, neste sentido, um direito absoluto. Terminologicamente, a distinção entre direitos reflexos relativos e absolutos não é muito feliz, já que também os chamados direitos "absolutos" são meramente relativos, pois apenas consistem na relação de uma pluralidade de indivíduos com um determinado indivíduo. O direito reflexo de propriedade não é propriamente um direito absoluto; é o reflexo de uma pluralidade de deveres de um número indeterminado de indivíduos em face de um e o mesmo indivíduo com referência a uma e a mesma coisa, diferentemente de um direito de crédito que apenas é o reflexo de um dever de um determinado indivíduo em face de um outro indivíduo também determinado. A relação secundária com uma coisa determinada não é, no entanto, de forma alguma limitada aos chamados direitos reais, pois também pode existir nos chamados direitos pessoais ou direitos de crédito. Assim sucede na hipótese de um devedor ser obrigado a prestar ao credor um objeto individualmente especificado, quando, por exemplo, alguém se obrigou por um contrato de venda a transferir para a propriedade de outrem uma coisa inteiramente determinada, móvel ou imóvel. O direito do credor distingue-se, neste caso, de um direito real pelo fato de, em face dele, como titular do direito, apenas existir o dever de um sujeito determinado.

Nesta análise apenas se tomou em consideração o direito reflexo. Ele desempenha na teoria tradicional um papel decisivo, se bem que este "direito" de um nada mais seja que o dever de um outro ou de todos os outros de se conduzirem, em face daquele, de determinada maneira. Quando, porém, se caracteriza o direito de propriedade como o poder jurídico do proprietário de excluir todos os outros da disposição sobre uma determinada coisa, então já não está em jogo um simples direito reflexo. Este poder apenas o tem o indivíduo quando a ordem jurídica lhe confira a faculdade de fazer valer, através de uma ação judicial, a violação do dever de o não perturbarem no seu poder de disposição sobre uma determinada coisa. Mais tarde se falará sobre o direito subjetivo neste sentido.

c) *O direito subjetivo como interesse juridicamente protegido*

Ao direito subjetivo de alguém, que apenas é o reflexo do dever jurídico de outrem, se refere a definição, muitas vezes encontrada na jurisprudência tradicional, segundo a qual o direito subjetivo é determinado como interesse juridicamente protegido. Nesta definição se exprime por forma particularmente clara o dualismo característico da jurisprudência tradicional que contrapõe o direito em sentido subjetivo ao Direito em sentido objetivo. Este dualismo contém em si uma contradição insolúvel. Se o Direito em sentido objetivo é norma, ou um sistema de normas, uma ordem normativa, e o direito subjetivo é, por sua vez, algo de inteiramente diferente, a saber: interesse, o direito subjetivo e o Direito objetivo não podem ser subsumidos a um conceito genérico comum. E esta contradição não pode ser afastada pelo fato de se admitir, entre o Direito objetivo e o direito subjetivo, uma relação que consista em este ser considerado como um interesse protegido por aquele. Do ponto de vista de uma concepção que encare o Direito como norma ou sistema de normas, porém, o direito subjetivo não pode ser um interesse — protegido pelo Direito —, mas apenas a proteção ou tutela deste interesse, por parte do Direito objetivo. E esta proteção consiste no fato de a ordem jurídica ligar à ofensa desse interesse uma sanção, quer dizer, no fato de ela estatuir o dever de não lesar esse interesse. Tal sucede, por exemplo, com o dever jurídico que tem o devedor de reembolsar ao credor o empréstimo que dele recebeu. O direito do credor é — de acordo com a teoria do interesse — o seu interesse no reembolso do empréstimo, interesse este protegido através do dever jurídico em que é constituído o devedor. Mas o seu direito — como direito reflexo — não é outra coisa senão este dever jurídico do devedor.

Esta aceitação de um direito reflexo não parece ser possível do ponto de vista da teoria dos interesses quando a atuação a que um indivíduo é obrigado em face de outro consiste em causar a esse outro um mal, o que sucede quando tal atuação tem o caráter de uma sanção estatuída pela ordem jurídica e a aplicação da sanção, assim como a sua execução nos casos concretos, é tornada conteúdo do dever funcional dos órgãos aplicadores do Direito. Normalmente, ninguém tem interesse no padecimento de um mal. Quando um interesse é protegido através do dever ora em questão, esse interesse não pode ser o interesse do indivíduo contra o qual a sanção se dirige — ou seja, no exemplo que acabamos de referir, não pode ser o interesse nem, portanto, o direito do devedor. Por seu lado, o interesse e, conseqüentemente, o direito do credor é protegido pelo dever jurídico do devedor de o reembolsar do empréstimo. No caso de uma sanção penal, não pode ser um interesse nem, portanto, um direito do agente aquilo que é protegido pelo dever de o punir que impede sobre o órgão aplicador do Direito. Se, no entanto, se admite — como por vezes acontece — um tal direito, se se diz que o agente tem direito a ser punido, tem uma pretensão à pena juridicamente estatuída, ao cumprimento do dever de o punir, isso fundamenta-se no fato de interpretarmos o interesse que a comunidade tem em que se reaja contra um ilícito com uma sanção como interesse do delinqüente — como o seu interesse "bem compreendido". No entanto, este interesse da comunidade, ou melhor, a proteção deste interesse através do dever funcional dos órgãos aplicadores do Direito, não é em regra designado como direito subjetivo reflexo. Mas importa a este respeito lembrar que, no uso corrente da linguagem se não fala, em todos os casos em que existe um dever jurídico, de um correspondente direito reflexo.

d) *O direito subjetivo como poder jurídico*

À teoria dos interesses contrapõe-se, na jurisprudência tradicional, a chamada teoria da vontade, segundo a qual o direito subjetivo é um poder de vontade conferido pela ordem jurídica. Com tal doutrina, porém, define-se um objeto diferente daquele a que a teoria dos interesses se refere, a saber, define-se uma autorização ou atribuição de competência, um poder jurídico conferido ao indivíduo pela ordem jurídica. Este existe quando, entre os pressupostos da sanção que constitui um dever jurídico, se conta uma atuação, em forma de ação judicial, normalmente realizada pelo indivíduo em face do qual o dever existe, atuação essa endereçada ao órgão aplicador do Direito e visando a execução daquela sanção. Então este órgão apenas pode aplicar a norma geral que lhe cumpre aplicar, quer dizer, apenas pode estabelecer a norma jurídica individual que liga ao fato ilícito concreto, por ele verificado, uma conseqüência jurídica concreta, quando seja apresentada para o efeito uma petição do indivíduo que tem poder para tal — do autor —, petição através da qual é posto em movimento o procedimento do órgão aplicador do Direito, designadamente, o procedimento jurisdicional. Nesse caso, o Direito, quer dizer, a norma jurídica geral a aplicar pelo órgão jurídico, está na disposição de um determinado indivíduo, normalmente na disposição daquele indivíduo em face do qual um outro indivíduo é obrigado a determinada conduta. Neste sentido, o Direito (objetivo) é, de fato, o seu direito. Se na representação desta situação nos servimos do conceito auxiliar de direito reflexo, então pode dizer-se que o direito subjetivo (*die Berechtigung*) — que é apenas o reflexo de um dever jurídico — está revestido do poder jurídico, pertencente ao seu titular, de fazer valer esse direito reflexo, quer dizer, o não-cumprimento do dever de que este direito é o reflexo, através de uma ação judicial.

A presente situação não é esgotantemente descrita pela representação do dever de um indivíduo de se conduzir de determinada maneira em face de outro. Com efeito, o momento essencial é o poder jurídico, conferido ao último pela ordem juridica, de fazer valer, através duma ação, o não-cumprimento do dever do primeiro. Só que este poder jurídico constitui uma situação diferente do dever jurídico que se faz valer através do seu exercício; só que, no exercício deste poder jurídico, o indivíduo é "sujeito" de um direito, diferente do dever jurídico. Somente quando a ordem jurídica confere um tal poder jurídico é que existe um direito, no sentido subjetivo, diferente do dever jurídico — um direito subjetivo em sentido técnico, que é o poder jurídico conferido para fazer valer o não-cumprimento de um dever jurídico. O exercício deste poder jurídico é exercício de um direito no sentido próprio da palavra. Este exercício do direito é que já não está predeterminado na conduta que forma o conteúdo do dever cujo não-cumprimento se faz valer através do exercício do poder jurídico. No uso tradicional da linguagem — como já se notou — costuma-se, no entanto, designar como exercício de um direito uma outra conduta do indivíduo em face do qual existe o dever jurídico, a saber, a conduta que está em correspondência com a conduta prescrita e que já nesta se encontra predeterminada. É o exercício do direito reflexo.

Segundo a teoria tradicional, em todo o direito subjetivo de um indivíduo está contida uma "pretensão" (*Anspruch*) à conduta de um outro indivíduo, ou seja, uma pretensão à conduta a que o outro indivíduo é obrigado em face do primeiro, quer dizer, à conduta que forma o conteúdo do dever jurídico que se identifica com o direito reflexo. Mas uma "pretensão" em sentido juridicamente relevante apenas é sustentada no exercício do poder jurídico de que um direito reflexo tem de estar provido para ser um direito subjetivo no sentido técnico da palavra. Quando o indivíduo em face do qual um outro está obrigado a uma determinada conduta não tem o poder jurídico de fazer valer, através de uma ação, o não-cumprimento desse dever, o ato no qual ele exige o cumprimento do mesmo dever não tem qualquer efeito jurídico específico, é — à parte o não ser juridicamente proibido — juridicamente irrelevante. Por isso apenas existe uma "pretensão" como ato juridicamente eficaz quando exista um direito subjetivo em sentido técnico, quer dizer, o poder jurídico de um indivíduo de fazer valer, através de uma ação, o não-cumprimento de um dever jurídico em face dele existente.

Este direito subjetivo tampouco se coloca, como o dever jurídico, face ao Direito (objetivo) como algo dele independente. É, tal como o dever jurídico, uma norma jurídica, a norma jurídica que confere um específico poder jurídico, que atribui um poder ou competência a um determinado indivíduo. Dizer que este indivíduo "tem" um direito subjetivo, isto é, um determinado poder jurídico, significa apenas que uma norma jurídica faz de uma conduta deste indivíduo, por ela determinada, pressuposto de determinadas conseqüências. Quando a doutrina tradicional caracteriza o direito subjetivo como um poder de vontade conferido pela ordem jurídica, tem em vista o poder jurídico que é exercido na ação judicial. Contudo, por direito subjetivo não se entende somente este poder jurídico, mas este poder jurídico em combinação com o direito reflexo, quer dizer, com o dever cujo não-cumprimento se faz valer através do exercício do poder jurídico — por outras palavras, um direito reflexo provido ou revestido deste poder jurídico. Nesta perspectiva o centro gravitacional reside no direito reflexo. Porém, como já se mostrou, a essência do direito subjetivo, que é mais do que o simples reflexo de um dever jurídico, reside em que uma norma confere a um indivíduo o poder jurídico de fazer valer, através de uma ação, o não-cumprimento de um dever jurídico. É a esta norma jurídica que nós nos referimos quando, nas páginas subseqüentes — seguindo a terminologia tradicional — falamos de um direito subjetivo em sentido técnico como de um poder jurídico conferido a um indivíduo.

A estatuição de tais direitos subjetivos não é — como a estatuição de deveres jurídicos — uma função essencial do Direito objetivo. Ela apenas representa uma conformação possível, mas não necessária, do conteúdo do Direito objetivo, uma técnica particular de que o Direito se pode servir, mas de que não tem necessariamente de servir-se. É a técnica específica da ordem jurídica capitalista, na medida em que esta garante a instituição da propriedade privada e, por isso, toma particularmente em consideração o interesse individual. É, de resto, uma técnica que não domina sequer todas as partes da ordem jurídica capitalista e que, plenamente desenvolvida, só aparece no domínio do chamado Direito privado e em certas partes do Direito administrativo. Já o moderno Direito penal não se serve dela ou apenas excepcionalmente se serve dela. Não só no caso de homicídio, em que o indivíduo em face do qual a conduta jurídico-penalmente proibida teve lugar deixou de existir e em que, portanto, este não pode instaurar qualquer ação, mas também na generalidade das outras hipóteses de conduta jurídico-penalmente proibida, surge no lugar deste indivíduo um órgão estadual que, como parte autora ou acusadora por dever de ofício, põe em movimento o processo que leva a execução da sanção. A essência do direito subjetivo no sentido técnico específico, direito subjetivo esse característico do direito privado, reside, pois, no fato de a ordem jurídica conferir a um indivíduo não qualificado como "órgão" da comunidade, designado na teoria tradicional como "pessoa privada" — normalmente ao indivíduo em face do qual um outro é obrigado a uma determinada conduta — o poder jurídico de fazer valer, através de uma ação, o não-cumprimento deste dever, quer dizer, de pôr em movimento o processo que leva ao estabelecimento da decisão judicial em que se estatui uma sanção concreta como reação contra a violação do dever.

Tal como o sujeito de um dever, também o sujeito de um direito no sentido técnico pode não ser *um* só indivíduo — também dois ou mais indivíduos podem ser os sujeitos de um e o mesmo direito. São sujeitos de um direito em sentido técnico dois ou mais indivíduos quando o dever idêntico ao direito reflexo tem por conteúdo uma conduta em face de dois ou mais indivíduos, e quando o poder jurídico de fazer valer, através de uma ação, o não-cumprimento deste dever pode ser exercido por um *ou* por outro destes indivíduos — alternativamente portanto — ou somente através de uma atuação conjunta de todos estes indivíduos — cooperativamente, portanto.

Neste poder jurídico atribuído a um indivíduo está, em regra, incluído o poder de apelar de uma decisão judicial desfavorável, no chamado processo de recurso, com fundamento em que ela não corresponde ao Direito, e, através deste ato, instaurar um processo que pode eventualmente conduzir à anulação da decisão recorrida e à sua substituição por uma outra. Um tal poder jurídico não só é concedido ao indivíduo em face do qual existe o dever afirmado como também ao sujeito desse dever jurídico. Não só o autor, mas também o réu pode, segundo os preceitos dos modernos ordenamentos processuais, recorrer de uma decisão desfavorável. O exercício deste poder jurídico, porém, não se verifica para fazer valer um dever jurídico, mas, inversamente, para contravir à validade de um dever jurídico cuja existência é afirmada mas que, segundo o ponto de vista do réu, não existe ou não existe na medida afirmada. Como este poder jurídico não está ligado a um direito reflexo, também não existe aqui — segundo o uso corrente da linguagem — qualquer direito subjetivo.

Poder jurídico análogo compete, segundo o moderno Direito administrativo, ao indivíduo a quem se dirige uma ordem administrativa — que, no seu entender, não é juridicamente fundada —, que o mesmo é dizer, a quem vai endereçada uma norma individual estabelecida pela autoridade administrativa que prescreve ao indivíduo uma determinada conduta. O indivíduo por essa ordem atingido tem o poder de interpor uma reclamação, um recurso ou meio de defesa por qualquer outro modo designado contra a ordem da administração e, assim, iniciar um processo que pode levar ao estabelecimento de uma outra norma individual através da qual a primeira é anulada ou modificada. Também neste caso não se costuma falar de um direito subjetivo.

e) *O direito subjetivo como permissão positiva (da autoridade)*

Com a afirmação de que um indivíduo tem o direito de se conduzir de determinada maneira, especialmente de exercer uma determinada atividade, pode não só significar-se que a tal indivíduo essa atividade não é juridicamente proibida mas também que os outros são obrigados a não impedir essa atividade, ou que o indivíduo com direito a exercer essa atividade tem o poder jurídico de, no caso de uma violação do correspondente dever, instaurar o procedimento jurídico que conduz à sanção. A situação designada como titularidade de um direito ou direito subjetivo também pode consistir no fato de a ordem jurídica condicionar uma determinada atividade, por exemplo, o exercício de uma determinada indústria ou profissão, a uma autorização, designada como "concessão" ou "licença", que é concedida, quer sob os pressupostos determinados pela ordem jurídica, quer segundo a livre apreciação do órgão competente. O exercício da atividade em questão sem a autorização da entidade competente é proibido, quer dizer, está sujeito a uma sanção. A autorização não consiste no fato simplesmente negativo do não ser proibido, mas no ato positivo de um órgão da comunidade. Ela desempenha, no moderno Direito administrativo, um papel importante. O direito subjetivo (*Berechtigung*) que se fundamenta numa tal autorização positiva conferida por uma autoridade, quer dizer, por um órgão da comunidade, não é um direito reflexo; não é função de um dever que lhe corresponda. Tal direito co-envolve um poder jurídico na medida em que com ele vai ligado o poder de realizar certos negócios jurídicos, como, por exemplo, a venda, sujeita a licença ou concessão, de bebidas alcoólicas ou a venda de medicamentos contendo certas substâncias venenosas.

f) *Os direitos políticos*

Categoria especial formam os chamados direitos "políticos". Costumam ser definidos como a capacidade ou o poder de influir na formação da vontade do Estado, o que quer dizer: de participar — direta ou indiretamente — na produção da ordem jurídica — em que a "vontade do Estado" se exprime. Quando assim se fala pensa-se, no entanto — como na generalidade dos casos em que se trata da ordem jurídica personificada como "vontade do Estado" —, apenas na forma geral de aparição das normas jurídicas que formam esta ordem, nas leis. A participação dos súditos das normas na atividade legislativa, isto é, na produção de normas jurídicas gerais, é a característica essencial da forma democrática de Estado, em contraposição à forma autocrática na qual os súditos são excluídos de toda a participação na formação da vontade estadual, ou seja, na qual eles não têm quaisquer direitos políticos. A legislação democrática pode ser realizada imediatamente pelo "povo", isto é, pelos súditos das normas; a isto corresponde — na chamada democracia direta — o direito subjetivo de cada indivíduo de participar na assembléia popular legislativa para aí exprimir a sua opinião e emitir o seu voto. Ou então a legislação apenas compete ao povo mediatamente, quer dizer, é exercida por um parlamento escolhido pelo povo. Neste caso, o processo da formação da vontade estadual — isto é, a legislação geral — decompõe-se em dois estádios: escolha do parlamento e aprovação das leis pelos membros eleitos do parlamento. Desta forma, há nesta hipótese um direito subjetivo dos eleitores — que formam um círculo mais ou menos vasto de indivíduos —: o chamado direito de voto; e um direito subjetivo dos eleitos (relativamente poucos): o direito de ser membro no parlamento, o direito de aí exprimir a sua opinião e votar. Todos estes direitos são direitos políticos.

Se caracterizarmos estes direitos pelo fato de eles conferirem ao titular uma participação na formação da vontade do Estado, isto é, na produção de normas jurídicas, então também o direito privado subjetivo é um direito político, pois também este permite ao titular participar na formação da vontade estadual. Esta não se exprime menos na norma individual da sentença judiciária do que na norma geral da lei.

Além do direito de voto parlamentar devem também ser considerados como direitos políticos direitos de voto de outra espécie. É que não só o órgão legislativo mas também os órgãos de governo (administrativos) e os órgãos jurisdicionais podem, segundo certas constituições democráticas, ser eleitos. Na medida em que a função destes órgãos seja uma função legislativa, esses direitos de voto representam, como o direito de voto parlamentar, o poder jurídico de cooperar, não direta mas indiretamente, na produção das normas que o órgão tem competência para estabelecer.

Se o direito privado subjetivo em sentido específico — esse poder jurídico conferido para fazer valer o não-cumprimento de um dever jurídico — é abrangido, juntamente com o chamado direito político, que também é um poder jurídico, sob um e o mesmo conceito de direito subjetivo, isto só é possível na medida em que em ambos se exprima a mesma função jurídica: a participação dos súditos do Direito na produção jurídica — na função da produção jurídica, portanto. No entanto, ao discorrer assim, temos de ter em conta que, como já foi acentuado, o direito privado subjetivo em sentido técnico específico também se distingue do chamado direito político pelo fato de, naquele, o poder jurídico ou competência conferida pela ordem jurídica a um indivíduo para participar na produção do Direito servir para fazer valer um dever jurídico existente em face do mesmo ou de um outro indivíduo, ao passo que tal já não sucede no direito subjetivo político. O credor é pela ordem jurídica autorizado a intervir, isto é, ele tem o poder jurídico de intervir na produção da norma jurídica individual da decisão judicial através da instauração de um processo, para assim fazer valer o não-cumprimento do dever jurídico que o devedor tem de lhe fazer uma determinada prestação. O sujeito do direito político, por exemplo, o eleitor, é autorizado a intervir ou, por outra, ele tem o poder jurídico de intervir na produção de normas jurídicas gerais; mas este poder jurídico não serve para fazer valer um dever jurídico em que um outro sujeito se ache constituído em face dele. O exercício deste poder jurídico pode ser garantido — embora não tenha de o ser — através de um dever jurídico posto a cargo de um outro indivíduo, tal como o exercício de uma competência pode ser — mas não tem necessariamente de ser — conteúdo de um dever jurídico do titular da competência. O juiz pode ser obrigado a receber a petição do credor — e é juridicamente obrigado a tal se a sua recusa de receber a petição está, como violação do seu dever funcional, sujeita a pena disciplinar. Porém, o poder jurídico conferido ao credor, que é o seu direito subjetivo, não serve para fazer valer o não-cumprimento deste dever funcionar, mas o não-cumprimento da obrigação do devedor. Uma autoridade eleitoral pode estar obrigada a receber o voto de quem tem direito de voto, a contá-lo, etc.; e é obrigada a isso quando a omissão de uma ou de outra função tem como conseqüência uma sanção. Porém, o poder jurídico que é o direito político de voto não serve para fazer valer este dever funcional. Diferentemente do poder jurídico que representa o direito privado subjetivo, ele não serve para fazer valer o não-cumprimento de um dever jurídico individual, mas para — indiretamente — intervir na produção de normas jurídicas gerais, através das quais são estatuídos os deveres jurídicos.

Entre os direitos políticos são também contados os chamados direitos fundamentais e os direitos de liberdade que as Constituições dos Estados modernos estatuem, enquanto garantem a igualdade perante a lei, a liberdade (isto é, a inviolabilidade) da propriedade, a liberdade da pessoa, a liberdade de opinião — particularmente a liberdade de imprensa — a liberdade de consciência — incluindo a liberdade de religião — a liberdade de associação e reunião, etc. Estas garantias de Direito constitucional não constituem em si direitos subjetivos — quer simples direitos reflexos, quer direitos privados subjetivos em sentido técnico. Elas apresentam-se, na verdade, como proibições de lesar, através de leis (ou decretos com força de lei), a igualdade ou liberdade garantida, quer dizer, como proibições de as anular ou limitar. Mas estas "proibições", no essencial, não consistem no fato de se impor ao órgão legislativo o dever jurídico de não editar tais leis, mas no fato de tais leis, quando sejam postas em vigor, poderem ser de novo anuladas, com fundamento na sua "inconstitucionalidade"[8], num processo especial para tal fim previsto. As garantias constitucionais dos direitos e das liberdades fundamentais são preceitos da Constituição através dos quais é determinado o conteúdo das leis por forma negativa e é previsto um processo em que as leis que não correspondam a estas determinações podem ser anuladas. Na verdade, os chamados direitos e liberdades fundamentais podem ser violados não só através das leis (e dos decretos com força de lei), mas também através dos decretos regulamentares, atos administrativos ou decisões judiciais; quer dizer, também outras normas, tal como aquelas que aparecem na forma de leis (ou de decretos com força de lei), podem ter um conteúdo inconstitucional e, por este fundamento, ser anuladas. Mas também quando essas normas, não sendo postas com base em leis inconstitucionais, são, porém, estabelecidas sem qualquer fundamento legal, podem ser anuladas, já mesmo com base nesta razão formal e não somente por o seu conteúdo contrariar a "proibição" material da Constituição, quer dizer, por ser um conteúdo "proibido" pela Constituição.

A igualdade dos indivíduos sujeitos à ordem jurídica, garantida pela Constituição, não significa que aqueles devam ser tratados por forma igual nas normas legisladas com fundamento na Constituição, especialmente nas leis. Não pode ser uma tal igualdade aquela que se tem em vista, pois seria absurdo impor os mesmos deveres e conferir os mesmos direitos a todos os indivíduos sem fazer quaisquer distinções, por exemplo, entre crianças e adultos, sãos de espírito e doentes mentais, homens e mulheres. Quando *na* lei se vise a igualdade, a sua garantia apenas pode realizar-se estatuindo a Constituição, com referência a diferenças completamente determinadas, como talvez as diferenças de raça, de religião, de classe ou de patrimônio, que as leis não podem fazer acepção das mesmas, quer dizer: que as leis em que forem feitas tais distinções poderão ser anuladas como inconstitucionais. Se a Constituição não fixa distinções bem determinadas que não possam ser feitas nas leis relativamente aos indivíduos, e se a mesma Constituição contém uma fórmula proclamando a igualdade dos indivíduos, esta igualdade constitucionalmente garantida a custo poderá significar algo mais do que a igualdade *perante* a lei. Com a garantia da igualdade *perante* a lei, no entanto, apenas se estabelece que os órgãos aplicadores do Direito somente podem tomar em conta aquelas diferenciações que sejam feitas nas próprias leis a aplicar. Com isso, porém, apenas se estabelece o princípio, imanente a todo o Direito, da juridicidade da aplicação do Direito em geral e o princípio imanente a todas as leis da legalidade da aplicação das leis, ou seja, apenas se estatui que as normas devem ser aplicadas de conformidade com as normas. Com isto, porém, nada mais se exprime senão o sentido imanente às normas jurídicas. Uma decisão judicial pela qual uma pena prevista na lei a aplicar não é imposta simplesmente porque o delinqüente é um branco e não um negro, um cristão e não um judeu, embora a lei não tome em conta, na determinação do fato delituoso, a raça ou a religião do delinqüente, é anulável como contrária ao Direito pelo mesmo fundamento com que seria anulável uma decisão judicial na qual se aplicasse uma pena a um indivíduo que não cometeu qualquer delito determinado por lei e verificado pelo tribunal, ou pelo mesmo fundamento com que é anulável uma decisão judicial em que se imponha a um indivíduo que cometeu um tal delito uma pena não prescrita na lei. A inconstitucionalidade da decisão não representa, nesse caso, qualquer fundamento de anulação e de nulidade diferente do da ilegalidade.

Uma determinação constitucional que estabeleça a inviolabilidade da propriedade pode apenas significar que as leis que confiram poder ao governo para retirar a propriedade ao seu dono contra a vontade deste e sem indenização — exceção feita do caso da privação da propriedade como sanção — podem ser anuladas como "inconstitucionais". Um tal preceito constitucional não é propriamente uma proibição da expropriação. Ele apenas se refere à expropriação sem indenização e não regula o dever jurídico do órgão legislativo de não editar leis dessa espécie. A lei "inconstitucional" é, até a sua anulação — que pode ser individual, isto é, limitada a um caso concreto, ou geral —, uma lei válida. Não é nula, mas apenas anulável[9]. Situação análoga se apresenta quando a Constituição garante a liberdade de crença e de consciência. Uma tal garantia significa que uma lei pela qual seja proibida a prática de uma determinada religião, quer dizer, pela qual essa prática fique sujeita a uma pena, pode ser anulada como inconstitucional.

Uma garantia eficaz destes chamados direitos e liberdades fundamentais apenas existe se a Constituição que os garante não pode ser modificada pela via da simples legislação mas apenas o pode ser através de um processo especial que se distingue do usual processo legislativo pela circunstância de apenas poder ter lugar sob pressupostos mais restritivos: exigir-se, não uma maioria simples, mas uma maioria qualificada do órgão legislativo colegial, não uma resolução tomada uma única vez, mas uma resolução várias vezes assumida, e outros pressupostos idênticos[10]. Com efeito, se a Constituição pudesse ser modificada por leis simples, nenhuma lei e, conseqüentemente, nenhuma decisão judicial e nenhuma resolução administrativa baseadas na lei poderiam ser anuladas por "inconstitucionalidade", já que a Constituição poderia ser anulada pela lei no que respeita ao domínio de vigência desta. Por isso, não existe mesmo qualquer garantia eficaz de um chamado direito ou liberdade fundamental se a Constituição, modificável apenas sob pressupostos mais rigorosos, somente garante o "direito" (scl. fundamental) na medida em que ele não é limitado pelas leis, quer dizer, se a Constituição delega na legislação simples o poder de estabelecer ou não a expropriação sem indenização, de fazer ou não as discriminações excluídas pela Constituição na imposição de deveres e na atribuição de direitos, ou de limitar certas liberdades. Tal garantia aparente é a que nos surge quando, por exemplo, a Constituição determina: "É assegurada a inviolabilidade da propriedade. A expropriação sem indenização por interesse público somente é permitida com fundamento na lei"; ou: "Todo o indivíduo tem o direito de exprimir livremente a sua opinião dentro dos limites legais"; ou: "Todos os cidadãos têm o direito de se reunirem e formarem associações. O exercício deste direito será regulado pelas leis".

Enquanto a garantia constitucional dos chamados direitos e liberdades fundamentais não significar outra coisa senão a mencionada dificultação da limitação legal destes "direitos", não estaremos em face de quaisquer direitos em sentido subjetivo. Não se trata de direitos reflexos, pois a "proibição" da legislação que os limite não estatui qualquer dever jurídico; e, por conseguinte, também se não trata de direitos subjetivos em sentido técnico, na medida em que por um direito subjetivo se entenda o poder jurídico de fazer valer, através de uma ação judicial, o não-cumprimento de um dever jurídico. Uma liberdade ou direito fundamental representaria um direito subjetivo no sentido de um poder jurídico — se bem que não um poder jurídico de fazer valer o não-cumprimento de um dever jurídico — se a ordem jurídica conferisse aos indivíduos atingidos por uma lei inconstitucional o poder jurídico de instaurar, através de requerimento, o processo que conduz à anulação da lei inconstitucional. Como o sentido do ato através do qual uma norma é anulada é também uma norma, o direito de liberdade consiste no poder jurídico de intervir na produção destas normas. Assim, por exemplo, o direito de liberdade religiosa constitucionalmente assegurado representa um direito subjetivo quando o processo para a anulação de uma lei que limite a liberdade religiosa pode ser instaurado por todo e qualquer indivíduo que essa lei afete, através de uma espécie de *actio popularis*. No entanto, este direito distingue-se, como direito político, e tal como direito político de voto, do direito subjetivo em sentido técnico, que é um direito privado, pelo fato de não servir para fazer valer o não-cumprimento de um dever jurídico que exista em face do titular do direito. Obrigar juridicamente um órgão legislativo colegial a omitir a legislação inconstitucional a custo seria possível — já mesmo por razões técnicas — e na ordem dos fatos não se verifica. É, no entanto, possível e, de fato, acontece que o chefe de Estado, que tem de sancionar ou promulgar as decisões do parlamento, e os membros do gabinete, que têm de referendar os atos do chefe de Estado, podem ser responsabilizados pela constitucionalidade da lei por eles sancionada, promulgada ou referendada, o que quer dizer que lhes podem ser impostas, por um tribunal especial, penas específicas, tais como a demissão e a perda dos direitos políticos. Nesse caso, estamos perante uma proibição jurídica de praticar tais atos — isto é, de cooperar na publicação de tais leis — que vincula estes órgãos. No entanto, também o poder jurídico de instaurar o procedimento que conduz à execução destas sanções não é, em regra, conferido aos indivíduos atingidos pela lei inconstitucional. Se nos achamos perante uma decisão administrativa que ofende a igualdade ou a liberdade constitucionalmente assegurada, ou perante uma decisão judicial, perante uma norma individual, portanto, que foi estabelecida com base numa lei inconstitucional, e se apenas o indivíduo imediatamente atingido por essa norma individual tem o poder jurídico de instaurar, através de reclamação ou recurso, o procedimento que conduz à anulação dessa mesma norma individual, então o direito e liberdade fundamental em questão é um direito subjetivo do indivíduo na medida em que a anulação da norma individual implica a anulação da lei inconstitucional para o caso concreto ou está por qualquer forma ligada com uma anulação geral da lei inconstitucional. Se a norma individual do ato administrativo ou do ato judicial que ofende o direito e a liberdade fundamental garantidos pela Constituição não é posta com base numa lei inconstitucional mas sem qualquer fundamento legal, então o direito subjetivo do indivíduo, isto é, o seu poder jurídico de provocar a anulação desta norma individual, não se distingue em nada de qualquer direito subjetivo que consista no poder jurídico de provocar a anulação de um ato administrativo ou judicial com fundamento na sua ilegalidade. O processo instaurado através da reclamação ou recurso do indivíduo não conduz à anulação individual ou geral de uma lei inconstitucional, mas apenas à anulação de uma norma individual que é ilegal. Somente quando o indivíduo tenha o poder jurídico de provocar a anulação individual ou geral de uma lei que, pelo seu conteúdo, viola a igualdade ou liberdade constitucionalmente assegurada, é que o chamado direito ou liberdade fundamental é um direito subjetivo do indivíduo.

Em resumo, pode dizer-se: o direito subjetivo de um indivíduo ou é um simples direito reflexo, isto é, o reflexo de um dever jurídico existente em face deste indivíduo; ou um direito privado subjetivo em sentido técnico, isto é, o poder jurídico conferido a um indivíduo de fazer valer o não-cumprimento de um dever jurídico, em face dele existente, através da ação judicial, o poder jurídico de intervir na produção da norma individual através da qual é imposta a sanção ligada ao não-cumprimento; ou um direito político, isto é, o poder jurídico conferido a um indivíduo de intervir, já diretamente, como membro da assembléia popular legislativa, na produção das normas jurídicas gerais a que chamamos leis, já indiretamente, como titular de um direito de eleger para o parlamento ou para a administração, na produção das normas jurídicas que o órgão eleito tem competência para produzir; ou é, como direito ou liberdade fundamental garantida constitucionalmente, o poder de intervir na produção da norma através da qual a validade da lei inconstitucional que viola a igualdade ou liberdade garantidas é anulada, quer por uma forma geral, isto é, para todos os casos, quer apenas individualmente, isto é, somente para o caso concreto. Finalmente, também pode designar-se como direito subjetivo a permissão positiva de uma autoridade.

4. Capacidade de exercício — Competência — Organicidade

a) *Capacidade de exercício*

O poder jurídico descrito nas páginas precedentes como direito subjetivo — direito privado ou direito político — é apenas um caso particular da função da ordem jurídica que aqui designamos por atribuição de um poder ou competência ou autorização (*Ermächtigung*). Do ponto de vista de uma ciência do Direito que descreva o ordenamento jurídico em proposições jurídicas, a função daquele ordenamento consiste em ligar a certos pressupostos, por ele determinados, um ato de coerção, por ele igualmente fixado, como conseqüência. Este ato de coerção é a conseqüência por excelência. Na verdade, entre os seus pressupostos figuram também aqueles que são, eles próprios, condicionados por outros fatos pela mesma ordem jurídica fixados, pelo que tais pressupostos são, nestes termos, conseqüências relativas. Quando, por exemplo, a ordem jurídica prescreve que, se alguém se apropria de uma coisa encontrada e não comunica o achado a uma determinada autoridade, ou o não deposita junto dessa autoridade, deve ser punido, o fato da apropriação de um objeto encontrado é o pressuposto do fato da não-comunicação ou do não-depósito que, por sua vez, juntamente com o seu pressuposto, é o pressuposto do ato de coerção. Só o ato de coerção é conseqüência sem que seja ele próprio pressuposto. Ele é a última conseqüência, a conseqüência jurídica; e, se o ato coercitivo é uma sanção, por ser uma reação contra uma conduta de um indivíduo determinada pela ordem jurídica, a conseqüência jurídica é uma conseqüência do ilícito. Enquanto o Direito, como ordem coercitiva, põe o ato de coerção, que é um ato humano, como devido (como devendo-ser), revela-se como norma — a sua função é a normação.

A função da ordem jurídica designada como atribuição de um poder ou competência (*Ermächtigung*) refere-se somente à conduta humana. Só a conduta de um indivíduo é que é pela ordem jurídica autorizada. Num sentido muito amplo, uma certa conduta de um determinado indivíduo é autorizada pelo ordenamento jurídico não só quando se atribui dessa forma ao indivíduo um poder jurídico, isto é, a capacidade de produzir normas jurídicas, mas, de um modo inteiramente geral, quando a conduta do indivíduo é tornada pressuposto direto ou indireto da conseqüência jurídica, isto é, do ato coercitivo posto como devido (como devendo-ser), ou essa coduta é a própria conduta que representa o ato de coerção. Outros fatos determinados pela ordem jurídica como pressupostos não são de considerar como "autorizados" ("*ermächtigt*"). Se a ordem jurídica determina que um indivíduo atacado por uma doença contagiosa deve ser internado numa casa de saúde, ele autoriza um determinado indivíduo a realizar o ato coercitivo do internamento; porém, não se pode dizer que autoriza o aparecimento da doença. Neste sentido amplíssimo da palavra, toda conduta humana — mas apenas a conduta humana — que pela ordem jurídica é determinada como pressuposto ou como conseqüência se pode considerar como "autorizada" pela ordem jurídica. Ao indivíduo que pode realizar uma tal conduta é pela ordem jurídica atribuída a capacidade de se conduzir dessa maneira. Ele tem uma capacidade que lhe é conferida pela ordem jurídica. Se esta atribuição de capacidade (*Befähigung*) é pela ordem jurídica designada como autorização ou atribuição de poder (*Ermächtigung*), tal expressão não implica qualquer espécie de aprovação. Também a chamada capacidade delitual representa uma capacidade, conferida pela ordem jurídica apenas a indivíduos de certa maneira qualificados, de cometerem delitos através da sua conduta, quer dizer, de porem um pressuposto do ato coercitivo que funciona como sanção e que é dirigido contra eles (ou contra os seus "parentes") como conseqüência. Estes indivíduos qualificados pela ordem jurídica, e apenas estes, podem cometer delitos, quer dizer, a ordem jurídica lhes atribui capacidade para tal. Mas a conduta que representa o delito é proibida pela ordem jurídica precisamente pelo fato de ser tornada pressuposto de uma sanção dirigida contra o delinqüente (ou contra os seus "parentes") e, como "proibida", não é aprovada. Na medida em que com a expressão "autorização" ("*Ermächtigung*") está ligado o significado lateral de "aprovação", tal expressão é utilizada num sentido mais estrito que não inclui a capacidade delitual. Neste sentido fala-se, na teoria tradicional, de capacidade de exercício (*Handlungfähigkeit*), para a distinguir de capacidade delitual. A capacidade de exercício é definida como a capacidade de um indivíduo para produzir efeitos jurídicos através da sua conduta. Como por efeitos jurídicos se não podem entender "efeitos" em sentido causal, a capacidade de exercício consiste na capacidade conferida a um indivíduo pela ordem jurídica de provocar conseqüências jurídicas através da sua conduta, quer dizer, de produzir as conseqüências que a ordem jurídica liga a essa conduta. Neste contexto, porém, entre estas conseqüências jurídicas não podem contar-se as sanções que, como conseqüências de uma conduta, são dirigidas contra o sujeito dessa conduta (ou contra os seus familiares). Esta capacidade de poder provocar pela própria conduta uma sanção que, como conseqüência dessa conduta, é dirigida contra o sujeito da mesma (contra o delinqüente, ou contra os seus familiares), é, como capacidade delitual, distinguida da capacidade de exercício. As conseqüências jurídicas a cuja possibilidade de produção se chama capacidade de exercício são essencialmente, segundo a doutrina tradicional, deveres e direitos, os quais são criados através de negócios jurídicos. A capacidade de exercício é principalmente capacidade negocial. No entanto, também nela se compreende a capacidade de influir, através da ação e do recurso, o processo judicial (capacidade processual).

A capacidade mencionada em último lugar é, como já se expôs, um poder conferido pela ordem jurídica de intervir na produção da norma jurídica individual que é estabelecida pela decisão judicial. É um poder jurídico, e a sua concessão pela ordem jurídica é "autorização" ou "atribuição de competência" ("*Ermächtigung*") no sentido estrito, específico da palavra. Mas também a capacidade negocial representa um tal poder jurídico como capacidade de criar direitos e deveres. Com efeito, os deveres jurídicos e os direitos subjetivos são estatuídos por normas jurídicas. Ora, tais normas também são criadas através de negócios jurídicos. Uma análise do negócio jurídico típico, do contrato, imediatamente nos revela isso mesmo. O contrato estipula que as partes contratantes se devem conduzir de certa maneira uma em face da outra; o contrato de compra e venda, por exemplo, estipula que o vendedor deve entregar ao comprador uma certa coisa e que o comprador deve prestar ao vendedor uma determinada soma de dinheiro. O contrato é um ato cujo sentido subjetivo é um dever-ser. Na medida em que a ordem jurídica, através de uma norma geral, autoriza os indivíduos a concluírem contratos, eleva o sentido subjetivo do ato negocial a um sentido objetivo. Se o contrato cria deveres para as partes contratantes, é porque a ordem jurídica liga à conduta anticontratual, quer dizer, à conduta contrária à norma contratualmente produzida, uma sanção. A norma produzida por negócio jurídico é, neste sentido, uma norma não-autônoma. Se o contrato cria direitos subjetivos para as partes contratantes, é porque a ordem jurídica, enquanto autoriza os indivíduos a concluírem contratos, atribui às partes contratantes o poder jurídico de fazer valer, através de uma ação, o não-cumprimento dos deveres estatuídos pela norma contratual, ou seja, a violação da norma jurídica produzida pelo contrato — quer dizer: atribui-lhes o poder jurídico de intervir na produção da decisão judicial que representa uma norma jurídica individual. A capacidade negocial é uma capacidade conferida pela ordem jurídica aos indivíduos para, com base nas normas jurídicas gerais produzidas por via legislativa ou consuetudinária, produzirem normas jurídicas de escalão inferior e intervirem na produção das normas jurídicas individuais a produzir pelo tribunal. Ela constitui um autêntico poder jurídico.

Se por capacidade de exercício se entende a capacidade de produzir conseqüências jurídicas através de uma conduta, e se se vê como conseqüência de um ato negocial o dever jurídico criado através desse ato, ou seja, o pôr-em-vigência de uma norma individual, podemos entender como capacidade de exercício (no sentido de capacidade negocial) também a capacidade de cumprir deveres jurídicos, quer dizer: a capacidade de, pela sua própria conduta, evitar a sanção. Nisso consiste a conseqüência jurídica — negativa — do cumprimento do dever.

b) *Competência*

É fácil de ver que o exercício deste poder jurídico, como função jurídica, é, no essencial, da mesma espécie que a função de um órgão legislativo, dotado pela ordem jurídica do poder de criar normas gerais, e que as funções dos órgãos judiciais e administrativos, dotados pela ordem jurídica do poder de criar normas individuais por aplicação daquelas normas gerais.

Em todos estes casos, precisamente como no caso da chamada capacidade de exercício, estamos perante uma autorização (*Ermächtigung*) para produzir normas jurídicas. Em todos estes casos a ordem jurídica atribui a determinados indivíduos um poder jurídico. Porém, nem em todos os casos de atribuição de um poder jurídico, quer dizer, de uma autorização ou atribuição de poder (*Ermächtigung*) no sentido estrito da palavra, a teoria tradicional fala de capacidade de exercício. Pelo contrário, ela fala em muitos casos, e especialmente em relação com a função de certos órgãos da comunidade, particularmente dos tribunais e das autoridades administrativas, da sua "competência". O poder jurídico conferido a uma "pessoa privada" de produzir normas jurídicas pela prática de um negócio jurídico ou de intervir na produção de normas jurídicas através da ação judicial, do recurso, da reclamação, do exercício do direito de voto, os seus direitos subjetivos no sentido técnico da palavra, não são designados como sua competência.

Na medida em que seja tomada em conta a função que consiste no exercício do poder jurídico conferido pela ordem jurídica, esta limitação do conceito de competência não se justifica. A capacidade negocial e o direito subjetivo — privado ou político — de um indivíduo são a sua "competência" no mesmo sentido em que o é a capacidade de certos indivíduos de fazer leis, proferir decisões judiciais ou tomar resoluções administrativas. A terminologia tradicional encobre o parentesco essencial que existe entre todas as funções que exercitam este poder jurídico, em vez de o pôr claramente em evidência. Se os indivíduos que realizam um negócio jurídico e as partes que, no processo judicial ou administrativo, propõem a ação, interpõem recursos ou apresentam reclamações são considerados como "pessoas privadas" e não como "órgãos" da comunidade jurídica e, por tal motivo, o poder jurídico que lhes é conferido não é considerado e designado como sua competência, tal não pode fundar-se no conteúdo da sua função. Com efeito, o conteúdo da função é, em ambos os casos, o mesmo, a saber: produção de normas jurídicas. A propósito deve notar-se que, através do negócio jurídico, podem ser produzidas, pelas "pessoas privadas" com poder para tal, não só normas jurídicas individuais como também normas jurídicas gerais, e que a produção de normas jurídicas gerais através de tratados concluídos pelos Estados — aos quais o Direito internacional geral confere poder para tanto —, dentro da ordem jurídica constitutiva da comunidade internacional, desempenha um papel muito importante. No entanto, no exercício desta função os Estados, tampouco como os indivíduos ao celebrarem os negócios jurídicos para que são considerados competentes ou autorizados pelo Direito estadual, não são considerados como "órgãos" da comunidade jurídica e, por conseguinte, também o poder jurídico que lhes é atribuído não é designado como sua competência. Se, nestes casos, os indivíduos que exercitam a função não são designados como órgãos da comunidade, isso apenas pode basear-se na circunstância de, para o conceito de órgão que aqui se utiliza, ser definitório algo mais que o conteúdo da função.

c) *Organicidade*

Um indivíduo é órgão de uma comunidade na medida em que exerce uma função que pode ser *atribuída*[11] à comunidade, uma função da qual por isso se diz que é exercida pela comunidade, pensada como pessoa, através do indivíduo que funciona como seu órgão. Há aí uma ficção, pois não é a comunidade, mas um indivíduo humano, quem exerce a função. A comunidade consiste na ordem normativa que regula a conduta de uma pluralidade de indivíduos. Diz-se, na verdade, que a ordem constitui a comunidade. Mas ordem e comunidade não são dois objetos distintos. Uma comunidade de indivíduos, quer dizer, aquilo que a estes indivíduos é comum, consiste apenas nesta ordem que regula a sua conduta. A conduta de um indivíduo só pode ser atribuída à comunidade constituída por uma ordem normativa — e isso quer dizer: ser referida, sem ficção, à ordem normativa constitutiva da comunidade — quando essa conduta seja determinada, nesta ordem normativa, como pressuposto ou conseqüência. Por isso que a conduta de um indivíduo é atribuída a uma comunidade, é interpretada ou considerada como ação de uma comunidade, a comunidade é representada como um sujeito agente, como pessoa; quer dizer: a atribuição da função que, determinada numa ordem normativa, é exercida por um indivíduo, à comunidade constituída por esta ordem normativa, implica a sua personificação. No entanto, nesta atribuição personificadora[12], nada mais se exprime senão que a conduta atribuída à comunidade está determinada na ordem normativa que constitui a comunidade e, neste sentido muito amplo, é por ela autorizada (*ermächtigt*). Atribuir à comunidade um ato de conduta humana não significa absolutamente nada mais que referir esse ato à ordem que constitui a comunidade, concebê-lo como um ato que a ordem normativa autoriza (no sentido mais amplo da palavra). Por isso, toda conduta de um indivíduo determinada pelo ordenamento normativo e que este, neste sentido muito amplo, autoriza, pode ser atribuída à comunidade constituída pelo mesmo ordenamento normativo como função da comunidade, e todo indivíduo cuja conduta está determinada no ordenamento jurídico e que este, no mesmo sentido, autoriza, ou seja, todo membro da comunidade constituída por aquele ordenamento, pode ser considerado como órgão da comunidade. Um indivíduo é órgão de uma comunidade porque e na medida em que realiza uma conduta atribuível à comunidade e uma conduta é atribuível à comunidade quando está determinada na ordem normativa constitutiva da comunidade como pressuposto ou conseqüência. Este é o conceito primário, fundamental da função de órgão, da função de órgão no sentido mais amplo da palavra. Ora, é o conceito de função de órgão e não o conceito de órgão que — particularmente para o domínio da ciência jurídica — apreende a essência da situação. No conceito de órgão exprime-se o sujeito ou o "suporte" da função, quer dizer, o elemento pessoal da conduta que representa a função e que, como toda a conduta humana, consiste de um elemento pessoal e num elemento material[13] — e, assim, já inclui em si o elemento pessoal. O conceito do órgão como portador ou suporte de uma função diferente do mesmo portador é um conceito de substância (conceito substantivo) que, como tal, deve ser usado com a consciência de que, do ponto de vista do conhecimento científico, a substância deve ser reduzida à função. No conceito do órgão como portador (suporte) da função o elemento pessoal é dissociado do elemento material e autonomizado, se bem que aquele esteja inseparavelmente ligado a este. Somente com esta reserva pode o conceito de órgão ser utilizado como um conceito auxiliar que facilita a descrição da situação.

O conceito de função de órgão que aparece no uso jurídico — sob este aspecto vacilante — da linguagem é, porém, mais estreito do que o conceito aqui designado como primário ou fundamental. Como este abrange toda a conduta determinada pela ordem normativa, também cai sob ele — na medida em que se trata de conduta determinada pela ordem jurídica e, assim, de função da comunidade jurídica — a conduta que, como pressuposto da sanção estatuída pela ordem jurídica, é juridicamente proibida. À concepção segundo a qual a conduta proibida é um não-direito (ilícito) e, portanto, a negação do Direito, repugna a afirmação de que a comunidade jurídica comete um ilícito (um não-direito). Há uma certa tendência para atribuir à comunidade jurídica apenas a conduta de um indivíduo que, embora determinada na ordem constitutiva da comunidade, não se encontre aí determinada como delito, quer dizer, não seja proibida[14]. Se se usa a palavra "autorizar" (*ermächtigen*) não só no sentido mais estrito de atribuição de um poder jurídico, isto é, da capacidade de produzir e aplicar normas jurídicas, mas também no sentido mais amplo em que se inclui o "prescrever" e o "permitir positivamente", pode dizer-se que existe a tendência de apenas atribuir à comunidade a conduta de um indivíduo para a qual este seja, neste sentido (que não inclui a conduta determinada como ilícita pela ordem jurídica), "autorizado". Desta forma, portanto, apenas a conduta pela qual são produzidas ou aplicadas normas jurídicas, assim como a conduta prescrita — mas já não a proibida — e a conduta positivamente permitida seriam atribuídas à comunidade, e um indivíduo somente seria considerado como órgão da comunidade na medida em que observasse uma conduta para a qual fosse "autorizado", naquele sentido, pela ordem jurídica. No entanto, como veremos, o uso da linguagem não é coerente a este respeito. Por vezes também se atribui à comunidade jurídica um ilícito — especialmente quando se considera a comunidade como sujeito de deveres, pois a capacidade para se obrigar ou ser sujeito de deveres (*Verpflichtungsfähigkeit*) pressupõe a capacidade delitual[15]. Porém, a tese de que a comunidade jurídica não pode praticar um ilícito implica que a atribuição a essa comunidade é limitada à conduta humana que a ordem jurídica constitutiva da mesma comunidade "autoriza" no sentido que acabamos de definir, que o fato ilícito, se bem que determinado na ordem jurídica, não pode ser atribuído à comunidade por esta constituída porque ela não o "autoriza" neste sentido mais estrito. Se se limita nestes termos aquela atribuição à comunidade jurídica, o indivíduo, na medida em que ponha um fato ilícito e, assim, realize uma conduta não "autorizada", na medida, portanto, em que atue fora da sua autorização, quer dizer, fora da sua competência, não é considerado como órgão da comunidade e a sua conduta não é interpretada como função de um órgão (scl. da comunidade). À comunidade jurídica é então atribuída apenas aquela conduta a que se refere o conceito da capacidade de exercício[16] — que não inclui a capacidade delitual.

Se do conceito da função de órgão atribuível à comunidade jurídica se exclui a prática do fato ilícito, então pode ser considerada como função da comunidade jurídica — e, neste sentido (lato), como função jurídica — toda conduta determinada pela ordem jurídica constitutiva da comunidade que não consista na realização de fato ilícito. Nestes termos, poderíamos considerar como tal, não apenas a conduta que podemos designar por função jurídica no sentido estrito e específico da palavra, a saber: a produção e a aplicação de normas jurídicas, incluindo a participação na produção e aplicação das normas exercidas através da ação judicial, do recurso, da reclamação (abrangendo o exercício de um direito subjetivo no sentido técnico da palavra), assim como a execução dos atos de coerção estatuídos pela ordem jurídica — em suma, a função produtora e a função aplicadora do Direito — mas também o cumprimento de deveres jurídicos, o exercício de direitos reflexos e de direitos que consistam numa permissão positiva — função esta a que podemos chamar função de observância do Direito (*Rechtsbefolgunsfunktion*). Como órgão jurídico, quer dizer, como órgão da comunidade jurídica, surge então todo o indivíduo que realiza uma função jurídica em sentido estrito ou em sentido amplo. Por isso, o indivíduo que exercita o poder jurídico que lhe é conferido propondo uma ação judicial ou celebrando um negócio jurídico pode ser designado como órgão jurídico, e o poder jurídico que lhe é conferido pode ser designado como sua competência — e isto precisamente no mesmo sentido em que chamamos órgão ao legislador, ou juiz ou ao funcionário administrativo, e em que designamos por competência o poder jurídico que lhes é conferido. Sim, até mesmo o indivíduo que cumpre a sua obrigação, exercita um direito reflexo ou faz uso de uma permissão positiva pode ser considerado como órgão jurídico. Neste conceito de função de órgão nada mais se exprime senão a relação da função com a ordem normativa que a determina e que constitui a comunidade.

No uso jurídico da linguagem, no entanto, é utilizado o conceito de órgão num sentido ainda mais estrito do que o que acabamos de descrever. Nem toda conduta determinada na ordem jurídica e que não seja qualificada como ilícito é atribuída à comunidade jurídica, é interpretada como função da comunidade jurídica; e nem todo indivíduo que realiza uma tal função é designado como "órgão" neste sentido estrito. A sua conduta é atribuída à comunidade jurídica como função desta e o indivíduo que realiza a função é designado como órgão somente quando tal indivíduo seja qualificado de determinada maneira.

Quando uma função regulada por uma ordem normativa não pode, segundo essa ordem, ser desempenhada por qualquer indivíduo à mesma ordem sujeito mas apenas por certos indivíduos qualificados, estamos perante uma divisão funcional do trabalho. Somente as funções determinadas pela ordem jurídica que sejam desempenhadas segundo o princípio da divisão do trabalho, quer dizer, realizadas por certos indivíduos qualificados, são atribuídas à comunidade jurídica, e apenas os indivíduos que atuam segundo o princípio da divisão do trabalho, quer dizer, apenas certos indivíduos qualificados, são designados como "órgãos" neste sentido estrito. As comunidades que têm "órgãos" chamam-se comunidades "organizadas"; e por comunidades "organizadas" entendem-se aquelas que têm órgãos funcionando segundo o princípio da divisão do trabalho. Mas toda comunidade tem de ter órgãos — se bem que possa não ter órgãos funcionando segundo o princípio da divisão do trabalho —, pois uma comunidade apenas pode funcionar através dos seus órgãos, isto é, através daqueles indivíduos que são determinados pela ordem normativa constitutiva da comunidade. Quando um ordenamento normativo determina que certas funções por ele previstas podem, sob as condições por ele fixadas, ser realizadas por qualquer indivíduo àquele ordenamento sujeito, todo indivíduo no exercício da função para que recebe poder ou competência pode ser considerado como órgão e a respectiva função pode ser atribuída à comunidade constituída por aquele mesmo ordenamento, ainda que não se verifique qualquer espécie de divisão do trabalho, embora as funções previstas não sejam realizadas segundo o princípio da divisão do trabalho. Porém, no uso da linguagem dominante os indivíduos que realizam a função sem que seja observado o princípio da divisão do trabalho não são designados como "órgãos" e a sua função, realizada sem obediência àquele mesmo princípio, não é atribuída à comunidade.

As qualificações dos indivíduos designados, no uso jurídico da linguagem, como "órgãos" são de diversa espécie. Elas são baseadas na natureza quando a ordem jurídica estabelece que certas funções apenas podem ser desempenhadas por um homem, ou por uma mulher, ou por indivíduos de determinada idade, com saúde mental ou física ou — na hipótese de uma constituição hereditária do órgão — com uma determinada ascendência. A ordem jurídica, porém, também pode considerar pressuposto da adjudicação da função uma certa qualidade moral, conhecimentos ou aptidões especiais do indivíduo. De particular importância é a qualificação que consiste em que o indivíduo a designar como "órgão" tem de ser chamado à função regulada pela ordem jurídica por uma forma na mesma ordem jurídica especificada. Este chamamento pode ser imediato ou mediato. É imediato se a Constituição, uma lei ou uma norma consuetudinária designa um indivíduo concretamente determinado e estabelece que uma certa função deve ser desempenhada por ele e somente por ele. Assim acontece, v. g., se a primeira Constituição histórica determina: o chefe de Estado deve ser Fulano; ou: o colégio constituinte será integrado pela assembléia de pessoas que se reunirem, num determinado dia, em determinado local, e fixarem a Constituição. O chamamento é mediato quando é necessário um ato especificado pela Constituição, pela lei ou pelo direito consuetudinário

— como a nomeação, a eleição, o sorteio — através do qual a norma geral que regula o processo de chamamento ou designação é individualizada e uma pessoa, individualmente determinada entre outras pela ordem jurídica especificadas, é tornada no órgão em questão — quando o órgão é, deste modo, criado. No entanto, também no caso de chamamento imediato existe criação do órgão. Fulano, ao assumir o ofício de chefe de Estado, estabelece-se a si próprio — de acordo com a Constituição — como órgão previsto pela mesma Constituição; a assembléia designada na Constituição, ao fixar esta mesma Constituição, estabelece-se a si própria como sendo o colégio constituinte previsto na Constituição. O chamamento ou designação imediata implica a autocriação do órgão.

Já existe um mínimo de divisão do trabalho quando o ordenamento — por exemplo, um ordenamento jurídico primitivo — determina que certas funções, como a verificação do fato ilícito e a execução da conseqüência do ilícito prevista, não sejam desempenhadas por quaisquer indivíduos sujeitos ao ordenamento mas apenas por indivíduos que tenham uma certa idade; ou quando, segundo o Direito vigente, para a constituição de um costume jurídico não é necessária a conduta de todos os indivíduos sujeitos ao ordenamento jurídico, mas basta tão-só a conduta da maioria dos indivíduos com capacidade de exercício; ou quando, segundo o Direito vigente, só as pessoas que tenham atingido uma certa idade e sejam psiquicamente normais podem regular as suas relações econômicas mútuas através de negócios jurídicos. Porém, este mínimo de divisão do trabalho, ao qual nenhuma ordem jurídica, mesmo primitiva, pode renunciar, não basta — segundo o uso jurídico da linguagem — para designar como "órgãos" os indivíduos dotados de poder ou competência para a função nem para atribuir essa sua função à comunidade. Se se analisa este uso da linguagem, se se indaga qual seja o critério segundo o qual, neste uso lingüístico, uma função, como função de órgão, é atribuída à comunidade jurídica, revela-se-nos a tendência de apenas atribuir uma função à comunidade e de apenas considerar como "órgão" da mesma comunidade o indivíduo que essa função desempenha quando tal indivíduo seja — imediata ou mediatamente — designado para a função.

Quando as normas gerais de uma ordem jurídica tecnicamente primitiva são produzidas, não através de um órgão legislativo, mas pela via do costume, e são aplicadas, não por tribunais, mas pelos próprios indivíduos lesados nos seus direitos, os indivíduos que através da sua conduta constituem o costume jurídico e aplicam as normas consuetudinárias não são — como já notamos — considerados "órgãos" e as suas funções não são atribuídas à comunidade jurídica. Diz-se então que o Direito é criado e aplicado pelos próprios indivíduos sujeitos à ordem jurídica. Só se fala de "órgãos" de produção jurídica geral e "órgãos" de aplicação do Direito quando um indivíduo ou uma assembléia de indivíduos é chamada à função legislativa, quando determinados indivíduos são chamados, como juízes, à função de aplicar o Direito. Estas funções de produção e aplicação do Direito são, em ambos os casos, as mesmas. Porém, os indivíduos que desempenham estas funções só no segundo caso são chamados à sua função através de um ato especial. O uso jurídico da linguagem revela-senos com particular clareza quando, numa ordem jurídica tecnicamente evoluída, existe um parlamento eleito pelo povo ou um chefe de Estado eleito pelo povo. A Constituição pode determinar que todo cidadão do sexo masculino, são de mente e que não tenha sofrido condenação penal, usufrui de direitos eleitorais. A eleição do parlamento ou do chefe de Estado é, como criação de um órgão produtor do Direito, parte essencial de um processo de produção jurídica e, portanto, uma função eminentemente jurídica no estrito sentido da palavra. No entanto, o parlamento e o chefe de Estado eleitos são considerados órgãos do Estado, mas já o não é o eleitor; e a função do parlamento, bem como a do chefe de Estado, são consideradas funções estaduais, mas já o não é a função do eleitor, a eleição desses dois órgãos estaduais. Diz-se na verdade que o Estado edita — através do parlamento — leis, leis estaduais, que o Estado edita — através do chefe de Estado — decretos; mas o que não se diz é que o Estado elege o parlamento, se bem que, com referência ao conteúdo da função pela ordem jurídica regulada, o eleitor pudesse ser considerado órgão estadual com não menor fundamento que o parlamento ou o chefe de Estado, por ele eleitos, se bem que a função do eleitor, regulada na ordem jurídica, pudesse ser atribuída ao Estado com o mesmo fundamento por que o são as funções do parlamento ou do chefe de Estado, igualmente reguladas pela ordem jurídica. A diferença entre a função do eleitor e a do órgão eleito reside em que o indivíduo que funciona como membro do parlamento ou como chefe de Estado não tem apenas de satisfazer — como o eleitor — certos requisitos naturais, como os relativos ao sexo, à idade, à saúde mental, mas tem ainda de ser chamado à sua função através de um ato especial. Essa é também claramente a razão por que não consideramos os negócios jurídicos celebrados por indivíduos competentes, quer dizer, as normas jurídicas individuais e gerais produzidas através do negócio jurídico, como estabelecidas pela comunidade jurídica, mas pressupomos que os indivíduos que desempenham tal função atuam aí como "pessoas privadas", se bem que nos sintamos inclinados a considerar todo Direito (exceção feita ao Direito internacional) como Direito estadual e, portanto, devêssemos também considerar como órgãos do Estado os indivíduos que realizam negócios jurídicos. É essa ainda a razão por que, quando o processo judicial tem de ser instaurado através de um ato a tal fim dirigido, nuns casos, se fala de um ato de um autor ou acusador privado, noutros casos, porém, se fala de acusador público, de ato de um órgão estadual, do Ministério Público — embora a função seja em ambos os casos essencialmente a mesma. A mesma razão explica por que não se descreve o Direito internacional, formado pelo costume dos Estados e por tratados internacionais, como um Direito criado pela comunidade jurídica internacional, mas apenas como um Direito criado pelos sujeitos da ordem internacional, pelos Estados individuais, e se não consideram estes Estados, na sua função criadora e aplicadora do Direito, como órgãos da comunidade jurídica internacional.

Ao lado do conceito de órgão cujo critério, além de certas qualidades naturais geralmente exigidas, como a idade, o sexo, a saúde mental ou física, é o chamamento imediato ou mediato a uma função pela ordem jurídica regulada, é utilizado na teoria tradicional um outro conceito de órgão cujo critério é um estado pessoal do indivíduo que exerça a função e que deve acrescer àquela qualificação. O indivíduo assim qualificado é designado como "funcionário". Mais tarde[17] indagaremos em que consiste esta especial qualificação, este estado pessoal de "funcionário". Há, pois, órgãos estaduais funcionalizados e órgãos estaduais não funcionalizados. Os membros eleitos de uma assembléia legislativa são órgãos estaduais, mas não são funcionários do Estado. Não só as funções jurídicas, no sentido estrito de funções de produção e aplicação do Direito, mas também as funções de observância do Direito são, quando desempenhadas por indivíduos qualificados como funcionários estaduais, atribuídas ao Estado, designadas como funções do Estado. São funções de diversa espécie que formam o conteúdo dos deveres de cargo impostos a estes indivíduos. Desempenham um papel importante dentro da função estadual designada como administração do Estado[18].

Na medida em que a divisão do trabalho significa que certas funções não podem ser desempenhadas por todo e qualquer indivíduo e, portanto, que o não podem ser por todos os indivíduos sujeitos à ordem normativa, mas devem ser realizadas apenas por determinados indivíduos qualificados de certa maneira por aquela ordem normativa, e que a função nestas precisas circunstâncias é concebida como relativamente centralizada, divisão do trabalho e centralização relativa coincidem[19]. No uso corrente da linguagem apenas são atribuídas à comunidade as funções relativamente centralizadas, e apenas são designados como órgãos da comunidade os órgãos relativamente centralizados, assim como só as comunidades relativamente centralizadas são designadas como comunidades "organizadas".

Em referência ao problema do órgão da comunidade em geral e do órgão do Estado em especial deve mais uma vez acentuar-se que em grande parte se trata de uma questão de uso lingüístico e que este uso lingüístico não é coerente. Para isso não deixa de contribuir o fato de a operação mental que consiste em atribuir uma função regulada pelo ordenamento jurídico à comunidade pelo mesmo ordenamento constituída ser uma operação que, embora possível, não é, no entanto, necessária. O indivíduo que realiza a função pode ser, mas não tem de ser, considerado "órgão" da comunidade jurídica; o que, por seu turno, significa que a sua função pode ser, mas não tem de ser, atribuída à mesma comunidade. A situação jurídica pode ser descrita sem fazer recurso a esta operação mental. O que importa, para um conhecimento científico do Direito, é penetrar na essência da atribuição desta função à comunidade jurídica e, desse modo, penetrar na essência da organicidade.

5. Capacidade jurídica; representação

A teoria tradicional designa como capacidade (de gozo) de direitos a capacidade de um indivíduo para ser titular de direitos e deveres jurídicos ou para ser sujeito de direitos e deveres. Segundo o moderno Direito, todo indivíduo humano poderá ser sujeito de direitos e deveres. No Direito moderno já não há pessoas incapazes de direitos — como os escravos. Porém, nem todas as pessoas têm capacidade de exercício. Os menores e os doentes mentais não têm capacidade de exercício. Por isso, estas pessoas têm, segundo o Direito moderno, representantes legais aos quais compete exercitar, por elas, os seus direitos, cumprir os seus deveres e criar, por elas, deveres e direitos através de negócios jurídicos. Segundo esta teoria, a capacidade de direitos e a capacidade de exercício não coincidem. Tal teoria não suporta uma análise crítica. Se — como se pressupõe no que até aqui escrevemos — um indivíduo é juridicamente obrigado a uma determinada conduta quando a conduta contrária do mesmo é pressuposto de uma sanção dirigida contra ele (ou contra os seus familiares), ou seja, quando ele pode provocar pela sua conduta uma sanção, uma conseqüência jurídica, portanto, tem de ter capacidade de exercício, designadamente capacidade delitual, para ser capaz de obrigações. Os menores e os doentes mentais, porém, não têm capacidade delitual e, portanto, não têm capacidade para se obrigarem. A sua conduta não é pressuposto de uma sanção. Se, pela conduta de uma criança ou de um doente mental, é provocada a morte de uma outra pessoa, "por causa" desta conduta, mesmo se o fato foi intencional, não é punido o autor nem qualquer outra pessoa. Nem a criança nem o doente mental, nem qualquer outra pessoa é responsável pelo fato. Quando, na hipótese do menor, o pai seja porventura punido, o delito punível não é a morte de uma pessoa mas a violação do dever do pai de vigiar o filho e, assim, impedir a conduta socialmente perniciosa do mesmo. A conduta da criança ou do doente mental que, enquanto conduta de um indivíduo dotado de capacidade de exercício, é crime de homicídio, não o é enquanto conduta de uma criança ou de um doente mental. A criança e o doente mental não têm os deveres jurídicos constituídos através da sanção penal porque a sua conduta não é pressuposto da sanção penal, porque eles não podem conduzir-se por forma a que a sua conduta produza uma sanção penal, porque eles não têm capacidade delitual e, neste sentido, não têm capacidade de exercício.

Contudo, isto não parece válido relativamente aos delitos que são constituídos através de uma pena pecuniária ou da execução civil. Com efeito, estas sanções consistem na privação compulsória de valores patrimoniais, especialmente da propriedade; e quem não tem capacidade de exercício pode — segundo a teoria tradicional — possuir direitos patrimoniais, especialmente a propriedade. Não tem, na verdade, capacidade de exercício, mas tem capacidade de direitos. Assim, segundo esta teoria, uma criança ou um doente mental pode ser proprietário de uma casa e dos objetos que nela se encontrem, como móveis, quadros, pratas, etc.; e, se a contribuição predial não é paga, pode fazer execução do patrimônio que é propriedade da pessoa que sofre de incapacidade de exercício. Daí poder-se-ia deduzir que essa pessoa (o incapaz), se pode ser sujeito de direitos patrimoniais, também é sujeito do dever de pagar a contribuição predial. Com base numa argumentação idêntica poderia o incapaz, quando fosse considerado sujeito de direitos patrimoniais em geral, ser também considerado como sujeito de todos os deveres jurídicos constituídos pela execução civil. Simplesmente, se sujeito de um dever é apenas o indivíduo que, através da sua conduta, pode cumprir ou violar o dever, e se o dever aqui considerado apenas pode ser cumprido ou violado pelo representante legal, o sujeito do dever é o representante legal, não o incapaz. Do fato de o incapaz poder ser sujeito de direitos patrimoniais apenas se poderia concluir que ele responde pela violação de deveres jurídico-patrimoniais e, na medida em que o poder de disposição sobre o seu patrimônio compete ao representante legal, apenas pode responder com o seu patrimônio e não com a sua pessoa. Se se pressupõe que um indivíduo, quando ferido de incapacidade de exercício, não pode ser sujeito de um dever jurídico, e se, além disso, se pressupõe que um indivíduo é sujeito de um dever jurídico-patrimonial quando tem de cumprir este dever com o seu próprio patrimônio e não com o patrimônio de um outro, e se, por isso mesmo, nos recusamos a considerar o representante como sujeito do dever em questão porque ele não tem de cumprir este dever — como dever jurídico-patrimonial — com o seu patrimônio mas com o patrimônio que — segundo a teoria tradicional — é patrimônio do incapaz por ele representado, surge-nos então um dever sem sujeito por cujo cumprimento o representante legal, que tem o poder de disposição sobre o patrimônio e contra o qual o ato coercitivo se dirige, responde apenas com a sua pessoa e não com o seu patrimônio. A teoria tradicional recusa-se a considerar o representante como sujeito do dever que ele tem de cumprir com o patrimônio do incapaz e que pode violar pelo não-cumprimento. Por outro lado, procura evitar a suposição de um dever sem sujeito[20]. Vê como sujeito do dever em questão o incapaz, quer dizer: atribui este dever ao incapaz. O dever cujo conteúdo é a conduta do representante é atribuído ao incapaz por ele representado porque tal dever — como dever jurídico-patrimonial — deve ser satisfeito com um patrimônio que, segundo a teoria tradicional, é patrimônio do incapaz e não patrimônio do seu representante, e porque a sanção, em caso de não cumprimento, se processa contra este patrimônio. Quer isto dizer que o representante — sob o pressuposto de que o patrimônio em questão é considerado como patrimônio do incapaz — tem de cumprir o dever em questão pelo incapaz, isto é, no interesse do incapaz; pois, pelo fato de o representante cumprir o dever, evita a privação compulsória da propriedade de um patrimônio que se tem como patrimônio do incapaz. Assim, a possibilidade de considerar o dever como dever do incapaz funda-se na possibilidade de considerar o incapaz como sujeito de direitos.

Se por direito subjetivo se entende o poder jurídico, isto é, a capacidade que é conferida a um indivíduo pela ordem jurídica de fazer valer, através de uma ação, o não-cumprimento de um dever jurídico que um outro indivíduo tem em face dele, então o incapaz não pode ter qualquer direito subjetivo, pois não tem esta capacidade de exercício. Só o seu representante legal tem esta capacidade. É a ele, e não ao menor ou ao doente mental, que a ordem jurídica confere este poder jurídico. Porém, é obrigado a exercer tal poder jurídico no interesse do incapaz por ele representado. Se se trata de direitos de propriedade, os deveres cuja violação o representante legal faz valer através de uma ação são deveres em face desse representante legal, a quem compete a disposição sobre a coisa em propriedade. Todos os outros são obrigados a suportar este poder de disposição, quer dizer, a não o impedirem ou por qualquer forma embaraçarem. Mas o representante legal é obrigado a dispor da coisa apenas no interesse do incapaz por ele representado, o que especialmente significa deixar ao incapaz o uso e o consumo da coisa — na medida em que este o possa fazer. Se existe um direito de crédito como reflexo de um dever de prestação, a prestação deve ser feita ao representante legal, mas este é obrigado a fazer reverter essa prestação em benefício do incapaz por ele representado. Estas limitações impostas ao representante legal constituem o fundamento pelo qual a teoria tradicional não consente que ele seja considerado como sujeito dos direitos em questão mas atribui estes ao incapaz. Se, porém, se não define o conceito de direito subjetivo com poder jurídico mas como interesse juridicamente protegido, então pode-se, na verdade, considerar o incapaz, no interesse do qual o representante legal exerce o poder jurídico que lhe é confiado, como sujeito do direito e, portanto, como capaz de direitos, sem qualquer atribuição fictícia. Porém, o pressuposto desta concepção, a definição do direito subjetivo como interesse juridicamente protegido, não é aceitável pelas razões já expostas.

Se se mantém que juridicamente obrigado a uma conduta só o é o indivíduo que, através da sua própria e antagônica conduta, pode violar o dever e, através da sua conduta conforme à norma, pode cumprir o dever — e que, por isso, tem de ter capacidade de exercício; e se, além disso, se sustenta que um direito subjetivo, como poder jurídico específico, apenas pode competir a um indivíduo com capacidade de exercício, a presente situação apenas consente ser descrita sem atribuição fictícia considerando os deveres e direitos em questão como deveres e direitos do representante legal que tem de os cumprir ou exercer no interesse do incapaz por ele representado. Da mesma espécie são os deveres e direitos criados através de negócio jurídico que o representante legal realiza para o incapaz por ele representado, por força do poder jurídico que lhe é conferido. Se os deveres e direitos aqui considerados não são havidos como deveres e direitos do representante legal por causa da limitação que lhe é imposta de os cumprir ou exercer no interesse do incapaz por ele representado, então só poderão ser concebidos como deveres e direitos sem sujeito[21]. Justamente para escapar a esta conseqüência, a teoria tradicional atribui-os ao incapaz. Nesta atribuição ao incapaz dos deveres a cumprir e dos direitos a exercer pelo seu representante, que constitui a essência da representação legal, existe uma operação mental que é análoga àquela pela qual uma função determinada pela ordem jurídica e exercida por um indivíduo é atribuída à comunidade jurídica por aquela ordem jurídica constituída. Distinguem-se uma da outra pelo fato de que esta se processa em relação a uma comunidade — por isso mesmo personificada — e aquela em relação a um outro indivíduo. Representação legal e organicidade são conceitos aparentados. Um determinado indivíduo é considerado como órgão de uma comunidade porque nos representamos a situação *como se* a comunidade exercesse, através deste indivíduo, a função que, efetivamente, é por ele exercida. Um determinado indivíduo é considerado como representante do incapaz porque nos representamos esta situação *como se* fosse o incapaz que, se bem que não por si próprio mas através deste indivíduo, pudesse cumprir os deveres, quer dizer, pudesse realizar uma conduta a que corresponde, como conduta contrária, uma outra que é pressuposto de um ato de coerção dirigido, como sanção, contra um patrimônio de que ele é considerado sujeito jurídico; *como se* ele, se bem que não por si próprio mas através do indivíduo para tal competente, pudesse exercer o poder jurídico com o qual se faz valer o não-cumprimento dos deveres que se identificam com os direitos reflexos que formam o patrimônio; *como se* ele, se bem que não por si próprio mas através do representante legal, pudesse realizar negócios jurídicos pelos quais são criados direitos e deveres, que são deveres e direitos seus. Esta descrição da situação, na qual se exprime a essência da representação legal, funda-se, tal como a descrição da situação que se apresenta no caso da organicidade, sobre uma ficção: a ficção da atribuição. Com efeito, tal como não é a comunidade, mas o indivíduo designado como órgão, quem realiza a conduta juridicamente relevante, também não é o incapaz, mas o seu representante legal, quem realiza essa conduta. Somente através desta ficção pode a comunidade ser considerada como pessoa agente e pode o incapaz (de exercícios) ser considerado como capaz de agir, e, portanto, como capaz de direitos, quer dizer, como sujeito de deveres e direitos.

Além da representação legal dos incapazes há também a chamada representação negocial de indivíduos capazes. Esta distingue-se daquela pelo fato de, no caso concreto, não ser obrigatória, não surgir imediatamente por efeito da lei, como na hipótese da representação legal — na qual o pai do menor ou o tutor designado por uma autoridade tem de desempenhar a chamada função de representação do incapaz —, mas ser instituída voluntariamente através de um negócio jurídico no qual um indivíduo capaz confere a outro o poder de cumprir por ele certos deveres (obrigações), exercer certos direitos e, especialmente, criar obrigações e direitos através de determinados negócios jurídicos. Com referência à conclusão de negócios jurídicos distingue-se, por vezes, entre representação mediata e imediata. Fala-se de representação mediata quando a realização do negócio jurídico pelo representante se opera por forma a que os deveres e direitos criados pelo negócio jurídico se tornam primeiramente direitos e deveres do representante e têm de ser transferidos posteriormente para o representado através de novo negócio jurídico. No entanto, não existe aqui qualquer representação em sentido específico, porque não há qualquer atribuição, quer do ato negocial, quer dos direitos e deveres (obrigações) criados por esse ato. O ato negocial é considerado como praticado pelo representante e não pelo representado, e os deveres e direitos criados por esse ato não são ficticiamente atribuídos ao representado mas são-lhe realmente transferidos. De representação imediata fala-se quando o negócio jurídico realizado com base numa procuração tem, de acordo com o direito vigente, efeito jurídico imediato em relação ao representado, de tal modo que os deveres criados através do negócio jurídico apenas podem ser cumpridos ou violados pelo representado, e os direitos pelo negócio jurídico criados apenas podem ser exercidos pelo representado. Representação em sentido específico apenas existe aqui quando se descreva a situação como se o representado agisse através do representante. Se se rejeita tal atribuição como fictícia, então também se não deve falar de representação mas de um negócio jurídico, especialmente de um contrato, a cargo ou em favor de terceiro. Um negócio jurídico a cargo ou em favor de terceiro é um negócio jurídico através do qual são criadas obrigações e direitos para um terceiro como se o fossem para aquele que realiza o negócio jurídico; pelo que esse terceiro tem de ser capaz para poder tornar-se sujeito de tais direitos e obrigações. Não existe neste caso, portanto, qualquer motivo para fazer uma atribuição, diversamente do que sucede no caso da representação legal onde se opera a atribuição fictícia ao incapaz a fim de se conseguir fazê-lo aparecer como capaz de direitos, não obstante a sua incapacidade de exercício.

6. Relação jurídica

Em estreita conexão com os conceitos de dever jurídico e de direito subjetivo (*Berechtigung*) está, segundo a concepção tradicional, o conceito de relação jurídica. Esta é definida como relação entre sujeitos jurídicos, quer dizer, entre o sujeito de um dever jurídico e o sujeito do correspondente direito (*Berechtigung*) ou — o que não é o mesmo — como relação entre um dever jurídico e o correspondente direito (*Berechtigung*) — definição em que as palavras "dever" (*Pflicht*) e "direito" (*Berechtigung*) devem ser entendidas no sentido da teoria tradicional. Dizer que dever e direito se correspondem significa que o direito é um reflexo do dever, que existe uma relação entre dois indivíduos dos quais um é obrigado a uma determinada conduta em face do outro. Em ambos os casos é uma relação constituída pela ordem jurídica. Se a concebermos como uma relação entre dois indivíduos, a definição tradicional é demasiado estreita. Com efeito, a ordem jurídica institui relações, não apenas entre sujeitos jurídicos (no sentido tradicional da palavra), isto é, entre o indivíduo que é obrigado a uma determinada conduta e o indivíduo em face do qual aquele é obrigado a tal conduta, mas também entre o indivíduo que tem competência para a criação de uma norma e o indivíduo que tem competência para a aplicação dessa norma, bem como entre um indivíduo que tem competência para a criação ou aplicação de uma norma e o indivíduo a quem essa norma impõe um dever ou confere um direito. Tais relações jurídicas existem, por exemplo, entre os indivíduos competentes para a criação de normas gerais e os indivíduos competentes para a sua aplicação, como, v. g., entre o órgão legislativo e os tribunais ou autoridades administrativas; e ainda entre esses tribunais e autoridades e os sujeitos de deveres ou direitos fundados nas normas jurídicas por aqueles órgãos criadas ou aplicadas; assim como também existem entre os indivíduos competentes para a execução de atos coercitivos e os indivíduos contra os quais os atos coercitivos se dirigem. Quando a jurisprudência tradicional distingue entre relações jurídicas privadas e públicas e vê a distinção entre as duas categorias no fato de as primeiras representarem uma relação entre pessoas situadas num plano de igualdade e as segundas uma relação entre superior e inferior, já que se estabelecem entre Estado e súdito, tem seguramente em vista a diferença que consiste em, num dos casos, se tratar de relações entre o sujeito de um dever jurídico e o sujeito do correspondente direito (*Berechtigung*), e, no outro caso, da relação entre um indivíduo competente para a produção ou aplicação de uma norma jurídica e o indivíduo a quem, através dessa norma, é imposto um dever ou conferido um direito. Quando os indivíduos com poder (competentes) para criar ou aplicar normas jurídicas são juridicamente obrigados a exercer a sua competência e, assim, são também sujeitos jurídicos (no sentido tradicional) — o que, no entanto, se não tem necessariamente de verificar e, pelo que respeita aos órgãos legislativos, nunca se verifica —, as relações entre estes indivíduos e os indivíduos a quem as normas por eles criadas ou aplicadas impõem deveres ou conferem direitos são, na verdade, relações entre sujeitos jurídicos. São, porém, em primeira linha, relações entre sujeitos de deveres: os sujeitos do dever de criar ou produzir normas jurídicas e os sujeitos dos deveres por essas normas estabelecidos, e só em segunda linha relações entre os sujeitos do dever de criar ou aplicar normas jurídicas e os sujeitos dos direitos (*Berechtigungen*) estabelecidos por essas normas. E estes direitos não são reflexos daqueles deveres, isto é, dos deveres dos órgãos de criar ou aplicar normas jurídicas, mas reflexos dos deveres que são estatuídos por essas normas. Também neste caso não se pode falar de uma relação de supra-ordenação e infra-ordenação, pois os indivíduos que criam ou aplicam as normas jurídicas, enquanto sujeitos dos deveres de criar ou aplicar normas jurídicas, estão no mesmo plano dos sujeitos dos deveres ou direitos estatuídos por essas normas. Isto é particularmente verdadeiro quando se trate de relações nas quais — de acordo com a descrição usual — o Estado está perante uma pessoa privada como sujeito de um negócio jurídico, v. g. como comprador ou vendedor, se o ato negocial de um dos dois indivíduos que realizam o negócio jurídico e o dever ou o direito reflexo produzido por esse negócio são, por qualquer fundamento, atribuídos ao Estado como pessoa jurídica. Somente no exercício de um poder jurídico, isto é, na criação e aplicação de normas jurídicas, poderiam tais indivíduos ser havidos como supra-ordenados àqueles outros que são constituídos em obrigações ou a que são conferidos direitos através das normas jurídicas a criar ou a aplicar pelos primeiros. Simplesmente, "supra-ordenadas" aos indivíduos a que são adjudicadas pelas normas, obrigações e direitos são-no apenas as normas que estatuem esses deveres e direitos e não os indivíduos que criam ou aplicam as normas, pois estes mesmos estão subordinados à ordem jurídica, a saber, às normas que lhes conferem poder ou competência para a sua função. Aqui importa notar que quando se representam os indivíduos como "subordinados" às normas da ordem jurídica e estas como "supra-ordenadas" aos indivíduos, nos servimos de uma figuração espacial com a qual nada mais se exprime senão que as normas da ordem jurídica prescrevem a conduta dos indivíduos, a autorizam (para ela conferem poder ou competência) ou positivamente a permitem, que as normas da ordem jurídica têm por conteúdo a conduta de indivíduos. Quando se toma a figuração espacial ao pé da letra, parece existir uma relação entre a ordem jurídica e os indivíduos cuja conduta as normas daquela ordem jurídica regulam. Entre uma norma e a conduta humana que forma o seu conteúdo não pode, porém, existir qualquer relação, pois a norma forma com o seu conteúdo uma unidade incindível.

Do ponto de vista de um conhecimento dirigido ao Direito, isto é, dirigido às normas jurídicas, não são tomadas em linha de conta as relações entre indivíduos, mas apenas relações entre normas — pelos indivíduos criadas e aplicadas — ou entre os fatos determinados pelas normas, dos quais a conduta humana apenas representa um caso especial, se bem que particularmente significativo. Com efeito, não são os indivíduos mas as suas ações e omissões, não são as pessoas mas determinada conduta humana — e não apenas esta mas também outros fatos (estes, porém, apenas em conexão com a conduta humana) — que formam o conteúdo das normas jurídicas. Esta idéia tem expressão, até certo ponto, na definição da relação jurídica — não como relação entre o sujeito do dever e o sujeito do direito, mas como relação entre um dever jurídico e o direito reflexo que lhe corresponde. Simplesmente não há, justamente aqui, qualquer *relação* jurídica como uma relação entre dois fenômenos diferentes juridicamente relevantes. Com efeito, como já foi explicado a outro propósito, se a situação juridicamente relevante é esgotantemente descrita com a representação da conduta devida como sendo o contrário daquela conduta que é um pressuposto da sanção, a afirmação de que alguém tem um direito (reflexo) a que um outro se conduza em face dele pela maneira devida não significa senão que este outro é obrigado a conduzir-se em face dele de determinada maneira. Quer isto dizer que o direito reflexo de um é idêntico ao dever do outro de se conduzir em face daquele de determinada maneira, que o conceito de direito reflexo é supérfluo. O direito reflexo é apenas o dever jurídico — visto da posição daquele em face do qual o dever há de ser cumprido. Por isso, não há qualquer relação entre um dever jurídico e o direito reflexo que lhe corresponde.

Uma relação jurídica entre dois indivíduos, melhor, entre a conduta de dois indivíduos determinada por normas jurídicas, existe no caso de um direito subjetivo no sentido específico da palavra, quer dizer: quando a ordem jurídica confere ao indivíduo, em face do qual um outro está obrigado a conduzir-se de determinada maneira, o poder jurídico de, através de uma ação, iniciar um processo que conduza à norma individual, a estabelecer pelo tribunal, pela qual é ordenada a sanção prevista pela norma geral e a dirigir contra o indivíduo que se conduz contrariamente ao dever. Neste caso existe uma relação jurídica entre o indivíduo dotado deste poder jurídico e o indivíduo obrigado. Esta relação, porém, não é outra coisa senão a conexão ou relação entre a conduta que consiste no exercício deste poder jurídico, a ação, e a conduta contra a qual a sanção é dirigida, o delito; isto é, a conexão entre dois fatos determinados pela ordem jurídica como pressupostos da sanção. É a relação jurídica típica, designada pela teoria tradicional como relação jurídico-"privada". Porém, na medida em que a distinção entre relações jurídicas privadas e públicas se baseie na diferença que existe entre supra-ordenação e subordinação, de um lado, e igualdade de plano ou equiparação, do outro, a relação entre o indivíduo provido do poder jurídico de instaurar a ação e o indivíduo obrigado, contra o qual a ação vai dirigida, é uma relação jurídica pública no mesmo sentido em que o é a relação entre o tribunal, funcionando como órgão estadual, e este indivíduo. Com efeito, o poder jurídico do titular do direito de ação consiste na sua competência para intervir na produção da norma individual que ordena a sanção a dirigir contra o indivíduo que se conduz contrariamente ao dever. Se a função do tribunal é considerada como função orgânica da comunidade jurídica, ou seja, se ela é atribuída ao Estado e, assim, a situação é interpretada por forma a que, nesta função do tribunal, o Estado surja perante o réu como uma autoridade a este supra-ordenada, então também a função do autor pode — como já acima se mostrou — ser interpretada de igual modo. Com efeito, na atribuição da função jurídica à comunidade jurídica não se exprime outra coisa senão que esta função está regulada na ordem jurídica constitutiva da comunidade. A relação de supra-ordenação e subordinação que existe, segundo a concepção tradicional, entre a comunidade jurídica, ou seja, o Estado, representado pelo tribunal, e o réu, existe também entre o autor e o réu. A relação de supra-infra-ordenação que aqui existe nada mais é senão a supra-ordenação e infra-ordenação que existe entre a ordem jurídica e os indivíduos cuja conduta ela regula e, portanto, nada mais é senão a expressão figurada do fato de que a conduta destes indivíduos forma o conteúdo das normas da ordem jurídica. A autoridade que se manifesta nesta representação figurativa é a autoridade da ordem jurídica que, segundo os seus próprios preceitos, produzidos e aplicados por determinados indivíduos, obriga e confere direitos a outros indivíduos. Quando o Estado é representado como supra-ordenado ao indivíduo, isto não significa senão que certos indivíduos, como órgãos do Estado, produzem e aplicam normas que regulam a conduta de outros indivíduos, especialmente, que obrigam outros indivíduos a uma determinada conduta; ou, descrevendo o mesmo sem figuração espacial: que a ordem jurídica determina os fatos pelos quais são produzidas normas jurídicas que ligam à conduta humana, como pressuposto, certas sanções, como conseqüências.

Há uma relação jurídica de natureza especial quando a obrigação de um indivíduo em face do outro está numa interconexão, determinada pela ordem jurídica, com a obrigação deste outro em face do primeiro, como, v. g., na hipótese de um contrato de compra e venda em que a obrigação de prestar a coisa está ligada com a obrigação de prestar o preço da venda. Então a relação jurídica estabelece-se entre a norma que obriga o comprador e a norma que obriga o vendedor, ou entre o comprador e o vendedor, melhor: entre a conduta de um, prescrita pela ordem jurídica, e a conduta, também prescrita pela ordem jurídica, do outro.

Em paralelo com a teoria de que o direito subjetivo é um interesse juridicamente protegido, defende-se a doutrina de que a relação jurídica é uma relação de vida existente, independentemente da ordem jurídica, de natureza sexual, econômica ou política que é, por assim dizer, encontrada pela mesma ordem jurídica no material social e que através dela apenas recebe a sua determinação extrínseca. Porém, assim como o direito subjetivo não é o interesse protegido pelas normas jurídicas mas a proteção que consiste nestas mesmas normas, também a relação jurídica não é uma relação de vida que seja extrinsecamente regulada ou determinada pelas normas jurídicas como se fosse um conteúdo vestido pela forma jurídica, mas esta mesma forma, quer dizer, uma relação que somente é constituída, instituída ou criada pelas normas jurídicas. A relação jurídica matrimonial, por exemplo, não é um complexo de relações sexuais e econômicas entre dois indivíduos de sexo diferente que, através do Direito, apenas recebem uma forma específica. Sem uma ordem jurídica não existe algo como um casamento. O casamento como relação jurídica é um instituto jurídico, o que quer dizer: um complexo de deveres jurídicos e direitos subjetivos no sentido técnico específico, o que, por sua vez, significa: um complexo de normas jurídicas. As relações que aqui são tomadas em consideração são relações entre normas jurídicas ou relações entre fatos determinados pelas normas jurídicas. Para um conhecimento dirigido ao Direito como um sistema de normas não há quaisquer outras relações jurídicas. Mas também do ponto de vista de uma consideração apenas dirigida à realidade fática tem de conceder-se que, através do Direito — o que aqui significa: através da representação que os indivíduos se fazem de ordem jurídica pressuposta como válida — podem ser criadas entre os indivíduos relações de fato que, sem estas representações — como motivos da conduta — não teriam existido nem existiriam.

7. Sujeito jurídico — Pessoa

a) *Sujeito jurídico*

É sujeito jurídico, segundo a teoria tradicional, quem é sujeito de um dever jurídico ou de uma pretensão ou titularidade jurídica (*Berechtigung*). Se por titularidade jurídica (*Berechtigung*) se entende não o simples direito reflexo — co-implicado num dever jurídico —, mas o poder jurídico de fazer valer, através de uma ação, o não-cumprimento do dever jurídico, quer dizer, o poder de intervir na produção da decisão judicial, isto é, da norma individual através da qual é ordenada a execução da sanção como reação contra o não-cumprimento do dever, e se se tem em conta que os sujeitos de um poder jurídico, isto é, do poder (competência) de criar ou aplicar normas jurídicas, não são de modo algum designados sempre como sujeitos-de-direito (*Rechts-Subjekte*), torna-se aconselhável limitar o conceito de sujeito jurídico (*Rechtssubjekt*) ao de sujeito de um dever jurídico e distinguir o conceito de sujeito de um dever jurídico do de sujeito de um poder jurídico. Na medida em que, na linguagem jurídica tradicional, a função de criação ou aplicação das normas jurídicas é atribuída à comunidade jurídica, o conceito de sujeito do poder jurídico coincide com o de órgão jurídico[22]. Aqui deve ter-se em conta que a afirmação de que um indivíduo é sujeito de um dever jurídico, ou tem um dever jurídico, nada mais se significa senão que uma determinada conduta deste indivíduo é conteúdo de um dever pela ordem jurídica estatuído, quer dizer: que a conduta oposta é tornada pressuposto de uma sanção; e que, com a afirmação de que um indivíduo é sujeito de um poder jurídico, de uma faculdade (poder) ou competência, ou de que tem um poder jurídico, faculdade ou competência, nada mais signfica senão que, de acordo com a ordem jurídica, são produzidas ou aplicadas normas jurídicas através de determinados atos deste indivíduo ou que determinados atos deste indivíduo cooperam na criação ou aplicação de normas jurídicas. Num conhecimento dirigido às normas jurídicas não são tomados em consideração — nunca é demais acentuar isto — os indivíduos como tais, mas apenas as ações e omissões dos mesmos, pela ordem jurídica determinadas, que formam o conteúdo das normas jurídicas. Quando se diz: um indivíduo, como órgão jurídico, cria ou aplica o Direito, um indivíduo, como sujeito jurídico, observa ou viola o Direito, o que com isso se faz é, apenas, dar expressão, numa linguagem personalística, à distinção funcional que existe entre dois tipos diferentes de conduta humana determinados pela ordem jurídica. Os conceitos personalísticos "sujeito jurídico" e "órgão jurídico"[23] não são conceitos necessários para a descrição do Direito. São simplesmente conceitos auxiliares que, como o conceito de direito reflexo, facilitam a exposição. O seu uso somente é admissível quando se tenha consciência deste seu caráter. Revelá-lo é tarefa da Teoria Pura do Direito. Se também ela se serve destes conceitos, fá-lo no sentido aqui estabelecido.

Assim como a ciência jurídica tradicional, no conceito de direito em sentido subjetivo, antepõe a pretensão ou titularidade (*Berechtigung*) ao dever jurídico, assim também considera o sujeito jurídico em primeira linha como sujeito de pretensões jurídicas (*Berechtigungen*), e só em segunda linha como sujeito de deveres jurídicos. O conceito de sujeito jurídico na teoria tradicional está claramente na mais estreita conexão com o seu conceito do direito subjetivo como titularidade de um direito (*Berechtigung*). O conceito de um sujeito de Direito como o portador (suporte) do direito subjetivo (no sentido da titularidade jurídica — *Berechtigung*) é aqui, no fundo, apenas uma outra forma deste conceito de direito subjetivo que, no essencial, foi talhado pela noção de propriedade. Tal como neste conceito de direito subjetivo, também no de sujeito jurídico é decisiva a representação ou idéia de uma essência ou entidade jurídica independente da ordem jurídica, de uma subjetividade jurídica que, por assim dizer, preexiste ao Direito, quer no indivíduo, quer em algo coletivo, e que o mesmo Direito apenas tem de reconhecer e necessariamente deve reconhecer se não quer perder o seu caráter de "Direito". A contraposição entre Direito em sentido objetivo e Direito em sentido subjetivo, entre uma objetividade jurídica e uma subjetividade jurídica, é uma contradição lógica da teoria na medida em que afirma ambas como simultaneamente existentes. A contradição ganha a sua expressão mais aparente no fato de o sentido do Direito objetivo ser definido como uma norma heterônoma que é vinculação, coação mesmo, enquanto que se declara como essência da subjetividade jurídica precisamente a negação de todo vínculo, a saber, a liberdade no sentido de autodeterminação ou autonomia. Assim, escreve por exemplo Puchta: "O conceito fundamental do Direito é a liberdade... o conceito abstrato de liberdade é: possibilidade de alguém se determinar para algo... O homem é sujeito de Direito pelo fato de lhe competir aquela possibilidade de se determinar, pelo fato de ter uma vontade"[24], quer dizer: pelo fato de ser livre.

É patente o que de fictício há nesta determinação do conceito da subjetividade jurídica. Com efeito, na medida em que é lícito falar de autodeterminação dos indivíduos — como sujeitos jurídicos — no domínio do Direito, designadamente, no domínio do chamado Direito privado e com relação ao fato produtor de Direito que é o negócio jurídico contrato, a autonomia só existe num sentido muito limitado e impróprio. Na verdade, ninguém pode conceder-se direitos a si próprio, pois o direito de um apenas existe sob o pressuposto do dever de outro, e uma tal conexão jurídica, de acordo com a ordem jurídica objetiva, apenas pode constituir-se, no domínio do direito privado, em regra, através da manifestação concordante da vontade de dois indivíduos. E isto também somente na medida em que o contrato é assumido pelo Direito objetivo como fator criador de Direito, de tal forma que a regulamentação jurídica, em última análise, resulta precisamente deste Direito objetivo e não do sujeito jurídico que lhe está subordinado. Sendo assim, também no direito privado não existe qualquer autonomia plena.

A função ideológica desta conceituação do sujeito jurídico como portador (suporte) do direito subjetivo, completamente contraditória em si mesma, é fácil de penetrar: serve para manter a idéia de que a existência do sujeito jurídico como portador do direito subjetivo, quer dizer, da propriedade privada, é uma categoria transcendente em confronto do Direito objetivo positivo, de criação humana e mutável, é uma instituição na qual a elaboração de conteúdo da ordem jurídica encontra um limite insuperável. O conceito de um sujeito jurídico independente do Direito objetivo, como portador do Direito subjetivo, redobra de importância quando a ordem jurídica que garante a instituição da propriedade privada é reconhecida como uma ordem mutável e sempre em transformação, criada pelo arbítrio humano e não fundada sobre a vontade eterna de Deus, sobre a razão ou sobre a natureza, e, particularmente, quando a criação desta ordem é operada através de um processo democrático. A idéia de sujeito jurídico independente, na sua existência, de um Direito objetivo, como portador de um Direito subjetivo que não é menos "Direito", mas até mais, do que o Direito objetivo, tem por fim defender a instituição da propriedade privada da sua destruição pela ordem jurídica. Não é difícil compreender por que a ideologia da subjetividade jurídica se liga com o valor ético da liberdade individual, da personalidade autônoma, quando nesta liberdade está também incluída sempre a propriedade[25]. Um ordenamento que não reconheça o homem como personalidade livre neste sentido, ou seja, portanto, um ordenamento que não garanta o direito subjetivo da propriedade — um tal ordenamento nem tampouco deve ser considerado como ordem jurídica.

b) *Pessoa: pessoa física*

A teoria tradicional identifica o conceito de sujeito jurídico com o de pessoa. Eis a sua definição: pessoa é o homem enquanto sujeito de direitos e deveres. Dado que, porém, não só o homem mas também outras entidades, tais como certas comunidades como as associações, as sociedades por ações, os municípios, os Estados, são apresentados como pessoas, define-se o conceito de pessoa como "portador" de direitos e deveres jurídicos, podendo funcionar como portador de tais direitos e deveres não só o indivíduo mas também estas outras entidades. O conceito de um "portador" de direitos e deveres jurídicos desempenha na teoria tradicional da pessoa jurídica um papel decisivo. Se é o indivíduo o portador dos direitos e deveres jurídicos considerados, fala-se de uma pessoa física; se são estas outras entidades as portadoras dos direitos e deveres jurídicos em questão, fala-se de pessoas jurídicas. Ao mesmo tempo contrapõe-se a pessoa física, como pessoa "natural", à pessoa jurídica, como pessoa "artificial", quer dizer, como pessoa não "real" mas construída pela ciência jurídica. Na verdade, têm-se feito tentativas para demonstrar que também a pessoa jurídica é uma pessoa "real". Mas estas tentativas são tanto mais baldadas quanto é certo que uma análise mais profunda revela que também a chamada pessoa física é uma construção artificial da ciência jurídica, que também ela apenas é uma pessoa "jurídica".

Se, no caso da pessoa jurídica, os direitos e deveres jurídicos podem "ter por suporte" algo que não seja o indivíduo, também no caso da chamada pessoa física o que "serve de suporte" aos direitos e deveres jurídicos e que essa pessoa física tem de ter em comum com a pessoa jurídica, já que, na verdade, ambas são pessoas enquanto "portadoras" de direitos e deveres jurídicos, pode não ser o indivíduo, pode não ser este o portador em questão, mas algo que o indivíduo possua e que as comunidades a que nos referimos como pessoas jurídicas igualmente possuam. Também se diz que o homem tem personalidade, que a ordem jurídica empresta ao homem personalidade, e não necessariamente a todos os homens. Os escravos não são pessoas, não têm qualquer personalidade jurídica. A teoria tradicional não nega que pessoa e homem são dois conceitos distintos, se bem que pense também poder afirmar que, segundo o Direito moderno, diferentemente do que sucedia com o Direito antigo, todos os homens são pessoas ou têm personalidade jurídica.

Em que consiste então o fato de que a teoria tradicional caracteriza com a afirmação de que a ordem jurídica empresta ao indivíduo ou a certos indivíduos a personalidade jurídica, a qualidade de ser pessoa? Nada mais nada menos que na circunstância de a ordem jurídica impor deveres e conferir direitos aos indivíduos, quer dizer: no fato de fazer a conduta dos indivíduos conteúdo de deveres e direitos. "Ser pessoa" ou "ter personalidade jurídica" é o mesmo que ter deveres jurídicos e direitos subjetivos. A pessoa, como "suporte" de deveres jurídicos e direitos subjetivos, não é algo diferente dos deveres jurídicos e dos direitos subjetivos dos quais ela se apresenta como portadora — da mesma forma que uma árvore da qual dizemos, numa linguagem substantivista, expressão de um pensamento substancializador, que tem um tronco, braços, ramos, folhas e flores não é uma substância diferente deste tronco, destes braços, ramos, folhas e flores mas apenas o todo, a unidades destes elementos. A pessoa física ou jurídica que "tem" — como sua portadora — deveres jurídicos e direitos subjetivos *é* estes deveres e direitos subjetivos, é um complexo de deveres jurídicos e direitos subjetivos cuja unidade é figurativamente expressa no conceito de pessoa. A pessoa é tão-somente a personificação desta unidade.

Se se analisa especialmente a situação que na teoria tradicional é descrita como "direitos e deveres de uma pessoa jurídica", e se se entende por "direito" um direito subjetivo no sentido técnico específico da palavra e, portanto, um poder jurídico ou competência a exercer através da ação judicial, então conclui-se que estes direitos e deveres, precisamente como os de uma pessoa física, têm por conteúdo a conduta humana e, neste sentido, mas neste sentido apenas, são direitos e deveres de homens. Somente através da conduta humana pode um direito ser exercido e um dever ser cumprido ou violado. Por isso, não pode a referência ao homem (a conexão com o homem) ser o momento através do qual a pessoa física ou natural se distingue da pessoa jurídica ou artificial. Por isso, também não pode a chamada pessoa física ser definida — em contraposição à pessoa jurídica — como um indivíduo de certo modo qualificado — qualificado, a saber, através do fato de possuir direitos e deveres. Uma tal definição é tanto de rejeitar quanto a definição do direito subjetivo como interesse juridicamente protegido. Assim como o direito subjetivo não é um interesse — protegido pelo Direito —, mas a proteção jurídica de um interesse, assim também a pessoa física não é o indivíduo que tem direitos e deveres mas uma unidade de deveres e direitos que têm por conteúdo a conduta de um indivíduo. Esta unidade é também expressa no conceito de sujeito jurídico que a teoria tradicional identifica com o de pessoa jurídica (pessoa em sentido jurídico — *Rechtsperson*). Dizer que o homem é sujeito jurídico, isto é, sujeito de direitos e deveres, não significa — como foi expressamente acentuado acima — senão que a conduta humana é conteúdo de deveres jurídicos e direitos subjetivos, e, portanto, o mesmo que dizer que um homem é pessoa ou tem personalidade. O que em ambos os casos — tanto o da pessoa física como o da pessoa jurídica — realmente existe são deveres jurídicos e direitos subjetivos tendo por conteúdo a conduta humana e que formam uma unidade. Pessoa jurídica (pessoa em sentido jurídico) é a unidade de um complexo de deveres jurídicos e direitos subjetivos. Como estes deveres jurídicos e direitos subjetivos são estatuídos por normas jurídicas — melhor: são normas jurídicas —, o problema da pessoa é, em última análise, o problema da unidade de um complexo de normas. A questão é a de saber qual é, num caso e no outro, o fator que produz esta unidade.

A unidade de deveres e direitos subjetivos, quer dizer, a unidade das normas jurídicas em questão, que forma uma pessoa física resulta do fato de ser a conduta de um e o mesmo indivíduo que constitui o conteúdo desses deveres e direitos, do fato de ser a conduta de um e o mesmo indivíduo a que é determinada através destas normas jurídicas. A chamada pessoa física não é, portanto, um indivíduo, mas a unidade personificada das normas jurídicas que obrigam e conferem poderes a um e mesmo indivíduo. Não é uma realdidade natural, mas uma construção jurídica criada pela ciência do Direito, um conceito auxiliar na descrição de fatos juridicamente relevantes. Neste sentido, a chamada pessoa física é uma pessoa jurídica (*juristische Person*).

c) *Pessoa jurídica* (*corporação*)

A essência da pessoa jurídica, pela jurisprudência tradicional contraposta à chamada pessoa física, deixa-se melhor revelar através de uma análise do caso típico de uma tal pessoa jurídica: a corporação dotada de personalidade jurídica. Uma tal corporação é, em regra, definida como uma comunidade de indivíduos a que a ordem jurídica impõe deveres e confere direitos subjetivos que não podem ser vistos como deveres ou direitos dos indivíduos que formam esta corporação como seus membros, mas competem a esta mesma corporação. Precisamente porque estes deveres e direitos por qualquer forma afetam os interesses dos indivíduos que formam a corporação, sem que, no entanto, sejam direitos e deveres destes — como presume a teoria tradicional —, são considerados como deveres e direitos da corporação e, conseqüentemente, esta é concebida como pessoa.

As relações jurídicas de uma pessoa jurídica são descritas mais ou menos da forma seguinte: Diz-se, por exemplo, que uma corporação aluga uma casa ou compra um imóvel. O direito de utilizar a casa, quer dizer, de excluir todos os outros que não sejam membros da corporação do uso da casa, a propriedade do imóvel, quer dizer, o direito de dispor do imóvel e de excluir todos os que não sejam membros da corporação desse poder de disposição sobre o imóvel, é um direito da corporação, não um direito dos seus membros. Quando este direito é lesado, é a corporação, não um membro individual, que tem de instaurar a ação perante o tribunal competente; e a soma pecuniária obtida pela via da execução civil e destinada à reparação do prejuízo causado pela violação do direito entra no patrimônio da corporação, não no patrimônio de cada membro. O dever de pagar a renda ao senhorio do prédio, o preço da compra ao vendedor do imóvel ou a contribuição industrial ao fisco é dever da corporação e não dever dos seus membros; pois, no caso de este dever não ser cumprido, quer dizer, no caso de a corporação cometer um delito (ilícito), a ação do senhorio ou do vendedor e o processo penal da autoridade fiscal não se dirigem contra os membros mas contra a corporação como tal; e a execução forçada não incide sobre o patrimônio dos membros mas sobre o patrimônio da corporação. Há, na verdade, casos em que, quando o patrimônio da corporação não seja suficiente, a execução forçada pode também ser dirigida contra o patrimônio dos seus membros, quer dizer, casos nos quais a responsabilidade pelo delito (ilícito) não é limitada ao patrimônio da corporação, pois também os seus membros respondem pelo delito com os respectivos patrimônios. Mas o caso da responsabilidade limitada da corporação é precisamente aquele que mais particularmente parece implicar a idéia de uma personalidade jurídica da corporação.

Na descrição da relação jurídica de uma corporação como uma pessoa jurídica surgem dois diferentes tipos de afirmações: a afirmação de que a corporação, como pessoa agente, põe certos atos, especialmente atos jurídicos, de que realiza negócios jurídicos, conclui, por exemplo, um contrato, instaura uma ação, cumpre um dever jurídico ou, pela sua conduta, viola um dever jurídico, quer dizer, comete um delito (ilícito); e a afirmação de que ela é sujeito de deveres jurídicos e direitos subjetivos porque a ordem jurídica lhe impõe deveres ou confere direitos subjetivos. Com uma afirmação do primeiro tipo, que se refere à corporação como uma pessoa atuante, descreve-se sempre a conduta de um determinado indivíduo através do qual a pessoa jurídica atua. É sempre a ação ou omissão de um determinado indivíduo que é interpretada como ação ou omissão da corporação, que é referida à pessoa jurídica, que lhe é atribuída. O indivíduo através do qual a corporação, como pessoa jurídica, atua e cuja conduta é atribuída à corporação é designado como órgão da corporação. O problema da corporação como uma pessoa atuante é o problema — aqui já versado — do órgão da comunidade, isto é, o problema da atribuição à comunidade da função realizada por um determinado indivíduo. Ajustado à pessoa jurídica da corporação, tal problema é o de saber sob que condições pode a conduta de um indivíduo ser interpretada como sendo de uma corporação enquanto pessoa jurídica, pode ser referida ou atribuída[26] à pessoa jurídica, sob que pressupostos ou condições um indivíduo realiza ou omite uma determinada ação na sua qualidade de órgão de uma corporação. Muito estreitamente ligado com este problema está o problema da corporação como sujeito de deveres e direitos subjetivos. Como os deveres e os direitos subjetivos apenas podem ter por conteúdo a conduta humana, a ordem jurídica pode impor deveres ou conferir direitos somente a indivíduos. Com a afirmação de que uma corporação como pessoa jurídica é sujeito de deveres e direitos de determinados indivíduos humanos na medida precisamente em que a conduta destes indivíduos forma o conteúdo desses mesmos deveres ou direitos que, não obstante, são interpretados como deveres ou direitos da pessoa jurídica, a ela são referidos e atribuídos. Por isso, parece já de antemão decidido — o que a teoria tradicional da corporação como pessoa jurídica seguramente admite — que os deveres e direitos da pessoa jurídica não são — ou não são ao mesmo tempo — deveres e direitos de indivíduos, quer dizer — no sentido da teoria tradicional — não são deveres e direitos de pessoas físicas.

d) *A pessoa jurídica como sujeito agente*

Quando dois ou mais indivíduos querem perseguir em comum, por qualquer motivo, certos fins econômicos, políticos, religiosos, humanitários ou outros, dentro do domínio de validade de uma ordem jurídica estadual, formam uma comunidade na medida em que subordinam a sua conduta cooperante endereçada à realização destes fins, em conformidade com a ordem estadual, a uma ordem normativa particular que regula esta conduta, e, assim, constitui a comunidade. A corporação dos indivíduos que formam a comunidade dirigida à realização do fim comunitário pode exprimir-se numa organização funcionando segundo o princípio da divisão do trabalho. Então a comunidade representa uma corporação. Com efeito, designa-se por corporação uma comunidade organizada, quer dizer, uma comunidade que é constituída através de uma ordem normativa que estabelece que certas funções devem ser desempenhadas por indivíduos que forem chamados a essas funções por uma forma indicada no estatuto, quer dizer, é constituída por uma norma normativa que institui órgãos desta espécie funcionando segundo o princípio da divisão do trabalho[27]. A ordem normativa constituinte da corporação é o seu estatuto, o qual é posto em vigor através de um ato jurídico-negocial regulado na ordem jurídica estadual. Se apenas se toma em conta o Direito estadual, e não Direito internacional, o estatuto de uma corporação representa uma ordem jurídica parcial em confronto com a ordem jurídica estadual como ordem jurídica global.

O estatuto regula a conduta de uma pluralidade de indivíduos que, na medida em que essa conduta é regulada através do estatuto, são os membros da corporação, pertencem à corporação, formam a corporação. Todas estas expressões são expressões figurativas que nada mais dizem senão que uma certa conduta destes indivíduos é regulada por uma ordem jurídica parcial. Como já se acentuou acima, estes indivíduos não pertencem como tais, mas apenas com as suas ações e omissões reguladas pelo estatuto, à comunidade constituída pelo estatuto e designada como corporação. Somente uma ação ou omissão regulada no estatuto pode ser atribuída à corporação. Com efeito, na atribuição de um ato de conduta humana à corporação nada mais se exprime senão a referência deste ato à ordem normativa que o determina e constitui a comunidade que, através desta atribuição, é personificada. Por isso, toda conduta determinada através de uma ordem normativa pode ser atribuída à comunidade constituída por essa ordem, toda ordem normativa reguladora da conduta de uma pluralidade de indivíduos — mesmo aquela ordem que não institui órgãos funcionando segundo o princípio da divisão do trabalho — pode ser personificada, representada como pessoa atuante, e, portanto, todo "membro" de uma comunidade constituída por uma ordem normativa pode ser considerado como seu "órgão". Porém, como no uso corrente da linguagem apenas são atribuídas à comunidade as funções desempenhadas segundo o princípio da divisão do trabalho, ou seja, desempenhadas pelos indivíduos a tal chamados, e, por essa razão, só são designados como "órgãos" os indivíduos determinados pelo estatuto a realizarem estas funções, pode distinguir-se entre "órgãos" e "membros" de uma corporação. Aqui importa notar que os órgãos da corporação podem, segundo o estatuto, não só realizar funções jurídicas — como sejam a modificação dos estatutos, a propositura de ações, a interposição de reclamações, a celebração de negócios jurídicos — mas também outras funções — correspondentes ao eventual fim da corporação. Se se atribuem estas funções à corporação, se se representa esta como pessoa atuante, se se diz que a corporação atua, muito embora apenas um indivíduo designado pelo estatuto realize, como órgão, um ato pelo mesmo estatuto determinado, é porque nos servimos — como já foi explicado ao versar o problema geral da organicidade —, nesta metáfora antropomórfica, de uma ficção da mesma espécie da que usamos na atribuição dos atos jurídicos de um representante legal ao indivíduo incapaz por aquele representado. A errônea interpretação da metáfora antropomórfica como entidade real, como uma espécie de super-indivíduo ou organismo, é a inadmissível hipostasiação de um meio auxiliar do pensamento ou conceito de recurso que é construído pela ciência jurídica para simplificar e tornar intuível a descrição de uma situação jurídica complexa. Tal hipostasiação não só tem por conseqüência um obscurecimento da situação a descrever como também conduz a falsos problemas por cuja solução a ciência em vão se esforça. Tais falsos problemas desempenham um papel particularmente nefasto quando a pessoa jurídica do Estado é hipostasiada, e aparece então a questão de saber qual a relação em que esta realidade está com o Direito, com o "seu" Direito. Disto se falará mais adiante[28].

e) *A pessoa jurídica como sujeito de deveres e direitos*

Não nos servimos, porém, desta metáfora somente quando figuramos a corporação como pessoa atuante (agente), mas também quando a representamos como sujeito de deveres e direitos, entendendo por "direito", na esteira do uso tradicional da linguagem, não apenas um direito subjetivo no sentido técnico da palavra, no sentido de poder jurídico, portanto, mas também uma permissão positiva. Estes deveres e direitos da corporação são, em parte, aqueles que são estatuídos pela ordem jurídica estadual e, em parte, aqueles que são estatuídos pelo estatuto da corporação com base numa autorização ou competência (*Ermächtigung*) conferida pela ordem jurídica estadual. Os primeiros são deveres e direitos externos, os segundos, direitos e deveres internos da corporação. Pelo estatuto, porém, podem também ser normados deveres e direitos dos membros que não sejam considerados como deveres e direitos da corporação, que lhe não sejam atribuídos. Externo é, v. g., o dever de uma corporação de pagar um determinado imposto, ou o direito de uma corporação de realizar negócios jurídicos, ou o direito de fazer valer, através de uma ação, o não-cumprimento de deveres que existam em face dela, ou o direito de uma corporação de participar numa eleição política, ou o direito de uma corporação de exercer um determinado ramo de atividade. Interno é, v. g., o dever da corporação de repartir o lucro entre os seus membros, o direito da corporação de receber dos seus membros uma determinada comparticipação ou entrada. No entanto, o co-respectivo direito de receber uma parte dos lucros e o dever correspondente de realizar a respectiva comparticipação de sócio são descritos, respectivamente, como direito e dever dos membros, não como direito e dever da corporação. Para a questão da natureza da corporação como pessoa jurídica apenas interessam os deveres e direitos da corporação.

Os deveres e os direitos têm sempre — como já acentuamos — a conduta de determinados indivíduos como conteúdo. Quando a ordem jurídica estadual impõe deveres ou estabelece direitos que são considerados como deveres e direitos de uma corporação, quando se fala de deveres e direitos de uma corporação, apenas se pode tratar de deveres cujo cumprimento ou violação é operada através da conduta de indivíduos, e de direitos cujo exercício se processa igualmente por meio da conduta de indivíduos — indivíduos esses que pertencem à corporação. E, quando estes deveres e direitos são atribuídos à corporação, têm esses indivíduos de cumprir ou violar os deveres ou exercer os direitos em questão na sua qualidade de órgãos da corporação. Por isso, a ordem jurídica, quando — como se diz — impõe deveres ou confere direitos a uma corporação, determina apenas o elemento material da conduta que forma o conteúdo do dever ou do direito e deixa ao estatuto a determinação do elemento pessoal, quer dizer, a determinação do indivíduo que tem de cumprir o dever ou exercer o direito, de forma que a relação entre a ordem jurídica estadual e a pessoa jurídica a que ela impõe deveres ou confere direitos é a relação entre duas ordens jurídicas: uma ordem jurídica total e uma ordem jurídica parcial. Por aí se distingue a maneira como a ordem jurídica estadual — usando a terminologia tradicional — impõe deveres ou confere direitos a uma corporação, como pessoa jurídica, do modo como a ordem jurídica estadual impõe deveres e confere direitos a um indivíduo, como pessoa física. No último caso, a ordem jurídica estadual determina imediatamente não só o elemento material como também o elemento pessoal da conduta que forma o conteúdo do dever ou do direito.

No caso dos deveres e direitos internos da corporação, o estatuto determina tanto o elemento material como o elemento pessoal da conduta que forma o conteúdo do dever ou do direito. Os deveres internos podem ser estatuídos por forma a que o estatuto determine uma conduta a cuja conduta oposta a ordem jurídica estadual liga uma sanção. Os direitos internos da corporação podem ser estatuídos de forma tal que o estatuto norme deveres dos membros cujo não-cumprimento, de conformidade com a ordem jurídica estadual, pode ser feito valer através de uma ação que um indivíduo determinado pelo mesmo estatuto tem de propor na sua qualidade de órgão da corporação.

α) Deveres da pessoa jurídica

No acima exposto pressupôs-se que a ordem jurídica estabelece o dever de uma determinada conduta, prescreve uma determinada conduta, sempre que considera o oposto desta conduta, que é conduta de um indivíduo humano, pressuposto de uma sanção; que um indivíduo é juridicamente obrigado a uma determinada conduta, que ele é sujeito deste dever, sempre que a conduta contrária desse indivíduo é pressuposto de uma sanção que deve ser dirigida contra ele ou contra outro indivíduo, como conseqüência de tal conduta. A conduta proibida, que forma o pressuposto da sanção, é o ilícito (delito); a sanção, a conseqüência do ilícito. O sujeito do dever jurídico é, assim, o indivíduo que, através da sua conduta, pode provocar ou evitar a sanção, quer dizer: o indivíduo que pode cometer ou deixar de cometer o delito, o delinqüente potencial. Se se aceita este conceito de dever jurídico, um indivíduo apenas pode ser considerado como capaz de deveres quando tenha capacidade delitual[29].

A situação que se apresenta quando uma ordem jurídica estatui um dever que é considerado como dever de uma corporação enquanto pessoa jurídica consiste no fato de essa ordem jurídica determinar uma conduta que é oposta daquela a que liga uma sanção — deixando, porém, ao estatuto da corporação a determinação do indivíduo que, através desta sua conduta, pode provocar ou impedir a sanção —, e determinar a sanção por forma a que esta possa ser vista, não como dirigida contra este indivíduo, mas contra a corporação, quer dizer: em determiná-la de forma a que a responsabilidade pelo não-cumprimento do dever, o suportar o mal que a sanção representa, possa ser atribuído à corporação. O fundamento desta atribuição será mais tarde indagado. Aqui apenas se pretende por ora verificar que o dever, sem o recurso à ficção de uma atribuição, é dever do indivíduo que, através da sua conduta, o pode cumprir ou violar, mas que pelo cumprimento deste dever respondem, não este indivíduo, mas um outro ou outros indivíduos, com a sua pessoa ou com o seu patrimônio. Enquanto o estatuto determina o indivíduo que através da sua conduta pode cumprir ou violar o dever, enquanto confere capacidade — o que, no sentido amplo da palavra, significa conferir autorização ou competência — para esta conduta a este indivíduo e apenas a ele, determina também — indiretamente — esta conduta. Por isso, esta conduta do indivíduo assim determinado que cumpre o dever ou o viola e, bem assim, o dever por tal conduta cumprido ou violado, podem ser referidos ao estatuto, quer dizer, à ordem normativa parcial constitutiva da corporação. É esta a situação que se apresenta quando o dever é atribuído à corporação enquanto pessoa jurídica; a corporação é considerada como sujeito do dever e o indivíduo que efetivamente cumpre ou viola o dever é considerado como órgão da corporação. Com esta atribuição fictícia a pessoa jurídica é figurada como tendo capacidade obrigacional e capacidade delitual.

O problema da capacidade obrigacional assim como o problema (já muitas vezes referido e com este intimamente ligado) da capacidade delitual da corporação como pessoa jurídica são — isso deve ser acentuado o mais expressamente possível — problemas de atribuição, e a atribuição é — como já pusemos em destaque — uma operação mental que pode ser realizada, mas de forma alguma tem necessariamente de o ser, pois as situações em questão também podem ser descritas sem o recurso a esta operação mental que, em todos os casos, e especialmente no caso da atribuição de um delito a uma corporação, envolve uma ficção. Com efeito, o delito é um ato de conduta humana e, por isso, é sempre cometido por um determinado indivíduo. Efetivamente, a operação da atribuição de uma conduta humana determinada por uma ordem normativa à comunidade constituída por esta mesma ordem não é realizada, como o mostra o uso lingüístico, por forma muito conseqüente, pois não segue sempre os mesmos critérios. Visto que — como já foi realçado — nela apenas se exprime que uma conduta humana é determinada como pressuposto ou conseqüência pela ordem normativa que constitui a corporação, com essa atribuição de uma conduta determinada por esta ordem normativa à comunidade pela mesma constituída pode ir-se mais ou menos longe. Se se considera como "órgão" da comunidade apenas um indivíduo que funciona de forma específica segundo o princípio da divisão do trabalho, na medida em que a esse indivíduo é, no sentido estrito da palavra, conferida autorização ou competência[30] para uma determinada conduta pela ordem normativa que constitui a comunidade, se se pressupõe que este indivíduo não age como órgão da comunidade — que a sua conduta não é atribuível à comunidade — quando para essa sua conduta não lhe é conferida uma autorização ou competência neste sentido estrito, e se se admite que o estatuto de uma corporação apenas confere aos órgãos desta competência para o cumprimento e não para a violação dos deveres estatuídos pela ordem jurídica estadual, e que tal estatuto, com base na ordem jurídica estadual, apenas pode conferir competência para o cumprimento e não para a violação desses deveres, então a corporação não tem capacidade delitual. Como, porém, nada impede que atribuamos à corporação o cumprimento do dever para o qual o órgão recebe competência do estatuto, pode aquela ser considerada como sujeito de um dever que ela pode cumprir, mas não violar, pode, neste sentido limitado, ser designada como capaz de obrigações sem que seja considerada como tendo capacidade delitual. A objeção de que isto é inconciliável com o conceito aqui explicitado de dever jurídico e, de acordo com o qual, só tem capacidade obrigacional quem tem capacidade delitual, fica sem objeto, pois, de conformidade com a situação real descrita sem o auxílio da fictícia operação de atribuição, não é a corporação mas apenas o indivíduo quem é juridicamente obrigado e é capaz de obrigações, que pode cumprir e violar o dever através da sua conduta. Do fato de o considerarmos, no primeiro caso, como órgão da corporação, quer dizer, de atribuirmos, nesse caso, a sua conduta à corporação, não se segue necessariamente que o tenhamos de considerar também como tal no segundo caso, que tenhamos, também no segundo caso, de atribuir a sua conduta à corporação. Esta atribuição é sempre apenas possível, não necessária. A corporação, porém, é efetivamente considerada como tendo capacidade delitual, quer dizer: de fato é-lhe atribuído, no uso corrente da linguagem, o não-cumprimento de certos deveres pela ordem jurídica estadual estatuídos. Diz-se que a corporação, como pessoa jurídica, omitiu o pagamento de um imposto por que foi coletada e, assim, cometeu um delito punível; diz-se que a corporação, como pessoa jurídica, omitiu o pagamento da renda de uma casa por ela arrendada ou do preço de venda de uma coisa por ela comprada e, assim, cometeu um delito civil. Quer dizer: atribuem-se à corporação os correspondentes delitos, considera-se a corporação como delinqüente e pode-se, por isso, considerá-la também como sujeito dos deveres através destes delitos violados — ou dos deveres cumpridos; ou seja, podem também ser-lhe atribuídos estes deveres. Se, porém, se atribui à corporação não só o cumprimento mas também a violação do dever, é-se obrigado a aceitar como órgão da corporação o indivíduo a quem o estatuto confere autorização ou competência para o cumprimento destes deveres, mesmo quando ele atua para além dessa autorização ou competência no sentido estrito, quando ele não cumpra o dever imposto à corporação mas o viole com a sua conduta. Isto é perfeitamente possível se se reconhece que na atribuição de uma conduta humana à corporação apenas se exprime que esta conduta está por uma forma qualquer determinada no estatuto constitutivo da comunidade, que na atribuição à corporação apenas se expressa a relação com o estatuto. E a conduta violadora do dever, a quem a ordem jurídica estadual liga uma sanção é, como já acima se mostrou, determinada no estatuto pelo fato de este determinar o indivíduo que, através da sua conduta, pode cumprir ou violar o dever. Quando, v. g., o estatuto estabelece que os impostos exigidos da corporação pela ordem jurídica estadual devem ser pagos por um determinado órgão da corporação à custa do patrimônio desta, apenas este órgão pode violar o dever da corporação de pagar os impostos; e, deste modo, esta conduta violadora do dever da corporação, diretamente determinada pela ordem jurídica estadual, é também — indiretamente — co-determinada pelo estatuto.

Se uma conduta proibida fixada pela ordem jurídica estadual, um delito, não é atribuído a uma corporação, isso acontece porque um estatuto que, no sentido estrito da palavra, confere autorização ou competência para uma tal conduta, é, em regra, tal como um contrato que obriga uma das partes a uma conduta juridicamente proibida, nulo ou anulável por força da ordem jurídica estadual. Não é, porém, necessariamente assim. Não é possível que sob uma ordem jurídica estadual seja válido um estatuto que confira autorização ou competência para uma conduta por essa ordem jurídica proibida. Se é ao órgão da corporação que pelo estatuto é conferida a competência ou até imposto o dever da conduta pela ordem jurídica estadual proibida, isso significa, no segundo caso, que o estatuto liga à conduta oposta um dever de reparação dos prejuízos por essa conduta causados, dever esse sancionado pela ordem jurídica estadual. Nesse caso, surge a situação já referida[31], na qual uma determinada conduta e também a sua contrária são tornadas pressuposto de uma sanção, a saber: a primeira conduta é pressuposto da sanção dirigida contra o órgão e a segunda é pressuposto da sanção dirigida contra a corporação[32]. A situação pode ser descrita em duas proposições jurídicas que se não contradizem logicamente. Porém, uma situação desta espécie é, do ponto de vista da política legislativa, altamente indesejável. Para a evitar, pode a ordem jurídica estadual estabelecer que a autorização ou atribuição de competência (no sentido estrito) estatutária e, particularmente, a obrigação estatutária de uma conduta proibida pela ordem jurídica estadual sejam consideradas como inválidas, quer dizer: sejam nulas ou anuláveis. Se o não faz, então o delito cometido pelo órgão da corporação em conformidade com o estatuto pode ser atribuído à própria corporação pelo estatuto constituída, desde que a atribuição seja limitada a uma conduta para que o estatuto, no sentido estrito, confira autorização ou competência. Efetivamente, as normas do estatuto de uma corporação não são sempre de considerar nulas ou anuláveis quando confiram competência para uma conduta contrária ao Direito. A assembléia geral de uma sociedade por ações pode, com base num parecer do seu consultor jurídico, decidir não pagar um determinado imposto e comunicar ao órgão competente da corporação a respectiva ordem. Se, de acordo com tal decisão, o imposto não é pago e a autoridade fiscal decide, num processo fiscal dirigido contra a sociedade por ações, que o não-pagamento do imposto é um delito, e se aquela sociedade é por isso condenada ao pagamento do imposto e a uma pena pecuniária e, na falta de pagamento por parte da sociedade, é feita uma execução forçada no seu património, a conduta contrária ao Direito do competente órgão corporativo, para a qual o estatuto ou uma norma estabelecida com base no estatuto confere autorização ou competência, é atribuída à corporação, sem que se pressuponha que a conduta contrária ao Direito se operou fora da competência conferida pelo estatuto, que os indivíduos que realizaram essa conduta não se comportaram como órgãos da corporação — isto é, por uma forma atribuível à corporação —, que o estatuto que para essa conduta confere competência, especialmente a norma individual que autoriza um órgão a não pagar o imposto ou lhe impõe o dever de o não pagar, sejam nulos.

Se a atribuição à comunidade de um delito cometido pelo órgão ou membro dessa comunidade é tornada dependente do fato de o ordenamento que constitui a comunidade conferir autorização ou competência para o delito, importa ter em conta que a resposta à questão de saber se é possível essa atribuição à comunidade depende da interpretação deste ordenamento. A questão pode ter importância atual na apreciação de crimes políticos que sejam cometidos pelos membros ou órgãos de uma organização política. Mesmo que o estatuto desta organização não contenha qualquer determinação expressa que confira autorização ou competência para o delito em apreço, pode no entanto admitir-se que o crime foi cometido em conformidade com o estatuto quando o órgão ou membro da organização, ao cometer o crime, agiu no sentido dos propósitos da organização, não expressamente normados mas implicitamente entendidos como tais.

De resto, a atribuição à corporação de uma conduta contrária ao Direito para a qual o estatuto confere competência também pode operar-se com base num estatuto inválido. Como esta operação mental, perfeitamente descricionária, não tem qualquer caráter juridicamente relevante, também um estatuto que, do ponto de vista da ordem jurídica, é inválido, pode servir como esquema interpretativo. Tal é o caso quando se atribuem crimes a organizações políticas que, embora juridicamente proibidas, se encontram em atividade com base em estatutos mantidos secretos que conferem aos seus órgãos ou membros competência para crimes políticos, ao declará-las organizações subversivas criminosas[33].

Se a questão do "sujeito" de um dever que é designado como dever da corporação é respondida sem o recurso a esta atribuição, surge como sujeito do dever — como já verificamos — apenas o indivíduo que, através da sua conduta, o pode cumprir ou violar, quer dizer, o competente órgão da corporação. Se se tem em conta que os deveres jurídico-patrimoniais (que são os que aqui principalmente consideramos) não são cumpridos à custa do patrimônio próprio do órgão mas à custa de um patrimônio que é interpretado como patrimônio da corporação e que, sem o recurso a esta atribuição, pode ser considerado — como veremos — patrimônio comum (coletivo) dos membros, o dever da corporação pode ser olhado como dever comum (coletivo) dos seus membros. Quer dizer que o dever em questão, assim como pode ser atribuído à pessoa jurídica da corporação, também pode ser atribuído aos membros da corporação. No entanto, deve notar-se que, para a descrição da presente situação, não se torna necessária nem uma atribuição nem outra.

Assim como o dever atribuído à corporação não tem de ser cumprido à custa do patrimônio próprio do órgão da corporação mas à custa de um patrimônio que é interpretado como patrimônio da corporação, assim também, no caso de não-cumprimento deste dever, a sanção estatuída pela ordem jurídica estadual, a execução forçada, não se opera no patrimônio do órgão mas no patrimônio que é atribuído à corporação. Com fundamento nesta atribuição pode falar-se de uma sanção dirigida contra a corporação e, portanto, de uma responsabilidade da corporação pelo não-cumprimento do dever que um indivíduo pelo estatuto determinado tem de cumprir na sua qualidade de órgão da corporação.

β) Responsabilidade da pessoa jurídica

Mesmo que se exclua a capacidade delitual da corporação, nem por isso fica de forma alguma excluída a responsabilidade da mesma. Apenas sucede então que não é uma responsabilidade da corporação por um delito próprio, quer dizer, por um delito atribuível à corporação, mas uma responsabilidade por um delito alheio, ou seja: responsabilidade pelo delito que o indivíduo designado pelo estatuto para cumprir o dever cometeu. Responsável por um delito é o indivíduo contra o qual é dirigido o ato coercitivo, funcionando como sanção, de que o delito é o pressuposto. No caso de a sanção consistir na privação compulsória de valores patrimoniais, respondem, o indivíduo que tem o poder de disposição sobre o patrimônio e contra o qual o ato coercitivo se dirige, com a sua pessoa, e o indivíduo que é sujeito dos direitos que formam o patrimônio, com o seu patrimônio, no qual se há de operar a execução forçada. Na hipótese de uma corporação, o poder de disposição sobre o patrimônio considerado pertence a um órgão da mesma corporação. Se tem lugar uma execução forçada deste patrimônio como reação contra o não-cumprimento de um dever imposto à corporação pela ordem jurídica estadual, o ato coercitivo dirige-se contra o órgão que, assim, apenas responde com a sua pessoa pelo não-cumprimento do dever; enquanto que, quando se considera a corporação como sujeito deste patrimônio, se pode dizer que a corporação responde com o seu patrimônio. Efetivamente, a corporação é considerada como sujeito deste patrimônio, quer dizer: são-lhe atribuídos, na linguagem corrente, os direitos que formam este patrimônio. Como veremos, porém, estes direitos podem também ser considerados como direitos comuns ou coletivos dos membros da corporação, quer dizer: podem ser atribuídos, como direitos coletivos, aos membros da corporação. Esta é, em todo o caso, uma interpretação mais realista do que aquela que constrói como suporte dos direitos uma pessoa fictícia. Então poderá dizer-se que os membros da corporação respondem com o seu patrimônio coletivo pelo não-cumprimento, por parte de um órgão da mesma corporação, de um dever imposto a esta pela ordem jurídica estadual. Se se fala de responsabilidade da corporação pelo não-cumprimento dos seus deveres constituídos através da execução civil, significa-se uma situação que consiste em que o órgão, a quem compete o poder de disposição sobre o patrimônio no qual se há de operar a execução forçada, responder com a sua pessoa, e a corporação ou os membros da corporação responderem com aquele patrimônio, que pode ser havido como patrimônio da corporação ou patrimônio coletivo dos membros da corporação. Se se fala de responsabilidade da corporação, atribui-se à corporação o padecimento do mal que consiste na subtração compulsória de valores a um patrimônio que é havido como patrimônio da corporação ou patrimônio coletivo dos seus membros. Se o cumprimento do dever estatuído pela ordem jurídica estadual é tornado, pelo estatuto, conteúdo de um dever do órgão competente na medida em que aquele liga ao não-cumprimento deste dever orgânico uma pena a aplicar ao mesmo órgão, esta responsabilidade penal individual do órgão acresce à responsabilidade da corporação (no sentido que acaba de ser caracterizado).

Se se considera a corporação como sujeito de direitos patrimoniais, a configuração de uma responsabilidade da corporação por delitos que são pressuposto da execução forçada do patrimônio não oferece qualquer dificuldade. Tal dificuldade já surge quando se põe a questão de saber se uma corporação pode ser responsabilizada por delitos que constituem pressuposto de outras sanções, designadamente de penas de prisão ou da pena de morte, e foram cometidos por indivíduos que para tal recebem autorização ou competência (no sentido estrito da palavra) do estatuto — válido ou inválido, mas de fato eficaz —, quer ele seja público ou secreto. Parece de fato uma idéia absurda a de que uma pena de prisão ou de morte possa ser executada sobre uma corporação. Somente aos indivíduos podem a liberdade ou a vida ser compulsoriamente retiradas a título de pena. Parece ser impossível atribuir o padecimento deste mal a uma comunidade. Se, porém, se considera que não surge de forma alguma como absurdo o dizer-se que uma pena pecuniária é aplicada a uma corporação, e que com isso nada mais se exprime senão que a execução forçada se opera sobre o patrimônio da corporação que, realisticamente considerado, é o patrimônio coletivo dos seus membros; se se admite, portanto, que a expressão "a corporação é punida por um delito" apenas significa que os seus membros respondem coletivamente por um delito, então a idéia de uma pena de prisão ou de morte a aplicar a uma sociedade perde o seu caráter paradoxal. Uma ordem jurídica estadual pode, afastando-se do princípio da responsabilidade individual em regra observado no domínio do Direito penal, determinar que, no caso de um indivíduo cometer um crime na sua qualidade de membro ou órgão de uma organização — proibida ou não, secreta ou não —, devem por esse crime ser punidos com a pena de prisão ou com a morte não apenas este indivíduo, mas todos os membros ou certos órgãos especialmente proeminentes dessa organização. Quer dizer: a ordem jurídica pode estatuir uma responsabilidade coletiva que seja efetivada através das penas de prisão ou de morte. Neste caso, não é mais absurdo considerar esta responsabilidade coletiva dos membros de uma organização como pena exeqüível sobre a organização — quer dizer: atribuir à comunidade o padecimento do mal da pena — do que interpretar a execução forçada dirigida contra o patrimônio de uma corporação, através da qual também se efetiva tão-somente uma responsabilidade coletiva dos membros, como dirigida contra a corporação, e dizer, na hipótese de uma pena pecuniária, que a pessoa jurídica é punida. Mas é provável que, se uma lei penal estatuísse a responsabilidade coletiva aqui caracterizada, o padecimento da pena de prisão ou de morte pelos indivíduos por ela atingidos não fosse atribuído à organização, que a linguagem se recusasse, neste caso, a dar expressão à operação mental da atribuição[34].

γ) Direitos da pessoa jurídica

Quando se atribui a uma corporação um direito subjetivo em sentido técnico, quer dizer, o poder jurídico de fazer valer, através de uma ação, o não-cumprimento de um dever, ou, o que é o mesmo, a ofensa de um direito reflexo, o poder jurídico há de ser exercido por um órgão determinado através do estatuto. Sujeito deste direito é o órgão. Através do fato de o direito ser atribuído à corporação exprime-se que o exercício do poder jurídico é determinado pelo estatuto. Se é um dever de prestação cujo não-cumprimento deve feito valer através deste poder jurídico, a prestação tem de ser feita àquele órgão da corporação que, segundo o estatuto, deve receber a prestação. Se é um dever de tolerância, especialmente, no caso da propriedade, o dever de suportar o poder de disposição de uma determinada coisa, é perante o órgão da corporação a quem compita, de acordo com o estatuto, esse poder de disposição que o dever de tolerância existe. O estatuto pode, porém, determinar que o uso da coisa pertença aos membros; mas, então, tem de regular este uso da coisa pelos seus membros e, nesta hipótese, essa regulamentação deve ser tolerada como exercício do poder de disposição sobre a coisa. Se se fala de um dever em face da corporação ou de um direito reflexo da corporação, nesta atribuição exprime-se que o estatuto determina os indivíduos em face dos quais existe o dever de prestar ou o dever de tolerância. É, como na hipótese de atribuição do poder jurídico à corporação enquanto pessoa jurídica, referência à ordem jurídica parcial constitutiva da corporação, ordem essa que, assim, é personificada.

Tendo em atenção o fato de que o poder jurídico em questão deve ser exercido no interesse dos membros da corporação e o cumprimento dos deveres jurídicos constitutivos dos direitos reflexos deve, em última análise, resultar em proveito dos membros da corporação, pode também fazer-se a atribuição a estes membros e falar-se em direitos coletivos dos mesmos. E, então, poderá considerar-se o patrimônio constituído por estes direitos, tanto patrimônio da corporação enquanto pessoa jurídica, como patrimônio coletivo dos membros da corporação; e uma execução forçada neste patrimônio, tida como responsabilidade da corporação, poderá ser considerada como responsabilidade coletiva dos membros da corporação.

Os direitos e deveres pela jurisprudência tradicional atribuídos à corporação como pessoa jurídica são, portanto, como aliás todos os deveres e direitos, deveres e direitos de indivíduos, no sentido de que têm por conteúdo a conduta de determinados indivíduos. Eles não têm de ser necessariamente atribuídos à pessoa jurídica da corporação como seu suporte e, especialmente, não têm de ser atribuídos à corporação por não pderem ser olhados como deveres e direitos de indivíduos, isto é, como dirietos e deveres dos membros da corporação, pois podem, como vimos, ser atribuídos a esses membros como deveres e direitos coletivos. Subsiste, no entanto, uma diferença entre estes deveres e direitos e aqueles que, segundo a teoria tradicional, não são atribuídos à corporação como pessoa jurídica. Estes últimos não são, como aqueles, deveres e direitos coletivos dos membros, mas são — por contraposição aos deveres e direitos coletivos — deveres e direitos individuais; e a responsabilidade pelo não-cumprimento dos deveres que pela teoria tradicional são atribuídos à corporação é responsabilidade coletiva dos seus membros. Estes respondem com o seu patrimônio coletivo. Se bem que se não tenha necessariamente de assim proceder, pode sem dúvida estatuir-se uma tal responsabilidade coletiva dos membros apenas pelo não-cumprimento dos deveres atribuídos à comunidade. A esta responsabilidade coletiva pode acrescer — como já notamos — a responsabilidade do órgão da corporação ao qual o estatuto constitui na obrigação de cumprir o dever imposto à mesma pela ordem jurídica estadual. E a responsabilidade da corporação não tem de ser necessariamente limitada ao patrimônio coletivo dos membros. Pode antes estatuir-se, para a hipótese em que o patrimônio da corporação ou patrimônio coletivo dos membros não seja suficiente para cobrir os prejuízos causados pelo não-cumprimento do dever atribuído à corporação, a responsabilidade individual dos membros, quer dizer, a responsabilidade dos membros com o seu patrimônio individual. Nisto reside a diferença entre corporações de responsabilidade limitada e corporações de responsabilidade ilimitada.

A atribuição à corporação de deveres que hão de ser cumpridos por um órgão da corporação e de direitos que hão de ser feitos valer através da ação judicial instaurada por um órgão da corporação é uma atribuição da mesma espécie que a atribuição de deveres, que hão de ser cumpridos pelo representante legal, e de direitos, que hão de ser feitos valer através de uma ação proposta pelo representante legal, ao incapaz representado. Apenas existe diferença na medida em que, no caso da organicidade, a atribuição se faz à corporação pensada como pessoa jurídica, e não a indivíduos humanos. O órgão da corporação "substitui" (ou representa) a pessoa jurídica da corporação. Se se reconhece que os deveres e direitos em questão, como deveres e direitos coletivos, podem ser atribuídos aos membros da corporação, então o órgão da corporação pode ser considerado como o representante dos membros da corporação designado pelo estatuto. O estabelecimento do estatuto é o negócio jurídico através do qual é criada esta relação entre órgão da corporação e membros da corporação. A questão muitas vezes posta da distinção entre organicidade e representação é uma questão de atribuição. A representação é, tal como a organicidade, atribuição; um indivíduo é representante na medida em que os seus atos e os deveres cumpridos ou direitos exercidos através desses atos são atribuídos a outro indivíduo, e é um órgão na medida em que os seus atos e os deveres cumpridos e direitos exercidos através desses atos são atribuídos a uma corporação como pessoa jurídica, ou seja, são referidos à unidade de uma ordem normativa que, através desta atribuição, é personificada.

f) *A pessoa jurídica como conceito auxiliar da ciência jurídica*

O resultado da análise precedente da pessoa jurídica é que esta, tal como a pessoa física, é uma construção da ciência jurídica. Como tal, ela é tampouco uma realidade social como o é — conforme, apesar de tudo, por vezes se admite — qualquer criação do Direito. Quando se diz que a ordem jurídica confere a um indivíduo personalidade jurídica, isso apenas significa que a ordem jurídica torna a conduta de um indivíduo conteúdo de deveres e direitos. É a ciência jurídica que exprime a unidade destes deveres e direitos no conceito — diferente do conceito de homem — de pessoa física, conceito do qual nos podemos servir, como conceito auxiliar, na descrição do Direito, mas do qual não temos necessariamente de nos servir, pois a situação criada pela ordem jurídica também pode ser descrita sem recorrer a ele. Quando se diz que a ordem jurídica confere a uma corporação personalidade jurídica, isso significa que a ordem jurídica estatui deveres e direitos que têm por conteúdo a conduta de indivíduos que são órgãos e membros da corporação constituída através de um estatuto, e que esta situação complexa pode ser descrita com vantagem, porque de maneira relativamente mais simples, com o auxílio de uma personificação do estatuto constitutivo da corporação. Porém, esta personificação e o seu resultado, o conceito auxiliar de pessoa jurídica, são um produto da ciência que descreve o Direito, e não um produto do Direito. Isto em nada é alterado pelo fato de também a autoridade criadora do Direito, o legislador, se poder servir deste conceito, como aliás de qualquer outro criado pela ciência jurídica. Como já acima foi acentuado, toda ordem normativa que regula a conduta de uma pluralidade de indivíduos pode ser personificada; a conduta por ela determinada e os deveres a cumprir ou os direitos a fazer valer através desta conduta podem ser referidos à unidade daquela ordem, podem ser atribuídos à pessoa jurídica assim construída. Quando, como por vezes sucede, se distingue entre as comunidades (associações) que têm personalidade jurídica e as que não têm uma tal personalidade jurídica, isto fundamenta-se na circunstância de nos servirmos de um conceito mais restrito de pessoa jurídica, falando de pessoa jurídica apenas quando a ordem jurídica estabeleça disposições especiais, v. g., quando os membros respondem apenas ou, pelo menos, em primeira linha, com o seu patrimônio coletivo. Mas também um tal conceito estrito de pessoa jurídica é uma construção da ciência do Direito, um conceito auxiliar do qual nos podemos servir na descrição do Direito, mas em que tenhamos necessariamente de proceder assim. O Direito cria deveres e direitos que têm por conteúdo a conduta humana, mas não cria pessoas. Assim como não é lícito reconhecer à ciência jurídica uma função própria do Direito, assim também se não pode reconhecer ao Direito uma função própria da ciência jurídica.

g) *A superação do dualismo de Direito no sentido objetivo e Direito no sentido subjetivo*

Na concepção da jurisprudência tradicional o sujeito jurídico — como pessoa física ou jurídica —, com os "seus" deveres e direitos, representa o Direito num sentido subjetivo; a titularidade jurídica (*Berechtigung*) designada como direito subjetivo é apenas um caso especial desta noção compreensiva. E o Direito neste sentido subjetivo mais amplo situa-se em face do Direito objetivo, da ordem jurídica, quer dizer, em face de um sistema de normas, como se formasse um domínio distinto. A Teoria Pura do Direito afasta este dualismo ao analisar o conceito de pessoa como a personificação de um complexo de normas jurídicas, ao reduzir o dever e o direito subjetivo (em sentido técnico) à norma jurídica que liga uma sanção a determinada conduta de um indivíduo e ao tornar a execução de sanção dependente de uma ação judicial a tal fim dirigida; quer dizer: reconduzindo o chamado direito em sentido subjetivo ao Direito objetivo. Desta forma, supera-se aquela posição subjetivista em face do Direito a cujo serviço se encontra o conceito de direito em sentido subjetivo: aquela concepção forense ou advocacial que apenas considera o Direito do ponto de vista dos interesses das partes, isto é, aquela concepção que o visualiza tendo apenas em mira saber o que ele significa para o indivíduo, em que medida lhe aproveita, quer dizer, em que medida serve o seu interesse, ou o prejudica, isto é, o ameaça com um mal. É esta a atitude específica da jurisprudência romana que, saída no essencial da prática consultiva dos juristas que exerciam o *jus respondendi*, foi recebida juntamente com o Direito romano. A atitude da Teoria Pura do Direito é, inversamente, uma atitude inteiramente objetivista-universalista. Ela dirige-se fundamentalmente ao todo do Direito na sua objetiva validade e procura apreender cada fenômeno particular apenas em conexão sistemática com todos os outros, procura em cada parte do Direito apreender a função do todo jurídico. Neste sentido, é uma concepção verdadeiramente orgânica do Direito. Mas, se concebe o Direito como organismo, não entende por tal qualquer entidade supra-individual, supra-empírica-metafísica — concepção esta por detrás da qual se escondem quase sempre postulados ético-políticos —, mas única e exclusivamente: que o Direito é uma ordem e que, por isso, todos os problemas jurídicos devem ser postos e resolvidos como problemas de ordem. A teoria jurídica torna-se, assim, numa análise estrutural do Direito positivo o mais exata possível, liberta de todo juízo de valor ético-político.

V

Dinâmica jurídica

1. O fundamento de validade de uma ordem normativa: a norma fundamental

a) *Sentido da questão relativa ao fundamento de validade*

Se o Direito é concebido como uma ordem normativa, como um sistema de normas que regulam a conduta de homens, surge a questão: O que é que fundamenta a unidade de uma pluralidade de normas, por que é que uma norma determinada pertence a uma determinada ordem? E esta questão está intimamente relacionada com esta outra: Por que é que uma norma vale, o que é que constitui o seu fundamento de validade?

Dizer que uma norma que se refere à conduta de um indivíduo "vale" (é "vigente"), significa que ela é vinculativa, que o indivíduo se deve conduzir do modo prescrito pela norma. Já anteriormente num outro contexto, explicamos que a questão de por que é que a norma vale — quer dizer: por que é que o indivíduo se deve conduzir de tal forma — não pode ser respondida com a simples verificação de um fato da ordem do ser, que o fundamento de validade de uma norma não pode ser um tal fato. Do fato de algo *ser* não pode seguir-se que algo *deve* ser; assim como do fato de algo *dever* ser se não pode seguir que algo *é*. O fundamento de validade de uma norma apenas pode ser a validade de uma outra norma. Uma norma que representa o fundamento de validade de uma outra norma é figurativamente designada como norma superior, por confronto com uma norma que é, em relação a ela, a norma inferior. Na verdade, parece que se poderia fundamentar a validade de uma norma com o fato de ela ser posta por qualquer autoridade, por um ser humano ou supra-humano: assim acontece quando se fundamenta a validade dos Dez Mandamentos com o fato de Deus, Jeová, os ter dado no Monte Sinai; ou quando se diz que devemos amar os nossos inimigos porque Jesus, o Filho de Deus, o ordenou no Sermão da Montanha. Em ambos os casos, porém, o fundamento de validade, não expresso mas pressuposto, não é o fato de Deus ou o Filho de Deus ter posto uma determinada norma num certo tempo e lugar, mas uma norma: a norma segundo a qual devemos obedecer às ordens ou mandamentos de Deus, ou aquela outra segundo a qual devemos obedecer aos mandamentos de Seu Filho. Em todo caso, no silogismo cuja premissa maior é a proposição de dever-ser que enuncia a norma superior: devemos obedecer aos mandamentos de Deus (ou aos mandamentos de Seu Filho), e cuja conclusão é a proposição de dever-ser que enuncia a norma inferior: devemos obedecer aos Dez Mandamentos (ou ao mandamento que nos ordena que amemos os inimigos), a proposição que verifica (afirma) um fato da ordem do ser: Deus estabeleceu os Dez Mandamentos (ou o Filho de Deus ordenou que amássemos os inimigos), constitui, como premissa menor, um elo essencial. Premissa maior e premissa menor, ambas são pressupostos da conclusão. Porém apenas a premissa maior, que é uma proposição de dever-ser, é *conditio per quam* relativamente à conclusão, que também é uma proposição de dever-ser. Quer dizer, a norma afirmada na premissa maior é o fundamento de validade da norma afirmada na conclusão. A proposição de ser que funciona como premissa menor é apenas *conditio sine qua non* relativamente à conclusão. Quer dizer: o fato da ordem do ser verificado (afirmado) na premissa menor não é o fundamento de validade da norma afirmada na conclusão.

A norma afirmada na premissa maior, segundo a qual devemos observar os mandamentos de Deus (ou do Seu Filho), está contida no pressuposto de que as normas, cujo fundamento de validade está em questão, provêm de uma autoridade, quer dizer, de alguém que tem capacidade, ou seja, competência para estabelecer normas válidas. Esta norma confere à personalidade legiferante "autoridade" para estatuir normas. O fato de alguém ordenar seja o que for não é fundamento para considerar o respectivo comando como válido, quer dizer, para ver a respectiva norma como vinculante em relação aos seus destinatários. Apenas uma autoridade competente pode estabelecer normas válidas; e uma tal competência somente se pode apoiar sobre uma norma que confira poder para fixar normas. A esta norma se encontram sujeitos tanto a autoridade dotada de poder legislativo como os indivíduos que devem obediência às normas por ela fixadas.

Como já notamos, a norma que representa o fundamento de validade de uma outra norma é, em face desta, uma norma superior. Mas a indagação do fundamento de validade de uma norma não pode, tal como a investigação da causa de um determinado efeito, perder-se no interminável. Tem de terminar numa norma que se pressupõe como a última e a mais elevada. Como norma mais elevada, ela tem de ser *pressuposta*, visto que não pode ser *posta* por uma autoridade, cuja competência teria de se fundar numa norma ainda mais elevada. A sua validade já não pode ser derivada de uma norma mais elevada, o fundamento da sua validade já não pode ser posto em questão. Uma tal norma, pressuposta como a mais elevada, será aqui designada como norma fundamental (*Grundnorm*). Já para ela tivemos de remeter a outro propósito[1].

Todas as normas cuja validade pode ser reconduzida a uma e mesma norma fundamental formam um sistema de normas, uma ordem normativa. A norma fundamental é a fonte comum da validade de todas as normas pertencentes a uma e mesma ordem normativa, o seu fundamento de validade comum. O fato de uma norma pertencer a uma determinada ordem normativa baseia-se em que o seu último fundamento de validade é a norma fundamental desta ordem. É a norma fundamental que constitui a unidade de uma pluralidade de normas enquanto representa o fundamento da validade de todas as normas pertencentes a essa ordem normativa.

b) *O princípio estático e o princípio dinâmico*

Segundo a natureza do fundamento de validade, podemos distinguir dois tipos diferentes de sistemas de normas: um tipo estático e um tipo dinâmico. As normas de um ordenamento do primeiro tipo, quer dizer, a conduta dos indivíduos por elas determinada, é considerada como devida (devendo ser) por força do seu conteúdo: porque a sua validade pode ser reconduzida a uma norma a cujo conteúdo pode ser subsumido o conteúdo das normas que formam o ordenamento, como o particular ao geral. Assim, por exemplo, as normas: não devemos mentir, não devemos fraudar, devemos respeitar os compromissos tomados, não devemos prestar falsos testemunhos, podem ser deduzidas de uma norma que prescreve a veracidade. Da norma segundo a qual devemos amar o nosso próximo podemos deduzir as normas: não devemos fazer mal ao próximo, não devemos, especialmente, causar-lhe a morte, não devemos prejudicá-lo moral ou fisicamente, devemos ajudá-lo quando precise de ajuda. Talvez se pense que a norma da veracidade e a norma do amor do próximo se podem reconduzir a uma norma ainda mais geral e mais alta, porventura a norma: estar em harmonia com o universo. Sobre ela poderia então fundar-se uma ordem moral compreensiva. Como todas as normas de um ordenamento deste tipo já estão contidas no conteúdo da norma pressuposta, elas podem ser deduzidas daquela pela via de uma operação lógica, através de uma conclusão do geral para o particular. Esta norma, pressuposta como norma fundamental, fornece não só o fundamento de validade como o conteúdo de validade das normas dela deduzidas através de uma operação lógica. Um sistema de normas cujo fundamento de validade e conteúdo de validade são deduzidos de uma norma pressuposta como norma fundamental é um sistema estático de normas. O princípio segundo o qual se opera a fundamentação da validade das normas deste sistema é um princípio estático.

Só que a norma de cujo conteúdo outras normas são deduzidas, como o particular do geral, tanto quanto ao seu fundamento de validade como quanto ao seu teor de validade, apenas pode ser considerada como norma fundamental quando o seu conteúdo seja havido como imediatamente evidente. De fato, fundamento e teor de validade das normas de um sistema moral são muitas vezes reconduzidos a uma norma tida como imediatamente evidente. Dizer que uma norma é imediatamente evidente significa que ela é dada na razão, com a razão. O conceito de uma norma imediatamente evidente pressupõe o conceito de uma razão prática, quer dizer, de uma razão legisladora; e este conceito é — como se mostrará — insustentável, pois a função da razão é conhecer e não querer, e o estabelecimento de normas é um ato de vontade. Por isso, não pode haver qualquer norma imediatamente evidente. Quando uma norma da qual se deriva o fundamento de validade e o conteúdo de validade de normas morais é afirmada como imediatamente evidente, é porque se crê que ela é posta pela vontade de Deus ou de uma outra vontade supra-humana, ou porque foi produzida através do costume e, por essa razão — como acontece com tudo o que é consuetudinário —, é considerada como de per si evidente (natural). Trata-se, portanto, de uma norma estabelecida por um ato de vontade. A sua validade só pode, em última análise, ser fundamentada através de uma norma pressuposta por força da qual nos devemos conduzir em harmonia com os comandos da autoridade que a estabelece ou em conformidade com as normas criadas através do costume. Esta norma apenas pode fornecer o fundamento de validade, não o conteúdo de validade das normas sobre ela fundadas. Estas formam um sistema dinâmico de normas. O princípio segundo o qual se opera a fundamentação da validade das normas deste sistema é um princípio dinâmico.

O tipo dinâmico é caracterizado pelo fato de a norma fundamental pressuposta não ter por conteúdo senão a instituição de um fato produtor de normas, a atribuição de poder a uma autoridade legisladora ou — o que significa o mesmo — uma regra que determina como devem ser criadas as normas gerais e individuais do ordenamento fundado sobre esta norma fundamental. Um exemplo aclarará este ponto. Um pai ordena ao filho que vá à escola. À pergunta do filho: por que devo eu ir à escola, a resposta pode ser: porque o pai assim o ordenou e o filho deve obedecer às ordens do pai. Se o filho continua a perguntar: por que devo eu obedecer às ordens do pai, a resposta pode ser: porque Deus ordenou a obediência aos pais e nós devemos obedecer às ordens de Deus. Se o filho pergunta por que devemos obedecer às ordens de Deus, quer dizer, se ele põe em questão a validade desta norma, a resposta é que não podemos sequer pôr em questão tal norma, quer dizer, que não podemos procurar o fundamento da sua validade, que apenas a podemos pressupor. O conteúdo da norma que constitui o ponto de partida: o filho deve ir à escola, não pode ser deduzido desta norma fundamental. Com efeito, a norma fundamental limita-se a delegar numa autoridade legisladora, quer dizer, a fixar uma regra em conformidade com a qual devem ser criadas as normas deste sistema. A norma que constitui o ponto de partida da questão não vale por força do seu conteúdo, ela não pode ser deduzida da norma pressuposta através de uma operação lógica. Tem de ser posta por um ato do pai e vale — utilizando a formulação corrente — porque foi posta dessa maneira ou, formulando corretamente, porque se pressupõe como válida uma norma fundamental que, em última linha, estatui este modo de fixar as normas. Uma norma pertence a um ordenamento que se apóia numa tal norma fundamental porque é criada pela forma determinada através dessa norma fundamental — e não porque tem um determinado conteúdo. A norma fundamental apenas fornece o fundamento de validade e já não também o conteúdo das normas que formam este sistema. Esse conteúdo apenas pode ser determinado através de atos pelos quais a autoridade a quem a norma fundamental confere competência e as outras autoridades que, por sua vez, recebem daquela a sua competência, estabelecem as normas positivas deste sistema. Um outro exemplo: numa comunidade social, numa tribo, vale a norma segundo a qual um homem que tome uma mulher por esposa tem de pagar ao pai ou ao tio da noiva um determinado dote. Se ele pergunta por que é que deve fazer isto, a resposta é: porque nesta comunidade desde sempre se tem pago o preço da noiva, quer dizer: porque existe o costume de pagar o preço da noiva e porque se pressupõe como evidente que o indivíduo se deve conduzir como se costumam conduzir todos os outros membros da comunidade. Esta é a norma fundamental da ordem normativa que constitui esta comunidade. Ela institui o costume como um fato criador de normas. Os dois exemplos representam o tipo dinâmico de um sistema de normas.

O princípio estático e o princípio dinâmico estão reunidos numa e na mesma norma quando a norma fundamental pressuposta se limita, segundo o princípio dinâmico, a conferir poder a uma autoridade legisladora e esta mesma autoridade ou uma outra por ela instituída não só estabelecem normas pelas quais delegam noutras autoridades legisladoras mas também normas pelas quais se prescreve uma determinada conduta dos sujeitos subordinados às normas e das quais — como o particular do geral — podem ser deduzidas novas normas através de uma operação lógica. Nos Dez Mandamentos não só se instituem os pais como autoridade legislativa mas também se fixam normas gerais a partir de cujo conteúdo podem ser logicamente deduzidas normas particulares sem que seja necessário um ato legislativo, como v. g. a norma: Não farás imagens (ou ídolos), etc. A partir do Mandamento do Amor posto por Cristo pode logicamente deduzir-se uma pluralidade de normas morais. Na fundamentação das normas que são logicamente deduzidas do Mandamento de Deus e do Mandamento de Cristo entra em aplicação o princípio estático; na fundamentação do Mandamento de Deus pela norma fundamental: devemos obedecer aos mandamentos de Deus, e da validade do Mandamento de Cristo pela norma fundamental: devemos obedecer aos mandamentos de Cristo, entra em aplicação o princípio dinâmico.

c) *O fundamento de validade de uma ordem jurídica*

O sistema de normas que se apresenta como uma ordem jurídica tem essencialmente um caráter dinâmico. Uma norma jurídica não vale porque tem um determinado conteúdo, quer dizer, porque o seu conteúdo pode ser deduzido pela vida de um raciocínio lógico do de uma norma fundamental pressuposta, mas porque é criada por uma forma determinada — em última análise, por uma forma fixada por uma norma fundamental pressuposta. Por isso, e somente por isso, pertence ela à ordem jurídica cujas normas são criadas de conformidade com esta norma fundamental. Por isso, todo e qualquer conteúdo pode ser Direito. Não há qualquer conduta humana que, como tal, por força do seu conteúdo, esteja excluída de ser conteúdo de uma norma jurídica. A validade desta não pode ser negada pelo fato de o seu conteúdo contrariar o de uma outra norma que não pertença à ordem jurídica cuja norma fundamental é o fundamento de validade da norma em questão. A norma fundamental de uma ordem jurídica não é uma norma material que, por o seu conteúdo ser havido como imediatamente evidente, seja pressuposta como a norma mais elevada da qual possam ser deduzidas — como o particular do geral — normas de conduta humana através de uma operação lógica. As normas de uma ordem jurídica têm de ser produzidas através de um ato especial de criação[2]. São normas postas, quer dizer, positivas, elementos de uma ordem positiva. Se por Constituição de uma comunidade se entende a norma ou as normas que determinam como, isto é, por que órgãos e através de que processos — através de uma criação consciente do Direito, especialmente o processo legislativo, ou através do costume — devem ser produzidas as normas gerais da ordem jurídica que constitui a comunidade, a norma fundamental é aquela norma que é pressuposta quando o costume, através do qual a Constituição surgiu, ou quando o ato constituinte (produtor da Constituição) posto conscientemente por determinados indivíduos são objetivamente interpretados como fatos produtores de normas; quando — no último caso — o indivíduo ou a assembléia de indivíduos que instituíram a Constituição sobre a qual a ordem jurídica assenta são considerados como autoridade legislativa. Neste sentido, a norma fundamental é a instauração do fato fundamental da criação jurídica e pode, nestes termos, ser designada como constituição no sentido lógico-jurídico, para a distinguir da Constituição em sentido jurídico-positivo. Ela é o ponto de partida de um processo: do processo da criação do Direito positivo. Ela própria não é uma norma posta, posta pelo costume ou pelo ato de um órgão jurídico, não é uma norma positiva, mas uma norma pressuposta, na medida em que a instância constituinte é considerada como a mais elevada autoridade e por isso não pode ser havida como recebendo o poder constituinte através de uma outra norma, posta por uma autoridade superior.

Se se pergunta pelo fundamento de validade de uma norma pertencente a uma determinada ordem jurídica, a resposta apenas pode consistir na recondução à norma fundamental desta ordem jurídica, quer dizer: na afirmação de que esta norma foi produzida de acordo com a norma fundamental. Nas páginas que seguem começaremos por considerar apenas a ordem jurídica estadual, quer dizer, uma ordem jurídica cuja validade é limitada a um determinado espaço, o chamado território do Estado, e é tida como soberana, quer dizer, como não subordinada a qualquer ordem jurídica superior. O problema do fundamento de validade das normas de uma ordem jurídica estadual começará por ser tratado sem ter em conta uma ordem jurídica internacional havida como supra-ordenada ou subordinada àquela ordem jurídica.

A questão do fundamento de validade de uma norma jurídica que pertence a uma determinada ordem jurídica estadual pode pôr-se — como já notamos num outro ponto — a propósito de um ato de coerção, v. g., quando um indivíduo tira a outro compulsoriamente a vida, provocando a sua própria morte por enforcamento, e então se pergunta por que é que este ato é um ato jurídico, a execução de uma pena, e não um homicídio. Um tal ato apenas pode ser interpretado como ato jurídico, como execução de uma pena, e não como homicídio, quando é estatuído por uma norma jurídica, a saber, uma norma jurídica individual, ou seja, quando é posto como devido (devendo-ser) por uma norma que se apresenta sob a forma de sentença judicial. Levanta-se, assim, a questão de saber sob que pressupostos é possível uma tal interpretação, por que é que no caso presente se trata de uma sentença judicial, por que é que vale a norma individual por ela estabelecida, por que é uma norma jurídica válida, por que pertence a uma ordem jurídica válida e, portanto, deve ser aplicada. A resposta a está questão é: porque esta norma individual foi posta em aplicação da lei penal que contém uma norma geral por força da qual, sob os pressupostos que no caso vertente se apresentam, deve ser aplicada a pena de morte. Se se pergunta pelo fundamento de validade desta lei penal, tem-se como resposta: a lei penal vale porque foi ditada pela corporação legislativa e esta recebe de uma norma da Constituição estadual o poder de fixar normas gerais. Se se pergunta pelo fundamento de validade da Constituição estadual, na qual se funda a validade de todas as normas gerais e a validade das normas individuais produzidas com base nestas normas gerais, quer dizer, se se pergunta pelo fundamento de validade das normas que regulam a criação das normas gerais enquanto determinam através de que órgãos e de que processos as normas gerais devem ser criadas, seremos talvez conduzidos a uma Constituição estadual mais antiga. Quer dizer: fundamentamos a validade da Constituição estadual existente no fato de ela ter surgido de conformidade com as determinações de uma Constituição estadual anterior pela via de uma alteração constitucional constitucionalmente operada, o que, por sua vez, significa: de acordo com uma norma positiva estabelecida por uma autoridade jurídica. Assim se chega finalmente a uma Constituição estadual que é historicamente a primeira, a qual já não surgiu por um processo idêntico e cuja validade, portanto, não pode ser reconduzida à de uma outra procedente de uma norma positiva fixada por uma autoridade jurídica, mas é uma Constituição estadual que surgiu revolucionariamente, quer dizer, rompendo com uma Constituição anteriormente existente, ou, então, veio a surgir com validade para um domínio que anteriormente não era abrangido pelo domínio de validade de uma Constituição estadual de uma ordem jurídica estadual sobre ela apoiada. Se se toma apenas em consideração a ordem jurídia estadual — e não também o direito internacional —, e se se pergunta pelo fundamento de validade de uma Constituição estadual que foi historicamente a primeira, quer dizer, de uma Constituição que não veio à existência pela via de uma modificação constitucional de uma Constituição estadual anterior, então a resposta — se renunciamos a reconduzir a validade da Constituição estadual e a validade das normas criadas em conformidade com ela a uma norma posta por uma autoridade metajurídica, como Deus ou a natureza — apenas pode ser que a validade desta Constituição, a aceitação de que ela constitui uma norma vinculante, tem de ser *pressuposta* para que seja possível interpretar os atos postos em conformidade com ela como criação ou aplicação de normas jurídicas gerais válidas, e os atos postos em aplicação destas normas jurídicas gerais como criação ou aplicação de normas jurídicas individuais válidas. Dado que o fundamento de validade de uma norma somente pode ser uma outra norma, este pressuposto tem de ser uma norma: não uma norma posta por uma autoridade jurídica, mas uma norma pressuposta, quer dizer, uma norma que é pressuposta sempre que o sentido subjetivo dos fatos geradores de normas postas de conformidade com a Constituição é interpretado como o seu sentido objetivo. Como essa norma é a norma fundamental de uma ordem jurídica, isto é, de uma ordem que estatui atos coercivos, a proposição que descreve tal norma, a proposição fundamental da ordem jurídica estadual em questão, diz: devem ser postos atos de coerção sob os pressupostos e pela forma que estatuem a primeira Constituição histórica e as normas estabelecidas em conformidade com ela. (Em forma abreviada: devemos conduzir-nos como a Constituição prescreve.) As normas de uma ordem jurídica cujo fundamento de validade comum é esta norma fundamental não são — como o mostra a recondução à norma fundamental anteriormente descrita — um complexo de normas válidas colocadas umas ao lado das outras, mas uma construção escalonada de normas supra-infra-ordenadas umas às outras. Esta estrutura da ordem jurídica será mais tarde versada com mais pormenor.

d) *A norma fundamental como pressuposição lógico-transcendental*

Se queremos conhecer a natureza da norma fundamental, devemos sobretudo ter em mente que ela se refere imediatamente a uma Constituição determinada, efetivamente estabelecida, produzida através do costume ou da elaboração de um estatuto, eficaz em termos globais; e mediatamente se refere à ordem coercitiva criada de acordo com essa Constituição, também eficaz em termos globais, enquanto fundamenta a validade da mesma Constituição e a ordem coercitiva de acordo com ela criada[3]. A norma fundamental não é, portanto, o produto de uma descoberta livre. A sua pressuposição não se opera arbitrariamente, no sentido de que temos a possibilidade de escolha entre diferentes normas fundamentais quando interpretamos o sentido subjetivo de um ato constituinte e dos atos postos de acordo com a Constituição por ele criada como seu sentido objetivo, quer dizer: como normas jurídicas objetivamente válidas. Somente quando pressuponhamos esta norma fundamental referida a uma Constituição inteiramente determinada, quer dizer, somente quando pressuponhamos que nos devemos conduzir de acordo com esta Constituição concretamente determinada, é que podemos interpretar o sentido subjetivo do ato constituinte e dos atos constitucionalmente postos como sendo o seu sentido objetivo, quer dizer, como normas jurídicas objetivamente válidas, e as relações constituídas através destas normas como relações jurídicas.

Aqui permanece fora de questão qual seja o conteúdo que tem esta Constituição e a ordem jurídica estadual erigida com base nela, se esta ordem é justa ou injusta; e também não importa a questão de saber se esta ordem jurídica efetivamente garante uma relativa situação de paz dentro da comunidade por ela constituída. Na pressuposição da norma fundamental não é afirmado qualquer valor transcendente ao Direito positivo.

Na medida em que só através da pressuposição da norma fundamental se torna possível interpretar o sentido subjetivo do fato constituinte e dos fatos postos de acordo com a Constituição como seu sentido objetivo, quer dizer, como normas objetivamente válidas, pode a norma fundamental, na sua descrição pela ciência jurídica — e se é lícito aplicar *per analogiam* um conceito da teoria do conhecimento de Kant —, ser designada como a condição lógico-transcendental desta interpretação. Assim como Kant pergunta: como é possível uma interpretação, alheia a toda metafísica, dos fatos dados aos nossos sentidos nas leis naturais formuladas pela ciência da natureza, a Teoria Pura do Direito pergunta: como é possível uma interpretação, não reconduzível a autoridades metajurídicas, como Deus ou a natureza, do sentido subjetivo de certos fatos como um sistema de normas jurídicas objetivamente válidas descritíveis em proposições jurídicas? A resposta epistemológica (teorético-gnoseológica) da Teoria Pura do Direito é: sob a condição de pressupormos a norma fundamental: devemos conduzir-nos como a Constituição prescreve, quer dizer, de harmonia com o sentido subjetivo do ato de vontade constituinte, de harmonia com as prescrições do autor da Constituição. A função desta norma fundamental é: fundamentar a validade objetiva de uma ordem jurídica positiva, isto é, das normas, postas através de atos de vontade humanos, de uma ordem coerciva globalmente eficaz, quer dizer: interpretar o sentido subjetivo destes atos como seu sentido objetivo. A fundamentação da validade de uma norma positiva (isto é, estabelecida através de um ato de vontade) que prescreve uma determinada conduta realiza-se através de um processo silogístico. Neste silogismo a premissa maior é uma norma considerada como objetivamente válida (melhor, a afirmação de uma tal norma), por força da qual devemos obedecer aos comandos de uma determinada pessoa, quer dizer, nos devemos conduzir de harmonia com o sentido subjetivo destes atos de comando; a premissa menor é a afirmação do fato de que essa pessoa ordenou que nos devemos conduzir de determinada maneira; e a conclusão, a afirmação da validade da norma: que nos devemos conduzir de determinada maneira. A norma cuja validade é afirmada na premissa maior legitima, assim, o sentido subjetivo do ato de comando, cuja existência é afirmada na premissa menor, como seu sentido objetivo. Por exemplo: devemos obedecer às ordens de Deus. Deus ordenou que obedeçamos às ordens dos nossos pais. Logo, devemos obedecer às ordens de nossos pais.

A norma afirmada como objetivamente válida na premissa maior, que opera a fundamentação, é uma norma fundamental se a sua validade objetiva já não pode ser posta em questão. Ela já não é mais posta em questão se a sua validade não pode ser fundamentada num processo silogístico. E não pode ser por essa forma fundamentada se a afirmação do fato de que esta norma foi posta pelo ato de vontade de uma pessoa já não é possível como premissa menor de um silogismo. É este o caso se a pessoa a cujas ordens devemos obedecer por força da norma agora em questão é considerada como a autoridade mais alta, v. g., se esta pessoa é Deus. Se a validade de uma norma não pode ser fundamentada desta maneira, tem de ser posta como premissa maior no topo de um silogismo, sem que ela própria possa ser afirmada como conclusão de um silogismo que fundamente a sua validade. Quer isto dizer: é *pressuposta* como norma fundamental. Por isso a norma: devemos obedecer às ordens de Deus, como fundamentação da validade da norma: devemos obedecer às ordens dos nossos pais, é uma norma fundamental. Com efeito, uma ética teológica que considera Deus como a mais elevada instância legisladora não pode afirmar o fato de que qualquer outra pessoa ordenou que obedeçamos à vontade de Deus. Esta seria na verdade uma autoridade supra-ordenada a Deus. E se a norma: devemos obedecer às ordens de Deus, é aceite como posta por Deus, não poderá ser fundamento de validade das normas postas por Deus, pois que também ela é uma norma posta por Deus. Também a ética teológica como tal não pode fixar esta norma, quer dizer, ordenar que obedeçamos às ordens de Deus, pois, como conhecimento, ela não pode ter uma autoridade legiferante. A norma: devemos obedecer às ordens de Deus, não pode, portanto, como norma fundamental, ser o sentido subjetivo do ato de vontade de qualquer pessoa. Se, porém, a norma fundamental não pode ser o sentido subjetivo de um ato de vontade, então apenas pode ser o conteúdo de um ato de pensamento. Por outras palavras: se a norma fundamental não pode ser uma norma querida, mas a sua afirmação na premissa maior de um silogismo é logicamente indispensável para a fundamentação da validade objetiva das normas, ela apenas pode ser uma norma pensada[4].

Como uma ciência jurídica positivista considera o autor da Constituição que foi historicamente a primeira como a autoridade jurídica mais alta e, por isso, não pode afirmar que a norma: "devemos obedecer às ordens do autor da Constituição" é o sentido subjetivo do ato de vontade de uma instância supra-ordenada ao autor da Constituição — v. g. Deus ou a natureza —, ela não pode fundamentar a validade desta norma num processo silogístico. Uma ciência jurídica positivista apenas pode constatar que esta norma é pressuposta como norma fundamental — no sentido que acabamos de patentear — na fundamentação da validade objetiva das normas jurídicas, e bem assim na interpretação de uma ordem coercitiva globalmente eficaz como um sistema de normas jurídicas objetivamente válidas[5]. Como esta norma fundamental não é uma norma querida e, por isso, também não pode ser uma norma querida pela ciência jurídica (quer dizer: pelo sujeito que faz ciência jurídica), e tal norma (melhor: a sua afirmação) é logicamente indispensável para a fundamentação da validade objetiva das normas jurídicas positivas, ela apenas pode ser uma norma pensada, e uma norma que é pensada como pressuposto quando uma ordem coercitiva globalmente eficaz é interpretada como um sistema de normas jurídicas válidas. Como a norma fundamental não é uma norma querida, nem mesmo pela ciência jurídica, mas é apenas uma norma pensada, a ciência jurídica não se arroga qualquer autoridade legislativa com a verificação da norma fundamental. Ela não prescreve que devemos obedecer às ordens do autor da Constituição. Permanece conhecimento, mesmo na sua verificação teorético-gnoseológica de que a norma fundamental é a condição sob a qual o sentido subjetivo do ato constituinte e o sentido subjetivo dos atos postos de acordo com a Constituição podem ser pensados como o seu sentido objetivo, como normas válidas, até mesmo quando ela própria o pensa desta maneira[6].

Com a sua teoria da norma fundamental a Teoria Pura do Direito de forma alguma inaugura um novo método do conhecimento jurídico. Ela apenas consciencializa aquilo que todos os juristas fazem — quase sempre inconscientemente — quando não concebem os eventos acima referidos como fatos causalmente determinados, mas pensam (interpretam) o seu sentido subjetivo como normas objetivamente válidas, como ordem jurídica normativa, sem reconduzirem a validade desta ordem normativa a uma norma superior de ordem metajurídica — quer dizer: a uma norma posta por uma autoridade supra-ordenada à autoridade jurídica —; quando concebem o Direito exclusivamente como Direito positivo. A teoria da norma fundamental é somente o resultado de uma análise do processo que o conhecimento jurídico positivista desde sempre tem utilizado.

e) *A unidade lógica da ordem jurídica; conflitos de normas*

Como a norma fundamental é o fundamento de validade de todas as normas pertencentes a uma e mesma ordem jurídica, ela constitui a unidade na pluralidade destas normas. Esta unidade também se exprime na circunstância de uma ordem jurídica poder ser descrita em proposições jurídicas que se não contradizem. Não pode naturalmente negar-se a possibilidade de os órgãos jurídicos efetivamente estabelecerem normas que entrem em conflito umas com as outras. Quer dizer que eles põem atos cujo sentido subjetivo é um dever-ser e que, quando este sentido é também pensado (interpretado) como o seu sentido objetivo, quando esses sentidos são considerados como normas, estas normas entram em conflito umas com as outras. Um tal conflito de normas surge quando uma norma determina uma certa conduta como devida e outra norma determina também como devida uma outra conduta, inconciliável com aquela. Assim sucede, por exemplo, quando uma das normas determina que o adultério deve ser punido e a outra que o adultério não deve ser punido; ou quando uma determina que o furto deve ser punido com a morte e a outra determina que o furto deve ser punido com prisão (e, portanto, não é com a morte que deve ser punido). Este conflito não é, como anteriormente mostramos[7], uma contradição lógica no sentido estrito da palavra, se bem que se costume dizer que as duas normas se "contradizem". Com efeito, os princípios lógicos, e particularmente o princípio da não-contradição, são aplicáveis a afirmações que podem ser verdadeiras ou falsas; e uma contradição lógica entre duas afirmações consiste em que apenas uma ou a outra pode ser verdadeira; em que se uma é verdadeira, a outra tem de ser falsa. Uma norma, porém, não é verdadeira nem falsa, mas válida ou não válida. Contudo, a asserção (enunciado) que descreve uma ordem normativa afirmando que, de acordo com esta ordem, uma determinada norma é válida, e, especialmente, a proposição jurídica, que descreve uma ordem jurídica afirmando que, de harmonia com essa mesma ordem jurídica, sob determinados pressupostos deve ser ou não deve ser posto um determinado ato coercivo, podem — como se mostrou — ser verdadeiras ou falsas. Por isso, os princípios lógicos em geral e o princípio da não-contradição em especial podem ser aplicados às proposições jurídicas que descrevem normas de Direito e, assim, indiretamente, também podem ser aplicados às normas jurídicas. Não é, portanto, inteiramente descabido dizer-se que duas normas jurídicas se "contradizem" uma à outra. E, por isso mesmo, somente uma delas pode ser tida como objetivamente válida. Dizer que A deve ser e que não deve ser ao mesmo tempo é tão sem sentido como dizer que A é e não é ao mesmo tempo. Um conflito de normas representa, tal como uma contradição lógica, algo de sem sentido.

Como, porém, o conhecimento do Direito — como todo conhecimento — procura apreender o seu objeto como um todo de sentido e descrevê-lo em proposições isentas de contradição, ele parte do pressuposto de que os conflitos de normas no material normativo que lhe é dado — ou melhor, proposto — podem e devem necessariamente ser resolvidos pela via da interpretação. Como a estrutura da ordem jurídica é uma construção escalonada de normas supra e infra-ordenadas umas às outras, em que uma norma do escalão superior determina a criação da norma do escalão inferior, o problema do conflito de normas dentro de uma ordem jurídica põe-se de forma diferente conforme se trata de um conflito entre normas do mesmo escalão e de um conflito entre uma norma de escalão superior e uma norma de escalão inferior. Aqui começaremos por tomar em conta apenas os conflitos entre normas do mesmo escalão. Se se trata de normas gerais que foram estabelecidas por um e mesmo órgão mas em diferentes ocasiões, a validade da norma estabelecida em último lugar sobreleva à da norma fixada em primeiro lugar e que a contradiz, segundo o princípio *lex posterior derogat priori*. Como o órgão legislativo — v. g. o monarca ou o parlamento — é normalmente competente para a produção de normas modificáveis e, portanto, derrogáveis, o princípio *lex posterior derogat priori* pode ser considerado como incluído, co-envolvido, na atribuição da competência. Este princípio também encontra aplicação quando as normas que estão em conflito são estabelecidas por dois órgãos diferentes, quando, por exemplo, a Constituição atribui ao monarca e ao parlamento poder (competência) para regular o mesmo objeto através de normas gerais, ou a legislação e o costume são instituídos como fatos produtores de Direito.

As normas que estão em conflito umas com as outras podem ser postas ao mesmo tempo, isto é, com um só ato do mesmo órgão, por tal forma que o princípio da *lex posterior* não possa ser aplicado. Assim sucede quando numa e mesma lei se encontram duas disposições que contrariam uma à outra, tais como aquelas que prescrevessem que o adúltero deve ser punido e que não deve ser punido, que todo aquele que comete um delito determinado por lei deve ser punido e que as pessoas com menos de quatorze anos não devem ser punidas. Então haveria as seguintes possibilidades de resolver o conflito: ou se entendem as duas disposições no sentido de que é deixada ao órgão competente para a aplicação da lei, a um tribunal, por exemplo, a escolha entre as duas normas; ou quando — como no segundo exemplo — as duas normas só parcialmente se contradizem, que uma norma limita a validade da outra. A proposição jurídica que descreve o Direito não diz: se alguém comete adultério deve ser punido e não deve ser punido, mas: se alguém comete adultério deve ser punido *ou* não deve ser punido; e não: todo aquele que cometeu um delito previsto por lei deve ser punido *e* as pessoas com menos de quatorze anos não devem ser punidas, mas: todo aquele que cometeu um delito previsto por lei, com exceção das pessoas de menos de quatorze anos, deve ser punido. Quando nem uma nem outra interpretação sejam possíveis, o legislador prescreve algo sem sentido, temos um ato legislativo sem sentido e, portanto, algo que não é sequer um ato cujo sentido subjetivo possa ser interpretado como seu sentido objetivo. Logo, não existe qualquer norma jurídica objetivamente válida. Isto, embora o ato tenha sido posto em harmonia com a norma fundamental. Com efeito, a norma fundamental não empresta a todo e qualquer ato o sentido objetivo de uma norma válida, mas apenas ao ato que tem um sentido, a saber, o sentido subjetivo de que os indivíduos se devem conduzir de determinada maneira. O ato tem de — neste sentido normativo — ser um ato com sentido. Quando ele tem um outro sentido, por exemplo, o sentido de um enunciado (v. g. de uma teoria consagrada na lei) ou não tem qualquer sentido — quando a lei contém palavras sem sentido ou disposições inconciliáveis umas com as outras —, não há qualquer sentido subjetivo a ter em conta que possa ser pensado como sentido objetivo, não existe qualquer ato cujo sentido subjetivo seja capaz de uma legitimação pela norma fundamental.

Um conflito também pode existir entre duas normas individuais, e. g. entre duas decisões judiciais, particularmente quando as duas normas foram postas por órgãos diferentes. Uma lei pode conferir competência a dois tribunais para decidir o mesmo caso, sem emprestar à decisão de um dos tribunais o poder de anular a decisão do outro. Esta é, na verdade, uma técnica jurídica muito imperfeita. Não é, porém, impossível e surge por vezes. Então pode suceder que um réu seja condenado por um dos tribunais e seja absolvido pelo outro, quer dizer: que ele, segundo uma das normas deva ser punido, e, segundo a outra, não deva ser punido; ou que um dos tribunais dê provimento ao pedido e que o outro o rejeite, quer dizer: que, segundo uma das normas, deva ser feita execução no patrimônio do demandado e, segundo a outra norma, não deve ser feita execução no patrimônio do demandado. O conflito é resolvido pelo fato de o órgão executivo ter a faculdade de escolher entre observar uma ou outra das decisões; quer dizer: efetivar ou não efetivar a pena ou a execução civil, observar uma ou outra das normas individuais. Se é executado o ato coercivo que põe a primeira norma como devida, a outra norma permanece por muito tempo ineficaz e, assim, perde a sua validade; se o ato coercivo não é executado, observa-se a norma que absolve o demandado ou rejeita a pretensão, e a outra norma, que põe o ato coercivo como devido, permanece por longo tempo ineficaz e perde, assim, a sua validade. Esta interpretação opera-se de acordo com a norma fundamental. Com efeito, a norma fundamental determina: a coação deve ser exercida sob os pressupostos e pela forma determinados pela Constituição que seja, globalmente considerada, eficaz, pelas normas gerais, postas em conformidade com a Constituição, que sejam, de modo global, eficazes e pelas normas individuais eficazes. A eficácia é estabelecida na norma fundamental como pressuposto da validade. Se o conflito se apresenta numa e mesma decisão judicial — o que a custo será possível, a não ser que o juiz tenha perturbações mentais —, então estamos perante um ato sem sentido e, portanto — como mostramos atrás —, não estamos sequer em face de uma norma jurídica objetivamente válida. Assim, a norma fundamental torna possível interpretar (pensar) o material que se apresenta ao conhecimento jurídico como um todo com sentido, o que quer dizer, descrevê-lo em proposições que não são logicamente contraditórias.

Entre uma norma de escalão superior e uma norma de escalão inferior, quer dizer, entre uma norma que determina a criação de uma outra e essa outra, não pode existir qualquer conflito, pois a norma do escalão inferior tem o seu fundamento de validade na norma do escalão superior. Se uma norma do escalão inferior é considerada como válida, tem de se considerar como estando em harmonia com uma norma do escalão superior. Na exposição da construção escalonada da ordem jurídica se mostrará como isto sucede[8].

f) *Legitimidade e efetividade*

A significação da norma fundamental torna-se especialmente clara quando uma Constituição não é constitucionalmente modificada mas é revolucionariamente substituída por uma outra, quando a existência — isto é, a validade — de toda ordem jurídica imediatamente assente na Constituição é posta em questão.

Como a outro propósito já foi referido, o domínio de validade de uma norma, especialmente o seu domínio temporal de validade, pode ser limitado, quer dizer: o começo e o fim da sua validade podem ser determinados, por ela própria ou por uma norma mais elevada que regula a sua produção. As normas de uma ordem jurídica valem enquanto a sua validade não termina, de acordo com os preceitos dessa ordem jurídica. Na medida em que uma ordem jurídica regula a sua própria criação e aplicação, ela determina o começo e o fim da validade das normas jurídicas que a integram. As constituições escritas contêm em regra determinações especiais relativas ao processo através do qual, e através do qual somente, podem ser modificadas. O princípio de que a norma de uma ordem jurídica é válida até a sua validade terminar por um modo determinado através desta mesma ordem jurídica, ou até ser substituída pela validade de uma outra norma desta ordem jurídica, é o princípio da legitimidade.

Este princípio, no entanto, só é aplicável a uma ordem jurídica estadual com uma limitação muito importante: no caso de revolução, não encontra aplicação alguma. Uma revolução no sentido amplo da palavra, compreendendo também o golpe de Estado, é toda modificação ilegítima da Constituição, isto é, toda modificação da Constituição, ou a sua substituição por uma outra, não operadas segundo as determinações da mesma Constituição. Dum ponto de vista jurídico, é indiferente que esta modificação da situação jurídica seja produzida através de um emprego da força dirigida contra o governo legítimo ou pelos próprios membros deste governo, através de um movimento de massas populares ou de um pequeno grupo de indivíduos. Decisivo é o fato de a Constituição vigente ser modificada ou completamente substituída por uma nova Constituição através de processos não previstos pela Constituição até ali vigente. Em regra, por ocasião de uma revolução destas, somente são anuladas a antiga Constituição e certas leis politicamente essenciais. Uma grande parte das leis promulgadas sob a antiga Constituição permanece, como costuma dizer-se, em vigor. No entanto, esta expressão não é acertada. Se estas leis devem ser consideradas como estando em vigor sob a nova Constituição, isto somente é possível porque foram postas em vigor sob a nova Constituição, expressa ou implicitamente, pelo governo revolucionário. O que existe, não é uma criação de Direito inteiramente nova, mas recepção de normas de uma ordem jurídica por uma outra; tal como, e. g., a recepção do Direito romano pelo Direito alemão. Mas também essa recepção é produção de Direito. Com efeito, o imediato fundamento de validade das normas jurídicas recebidas sob a nova Constituição, revolucionariamente estabelecida, já não pode ser a antiga Constituição, que foi anulada, mas apenas o pode ser a nova. O conteúdo destas normas permanece na verdade o mesmo, mas o seu fundamento de validade, e não apenas este mas também o fundamento de validade de toda a ordem jurídica, mudou. Com o tornar-se eficaz da nova Constituição, modificou-se a norma fundamental, quer dizer, o pressuposto sob o qual o fato constituinte e os fatos em harmonia com a Constituição podem ser pensados como fatos de produção e de aplicação de normas jurídicas. Se porventura a antiga Constituição tinha o caráter de uma monarquia absoluta e a nova tem o caráter de uma república parlamentar, então a proposição jurídica que descreve a norma fundamental já não diz: os atos coercivos devem ser estabelecidos sob os pressupostos e pela forma que a antiga Constituição, que já não é eficaz, determina e que, portanto, estão previstos nas normas gerais e individuais que são criadas e aplicadas pelo monarca absoluto agindo em conformidade com a Constituição e pelos órgãos em quem ele delega, mas: os atos coercivos devem ser estabelecidos sob os pressupostos e pela forma que determina a nova Constituição e, portanto, de harmonia com as normas gerais e individuais que são criadas e aplicadas pelo parlamento, eleito de acordo com a Constituição, e pelos órgãos em que estas normas delegam. A nova Constituição não permite — como a antiga — considerar um determinado indivíduo como monarca absoluto, pois só permite considerar como autoridade jurídica um parlamento eleito pelo povo. De acordo com a norma fundamental de uma ordem jurídica estadual o governo efetivo, que, com base numa Constituição eficaz, estabelece normas gerais e individuais eficazes, é o governo legítimo do Estado.

A modificação da norma fundamental segue-se à modificação dos fatos a serem interpretados como criação e aplicação de normas jurídicas válidas. A norma fundamental refere-se apenas a uma Constituição que é efetivamente estabelecida por um ato legislativo ou pelo costume e que é eficaz. Uma Constituição é eficaz se as normas postas de conformidade com ela são, globalmente e em regra, aplicadas e observadas. Desde o momento em que a antiga Constituição perdeu a sua eficácia e a nova se tornou eficaz, quer dizer, desde o momento em que as normas gerais já não são criadas pelo monarca, competente segundo a antiga Constituição, mas pelo parlamento, competente segundo a nova Constituição, e as leis, já não postas pelo monarca mas pelo parlamento apenas, são aplicadas pelos órgãos instituídos por estas mesmas leis — e não pelas leis ditadas pelo monarca —, os atos que surgem com o sentido subjetivo de criar ou aplicar normas jurídicas já não mais são pensados sob a pressuposição da antiga norma fundamental, mas sob a pressuposição da nova norma fundamental. As leis ditadas sob a antiga Constituição e que não sejam recebidas já não são consideradas válidas, os órgãos instituídos de acordo com a antiga Constituição já não são considerados competentes. Se a revolução não fosse bem-sucedida, quer dizer, se a Constituição revolucionária — que não veio à existência de acordo com a antiga Constituição — não se tivesse tornado eficaz, se os órgãos por ela previstos não tivessem ditado quaisquer leis que fossem de fato aplicadas pelos órgãos previstos nestas leis, mas se, pelo contrário, a antiga Constituição tivesse permanecido eficaz, não haveria qualquer motivo para pressupor uma nova norma fundamental no lugar da antiga. Então a revolução não seria interpretada como um processo produtor de Direito novo, mas — segundo a antiga Constituição e a lei penal que sobre ela se funda e que se considera ainda válida — como crime de alta traição. O princípio que aqui surge em aplicação é o chamado princípio da efetividade. O princípio da legitimidade é limitado pelo princípio da efetividade.

g) *Validade e eficácia*

Nesta limitação revela-se a conexão, já repetidas vezes acentuada antes e sumamente importante para uma teoria do Direito positivo, entre validade e eficácia do Direito. A determinação correta desta relação é um dos problemas mais importantes e ao mesmo tempo mais difíceis de uma teoria jurídica positivista. É apenas um caso especial da relação entre o dever-ser da norma jurídica e o ser da realidade natural. Com efeito, também o ato com o qual é posta uma norma jurídica positiva é — tal como a eficácia da norma jurídica — um fato da ordem do ser. Uma teoria jurídica positivista é posta perante a tarefa de encontrar entre os dois extremos, ambos insustentáveis, o meio-termo correto. Um dos extremos é representado pela tese de que, entre validade como um dever-ser e eficácia como um ser, não existe conexão de espécie alguma, que a validade do Direito é completamente independente da sua eficácia. O outro extremo é a tese de que a validade do Direito se identifica com a sua eficácia. A primeira solução do problema tende para uma teoria idealista, a segunda para uma teoria realista[9]. A primeira é falsa, pois, por um lado, não pode negar-se que uma ordem jurídica como um todo, tal como uma norma jurídica singular, perde a sua validade quando deixa de ser eficaz; por outro lado, é também falsa na medida em que existe uma conexão entre o dever-ser da norma jurídia e o ser da realidade natural, já que a norma jurídica positiva, para ser válida, tem de ser posta através de um ato-de-ser (da ordem do ser). A segunda solução é falsa, pois não pode ser negado que há — como acima se mostrou[10] — numerosos casos nos quais as normas jurídicas são consideradas como válidas se bem que não sejam, ou não sejam ainda, eficazes. A solução proposta pela Teoria Pura do Direito para o problema é: assim como a norma de dever-ser, como sentido do ato-de-ser que a põe, se não identifica com este ato, assim a validade de dever-ser de uma norma jurídica se não identifica com a sua eficácia da ordem do ser; a eficácia da ordem jurídica como um todo e a eficácia de uma norma jurídica singular são — tal como o ato que estabelece a norma — condição da validade. Tal eficácia é condição no sentido de que uma ordem jurídica como um todo e uma norma jurídica singular já não são consideradas como válidas quando cessam de ser eficazes. Mas também a eficácia de uma ordem jurídica não é, tampouco como o fato que a estabelece, fundamento da validade. Fundamento da validade, isto é, a resposta à questão de saber por que devem as normas desta ordem jurídica ser observadas e aplicadas, é a norma fundamental pressuposta segundo a qual devemos agir de harmonia com uma Constituição efetivamente posta, globalmente eficaz, e, portanto, de harmonia com as normas efetivamente postas de conformidade com esta Constituição e globalmente eficazes. A fixação positiva e a eficácia são pela norma fundamental tornadas condição da validade. A eficácia é-o no sentido de que deve acrescer ao ato de fixação para que a ordem jurídica como um todo, e bem assim a norma jurídica singular, não percam a sua validade. Uma condição não pode identificar-se com aquilo que condiciona. Assim, um homem, para viver, tem de nascer: mas, para permanecer com vida, outras condições têm ainda de ser preenchidas, v. g., tem de receber alimento. Se esta condição não é satisfeita, perde a vida. A vida, porém, não se identifica nem com o fato de nascer nem com o fato de receber alimento.

No silogismo normativo que fundamenta a validade de uma ordem jurídica, a proposição de dever-ser que enuncia a norma fundamental: devemos conduzir-nos de acordo com a Constituição efetivamente posta e eficaz, constitui a premissa maior; a proposição de ser que afirma o fato: a Constituição foi efetivamente posta e é eficaz, quer dizer, as normas postas de conformidade com ela são globalmente aplicadas e observadas, constitui a premissa menor; e a proposição de dever-ser: devemos conduzir-nos de harmonia com a ordem jurídica, quer dizer: a ordem jurídica vale (é válida ou vigente), constitui a conclusão. As normas de uma ordem jurídica positiva valem (são válidas) *porque* a norma fundamental que forma a regra basilar da sua produção é pressuposta como válida, e não porque são eficazes; mas elas somente valem *se* esta ordem jurídica é eficaz, quer dizer, enquanto esta ordem jurídica for eficaz. Logo que a Constituição e, portanto, a ordem jurídica que sobre ela se apóia, como um todo, perde a sua eficácia, a ordem jurídica, e com ela cada uma das suas normas, perdem a sua validade (vigência).

Uma ordem jurídica não perde, porém, a sua validade pelo fato de uma norma jurídica singular perder a sua eficácia, isto é, pelo fato de ela não ser aplicada em geral ou em casos isolados. Uma ordem jurídica é considerada válida quando as suas normas são, *numa consideração global*, eficazes, quer dizer, são de fato observadas e aplicadas. E também uma norma jurídica singular não perde a sua validade quando apenas não é eficaz em casos particulares, isto é, não é observada ou aplicada, embora deva ser observada e aplicada. Como já se acentuou a outro propósito, se fosse inadmissível a possibilidade de uma oposição entre o que uma norma estatui como devendo ser e o que de fato acontece, se houvesse uma norma que apenas estatuísse como devido (devendo ser) aquilo que de antemão sabemos que, segundo uma lei natural, tem de acontecer, tal norma seria uma norma sem sentido, quer dizer, uma tal norma não seria considerada como norma válida. Por outro lado, também não se considera como válida uma norma que nunca é observada ou aplicada. E, de fato, uma norma jurídica pode perder a sua validade pelo fato de permanecer por longo tempo inaplicada ou inobservada, quer dizer, através da chamada *desuetudo*. A *desuetudo* é como que um costume negativo cuja função essencial consiste em anular a validade de uma norma existente. Se o costume é em geral um fato gerador de Direito, então também o Direito estatuído (legislado) pode ser derrogado através do costume. Se a eficácia, no sentido acima exposto, é condição da validade não só da ordem jurídica como um todo mas também das normas jurídicas em singular, então a função criadora de Direito do costume não pode ser excluída pela legislação, pelo menos na medida em que se considere a função negativa da *desuetudo*.

A relação que acaba de ser descrita, entre validade e eficácia, refere-se às normas jurídicas gerais. Mas também as normas jurídicas individuais, através das quais — v. g. através de uma decisão judicial ou de uma resolução administrativa — é ordenado um ato de coerção singular, perdem a sua validade quando permaneçam por longo tempo por executar e, portanto, ineficazes, como já se mostrou a propósito da hipótese, acima referida, de um conflito entre duas decisões judiciais[11].

A eficácia é uma condição da validade, mas não é esta mesma validade. Isto tem de ser bem acentuado, pois não falta ainda hoje quem procure identificar a validade do Direito com a sua eficácia. É-se levado a tal identificação pelo fato de ela parecer simplificar substancialmente a situação teorética. Esta tentativa, porém, está necessariamente condenada ao fracasso. Não só porque — como se depreende do que antecede — também uma ordem jurídica ou uma norma relativamente ineficazes, quer dizer, ineficazes até certo ponto, podem ser consideradas como válidas, e uma norma absolutamente eficaz, que nem sequer pode ser violada, não é tida por válida porque nem sequer é considerada norma; mas especialmente porque, se se afirma a vigência, isto é, a específica existência do Direito, como consistente em qualquer realidade natural, não se está em posição de compreender o sentido próprio ou específico com o qual o Direito se dirige à realidade e pelo qual precisamente se contrapõe a essa realidade que — apenas se se não identifica com a vigência do Direito — pode ser conforme ou contrária ao Direito. Assim como é impossível, na determinação da vigência, abstrair da realidade, assim também é impossível identificar a vigência com a realidade. Se no lugar do conceito de realidade — como realidade da ordem jurídica — se coloca o conceito de poder, então o problema da relação entre validade e eficácia coincide com a existente entre Direito e força — bem mais corrente. E, então, a solução aqui tentada é apenas a formulação cientificamente exata da antiga verdade de que o Direito não pode, na verdade, existir sem a força, mas que, no entanto, não se identifica com ela. É — no sentido da teoria aqui desenvolvida — uma determinada ordem (ou ordenação) do poder.

h) *A norma fundamental do Direito internacional*

Se se toma também em consideração a ordem jurídica internacional nas suas relações com as diferentes ordens jurídicas estaduais e se se aceita — como freqüentemente sucede — que o Direito internacional só vale — se é que vale — em face de um Estado quando é reconhecido por este, isto é, pelo seu governo, com base na Constituição do Estado, então a resposta até aqui dada à questão do fundamento da vigência do Direito — de que é uma norma fundamental pressuposta referida a uma Constituição estadual eficaz — permanece válida. Com efeito, o Direito internacional, nesse caso, apenas é uma parte integrante da ordem jurídica estadual representada como soberana e cujo fundamento de vigência é a norma fundamental referida à Constituição eficaz. Ela é, como fundamento de vigência da Constituição estadual, ao mesmo tempo o fundamento de vigência do Direito internacional reconhecido, quer dizer, posto em vigência para o Estado, com base na Constituição estadual. A situação modifica-se, porém, quando se considere o Direito internacional, não como parte integrante da ordem jurídica estadual, mas como única ordem jurídica soberana, supra-ordenada a todas as ordens jurídicas estaduais e delimitando-as, umas em face das outras, nos respectivos domínios de validade, quando se parta, não do primado da ordem jurídica estadual, mas do primado da ordem jurídica internacional[12]. Esta contém de fato uma norma que representa o fundamento de vigência das ordens jurídicas estaduais. Por isso, o fundamento de vigência da ordem jurídica estadual pode ser encontrado no Direito internacional positivo. Nesta hipótese, o fundamento de vigência daquela ordem jurídica é uma norma posta, não uma simples norma pressuposta. A norma do Direito internacional que representa este fundamento de vigência é usualmente descrita pela afirmação de que, de acordo com o Direito internacional geral, um governo que, independentemente de outros governos, exerce o efetivo domínio sobre a população de um determinado país, constitui um governo legítimo, e que o povo que vive nesse país sob um tal governo forma um Estado no sentido do Direito internacional — e isto sem curar de saber se este governo exerce esse domínio efetivo com base numa Constituição já anteriormente existente ou com base numa Constituição por ele revolucionariamente estabelecida.

Traduzindo esta mesma idéia na linguagem do Direito: uma norma do Direito internacional geral reconhece a um indivíduo ou a um grupo de indivíduos o poder de, com base numa Constituição eficaz, criar e aplicar, como governo legítimo, uma ordem normativa de coerção. Ela legitima assim, para o domínio territorial da sua eficácia real, esta ordem coerciva como ordem jurídica válida, assim como legitima como Estado, no sentido do Direito internacional, a comunidade constituída através desta ordem coerciva — isto sem curar de saber se o governo é legítimo no sentido de uma Constituição anteriormente existente ou se alcançou o poder pela via revolucionária. Este poder, segundo o Direito internacional, deve ser considerado como um poder jurídico. Isso significa que o Direito internacional legitima a revolução triunfante como um processo criador de Direito. Se, por esta forma, se reconhece como fundamento de vigência da ordem jurídica estadual uma norma positiva do Direito internacional na sua aplicação à Constituição estadual, sobre cuja base se ergue a ordem jurídica do Estado, então desloca-se o problema da norma fundamental. Com efeito, nesse caso, o fundamento de vigência de uma ordem jurídica estadual não reside numa norma pressuposta mas numa norma jurídico-positivamente estabelecida do Direito internacional; e, então, levanta-se a questão do fundamento de vigência desta norma e, portanto, a questão do fundamento de vigência da ordem jurídica internacional de que é parte integrante a norma sobre a qual se apóia a autoridade da ordem jurídica estadual, a norma em que esta ordem jurídica encontra o seu fundamento imediato de vigência, se bem que não o seu fundamento de vigência último. Este fundamento de vigência apenas pode, então, ser a norma fundamental do Direito internacional que, portanto, é o fundamento mediato de vigência da ordem jurídica estadual. Como genuína norma fundamental, não é uma norma posta mas uma norma pressuposta. Ela representa o pressuposto sob o qual o chamado Direito internacional geral, isto é, as normas globalmente eficazes, que regulam a conduta de todos os Estados entre si, são consideradas como normas jurídicas que vinculam os Estados. Estas normas são criadas pela via de um costume que é constituído pela conduta efetiva dos Estados, isto é, pela conduta dos indivíduos que, de acordo com as ordens jurídicas estaduais, funcionam como governos. Se elas são pensadas como normas jurídicas vinculantes para os Estados é porque se pressupõe uma norma fundamental que institui o costume dos Estados como fato produtor de Direito. O seu teor é: os Estados, quer dizer, os governos dos Estados, devem conduzir-se nas suas relações mútuas em harmonia com um dado costume dos Estados, ou: a coação de um Estado contra outro deve ser exercida sob os pressupostos e pela forma correspondentes a um dado costume dos Estados[13]. É esta a constituição — lógico-jurídica — do Direito internacional[14].

Uma das normas jurídicas de Direito internacional geral produzidas por via consuetudinária reconhece aos Estados poder para regular as suas relações mútuas através de tratados. Nesta norma consuetudinariamente criada têm o seu fundamento de vigência as normas jurídicas do Direito internacional criadas por tratados. Esta norma é usualmente formulada no princípio: *pacta sunt servanda*. Na norma fundamental pressuposta do Direito internacional que institui o costume dos Estados como fato gerador de Direito exprime-se um princípio que é o pressuposto fundamental de todo Direito consuetudinário — o indivíduo deve conduzir-se como os outros, na convicção de que assim devem proceder, costumam conduzir-se — aplicado à conduta dos Estados uns em relação aos outros, isto é, à conduta dos indivíduos que, segundo a ordem jurídica estadual, são qualificados por determinada forma como órgãos, a saber, como órgãos do governo[15].

Na norma fundamental do Direito internacional também não está contida qualquer afirmação de um valor transcendente ao Direito positivo; nem mesmo do valor paz, que o Direito internacional geral, criado pela via consuetudinária, e o direito internacional particular, criado com base na norma jurídica pactícia, garantem. O Direito internacional e as ordens jurídicas estaduais que — sob a pressuposição do primado daquele — lhe estão subordinadas são válidos ou vigentes não porque ou na medida em que realizam o valor paz. Podem realizar este valor se e na medida em que valem; e valem se se pressupõe a norma fundamental que institui o costume dos Estados como fato gerador de Direito, qualquer que seja o conteúdo que possam ter as normas assim criadas. Se o fundamento de vigência das ordens jurídicas estaduais se encontra numa norma da ordem jurídica internacional, esta é concebida como uma ordem jurídica superior àquelas e, portanto, como a ordem mais elevada de todas, como a ordem soberana. Se os Estados — o que quer dizer: as ordens jurídicas estaduais — são, apesar disso, designados como "soberanos", esta "soberania" dos Estados apenas pode significar que as ordens jurídicas estaduais só estão subordinadas à ordem jurídica internacional ou, expresso na terminologia usual, que os Estados são comunidades jurídico-internacionalmente imediatas.

i) *Teoria da norma fundamental e doutrina do Direito natural*

Se a questão do fundamento de validade do Direito positivo, isto é, a questão de saber por que as normas de uma ordem coerciva eficaz devem ser aplicadas e observadas, visa uma justificação ético-política desta ordem coerciva, ou seja, visa um critério firme segundo o qual uma ordem jurídica positiva possa ser julgada justa e, por isso, válida, ou injusta e, por isso, não válida, então deve dizer-se que a norma fundamental determinada pela Teoria Pura do Direito não realiza uma tal justificação, não fornece um tal critério. Com efeito, o Direito positivo somente pode ser justificado — como já notamos[16] — através de uma norma ou ordem normativa à qual o Direito positivo — segundo o seu conteúdo — tanto pode conformar-se como não se conformar, assim podendo, portanto, ser justo ou injusto. A norma fundamental, determinada pela Teoria Pura do Direito como condição da validade jurídica objetiva, fundamenta, porém, a validade de qualquer ordem jurídica positiva, quer dizer, de toda ordem coerciva globalmente eficaz estabelecida por atos humanos. De acordo com a Teoria Pura do Direito, como teoria jurídica positivista, nenhuma ordem jurídica positiva pode ser considerada como não conforme à sua norma fundamental, e, portanto, como não válida. O conteúdo de uma ordem jurídica positiva é completamente independente da sua norma fundamental. Na verdade — tem de acentuar-se bem — da norma fundamental apenas pode ser derivada a validade e não o conteúdo da ordem jurídica. Toda ordem coerciva globalmente eficaz pode ser pensada como ordem normativa objetivamente válida. A nenhuma ordem jurídica positiva pode recusar-se a validade por causa do conteúdo das suas normas. É este um elemento essencial do positivismo jurídico. Precisamente na sua teoria da norma fundamental se revela a Teoria Pura do Direito como teoria jurídica positivista. Ela descreve o Direito positivo, quer dizer, toda ordem de coerção globalmente eficaz, como uma ordem normativa objetivamente válida e constata que esta interpretação somente é possível sob a condição de se pressupor uma norma fundamental por força da qual o sentido subjetivo dos atos criadores de Direito é também o seu sentido objetivo. Portanto, caracteriza esta interpretação como uma interpretação possível, não como necessária, e descreve a validade objetiva do Direito positivo como uma validade apenas relativa ou condicionada: condicionada pela pressuposição da norma fundamental. Dizer que podemos pressupor a norma fundamental de uma ordem jurídica positiva mas que não temos necessariamente de a pressupor significa que podemos pensar as relações inter-humanas em questão, normativamente, isto é, como deveres, poderes, direitos, competências, etc. constituídos através de normas jurídicas objetivamente válidas, mas não temos de as pensar necessariamente assim; que as podemos pensar sem pressupostos, quer dizer, sem pressupor a norma fundamental, como relações de força, como relações entre indivíduos que comandam e indivíduos que obedecem ou não obedecem — isto é, sociológica e não juridicamente[17]. Dado que — como se mostrou — a norma fundamental, como norma pensada ao fundamentar a validade do Direito positivo, é apenas a condição lógico-transcendental desta interpretação normativa, ela não exerce qualquer função ético-política mas tão-só uma função teorético-gnoseológica[18].

Uma doutrina conseqüente do Direito natural distingue-se de uma teoria jurídica positivista pelo fato de aquela procurar o fundamento da validade do Direito positivo, isto é, de uma ordem coerciva globalmente eficaz, num Direito natural diferente do Direito positivo e, portanto, numa norma ou ordem normativa a que o Direito positivo, quanto ao seu conteúdo, pode corresponder mas também pode não corresponder; por tal forma que, quando não corresponda a esta norma ou ordem normativa, deve ser considerado como não válido. Segundo uma genuína doutrina do Direito natural, portanto, não pode — ao contrário do que se dá com a Teoria Pura do Direito como teoria jurídica positivista — toda e qualquer ordem coerciva globalmente eficaz ser pensada como ordem normativa objetivamente válida. A possibilidade de um conflito entre o Direito natural e o Direito positivo, isto é, uma ordem coerciva eficaz, implica a possibilidade de considerar como não válida uma tal ordem coerciva. Somente na medida em que o Direito positivo, quer dizer, uma ordem coerciva globalmente eficaz, pode, quanto ao seu conteúdo, não só corresponder como também não corresponder ao Direito natural e, portanto, pode não apenas ser justo mas também injusto, é que o Direito natural poderá servir como critério ético-político do Direito positivo e, conseqüentemente, como possível justificação ético-política do Direito positivo. Ora é esta precisamente a função essencial do Direito natural. Quando uma teoria jurídica que se designe a si mesma como teoria jusnaturalista formule a norma ou ordem normativa que representa o fundamento de validade do Direito positivo por forma tal que fique excluído qualquer conflito entre esta e o Direito positivo, afirmando, v. g., que a natureza prescreve a obediência a toda ordem jurídica positiva, qualquer que seja a conduta por esta ordem preceituada, anula-se a si própria como teoria jusnaturalista, quer dizer, como teoria da Justiça. Desse jeito, ela renuncia à função, essencial ao Direito natural, de fornecer um critério ético-político, e, portanto, uma possível justificação do Direito positivo.

No fato de, segundo uma teoria jurídica positivista, a validade do Direito positivo se apoiar numa norma fundamental que não é uma norma posta mas uma norma pressuposta e que, portanto, não é uma norma pertencente ao Direito positivo cuja validade objetiva é por ela fundamentada, e também no fato de, segundo uma teoria jusnaturalista, a validade do Direito positivo se apoiar numa norma que não é uma norma pertencente ao Direito positivo relativamente ao qual ela funciona como critério ou medida de valor, podemos ver um certo limite imposto ao princípio do positivismo jurídico. Pelo mesmo motivo, podemos considerar a distinção entre uma teoria jurídica positivista e uma teoria jusnaturalista como uma distinção simplesmente relativa, não absoluta. A diferença entre estas duas teorias, porém, é suficientemente grande para excluir a concepção que ignora tal diferença e segundo a qual a teoria positivista da norma fundamental apresentada pela Teoria Pura do Direito seria uma teoria jusnaturalista[19].

j) *A norma fundamental do Direito natural*

Como a Teoria Pura do Direito, enquanto teoria jurídica positivista, não fornece, com a norma fundamental do Direito positivo por ela definida, qualquer critério para apreciação da justiça ou injustiça daquele Direito e, por isso, também não fornece qualquer justificação ético-política do mesmo, ela é muitas vezes considerada como insatisfatória. O que se procura é um critério segundo o qual o Direito positivo possa ser julgado como justo ou injusto — mas, sobretudo, segundo o qual ele possa ser legitimado como justo. Um tal critério apenas pode ser fornecido por uma teoria do Direito natural quando as normas do Direito natural por esta descrito e que prescrevem uma determinada conduta como justa tenham a validade absoluta que se arrogam, quer dizer: quando excluam como impossível a validade das normas que prescrevem como justa a conduta oposta. A história das doutrinas do Direito natural mostra, porém, que tal não é o caso. Logo que a teoria do Direito natural intenta determinar o conteúdo das normas imanentes à natureza, deduzidas da natureza, enreda-se nas mais insuperáveis contradições. Os seus representantes não proclamaram *um único* Direito natural, mas vários Direitos naturais, muito diversos entre si e contraditórios uns com os outros. Isto é especialmente verdade em relação às questões fundamentais da propriedade e da forma do Estado. Segundo uma doutrina do Direito natural, só é "natural", isto é, justa, a propriedade individual, segundo outra, só o é a propriedade coletiva; segundo uma, só é "natural", isto é, justa, a democracia, segundo outra, só o é a autocracia. Todo Direito positivo que corresponde ao Direito natural de uma das teorias e que, por isso, é tido como justo, contradiz o Direito natural de outra teoria e é, conseqüentemente, condenado como injusto. A doutrina do Direito natural, tal como efetivamente tem sido desenvolvida — e não pode ser desenvolvida de outra maneira — está muito longe de fornecer o critério firme que dela se espera.

Mas também a suposição de que uma teoria do Direito natural poderia dar uma resposta incondicional à questão do fundamento da validade do Direito positivo se baseia sobre uma ilusão. Uma tal doutrina vê o fundamento de validade do Direito positivo no Direito natural, quer dizer, numa ordem posta pela natureza como autoridade suprema colocada acima do legislador humano. Neste sentido, o Direito natural é também Direito posto, isto é, positivo. Direito posto, porém, não pela vontade humana, mas por uma vontade supra-humana. Uma doutrina do Direito natural pode, na verdade, afirmar como fato — se bem que não possa demonstrar — que a natureza ordena que os homens se conduzam de determinada maneira. Como, porém, um fato não pode ser o fundamento de validade de uma norma, uma teoria jusnaturalista logicamente correta não pode negar que apenas podemos pensar um Direito positivo harmônico com o Direito natural como válido se pressupusermos a norma: devemos obedecer aos comandos da natureza. É esta a norma fundamental do Direito natural. Também a doutrina do Direito natural só pode dar à questão do fundamento da validade do Direito positivo uma resposta condicional. Se afirma que a norma segundo a qual devemos obedecer às prescrições da natureza é imediatamente evidente, erra. Esta afirmação é inaceitável. Não só em geral, por não poder haver normas de conduta humana imediatamente evidentes; mas também em particular, porque esta norma não pode, ainda menos que qualquer outra, ser afirmada como imediatamente evidente. Com efeito, para a ciência a natureza é um sistema de elementos determinados pela lei da causalidade. Ela não tem uma vontade e não pode, portanto, estabelecer normas. As normas somente podem ser assumidas como imanentes à natureza quando se admita que na natureza está a vontade de Deus. Mas dizer que Deus, através da natureza como manifestação da sua vontade — ou por qualquer outra forma — ordena aos homens que se conduzam de determinada maneira, é uma suposição metafísica que não pode ser aceita pela ciência em geral e pela ciência do Direito em particular, pois o conhecimento científico não pode ter por objeto qualquer processo afirmado para além de toda a experiência possível.

2. A estrutura escalonada da ordem jurídica

a) *A Constituição*

Já nas páginas precedentes por várias vezes se fez notar a particularidade que possui o Direito de regular a sua própria criação. Isso pode operar-se de forma a que uma norma apenas determine o processo por que outra norma é produzida. Mas também é possível que seja determinado ainda — em certa medida — o conteúdo da norma a produzir. Como, dado o caráter dinâmico do Direito, uma norma somente é válida porque e na medida em que foi produzida por uma determinada maneira, isto é, pela maneira determinada por uma outra norma, esta outra norma representa o fundamento imediato de validade daquela. A relação entre a norma que regula a produção de uma outra e a norma assim regularmente produzida pode ser figurada pela imagem espacial da supra-infra-ordenação. A norma que regula a produção é a norma superior, a norma produzida segundo as determinações daquela é a norma inferior. A ordem jurídica não é um sistema de normas jurídicas ordenadas no mesmo plano, situadas umas ao lado das outras, mas é uma construção escalonada de diferentes camadas ou níveis de normas jurídicas. A sua unidade é produto da conexão de dependência que resulta do fato de a validade de uma norma, que foi produzida de acordo com outra norma, se apoiar sobre essa outra norma, cuja produção, por sua vez, é determinada por outra; e assim por diante, até abicar finalmente na norma fundamental — pressuposta. A norma fundamental — hipotética, nestes termos — é, portanto, o fundamento de validade último que constitui a unidade desta interconexão criadora.

Se começarmos levando em conta apenas a ordem jurídica estadual, a Constituição representa o escalão de Direito positivo mais elevado. A Constituição é aqui entendida num sentido material, quer dizer: com esta palavra significa-se a norma positiva ou as normas positivas através das quais é regulada a produção das normas jurídicas gerais. Esta Constituição pode ser produzida por via consuetudinária ou através de um ato de um ou vários indivíduos a tal fim dirigido, isto é, através de um ato legislativo. Como, neste segundo caso, ela é sempre condensada num documento, fala-se de uma Constituição "escrita", para a distinguir de uma Constituição não escrita, criada por via consuetudinária. A Constituição material pode consistir, em parte, de normas escritas, noutra parte, de normas não escritas, de Direito criado consuetudinariamente. As normas não escritas da Constituição, criadas consuetudinariamente, podem ser codificadas; e, então, quando esta codificação é realizada por um órgão legislativo e, portanto, tem caráter vinculante, elas transformam-se em Constituição escrita.

Da Constituição em sentido material deve distinguir-se a Constituição em sentido formal, isto é, um documento designado como "Constituição" que — como Constituição escrita — não só contém normas que regulam a produção de normas gerais, isto é, a legislação, mas também normas que se referem a outros assuntos politicamente importantes e, além disso, preceitos por força dos quais as normas contidas neste documento, a lei constitucional, não podem ser revogadas ou alteradas pela mesma forma que as leis simples, mas somente através de processo especial submetido a requisitos mais severos. Estas determinações representam a forma da Constituição que, como forma, pode assumir qualquer conteúdo e que, em primeira linha, serve para a estabilização das normas que aqui são designadas como Constituição material e que são o fundamento de Direito positivo de qualquer ordem jurídica estadual.

A produção de normas jurídicas gerais, regulada pela Constituição em sentido material, tem, dentro da ordem jurídica estadual moderna, o caráter de legislação. A sua regulamentação pela Constituição compreende a determinação do órgão ou dos órgãos que são dotados de competência para a produção de normas jurídicas gerais — leis e decretos. Quando os tribunais também são considerados competentes para aplicar Direito consuetudinário, eles têm de receber da Constituição poder para isso — tal como o recebem para a aplicação das leis. Quer dizer: é preciso que a Constituição institua o costume, que é constituído pela conduta habitual dos indivíduos submetidos à ordem jurídica estadual — os súditos do Estado —, como fato gerador de Direito. Se a aplicação do Direito consuetudinário pelos tribunais é considerada como legal, embora na Constituição escrita não exista uma tal atribuição de poder ou autorização, essa autorização não pode — como mais tarde veremos[20] — ser dada numa norma da Constituição não escrita, produzida consuetudinariamente, mas tem de ser *pressuposta*, como tem de ser pressuposto que a Constituição escrita tem o caráter de norma objetivamente vinculante sempre que se consideram como normas jurídicas vinculativas as leis e os decretos de conformidade com ela editados. Nesse caso, a norma fundamental — como Constituição em sentido lógico-jurídico — institui como fato produtor de Direito não apenas o ato do autor da Constituição, mas também o costume constituído pela conduta dos indivíduos sujeitos à ordem jurídica constitucionalmente criada.

A Constituição estadual pode — como Constituição escrita — aparecer na específica forma constitucional, isto é, em normas que não podem ser revogadas ou alteradas como as leis normais mas somente sob condições mais rigorosas. Mas não tem de ser necessariamente assim; e não é assim quando nem sequer exista Constituição escrita, quando a Constituição surgiu por via consuetudinária, quer dizer: através da conduta costumeira dos indivíduos submetidos à ordem jurídica estadual, e não foi codificada. Nesse caso, também as normas que têm o caráter de Constituição material podem ser revogadas ou alteradas por leis simples ou pelo Direito consuetudinário.

É possível que o órgão que é competente para estabelecer, revogar e modificar leis constitucionais no sentido formal específico, seja diferente do órgão que é competente para estabelecer, revogar ou modificar as leis normais. Para a primeira função pode ser chamado, por exemplo, um órgão especial, diferente do órgão competente para a segunda função quanto à sua composição e quanto ao processo de eleição: v. g., um parlamento constituinte (melhor: um parlamento legislador da Constituição). No entanto, geralmente as duas funções são desempenhadas pelo mesmo órgão.

A Constituição, que regula a produção de normas gerais, pode também determinar o conteúdo das futuras leis. E as Constituições positivas não raramente assim procedem ao prescrever ou ao excluir determinados conteúdos. No primeiro caso, geralmente apenas existe uma promessa de leis a fixar e não qualquer obrigação de estabelecer tais leis, pois, já mesmo por razões de técnica jurídica, não pode facilmente ligar-se uma sanção ao não-estabelecimento de leis com o conteúdo prescrito. Com mais eficácia, porém, podem ser excluídas pela Constituição leis de determinado conteúdo. O catálogo de direitos e liberdades fundamentais, que forma uma parte substancial das modernas constituições, não é, na sua essência, outra coisa senão uma tentativa de impedir que tais leis venham a existir. É eficaz quando pelo estabelecimento de tais leis — v. g., leis que violem a chamada liberdade da pessoa ou de consciência, ou a igualdade — se responsabiliza pessoalmente determinado órgão que participa na criação dessas leis — chefe do Estado, ministros — ou existe a possibilidade de as atacar e anular. Tudo isto sob o pressuposto de que a simples lei não tenha força para derrogar a lei constitucional que determina a sua produção e o seu conteúdo, de que esta lei somente possa ser modificada ou revogada sob condições mais rigorosas, como sejam uma maioria qualificada ou um *quorum* mais amplo. Quer isto dizer que a Constituição prescreve para a sua modificação ou supressão um processo mais exigente, diferente do processo legislativo usual; que, além da forma legislativa, existe uma específica forma constitucional.

b) *Legislação e costume*

O escalão imediatamente seguinte ao da Constituição é constituído pelas normas gerais criadas pela legislação ou pelo costume. As Constituições dos Estados modernos instituem sempre especiais órgãos legislativos que são competentes para a produção das normas gerais a aplicar pelos tribunais e autoridades administrativas, por forma tal que, ao escalão da produção constitucional, se segue o escalão legislativo e, a este, o escalão do processo judicial e administrativo. No entanto, esta organização em três escalões não é inevitável. É possível que a Constituição não institua qualquer órgão legiferante especial, por forma a que os tribunais e autoridades administrativas sejam considerados pela Constituição imediatamente competentes para criarem eles próprios as normas que considerem adequadas ou justas para aplicar nos casos concretos. Desta possibilidade se voltará a falar mais tarde. Nas páginas seguintes começaremos por considerar apenas o caso normal: o de uma ordem jurídica que institui um órgão legislativo especial. A composição do órgão legislativo é um dos mais importantes fatores que determinam a chamada forma do Estado. Se é um só indivíduo, um monarca hereditário ou um ditador que alcançou revolucionariamente o poder, estamos perante uma autocracia; se é a assembléia de todo o povo ou um parlamento eleito pelo povo, temos uma democracia. Somente no caso de legislação democrática são necessárias determinações que regulem o processo legiferante, quer dizer: a participação na assembléia do povo ou na eleição do parlamento, o número dos seus membros, o processo das suas deliberações, etc. Todos estes preceitos pertencem à Constituição em sentido material, embora nem sempre apareçam na forma constitucional, mas também como simples lei. Se, ao lado do órgão legiferante normal, existe um órgão constituinte distinto e se, através de uma lei constitucional estabelecida por este último órgão — por exemplo, através de uma lei que modifique o processo legislativo — se confere competência ao órgão legiferante normal para fixar por simples lei uma regulamentação eleitoral, então o escalão da Constituição material desdobra-se em dois escalões.

As normas jurídicas gerais criadas pela via legislativa são normas conscientemente postas, quer dizer, normas estatuídas. Os atos que constituem o fato legislação são atos produtores de normas, são atos instituidores de normas; quer dizer: o seu sentido subjetivo é um dever-ser. Através da Constituição, este sentido subjetivo é alçado a uma significação objetiva, o fato legislativo é instituído como fato produtor de Direito. A Constituição também pode, porém, instituir como fato produtor de Direito um determinado fato consuetudinário. Este fato, como já foi referido acima[21], é caracterizado pela circunstância de os indivíduos pertencentes à comunidade jurídica se conduzirem por forma sempre idêntica sob certas e determinadas circunstâncias, de esta conduta se processar por um tempo suficientemente longo, de por essa forma surgir, nos indivíduos que, através dos seus atos, constituem o costume, a vontade coletiva de que assim nos conduzamos. Então, o sentido subjetivo do fato que constitui o costume é um dever-ser: o sentido de que nos devemos conduzir de acordo com o costume. O sentido subjetivo do fato consuetudinário só pode, porém, ser pensado como norma jurídica objetivamente válida se este fato assim qualificado é inserido na Constituição como fato produtor de normas jurídicas.

Seguindo a jurisprudência tradicional[22], afirma-se que a *opinio necessitatis* é um elemento essencial do fato consuetudinário. Quer dizer: os atos constitutivos do costume têm de ser praticados na convicção de que devem ser praticados. Esta convicção pressupõe, porém, um ato de vontade individual ou coletivo cujo sentido subjetivo é o de que nos devemos conduzir de acordo com o costume. Se o Direito consuetudinário é, tal como o Direito legislado, Direito positivo, isto é, Direito posto, tem de haver um ato de vontade individual ou coletivo cujo sentido subjetivo seja o dever-ser que é interpretado como norma objetivamente válida, como Direito consuetudinário.

Como já anteriormente acentuamos, o Direito consuetudinário apenas pode ser aplicado pelos órgãos aplicadores do Direito quando estes órgãos sejam considerados competentes para tal. Se esta competência não é atribuída pela Constituição no sentido jurídico-positivo, quer dizer: se o costume qualificado não é instituído como fato produtor de Direito em sentido jurídico-positivo, então, para que a aplicação de um Direito consuetudinário, e especialmente de um Direito consuetudinário que derrogue o Direito legislado, seja considerada como juridicamente lícita, tem de se pressupor que a instituição do costume como fato produtor de Direito já se operou na norma fundamental como Constituição em sentido lógico-jurídico. Quer dizer: tem de pressupor-se uma norma fundamental que institua como fato produtor de Direito não só o fato legislativo como também o fato do costume qualificado.

Tal é também o caso quando a Constituição da comunidade jurídica surgiu não por via legislativa, mas por via consuetudinária, e se consideram os órgõs aplicadores do Direito competentes para aplicar Direito consuetudinário. Esta situação não pode ser interpretada como se o costume fosse instituído fato produtor de Direito pela Constituição jurídico-positiva, consuetudinariamente criada. Isso seria uma *petitio principii*. Com efeito, se a Constituição jurídico-positiva, que regula a produção de normas gerais, pode ser produzida por via consuetudinária, já se tem de pressupor que o costume é um fato produtor de Direito. Esta pressuposição apenas pode ser a norma fundamental, isto é, a Constituição em sentido lógico-jurídico. Então, estamos perante a hipótese anteriormente referida[23] em que a norma fundamental, como Constituição em sentido lógico-jurídico, se não refere imediatamente a uma Constituição em sentido jurídico-positivo — só mediatamente se referindo à ordem jurídica posta em conformidade com ela — mas se refere imediatamente a esta ordem jurídica consuetudinariamente criada. Isto vale especialmente em relação à norma fundamental da ordem jurídica internacional cujas normas são produzidas pelo costume dos Estados e são aplicadas pelos órgãos de cada Estado[24].

O Direito legislado e o Direito consuetudinário revogam-se um ao outro, segundo o princípio da *lex posterior*. Enquanto, porém, uma lei constitucional em sentido formal não pode ser revogada ou alterada por uma lei simples mas somente através de uma outra lei constitucional, o Direito consuetudinário tem também eficácia derrogatória relativamente a uma lei constitucional formal. Tem-na mesmo em face de uma lei constitucional que expressamente exclua a aplicação de Direito consuetudinário.

Contrapõe-se à concepção de que o costume é um fato produtor de Direito uma outra segundo a qual este fato não tem caráter constitutivo mas apenas caráter declaratório, segundo a qual, como afirma Savigny, "o costume é a característica que permite reconhecer o Direito positivo, e não o fundamento ou causa do seu aparecimento"[25]. Com isto apenas se exprime a teoria sufragada pela escola histórica alemã de que o Direito não é produzido, nem pela legislação, nem pelo costume, mas apenas pelo espírito do povo, de que, tanto através de um processo como do outro, apenas se pode constatar a existência de um Direito já anteriormente vigente. A mesma doutrina é representada por uma teoria sociológica do Direito francesa, com a diferença de que o Direito seria criado não pelo espírito do povo, mas por uma chamada *solidarité sociale*[26].

Segundo ambas as teorias o Direito constatado — apenas constatado, e não criado — pela lei ou pelo costume pode aspirar à validade somente porque e na medida em que é uma reprodução de um Direito preexistente. Ambas as teorias são, no fundo, simples variantes da teoria do Direito natural, cujo dualismo de um Direito criado pela natureza e de um Direito criado pelo homem se reflete no dualismo do Direito produzido pelo espírito do povo ou pela *solidarité sociale* e o Direito reproduzido pela legislação ou pelo costume. O que se disse quanto à primeira pode ser repetido contra as outras duas. Do ponto de vista de uma teoria jurídica positivista, que não pode aceitar nem a existência de um imaginário espírito do povo, nem a de uma *solidarité sociale* igualmente imaginária, a função constitutiva, isto é, criadora de Direito, do costume não pode ser posta em dúvida, da mesma forma que o não pode ser a da lei.

A questão de saber se existe o fato de um costume criador de Direito somente pode ser decidida pelo órgão aplicador do Direito. Daí se tem por vezes concluído que uma regra que dá expressão à conduta consuetudinária dos indivíduos somente se transforma em norma jurídica através do seu reconhecimento por parte do tribunal que aplica esta regra e que, portanto, as normas do Direito consuetudinário somente são criadas pelos tribunais. No entanto, a posição em que os órgãos aplicadores do Direito, especialmente os tribunais, se encontram perante as normas do Direito cosuetudinário, em nada difere daquela em que se encontram perante as normas legisladas. Com efeito, precisamente como o órgão que tem de aplicar uma norma criada por via consuetudinária precisa de determinar o fato do costume, quer dizer, precisa decidir a questão de saber se uma norma a aplicar foi de fato criada por via consuetudinária, também o órgão que tem de aplicar uma norma criada por via legislativa tem de verificar o fato legislativo, isto é, tem de decidir a questão de saber se uma norma que vai aplicar foi criada por via legislativa. Esta questão pode ser mais fácil de decidir e, por isso, vir menos claramente à consciência destes órgãos do que a questão de saber se uma norma surgiu por via consuetudinária, especialmente quando as leis são publicadas numa folha oficial. Porém, a função do órgão aplicador do Direito — determinar a existência da norma a aplicar, quer dizer, verificar a sua criação constitucional — é a mesma em ambos os casos. E em ambos os casos preexiste uma norma jurídica geral ao ato de aplicação do Direito. A determinação do fato pelo órgão aplicador do Direito é, na verdade, como melhor veremos, constitutiva. Esta determinação constitutiva, porém, tem eficácia retroativa. O fato é havido como já posto no momento determinado pelo órgão aplicador do Direito e não como apenas posto no momento dessa averiguação[27].

A validade do Direito consuetudinário dentro de uma comunidade jurídica é limitada, na medida em que a aplicação de normas gerais produzidas por via consuetudinária aos casos concretos apenas se pode realizar através de Direito estatuído, uma vez que só se pode operar através das normas individuais a estabelecer pelos órgãos aplicadores do Direito — especialmente, onde já existam tribunais, através das decisões judiciais, que representam normas individuais[28].

Uma distinção politicamente importante entre Direito legislado e Direito consuetudinário consiste no fato de aquele ser produzido através de um processo relativamente centralizado e este através de um processo relativamente descentralizado. As leis são criadas por órgãos especiais instituídos para este fim e que funcionam segundo o princípio da divisão do trabalho. As normas do Direito consuetudinário adquirem existência através de uma determinada conduta dos indivíduos sujeitos à ordem jurídica. No primeiro caso, a autoridade produtora da norma e os indivíduos submetidos às normas não se identificam. Já no segundo caso tal identificação se verifica, pelo menos até certo ponto. Para que exista o fato de um costume criador de Direito não é preciso que tenham participado na formação do costume todos os indivíduos a quem a norma consuetudinária impõe deveres e confere direitos. Basta que a maioria dominante dos indivíduos que devem ser considerados para a regulamentação da relação em causa tenha participado na formação do costume. É por esta forma perfeitamente possível que sejam vinculados por uma norma produzida consuetudinariamente indivíduos que não participaram na sua formação. Esta situação apresenta-se particularmente nítida quando se trata de normas de um Direito consuetudinário que já há longo tempo entrou em vigor. Por esta razão, não é acertado explicar o Direito consuetudinário — como por vezes se faz, particularmente em relação ao Direito consuetudinário internacional — como um tratado ou acordo tácito.

c) *Lei e decreto*

O escalão da produção de normas gerais — regulada pela Constituição — é por sua vez geralmente subdividido, na conformação positiva das ordens jurídicas estaduais, em dois ou mais escalões. Aqui poremos em destaque apenas a distinção entre lei e decreto, que é de particular importância onde a Constituição atribua fundamentalmente a produção das normas jurídicas gerais a um parlamento eleito pelo povo, permitindo, porém, a elaboração mais pormenorizada das leis por meio de normas gerais que são editadas por certos órgãos da administração, ou onde, para certos casos excepcionais, dê ao governo competência para, no lugar do parlamento, editar todas as normas gerais necessárias ou apenas certas normas gerais. As normas gerais que provêm não do parlamento, mas de uma autoridade administrativa, são designadas como decretos, que podem ser decretos regulamentares ou decretos-leis. Estes últimos são também chamados decretos com força de lei. Assim — tal como existe uma específica forma da Constituição — há uma forma específica da lei. Fala-se de lei em sentido formal em contraposição a lei em sentido material. Esta compreende toda a norma jurídica geral. Aquela abrange, quer toda e qualquer norma jurídica geral surgida em forma de lei, isto é, emitida pelo parlamento e — de conformidade com as determinações típicas da maioria das Constituições — publicada por determinada maneira, quer, em geral, todo conteúdo que surja nesta forma. A designação "lei em sentido formal" tem, portanto, várias significações. Unívoco é apenas o conceito de forma legal, no qual podem aparecer não apenas normas gerais mas também outros conteúdos, mesmo aqueles cujo sentido subjetivo nem sequer seja próprio de normas. Neste caso, temos um conteúdo legal juridicamente irrelevante. O problema do conteúdo juridicamente irrelevante de uma forma jurídica, o fato de, não só no processo legislativo mas em todo o processo através do qual se cria Direito estatuído, poderem aparecer conteúdos cujo sentido subjetivo não seja o de uma norma geral ou individual e que, por isso, são juridicamente irrelevantes, já foi versado a outro propósito[29].

d) *Direito material e Direito formal*

As normas gerais criadas por via legislativa (como leis ou decretos) ou por via consuetudinária devem ser aplicadas pelos órgãos para tal competentes, os tribunais e as autoridades administrativas. Estes órgãos aplicadores do Direito têm de ser determinados pela ordem jurídica, quer dizer: é necessário que se determine sob que condições um determinado indivíduo funciona como juiz ou autoridade administrativa. É, porém, necessário determinar também o processo pelo qual deve ser exercida a sua função, isto é, a aplicação de normas gerais. A norma geral, que liga a um fato abstratamente determinado uma conseqüência igualmente abstrata, precisa, para poder ser aplicada, de individualização. É preciso estabelecer se *in concreto* existe um fato que a norma geral determina *in abstracto*; e é necessário pôr um ato concreto de coerção — isto é, ordená-lo e depois executá-lo — para este caso concreto, ato de coerção esse que é igualmente determinado *in abstracto* pela norma geral. Portanto, a aplicação de uma norma geral a um caso concreto consiste na produção de uma norma individual, na individualização (ou concretização) da norma geral. E, por isso, a função da norma geral a aplicar também pode consistir em determinar o conteúdo da norma individual que é produzida através do ato judicial ou administrativo, da decisão judicial ou da resolução administrativa. As normas gerais a aplicar pelos órgãos jurisdicionais e administrativos têm, portanto, uma dupla função: 1.ª — a determinação destes órgãos e do processo a observar por eles; 2.ª — a determinação do conteúdo das normas individuais a produzir neste processo judicial ou administrativo.

A estas duas funções correspondem as duas categorias de normas jurídicas que usualmente se costumam distinguir: normas de Direito formal e normas de Direito material. Como Direito formal designam-se as normas gerais através das quais são regulados a organização e o processo das autoridades judiciais e administrativas, os chamados processo civil e penal e o processo administrativo. Por Direito material entendem-se as normas gerais que determinam o conteúdo dos atos judiciais e administrativos e que são em geral designadas como Direito civil, Direito penal e Direito administrativo, muito embora as normas que regulam o processo dos tribunais e das autoridades administrativas não sejam menos Direito civil, Direito penal e Direito administrativo.

Também quando se fala das normas a aplicar por estes órgãos se pensa geralmente apenas no Direito material civil, penal e administrativo, se bem que o Direito material civil, penal e administrativo não possa ser aplicado sem que ao mesmo tempo se aplique também o Direito formal, quer dizer, o Direito pelo qual é regulado o processo em que é aplicado o Direito material civil, penal e administrativo, o processo em que o ato judicial ou administrativo é posto. O Direito material e o Direito formal estão inseparavelmente ligados. Somente na sua ligação orgânica é que eles constituem o Direito, o qual regula a sua própria criação e aplicação. Toda proposição jurídica que pretenda descrever perfeitamente este Direito deve conter tanto o elemento formal como o elemento material. Uma disposição de Direito penal — por mais simplificada que seja — tem de ser formulada mais ou menos da seguinte maneira: se um indivíduo cometeu um delito determinado numa norma jurídica geral, um órgão (tribunal), determinado também por uma norma jurídica geral, deve aplicar-lhe, num processo regulado ainda por uma norma geral, uma sanção que se encontra fixada na morma geral primeiramente referida. Mais tarde veremos que se exige uma formulação ainda mais complexa, a saber: se um órgão, cuja constituição e função se encontram reguladas por uma norma geral, verificou, por um processo determinado também através de uma norma geral, que existe um fato a que uma outra norma geral liga uma determinada sanção, esse órgão deve aplicar, pelo processo prescrito por uma norma geral, a sanção determinada pela norma jurídica geral já mencionada. Esta formulação da disposição jurídico-penal mostra — e nisto reside uma função essencial da proposição que descreve o Direito — a conexão sistemática que existe entre o chamado Direito formal e o chamado Direito material, entre a determinação do delito e da sanção, por um lado, e a determinação do órgão aplicador do Direito e do seu processo, por outro lado.

A relação que intercede entre as normas gerais criadas por via legislativa ou consuetudinária e a sua aplicação pelos tribunais ou órgãos da administração é, no essencial, a mesma que existe entre a Constituição e a criação, por ela regulada, de normas gerais de Direito. A criação de normas jurídicas gerais é aplicação da Constituição, tal como a aplicação de normas jurídicas gerais pelos tribunais e órgãos administrativos é criação de normas jurídicas individuais. Assim como as normas jurídicas gerais produzidas por via legislativa ou consuetudinária são determinadas, sob o aspecto formal, e eventualmente também sob o aspecto material, pelas normas da Constituição — por normas de um escalão superior, portanto — assim também as normas individuais, criadas pelos atos judiciais e administrativos, são determinadas, tanto sob o aspecto formal como sob o aspecto material, pelas normas gerais legislativa ou consuetudinariamente criadas — portanto, também por normas de um escalão superior. Porém, a relação entre o elemento formal e o elemento material é, nos dois casos, diferente. A Constituição (no sentido material da palavra) em regra apenas determina os órgãos e o procedimento da atividade legislativa e deixa a determinação do conteúdo das leis ao órgão legislativo. Só excepcionalmente — e, de modo eficaz, apenas por via negativa — determina o conteúdo das leis a editar, excluindo certos conteúdos.

Pelo que toca à produção de Direito consuetudinário, a Constituição apenas pode delegar no processo que se caracteriza como costume. Aqui nem tampouco pode ser excluído pela Constituição um determinado conteúdo das normas jurídicas consuetudinariamente criadas, pois que a própria Constituição — mesmo uma Constituição escrita em sentido formal — pode ser alterada por normas jurídicas produzidas por via consuetudinária. As normas jurídicas gerais criadas de conformidade com a Constituição, porém, determinam quase sempre não só os órgãos e o processo pelos quais e no qual devem ser aplicadas, mas também — contudo, em medida diferente — o conteúdo das normas individuais que representam as decisões judiciais e as resoluções administrativas. No domínio do Direito penal a predeterminação do conteúdo da decisão judicial vai em regra até bastante longe, por forma que à livre apreciação do juiz penal na criação da norma individual que constitui a sua decisão apenas é deixada uma margem relativamente restrita. No domínio do Direito administrativo esta margem é quase sempre bastante larga. Por outras palavras: a Constituição representa predominantemente Direito formal, enquanto que o escalão da criação jurídica que lhe está imediatamente subordinado tanto representa Direito material como formal.

e) *As chamadas "fontes de Direito"*

Legislação e costume são freqüentemente designados como as duas "fontes" do Direito, entendendo-se aqui por Direito apenas as normas gerais do Direito estadual. Mas as normas jurídicas individuais pertencem tanto ao Direito, são tanto parte integrante da ordem jurídica, como as normas jurídicas gerais com base nas quais são produzidas. E, se tomarmos em linha de conta o Direito internacional geral, então não poderemos considerar como "fontes" deste Direito a legislação, mas somente o costume e o tratado.

Fontes de Direito é uma expressão figurativa que tem mais do que uma significação. Esta designação cabe não só aos métodos acima referidos mas a todos os métodos de criação jurídica em geral, ou a toda norma superior em relação à norma inferior cuja produção ela regula. Por isso, pode por fonte de Direito entender-se também o fundamento de validade de uma ordem jurídica, especialmente o último fundamento de validade, a norma fundamental. No entanto, efetivamente, só costuma designar-se como "fonte" o fundamento de validade jurídico-positivo de uma norma jurídica, quer dizer, a norma jurídica positiva do escalão superior que regula a sua produção. Neste sentido, a Constituição é a fonte das normas gerais produzidas por via legislativa ou consuetudinária; e uma norma geral é a fonte da decisão judicial que a aplica e que é representada por uma norma individual. Mas a decisão judicial também pode ser considerada como fonte dos deveres ou direitos das partes litigantes por ela estatuídos, ou da atribuição de competência ao órgão que tem de executar esta decisão. Num sentido jurídico-positivo, fonte do Direito só pode ser o Direito.

Mas a expressão é também empregada num sentido não jurídico quando com ela designamos todas as representações que, de fato, influenciam a função criadora e a função aplicadora do Direito, tais como, especialmente, os princípios morais e políticos, as teorias jurídicas, pareceres de especialistas e outros. Estas fontes devem, no entanto, ser claramente distinguidas das fontes de Direito positivo. A distinção reside em que estas são juridicamente vinculantes e aquelas o não são enquanto uma norma jurídica positiva não delegue nelas como fonte de Direito, isto é, as torne vinculantes. Neste caso, porém, elas assumem o caráter de uma norma jurídica superior que determina a produção de uma norma jurídica inferior. A equivocidade ou pluralidade de significações do termo "fonte de Direito" fá-lo aparecer como juridicamente imprestável. É aconselhável empregar, em lugar desta imagem que facilmente induz em erro, uma expressão que inequivocamente designe o fenômeno jurídico que se tem em vista.

f) *Criação do Direito, aplicação do Direito e observância do Direito*

Como já anteriormente verificamos, uma ordem jurídica é um sistema de normas gerais e individuais que estão ligadas entre si pelo fato de a criação de toda e qualquer norma que pertence a este sistema ser determinada por uma outra norma do sistema e, em última linha, pela sua norma fundamental. Uma norma somente pertence a uma ordem jurídica porque é estabelecida de conformidade com uma outra norma desta ordem jurídica. Por esta via, somos reconduzidos finalmente à norma fundamental, que já não é estabelecida de conformidade com a determinação de uma outra norma e que, portanto, tem de ser pressuposta. Se falarmos não apenas da ordem jurídica, mas também de uma comunidade jurídica — por aquela constituída —, poderemos dizer: uma norma jurídica pertence a uma determinada ordem jurídica se foi criada por um órgão da respectiva comunidade e, portanto, por esta mesma comunidade. Mas o indivíduo que cria uma norma é — como já notamos[30] — órgão da comunidade jurídica porque e na medida em que a sua função é regulada por uma norma da ordem jurídica que constitui a comunidade e, por tal motivo, pode ser atribuída à comunidade. A referência da função criadora do Direito à comunidade jurídica ou, mais corretamente, à unidade da ordem jurídica que constitui a comunidade jurídica, a operação mental pela qual atribuímos a função à comunidade, funda-se exclusivamente na norma jurídica que determina esta função. Assim como a comunidade jurídica apenas consiste na ordem jurídica, assim a proposição que afirma que uma norma pertence a uma ordem jurídica porque foi criada por um órgão da respectiva comunidade jurídica nada mais diz que a afirmação segundo a qual uma norma pertence a uma ordem jurídica porque foi criada de conformidade com a determinação de uma norma desta ordem jurídica e, em última linha, de conformidade com a determinação da norma fundamental desta ordem jurídica. Esta consideração das coisas é de particular importância quando se trata de uma ordem jurídica estadual e a comunidade jurídica em vista é, portanto, o Estado; quando importa compreender o verdadeiro sentido da afirmação corrente de que é o Estado que cria o Direito.

Uma norma que regula a produção de outra norma é aplicada na produção, que ela regula, dessa outra norma. A aplicação do Direito é simultaneamente produção do Direito. Estes dois conceitos não representam, como pensa a teoria tradicional, uma oposição absoluta. É desacertado distinguir entre atos de criação e atos de aplicação do Direito. Com efeito, se deixarmos de lado os casos-limite — a pressuposição da norma fundamental e a execução do ato coercivo — entre os quais se desenvolve o processo jurídico, todo ato jurídico é simultaneamente aplicação de uma norma superior e produção, regulada por esta norma, de uma norma inferior. Se considerarmos a ordem jurídica estadual sem ter em conta um Direito internacional que lhe esteja supra-ordenado, então a norma fundamental determina, de fato, a criação da Constituição, sem que ela própria seja, ao mesmo tempo, aplicação de uma norma superior. Mas a criação da Constituição realiza-se por aplicação da norma fundamental. Por aplicação da Constituição, opera-se a criação das normas jurídicas gerais através da legislação e do costume; e, em aplicação destas normas gerais, realiza-se a criação das normas individuais através das decisões judiciais e das resoluções administrativas. Somente a execução do ato coercivo estatuído por estas normas individuais — o último ato do processo de produção jurídica — se opera em aplicação das normas individuais que a determinam sem que seja, ela própria, criação de uma norma. A aplicação do Direito é, por conseguinte, criação de uma norma inferior com base numa norma superior ou execução do ato coercivo estatuído por uma norma.

Como já foi destacado, a criação de uma norma inferior através de uma norma superior pode ser determinada em duas direções. A norma superior pode não só fixar o órgão pelo qual e o processo no qual a norma inferior é produzida, mas também determinar o conteúdo desta norma. Mesmo quando a norma superior só determine o órgão, isto é, o indivíduo pelo qual a norma inferior deve ser produzida, e deixe à livre apreciação deste órgão tanto a determinação do processo como a determinação do conteúdo da norma a produzir, a norma superior é aplicada na produção da norma inferior: a determinação do órgão é o mínimo do que tem de ser determinado na relação entre uma norma superior e uma norma inferior. Com efeito, uma norma cuja produção não é de forma alguma determinada por uma norma superior não pode valer como uma norma posta dentro da ordem jurídica e, por isso, pertencer a essa ordem jurídica; e um indivíduo não pode ser considerado como órgão da comunidade jurídica, a sua função não pode ser atribuída à comunidade, quando não seja determinado através de uma norma da ordem jurídica que constitui a comunidade, o que significa: quando lhe não seja atribuída autorização ou competência para a sua função por uma norma superior. Todo ato criador de Direito deve ser um ato aplicador de Direito, quer dizer: deve ser a aplicação de uma norma jurídica preexistente ao ato, para poder valer como ato da comunidade jurídica. Por isso, a criação jurídica deve ser concebida como aplicação do Direito, mesmo quando a norma superior apenas determine o elemento pessoal, o indivíduo que tem de exercer a função criadora de Direito. É esta norma superior determinadora do órgão que é aplicada em cada ato deste órgão. No Estado ideal de Platão, no qual o juiz pode decidir todos os casos segundo a sua apreciação inteiramente livre, isto é, não limitada por quaisquer normas gerais ditadas por um legislador, apesar disso cada uma das suas decisões é aplicação da norma geral que fixa os pressupostos sob os quais um indivíduo recebe autoridade ou competência para fazer o papel de juiz. Somente com base nesta norma pode ele ser considerado juiz do Estado ideal, pode a sua decisão ser tida como operada dentro do Estado ideal, pode ser atribuída a esse Estado ideal.

A determinação da produção de uma norma inferior através de uma norma superior pode ter diferentes graus. Nunca pode, porém, ser tão reduzida que o ato em questão já não possa ser considerado como ato de aplicação do Direito, e nunca pode ir tão longe que o ato já não possa ser havido como ato de produção jurídica. Mesmo quando sejam determinados não só o órgão e o processo mas ainda o conteúdo da decisão a proferir — como sucede no caso de uma decisão judicial a proferir com base na lei — existe não somente aplicação do Direito como também produção jurídica. A questão de saber se um ato tem o caráter de criação jurídica ou de aplicação do Direito está dependente do grau em que a função do órgão que realiza o ato é predeterminada pela ordem jurídica. Há, no entanto, atos que apenas são aplicação do Direito e não criação jurídica: são os já mencionados atos através dos quais os atos de coerção estatuídos pelas normas jurídicas são executados. E há um ato de positiva criação jurídica que não é aplicação de uma norma jurídica positiva: a fixação da primeira Constituição histórica, que se realiza em aplicação da norma fundamental, a qual não é posta mas apenas pressuposta.

Criação e aplicação do Direito devem ser distinguidas da observância do Direito. Observância do Direito é a conduta a que corresponde, como conduta oposta, aquela a que é ligado o ato coercitivo da sanção. É antes de tudo a conduta que evita a sanção, o cumprimento do dever jurídico constituído através da sanção. Criação do Direito, aplicação do Direito e observância do Direito são funções jurídicas no sentido mais amplo. Também o uso de uma permissão positiva pode ser designado como observância do Direito. Porém, só a criação e aplicação do Direito são designadas como funções jurídicas num sentido estrito específico.

g) *Jurisprudência*

α) *O caráter constitutivo da decisão judicial*

A jurisprudência tradicional vê a aplicação do Direito sobretudo, se não exclusivamente, nas decisões dos tribunais civis e penais que, de fato, quando decidem um litígio jurídico ou impõem uma pena a um criminoso, aplicam em regra uma norma geral de Direito que foi criada pela via legislativa ou consuetudinária. No entanto — como resulta do anteriormente exposto — a aplicação do Direito existe tanto na produção de normas jurídicas gerais por via legislativa e consuetudinária como nas resoluções das autoridades administrativas e ainda — como veremos — nos atos jurídico-negociais; e os tribunais aplicam as normas jurídicas gerais ao estabelecerem normas individuais, determinadas, quanto ao seu conteúdo, pelas normas jurídicas gerais, e nas quais é estatuída uma sanção concreta: uma execução civil ou uma pena.

Do ponto de vista de uma consideração centrada sobre a dinâmica do Direito, o estabelecimento da norma individual pelo tribunal representa um estádio intermediário do processo que começa com a elaboração da Constituição e segue, através da legislação e do costume, até a decisão judicial e desta até a execução da sanção. Este processo, no qual o Direito como que se recria em cada momento, parte do geral (ou abstrato) para o individual (ou concreto). É um processo de individualização ou concretização sempre crescente.

Para individualizar a norma geral por ele aplicada, o tribunal tem de verificar se, no caso que se lhe apresenta, existem *in concreto* os pressupostos de uma conseqüência do ilícito determinados *in abstracto* por uma norma geral. Esta determinação do fato que condiciona as conseqüências do ilícito implica a determinação da norma geral a aplicar, isto é, a averiguação de que está em vigor uma norma geral que liga uma sanção ao fato (ou situação de fato) em apreço. O tribunal não só tem de responder à *quaestio facti* como também à *quaestio juris*. Depois de realizadas estas duas averiguações, o que o tribunal tem a fazer é ordenar *in concreto* a sanção estatuída *in abstracto* na norma jurídica geral. Estas averiguações e esta ordem ou comando são as funções essenciais da decisão judicial. Neste ponto existe uma certa diferença entre uma decisão civil e uma decisão penal, na medida em que, naquela, a sanção concreta é, em regra, ordenada condicionalmente. O tribunal civil condena o demandado a fazer uma determinada prestação ao demandante e ordena a sanção somente sob a condição de esta prestação não ser efetuada dentro de um determinado prazo. A imposição da pena é feita, em regra, incondicionalmente. No entanto, esta também pode ser condicionada, fazendo depender a sua execução do fato de o condenado cometer um novo delito dentro de um determinado prazo.

Uma decisão judicial não tem, como por vezes se supõe, um simples caráter declaratório. O juiz não tem simplesmente de descobrir e declarar um direito já de antemão firme e acabado, cuja produção já foi concluída. A função do tribunal não é simples "descoberta" do Direito ou juris-"dição" ("declaração" do Direito) neste sentido declaratório. A descoberta do Direito consiste apenas na determinação da norma geral a aplicar ao caso concreto. E mesmo esta determinação não tem um caráter simplesmente declarativo, mas um caráter constitutivo. O tribunal que tem de aplicar as normas gerais vigentes de uma ordem jurídica a um caso concreto precisa de decidir a questão da constitucionalidade da norma que vai aplicar, quer dizer: se ela foi produzida segundo o processo prescrito pela Constituição ou por via de costume que a mesma Constituição delegue[31]. Este fato, a averiguar pelo tribunal, é tanto um pressuposto da sanção a estatuir por ele no caso concreto como o fato, igualmente a apurar pelo tribunal, de ter sido cometido um delito. A proposição jurídica que descreve esta situação fática — por hipótese, no caso de aplicação de uma norma jurídico-penal de uma ordem jurídica democrática — diz: Se o parlamento constitucionalmente eleito, pelo processo determinado na Constituição, editou uma lei segundo a qual uma determinada conduta deve ser punida, como crime, de determinada maneira, e se o tribunal verifica que certo e determinado indivíduo praticou essa conduta, deve esse tribunal aplicar a pena prevista na lei. Desta formulação da proposição jurídica ressalta a posição que o chamado Direito constitucional — isto é, as normas que regulam a produção das normas jurídicas gerais — ocupa nos quadros de uma ordem jurídica. Essas normas não são normas autônomas, normas perfeitas, pois apenas determinam os pressupostos do ato de coerção estatuído pelas outras normas. Elas apenas operam em combinação com estas outras normas jurídicas. Por isso, a circunstância de as normas do Direito constitucional não estatuírem atos de coerção não é razão suficiente para — como por vezes se pensa — rejeitar a definição do Direito como ordem de coerção. Só através da verificação, efetuada na decisão judicial, de que uma norma geral a aplicar ao caso apresentado perante tribunal é vigente — e tal norma é vigente quando foi criada constitucionalmente —, se torna esta norma aplicável ao caso concreto e se cria, através dela, para este caso, uma situação jurídica que antes da decisão não existia.

A custo precisará de maior fundamentação a afirmação de que a imposição da sanção concreta tem um caráter constitutivo. A norma individual, que estatui que deve ser dirigida contra um determinado indivíduo uma sanção perfeitamente determinada, só é criada através da decisão judicial. Antes dela, não tinha vigência. Somente a falta de compreensão da função normativa da decisão judicial, o preconceito de que o Direito apenas consta de normas gerais, a ignorância da norma jurídica individual, obscureceu o fato de que a decisão judicial é tão-só a continuação do processo de criação jurídica e conduziu ao erro de ver nela apenas a função declarativa.

De grande significado, porém, é o reconhecimento de que também a averiguação do fato delitual é uma função do tribunal plenamente constitutiva. Quando a ordem jurídica liga a um determinado fato, como pressuposto, uma determinada conseqüência, precisa de determinar também o órgão pelo qual e o processo no qual o fato condicionante é verificado no caso concreto. A ordem jurídica pode conferir poder a este órgão para determinar ele próprio o processo, segundo a sua descrição; no entanto, órgão e processo têm de ser determinados — direta ou indiretamente — pela ordem jurídica, para que a norma geral, que liga àquele fato uma conseqüência, possa ser aplicada ao caso concreto — quer dizer, possa ser individualizada. Perante um fato determinado pela ordem jurídica como pressuposto de uma conseqüência, a primeira pergunta do jurista tem de ser: qual o órgão jurídico que, segundo o ordenamento jurídico, é competente para verificar este fato no caso concreto e qual é o processo determinado pela ordem jurídica segundo o qual essa verificação deve ser feita? Só através desta verificação entra o fato no domínio do Direito, somente através dela ele se transforma de fato natural em fato jurídico, só então ele é, pela vez primeira, juridicamente produzido como tal. Se contra isto se objeta que o momento temporal no qual se considera fato jurídico como produzido se identifica com o momento em que o fato natural se produziu, deve responder-se que a verificação do fato pelo órgão aplicador do Direito tem eficácia retroativa. O fato não é tido como somente produzido no momento da sua verificação (scl. por parte do órgão), mas como produzido no momento verificado pelo órgão aplicador do Direito, quer dizer, como posto ou produzido no momento em que o fato natural — de acordo com a verificação do órgão aplicador do Direito — se produziu. A verificação do fato condicionante pelo tribunal é, portanto, em todo sentido, constitutiva. Se uma norma jurídica geral liga uma determinada pena ao crime de homicídio, este fato não é corretamente descrito se se apresenta o fato de alguém ter cometido um homicídio como o pressuposto da sanção. Não é o fato em si de alguém ter cometido um homicídio que constitui o pressuposto estatuído pela ordem jurídica, mas o fato de um órgão competente segundo a ordem jurídica ter verificado, num processo determinado pela mesma ordem jurídica, que um indivíduo praticou um homicídio. Quando se diz que o tribunal verificou que um determinado indivíduo praticou certo homicídio, embora "na realidade" esse indivíduo não tenha cometido o homicídio em questão, ou que o tribunal verificou que um determinado indivíduo não praticou certo homicídio, embora esse indivíduo tenha executado tal homicídio, isso significa que o tribunal verificou a existência ou não existência de um fato que, na opinião de outros não juridicamente competentes para essa verificação, não teve ou teve lugar.

Do ponto de vista da ordem jurídica a aplicar por indivíduos, apenas importam as opiniões desses indivíduos sobre se um determinado indivíduo praticou ou não um certo homicídio. Estas opiniões são mais ou menos dignas de crédito, podem contradizer-se, e o próprio indivíduo suspeito de homicídio pode confessar ou negar o fato. Se a norma geral deve ser aplicada, só *uma* opinião pode prevalecer. Qual, é o que tem de ser determinado pela ordem jurídica. É a opinião que se exprime na decisão do tribunal. Unicamente ela é juridicamente relevante, sendo a opinião de todos os outros juridicamente irrelevante. No entanto, a decisão judicial pode, quando a verificação nela contida do fato condicionante é tida como incorreta pelas partes no processo a quem, para tanto, a ordem jurídica confira poder, ser atacada por estas em recurso de instância. Quer dizer: o sentido subjetivo do ato da decisão não deve ser ainda assumido como sendo definitivamente o seu sentido objetivo. Tal só sucede quando a decisão judicial, em que se verifica que um determinado indivíduo praticou certo homicídio e se ordena que uma determinada pena lhe seja aplicada, transite em julgado, quer dizer: quando ela já não pode ser anulada em qualquer novo processo. Então, a opinião de que este indivíduo foi condenado estando inocente porque o homicídio verificado pelo tribunal não foi cometido ou foi cometido por outro indivíduo que não o condenado, ou porque o condenado não praticou um homicídio mas um outro delito, fica juridicamente precludida. Com efeito, a proposição jurídica não diz: Se um indivíduo determinado cometeu um homicídio, deve ser-lhe aplicada uma determinada pena, mas: Se o tribunal competente, num processo determinado pela ordem jurídica, verificou, com força de caso julgado, que determinado indivíduo praticou um homicídio, o tribunal deve mandar aplicar a este indivíduo uma determinada pena. No pensamento jurídico, o fato processualmente verificado vem ocupar o lugar do fato em si que, no pensamento não jurídico, condiciona o ato de coerção. Somente, esta verificação é, ela própria, um "fato"; e, quanto à questão de saber se ela, no caso concreto, existe, se a verificação se operou sequer, se ela foi feita pelo órgão competente e pelo processo prescrito, é igualmente possível uma divergência de opiniões, tal como relativamente à questão de saber se a verificação foi "correta" (isto é, conforme à realidade). E, assim, como uma decisão judicial pode ser atacada em recurso de instância com fundamento na inadequada verificação do fato de que um determinado delito foi praticado por determinado indivíduo, assim também o pode ser a execução da sanção com fundamento na não existência de uma decisão judicial, quer dizer, por incompetência do órgão ou deficiência do processo. O caso de, na opinião das partes, a ordem de execução de uma sanção se ter cumprido sem haver um processo judicial prévio, é análogo ao caso de o tribunal ter verificado a prática de um delito, embora, na opinião das partes, nenhum delito tenha sido cometido. Neste último caso, pode a realização do delito ser de novo verificada no processo de recurso ou, quando pelo tribunal de recurso seja verificada a não-existência de um delito, ser anulado o comando de execução da sanção. Naquela outra hipótese, pode ser verificado no processo de recurso o fato discutido pelas partes de que a ordem de execução da sanção foi precedida de um processo judicial ou, no caso de se não concluir por uma tal averiguação, ser instaurado um processo judicial. O caso de, na opinião das partes, a decisão judicial provir de um tribunal incompetente ou resultar de um processo deficiente (viciado), é análogo ao caso de o delito ter sido praticado por um outro indivíduo que não o condenado ou o delito que este efetivamente cometeu ser diferente daquele pelo qual foi condenado. Em todos estes casos, um processo judicial é objeto de um outro processo judicial. Se este recurso de um processo judicial para outro é limitado pela ordem jurídica positiva, então há um processo judicial que já não pode ser objeto de um outro, então o lugar do fato de um processo judicial já não pode ser ocupado pelo fato deste processo judicial processualmente verificado, então é necessário aceitar o caso extremo de um último processo judicial como fato *em si*. Tal é o caso quando a decisão do tribunal de última instância transita em julgado. Isso significa que agora o sentido da decisão de última instância tem de ser assumido como seu sentido objetivo. Se, nesta decisão, se verifica (afirma) o fato negado pelas partes de que um processo judicial precedeu o comando de execução da sanção ou que existe a competência do tribunal da anterior instância negada pelas partes, que não existe a deficiência (vício) do processo da anterior instância alegada pelas partes, então toda e qualquer opinião diferente fica juridicamente excluída.

Embora o processo judicial, em que é verificado o fato condicionante da sanção, não seja um processo de conhecimento jurídico mas um processo de produção jurídica, existe, no entanto, um certo paralelismo entre este processo e o processo em que se opera o conhecimento dos fatos naturais como objeto deste conhecimento. Neste paralelo, ao sujeito do processo cognoscitivo constitutivo corresponde o órgão do processo judicial constitutivo. Assim como o objeto deste conhecimento é "produzido" no processo do conhecimento, também o fato que condiciona a sanção é produzido no processo judicial. E, assim como o processo judicial pode ser ele próprio, como fato, objeto de um processo judicial, também o fato do próprio processo de conhecimento pode — na teoria do conhecimento — tornar-se objeto de um processo de conhecimento. Porém, este conhecimento, que se tem a si próprio, enquanto fato, como objeto, não pode de novo tornar-se — como fato — objeto de um conhecimento. A recondução do fato do processo do conhecimento a um outro processo de conhecimento que tenha este fato como objeto tem limites. Surge o caso-limite de um processo de conhecimento que tem de ser assumido como fato *em si*, quer dizer, como um fato já não produzido no processo do conhecimento.

β) A relação entre a decisão judicial e a norma jurídica geral a aplicar

O ato através do qual é posta a norma individual da decisão judicial é — como já foi notado — quase sempre predeterminado por normas gerais tanto do direito formal como do direito material. Se tal é o caso, então surgem duas possibilidades num caso concreto a decidir pelo tribunal. Ou bem que o tribunal verifica que o demandado ou acusado cometeu o delito alegado pelo demandante privado ou pelo acusador público, delito esse previsto numa norma jurídica geral, e, portanto, violou pela sua conduta um dever que lhe é imposto pela ordem jurídica — e então o tribunal tem de dar provimento à demanda ou acusação ordenando uma sanção estatuída naquela norma geral; ou o tribunal verifica que o demandado ou acusado não cometeu o delito e, portanto, não ofendeu com a sua conduta qualquer dever que lhe seja imposto pela ordem jurídica, quer porque a conduta do demandado ou acusado verificada pelo tribunal não representa o fato delituoso alegado pelo demandante privado ou pelo acusador público, quer porque não há qualquer norma jurídica geral vigente que ligue a este fato uma sanção — e então o tribunal tem de rejeitar a demanda ou absolver o acusado, quer dizer: ordenar que não deve ser dirigida contra o demandado ou acusado qualquer sanção. Tanto no caso de o tribunal dar provimento à demanda ou acusação, como ainda no caso de o tribunal rejeitar a demanda ou absolver o acusado, a decisão judicial opera-se em aplicação da ordem jurídica vigente, especialmente no caso de o tribunal rejeitar a ação ou absolver o acusado por, no entender do tribunal, não existir qualquer norma em vigor que ligue uma sanção à conduta do demandado ou acusado alegada pelo demandante privado ou pelo acusador público e possivelmente de fato realizada, quer dizer: uma norma que obrigue o demandado ou acusado à conduta oposta. Como já explicamos acima a outro propósito[32], a ordem jurídica regula a conduta humana não só positivamente, prescrevendo uma certa conduta, isto é, obrigando a esta conduta, mas também negativamente, enquanto permite uma determinada conduta pelo fato de a não proibir. O que não é juridicamente proibido é juridicamente permitido. Rejeitando a demanda ou absolvendo o acusado, o tribunal aplica a ordem jurídica que permite ao demandado ou acusado a conduta contra a qual se dirige a demanda ou acusação que não têm fundamento na ordem jurídica.

Como já acima foi explicado, a conduta de um indivíduo não juridicamente proibida e, neste sentido, permitida, pode ser garantida pela ordem jurídica, na medida em que os outros indivíduos são obrigados a tolerar esta conduta, quer dizer, a não a impedir ou de alguma forma dificultar. É sempre este o caso quando exista uma proibição geral do emprego da força física e este emprego da força seja reservado à comunidade jurídica. Mas é inteiramente possível que à conduta de um indivíduo não proibida e, neste sentido, permitida, se oponha uma conduta de outro indivíduo que, não consistindo no emprego da força física, também não seja proibida e, nestes termos, seja permitida. Então existe, como já notamos, um conflito de interesses que a ordem jurídica não previne. É que nenhuma ordem jurídica pode prevenir todos os possíveis conflitos de interesses. Nesse caso, o tribunal tem de rejeitar a ação quando ela se dirija contra uma conduta permitida (quer dizer, não proibida) do demandado através da qual uma conduta permitida (quer dizer: igualmente não proibida) do demandante foi — sem emprego da força física — impedida ou por alguma forma dificultada, e tem de absolver o acusado, mesmo que a sua conduta, contra a qual se dirige a acusação, tenha aquele caráter. Ainda neste caso a decisão judicial se processa em aplicação da ordem jurídica, é aplicação do Direito. A aplicação do Direito vigente pode, numa tal hipótese, ser considerada como insatisfatória por deixar de proteger um interesse que, sob qualquer ponto de vista, é considerado digno de proteção. Porém, como uma ordem jurídica não pode proteger todos os interesses possíveis mas apenas pode proteger interesses bem determinados, enquanto proíbe a sua violação, e, por isso, os interesses opostos, que sempre existem, têm de ficar desprotegidos, o conflito entre uma conduta lícita (permitida) de um indivíduo e uma conduta lícita de outro indivíduo é inevitável e surge sempre que a demanda é rejeitada ou o acusado é absolvido simplesmente porque a sua conduta não é proibida e, portanto, o interesse ofendido pela sua conduta não é protegido pela ordem jurídica através de uma norma geral que ligue à conduta contrária uma sanção.

Mas também é possível que a ordem jurídica confira ao tribunal o poder de, no caso de não poder determinar qualquer norma jurídica geral que imponha ao demandado ou acusado o dever cuja violação o demandante privado ou o acusador público alegam, não rejeitar a demanda ou não absolver o acusado mas, no caso de ter por injusta ou não eqüitativa, quer dizer, como não satisfatória, a ausência de uma tal norma geral dar provimento à demanda ou condenar o acusado. Isto significa que o tribunal recebe poder ou competência para produzir, para o caso que tem perante si, uma norma jurídica individual cujo conteúdo não é de nenhum modo predeterminado por uma norma geral de direito material criada por via legislativa ou consuetudinária. Neste caso, o tribunal não aplica uma tal norma geral, mas a norma jurídica que confere ao tribunal poder para esta criação *ex novo* de direito material. Costuma-se dizer que o tribunal tem competência para exercer a função de legislador. Isto não é completamente exato quando por legislação se entenda a criação de normas jurídicas gerais. Com efeito, o tribunal recebe competência para criar apenas uma norma individual, válida unicamente para o caso que tem perante si. Mas esta norma individual é criada pelo tribunal em aplicação de uma norma geral tida por ele como desejável, como "justa", que o legislador positivo deixou de estabelecer. Somente enquanto aplicação de uma tal norma geral não positiva é possível afirmar como justa (correta) a norma individual estabelecida pelo tribunal.

A diferença entre o caso em que o tribunal — como sói dizer-se — tem competência para funcionar como legislador e o caso em que o tribunal, posto perante a ausência de uma norma geral positiva do direito material que predetermine o conteúdo da decisão judicial, tem de rejeitar a demanda ou de absolver o acusado, é apenas uma diferença de grau. Não só porque, também no primeiro caso, o tribunal aplica uma norma geral — se bem que não positiva — de conteúdo material, mas especialmente porque, também no segundo caso, a função do tribunal é criadora de Direito, a saber, criadora de uma norma individual. Somente neste último caso a livre apreciação do tribunal é muito mais limitada do que naquele, em que — de fato — ela é tão pouco limitada como a livre apreciação que a Constituição normalmente concede ao legislador na criação de normas jurídicas gerais. Mas também no caso de o conteúdo da norma jurídica individual, a produzir pelos tribunais, ser predeterminado por uma norma jurídica geral positiva, à função criadora de Direito dos tribunais tem de ser deixada uma certa margem de livre apreciação. A norma jurídica geral positiva não pode prever (e predeterminar) todos aqueles elementos que só aparecem através das particularidades do caso concreto. Tal sucede, v. g., quanto à extensão, a apurar pelo tribunal, dos prejuízos que têm de ser ressarcidos através da execução do patrimônio do demandado, execução essa a ordenar pelo mesmo tribunal; ou quanto ao momento em que a pena de prisão a aplicar deve começar, e deve terminar, ou em que a pena de morte há de ser executada. No processo em que uma norma jurídica geral positiva é individualizada, o órgão que aplica a norma jurídica geral tem sempre necessariamente de determinar elementos que nessa norma geral ainda não estão determinados e não podem por ela ser determinados. A norma jurídica geral é sempre uma simples moldura dentro da qual há de ser produzida a norma jurídica individual. Mas esta moldura pode ser mais larga ou mais estreita. Ela é o mais larga possível quando a norma jurídica geral positiva apenas contém a atribuição de poder ou competência para a produção da norma jurídica individual, sem preestabelecer o seu conteúdo.

Neste ponto importa observar que, quando a norma jurídica individual, a criar pelos tribunais, não está por forma alguma predeterminada numa norma jurídica geral positiva, essa norma jurídica individual é posta com eficácia retroativa. Uma norma jurídica tem força retroativa quando o fato a que ela liga uma conseqüência do ilícito não foi realizado somente após a sua entrada em vigor mas já antes e, portanto, no momento da sua realização não era ainda um ato ilícito, mas apenas posteriormente foi transformado em tal por esta norma jurídica. Isto é exato quando o tribunal aplica ao caso que tem perante si uma norma jurídica individual, somente por ele criada, cujo conteúdo não está predeterminado em qualquer norma jurídica geral positiva, quando esta norma jurídica individual liga uma conseqüência do ilícito a uma conduta do demandado ou acusado que, no momento em que teve lugar, não era ainda um ato ilícito, mas só foi tornada através desta norma jurídica individual da decisão do juiz.

γ) As chamadas "lacunas" do Direito

Do que fica dito resulta que uma ordem jurídica pode sempre ser aplicada por um tribunal a um caso concreto, mesmo na hipótese de essa ordem jurídica, no entender do tribunal, não conter qualquer norma geral através da qual a conduta do demandado ou acusado seja regulada de modo positivo, isto é, por forma a impor-lhe o dever de uma conduta que ele, segundo a alegação do demandante privado ou do acusador público, não realizou. Com efeito, neste caso, a sua conduta é regulada pela ordem jurídica negativamente, isto é, regulada pelo fato de tal conduta não lhe ser juridicamente proibida e, neste sentido, lhe ser permitida. Este caso, porém, é entendido — sob certas condições — como uma "lacuna" da ordem jurídica.

O que importa na apreciação da teoria das lacunas é determinar as circunstâncias nas quais, segundo esta teoria, se apresenta uma "lacuna" no Direito. Segundo esta teoria, o Direito vigente não é aplicável num caso concreto quando nenhuma norma jurídica geral se refere a este caso. Por isso, o tribunal que tem de decidir o caso precisa colmatar esta lacuna pela criação de uma correspondente norma jurídica. O essencial desta argumentação reside em que a aplicação do Direito vigente, como conclusão do geral para o particular, não é possível neste caso, pois falta a premissa necessária, a norma geral. Esta teoria é errônea, pois funda-se na ignorância do fato de que, quando a ordem jurídica não estatui qualquer dever de um indivíduo de realizar determinada conduta, permite esta conduta. A aplicação da ordem jurídica vigente não é, no caso em que a teoria tradicional admite a existência de uma lacuna, logicamente impossível. Na verdade, não é possível, neste caso, a aplicação de uma norma jurídica singular. Mas é possível a aplicação da ordem jurídica — e isso também é aplicação do Direito. A aplicação do Direito não está logicamente excluída. E, efetivamente, não se costuma de forma alguma presumir a existência de uma "lacuna" em todos os casos nos quais o dever do demandado ou acusado afirmado pelo demandante ou acusador não é estipulado por qualquer norma do Direito vigente. Vistas as coisas mais de perto, verifica-se que a existência de uma "lacuna" só é presumida quando a ausência de uma tal norma jurídica é considerada pelo órgão aplicador do Direito como indesejável do ponto de vista da política jurídica e, por isso, a aplicação — logicamente possível — do Direito vigente é afastada por esta razão político-jurídica, por ser considerada pelo órgão aplicador do Direito como não eqüitativa ou desacertada. Porém, a aplicação da ordem jurídica vigente pode ser considerada como não eqüitativa ou desacertada, não apenas quando esta não contenha uma norma geral que imponha ao demandado ou acusado uma determinada obrigação, mas também quando ela contenha uma tal norma. O fato de a ordem jurídica não conter qualquer norma que estabeleça uma pena para o furto de energia elétrica pode ser considerado tão iníquo ou desacertado como o fato de uma ordem jurídica conter uma norma que é de aplicar tanto ao roubo acompanhado de homicídio como à hipótese de um filho matar o pai que sofre de doença incurável, a pedido deste. Lacuna no sentido da inaplicabilidade lógica do Direito vigente tampouco existe num caso como no outro; e é pelo menos inconseqüente ver num dos casos, e não no outro, uma lacuna. A isto acresce que o juízo segundo o qual a ausência de uma norma jurídica de determinado conteúdo vai contra a eqüidade ou é desacertada representa um juízo de valor altamente relativo que de forma alguma exclui um juízo de valor oposto. Se uma ordem jurídica não contém qualquer norma geral que imponha ao empresário o dever de indenizar o prejuízo causado por um empregado seu em serviço da empresa, e o tribunal tem, portanto, de rejeitar uma ação dirigida contra o empresário e apenas pode receber uma ação dirigida contra o empregado, a aplicação da ordem jurídica vigente será considerada como insatisfatória por parte de um socialista, mas será considerada como perfeitamente razoável por parte de um liberal. A falta de uma norma jurídica geral que conduza à rejeição de uma demanda ou à absolvição de um acusado é geralmente considerada por este ou pelo demandado como razoável e, portanto, como eqüitativa ou justa, e é tida pelo demandante ou acusador como insatisfatória e, portanto, como iníqua ou injusta.

Apesar de todas estas objeções, a teoria das lacunas, isto é, a suposição de que existem hipóteses em que o Direito vigente não pode ser aplicado porque não contém uma norma geral aplicável ao caso, desempenha na técnica da moderna legislação um papel importante. Típico é o preceito do Código Civil suíço: "A lei aplica-se a todas as questões jurídicas para as quais contenha, segundo a sua letra ou a sua interpretação, um preceito. Na hipótese de não ser possível encontrar na lei qualquer prescrição, deve o juiz decidir de acordo com o direito consuetudinário e, na falta deste, segundo a norma que ele, como legislador, teria elaborado". Esta disposição pressupõe a possibilidade de o Direito suíço não ser logicamente aplicável a um caso concreto a decidir por um tribunal cível suíço. Como, porém, isso não é de fato possível, pois uma ordem jurídica é sempre aplicável e também é aplicada quando o juiz rejeita a ação com fundamento em que a ordem jurídica não contém qualquer norma geral que imponha ao demandado o dever afirmado pelo demandante, o pressuposto de que parte o preceito acima citado é uma ficção. Esta consiste em a falta de uma determinda norma dentro de uma ordem jurídica, falta essa determinada com base num juízo de valor ético-político subjetivo, ser apresentada como impossibilidade lógica da aplicação dessa ordem jurídica.

O legislador pode ser levado a utilizar esta ficção pela idéia de que a aplicação da norma geral por ele estabelecida possa conduzir a um resultado insatisfatório em certas circunstâncias por ele não previstas nem previsíveis e de que, por isso, é aconselhável conferir poder ao tribunal para, em tais casos, em vez das normas gerais que predeterminam o conteúdo da sua decisão, fixar o próprio tribunal uma norma jurídica individual, por ele criada, adaptada às circunstâncias pelo legislador não previstas. Se ele formulasse esta atribuição de competência de uma maneira teoreticamente acertada, isto é, sem qualquer ficção, deveria preceituar: quando a aplicação da ordem jurídica vigente é, segundo a concepção ético-política do tribunal, insatisfatória no caso *sub judice*, o tribunal pode decidir o caso segundo a sua livre apreciação. Uma tal formulação conferiria ao tribunal, porém, um poder evidentemente demasiado extenso. O juiz teria poder para decidir segundo o seu arbítrio sempre que houvesse a aplicação da ordem jurídica vigente como insatisfatória, e especialmente quando por ele fosse considerada insatisfatória a aplicação de uma norma jurídica geral que impusesse ao demandado ou acusado o dever que, segundo a alegação do demandante ou acusador, ele violou. Se a concepção ético-política do juiz toma o lugar da concepção ético-política do legislador, este abdica em favor daquele. A tentativa de limitar esta atribuição de competência aos casos que o legislador não previu tem, no entanto, de esbarrar com o fato de o legislador também não poder determinar estes casos. Se os pudesse determinar, regulá-los-ia ele mesmo positivamente. A suposição do tribunal de que um caso não foi previsto pelo legislador e de que o legislador teria formulado o Direito de diferente modo se tivesse previsto o caso, funda-se quase sempre numa presunção não demonstrável. A intenção do legislador somente é apreensível com suficiente segurança quando adquira expressão no Direito por ele criado. Por isso, o legislador, para limitar a atribuição deste poder aos tribunais, atribuição essa considerada por ele como inevitável, recorre à ficção de que a ordem jurídica vigente, em certos casos, não pode ser aplicada — não por uma razão ético-política subjetiva, mas por uma razão lógica objetiva —, de que o juiz somente pode se fazer de legislador quando o Direito apresente uma lacuna.

Como, porém, o Direito vigente é sempre aplicável, pois não há "lacunas" neste sentido, esta fórmula, quando se penetre o seu caráter fictício, não opera a pretendida limitação do poder atribuído ao tribunal, mas a auto-anulação da mesma. Se, porém, o tribunal também aceita a idéia de que há lacunas no Direito, então esta ficção teoreticamente inaceitável realiza o efeito pretendido. Com efeito, o juiz — e especialmente o juiz de carreira que está sob o controle de um tribunal superior —, que não se sente facilmente inclinado a tomar sobre si a responsabilidade de uma criação do Direito *ex novo*, só muito excepcionalmente aceitará a existência de uma lacuna no Direito e, por isso, só raramente fará uso do poder, que lhe é conferido, de assumir o lugar do legislador.

Ao lado das lacunas próprias costumam distinguir-se as lacunas técnicas, que são consideradas possíveis mesmo por aqueles que, de um ângulo de visão positivista, negam a existência de lacunas próprias. Uma tal lacuna técnica apresenta-se quando o legislador omite normar algo que deveria ter normado para que de todo em todo fosse tecnicamente possível aplicar a lei. Simplesmente, porém, aquilo que se designa como lacuna técnica, ou é uma lacuna no sentido originário da palavra, quer dizer, uma diferença entre um Direito positivo e um Direito ideal, ou é aquela indeterminação que resulta do caráter esquemático da norma. A primeira surge, quando, v. g., a lei, segundo a qual, na hipótese de um contrato de venda, o vendedor é obrigado a entregar a mercadoria ou, quando não entrega a mercadoria, a indenizar os prejuízos por tal fato causados, nada determina — como se costuma dizer — sobre o ponto de saber quem suporta o risco se a coisa vendida, sem culpa das partes, é destruída antes da transferência da posse. Simplesmente não é verdade que o legislador "nada" determine, pois o que sucede é que ele não determina que o vendedor fica isento da obrigação de entregar a mercadoria ou de indenizar pelas perdas e danos — determinação que abertamente considera desejável quem afirme haver aqui uma "lacuna", mas que não precisa de modo algum ser pensada para tornar a lei aplicável. Como a lei não abre para o caso referido qualquer exceção ao dever do vendedor de entregar a coisa ou indenizar o prejuízo, ela determina que é o vendedor quem suporta o risco. A segunda hipótese apresenta-se quando a lei determina, por hipótese, que um órgão deve ser criado por eleição, mas não regula o processo da eleição. Isso significa que qualquer espécie de eleição — eleição de maioria relativa ou maioria absoluta, eleição pública ou secreta, etc. — é legal. O órgão encarregado de realizar a eleição pode determinar o processo de eleição como bem entenda. A determinação do processo eleitoral é deixada a uma norma de escalão inferior. Um outro exemplo: uma lei determina, entre outras coisas, que uma assembléia, para estar em exercício, tem de ser convocada pelo seu presidente; mas, ao mesmo tempo, determina que ela deve eleger o seu presidente. Se desta norma não é possível colher-se o sentido de que, no caso de não haver presidente, qualquer espécie de reunião é legal, mas apenas o sentido de que, também nesta hipótese, a assembléia tem de ser convocada pelo seu presidente, então essa assembléia não pode funcionar por forma legal, isto é, em aplicação da lei. Mas também aqui não há uma "lacuna". Com efeito, a lei quer, na verdade, que a assembléia, mesmo quando não tenha um presidente, deva ser convocada por este. Se nada tivesse prescrito para esta hipótese, qualquer reunião seria legal. A lei determina aqui um contra-senso. Como as leis são obra humana, tal possibilidade não está excluída.

δ) *Criação de normas jurídicas gerais pelos tribunais: o juiz como legislador; flexibilidade do Direito e segurança jurídica*

Um tribunal, especialmente um tribunal de última instância, pode receber competência para criar, através da sua decisão, não só uma norma individual, apenas vinculante para o caso *sub judice*, mas também normas gerais. Isto é assim quando a decisão judicial cria o chamado precedente judicial, quer dizer: quando a decisão judicial do caso concreto é vinculante para a decisão de casos idênticos. Uma decisão judicial pode ter um tal caráter de precedente quando a norma individual por ela estabelecida não é predeterminada, quanto ao seu conteúdo, por uma norma geral criada por via legislativa ou consuetudinária, ou quando essa determinação não é unívoca e, por isso, permite diferentes possibilidades de interpretação. No primeiro caso, o tribunal cria, com a sua decisão dotada de força de precedente, Direito material novo; no segundo caso, a interpretação contida na decisão assume o caráter de uma norma geral. Em ambos os casos, o tribunal que cria o precedente funciona como legislador, talqualmente o órgão a que a Constituição confere poder para legislar. A decisão judicial de um caso concreto é vinculante para a decisão de casos idênticos pelo fato de a norma individual que ela representa ser generalizada. Esta generalização, quer dizer, a formulação da norma geral, pode ser realizada pelo próprio tribunal que cria o precedente, mas também pode ser deixada aos outros tribunais que se encontram vinculados pelo dito precedente. Neste caso, não pode impedir-se que diferentes tribunais generalizem por forma diferente a decisão que constitui o precedente, o que não concorre para o fim da instituição: alcançar uma jurisprudência uniforme. Como a decisão que constitui o precedente apenas pode ser vinculante para a decisão de casos iguais, a questão de saber se um caso é igual ao precedente é de importância decisiva. Como nenhum caso é igual ao precedente sob todos os aspectos, a "igualdade" de dois casos que a esse respeito interesse considerar apenas pode residir no fato de eles coincidirem em certos pontos essenciais — tal como, na verdade, também dois fatos que representam o mesmo delito não coincidem em todos os pontos mas apenas em alguns pontos essenciais. Porém, a questão de saber em que pontos têm de coincidir para serem considerados como "iguais" apenas pode ser respondida com base na norma geral que determina a hipótese legal (*Tatbestand*), fixando os seus elementos essenciais. Portanto, só com base na norma geral que é criada pela decisão com caráter de precedente se pode decidir se dois casos são iguais. A formulação desta norma geral é o pressuposto necessário para que a decisão do caso precedente possa ser vinculante para a decisão de casos "iguais".

A função criadora de Direito dos tribunais, que existe em todas as circunstâncias, surge com particular evidência quando um tribunal recebe competência para produzir também normas gerais através de decisões com força de precedentes. Estamos especialmente próximos de uma atribuição deste poder a um tribunal, designadamente a um tribunal de última instância, quando este seja autorizado, em certas circunstâncias, a decidir um caso, não em aplicação de uma norma vigente de Direito material, mas segundo a sua livre apreciação do mesmo, quer dizer: quando seja autorizado a produzir uma norma individual cujo conteúdo não esteja predeterminado em qualquer norma geral do Direito positivo. Conferir a uma tal decisão caráter de precedente é tão-só um alargamento coerente da função criadora de Direito dos tribunais.

Se aos tribunais é conferido o poder de criar não só normas individuais mas também normas jurídicas gerais, eles entrarão em concorrência com o órgão legislativo instituído pela Constituição e isso significará uma descentralização da função legislativa. Sob este aspecto, isto é, com respeito à relação entre o órgão legislativo e os tribunais, podem distinguir-se dois tipos de sistemas jurídicos tecnicamente diferentes. Segundo um destes tipos, a produção de normas jurídicas gerais está completamente centralizada, quer dizer, é reservada a um órgão legislativo central e os tribunais limitam-se a aplicar aos casos concretos, nas normas individuais a produzir por eles, as normas gerais produzidas por esse órgão legislativo. Como o processo legislativo, especialmente nas democracias parlamentares, tem de vencer numerosas resistências para funcionar, o Direito só dificilmente se pode adaptar, num tal sistema, às circunstâncias da vida em constante mutação. Este sistema tem a desvantagem da falta de flexibilidade. Tem, em contrapartida, a vantagem da segurança jurídica, que consiste no fato de a decisão dos tribunais ser até certo ponto previsível e calculável, em os indivíduos submetidos ao Direito se poderem orientar na sua conduta pelas previsíveis decisões dos tribunais. O princípio que se traduz em vincular a decisão dos casos concretos a normas gerais, que hão de ser criadas de antemão por um órgão legislativo central, também pode ser estendido, por modo conseqüente, à função dos órgãos administrativos. Ele traduz, neste seu aspecto geral, o princípio do Estado-de-Direito que, no essencial, é o princípio da segurança jurídica. Em completa oposição a este sistema encontra-se aquele segundo o qual não existe tampouco um órgão legislativo central, tendo os tribunais e os órgãos administrativos de decidir os casos concretos segundo a sua livre apreciação. A sua justificação está no suposto de que nenhum caso é perfeitamente igual a outro, de que, portanto, a aplicação de normas jurídicas gerais que predeterminam a decisão judicial ou o ato administrativo e, assim, impedem o órgão competente de tomar na devida conta as particularidades do caso concreto, pode conduzir a resultados insatisfatórios. É o sistema da livre descoberta do Direito, sistema que já Platão propôs para o seu Estado ideal. Em conseqüência da radical descentralização da criação do Direito que lhe vai ligada, este sistema caracteriza-se pela sua grande flexibilidade, mas, em contrapartida, renuncia totalmente à segurança jurídica. Com efeito, sob uma tal ordem jurídica, os indivíduos não podem prever as decisões dos casos concretos em que participam como demandantes ou demandados, acusadores ou acusados. Por isso, não podem de forma nenhuma saber de antemão o que é que lhes é juridicamente proibido ou permitido, para que é que têm ou não têm poder ou competência. Somente podem conhecer isso através da decisão em que lhes é aplicada uma pena ou em que são absolvidos da acusação, em que a sua ação é rejeitada ou recebe provimento.

Por vezes, exige-se a livre descoberta do Direito, que garante a flexibilidade do mesmo, em nome da justiça, de uma justiça que se pressupõe absoluta. Justa, neste sentido, seria a decisão de um caso concreto somente quando tomasse em consideração todas as particularidades do mesmo caso. Como, porém, nenhum caso é perfeitamente igual a outro, mas cada caso é, de qualquer modo que seja, diferente de todos os outros, a aplicação de uma norma geral a um caso concreto nunca poderia conduzir a uma decisão justa. Com efeito, uma norma geral pressupõe necessariamente uma igualdade de casos que na realidade não existe. Por isso, todo Direito só poderia ter caráter individual, a decisão dos casos concretos não poderia sequer ser vinculada a normas gerais.

Contra esta fundamentação da descoberta livre do Direito deve objetar-se pela forma seguinte: o que efetivamente sucede quando a decisão dos casos concretos não é vinculada a normas jurídicas gerais, legislativa ou consuetudinariamente criadas, não é de forma alguma a complexa exclusão, do processo de criação jurídica, das normas gerais. Se o órgão, perante o qual se apresenta o caso concreto a decidir, deve dar uma decisão "justa", ele somente o pode fazer aplicando uma norma geral que considere justa. Como uma tal norma geral não foi já criada por via legislativa ou consuetudinária, o órgão chamado a descobrir o Direito tem de proceder pela mesma forma que um legislador que, na formulação das normas gerais, é orientado por um determinado ideal de justiça. Como diferentes legisladores podem ser orientados por diferentes ideais de justiça, o valor de justiça por eles realizado apenas pode ser relativo; e, conseqüentemente, não pode ser menos relativa a justiça da norma geral pela qual se deixa orientar o órgão chamado a decidir o caso concreto. Do ponto de vista de um ideal de justiça — apenas possível como valor relativo —, a diferença entre o sistema da livre descoberta do Direito e o sistema da descoberta do Direito vinculada à lei ou ao direito consuetudinário reside no fato de o lugar da norma geral de Direito positivo e da norma geral do ideal de justiça que orienta o legislador ser ocupado pela norma geral do ideal de justiça do órgão chamado à descoberta do Direito.

O suposto desta norma geral é — como já notamos — inadmissível se a decisão do caso concreto deve valer como "justa". Com efeito, a questão de saber por que é que uma determinada decisão é justa é levantada pela necessidade de justificar esta decisão, de fundamentar a validade da norma individual por ela posta. E tal justificação ou fundamentação de validade não é possível senão pela demonstração de que a norma individual corresponde a uma norma geral superior pressuposta como justa. A norma constitutiva do valor de justiça tem de, por sua mesma natureza, ter caráter geral[33].

Uma variante especial da exigência de uma livre descoberta do Direito, não vinculada a quaisquer normas gerais, é a que surge agora com uma doutrina que se desenvolveu sob a influência da filosofia existencialista[34]. Segundo ela, a realidade, por sua natureza concreta, não pode ser apreendida através de conceitos abstratos nem regulada através de normas gerais, mas apenas pode ser "vivida". Dado que os casos concretos a decidir pelos tribunais são completamente diferentes uns dos outros, a decisão reta, isto é, a decisão que toma em conta as particularidades do caso, não pode ser encontrada numa norma geral, vinda de fora, mas apenas na realidade do próprio caso concreto. O Direito justo é imanente à realidade social e somente pode ser encontrado através de cuidadosa análise desta mesma realidade, e não pela análise de quaisquer leis estaduais. Sob esse aspecto, a teoria existencialista do Direito não é mais que uma forma de manifestação da teoria do Direito natural e, como esta, uma tentativa falhada de uma conclusão, logicamente impossível, do ser para o dever-ser.

Entre os dois tipos ideais de uma jurisprudência vinculada a leis estaduais e de uma jurisprudência liberta das leis estaduais, situam-se aqueles sistemas nos quais, sendo embora instituído um órgão legislativo central, os tribunais recebem o poder não só de fixar normas jurídicas individuais nos quadros das normas gerais criadas pelo órgão legislativo mas também — em circunstâncias determinadas, já acima referidas — de fixar normas individuais fora destes quadros; e, por fim, aquele sistema em que os tribunais têm poder de criar normas jurídicas gerais sob a forma de decisões com força de precedentes. Estes diferentes sistemas representam diferentes graus de centralização ou descentralização da função produtora do Direito e, portanto, diferentes graus de realização do princípio da flexibilidade do Direito, que está na razão inversa do princípio da segurança jurídica.

Constitui um sistema especial aquele em que as normas jurídicas gerais não são, ou não são a título principal, criadas por um órgão legislativo central, mas são criadas pelo costume e aplicadas pelos tribunais. Como, na hipótese de criação consuetudinária das normas gerais a aplicar pelos tribunais, a adaptação do Direito às circunstâncias em mutação ainda é mais difícil do que no caso da criação das normas jurídicas gerais por um órgão legislativo central, o sistema do Direito consuetudinário é especialmente favorável à formação de uma jurisprudência com força de precedente. É por isso compreensível que esta se tenha desenvolvido especialmente no domínio da *common law* anglo-americana, que é essencialmente Direito consuetudinário.

A aplicação pelo tribunal de uma norma jurídica geral criada consuetudinariamente, distingue-se — como já foi notado[35] — da aplicação de uma norma geral criada por um órgão legislativo, pelo fato de a verificação da validade da norma a aplicar, isto é, a verificação de que existe um costume gerador de Direito, desempenhar um papel muito mais proeminente, muito mais acusado, na consciência do juiz, do que a verificação da validade de uma norma criada pelo legislador e publicada na folha oficial. É por isso explicável que, por vezes, se defenda a concepção de que o Direito consuetudinário é um Direito criado pelos tribunais. Se os tribunais, como no domínio da *common law* anglo-americana, têm de aplicar principalmente Direito consuetudinário e, além disso, têm o poder de criar precedentes, sobre um tal terreno pode facilmente surgir a teoria de que todo Direito é Direito jurisprudencial, quer dizer, Direito criado pelos tribunais; de que antes da decisão judicial não existe Direito, de que uma norma só se torna norma jurídica pelo fato de ser aplicada pelo tribunal[36]. Uma tal teoria só pode ser sustentada aceitando-se que as normas aplicadas pelos tribunais não devem ser consideradas como Direito mas como simples "fontes" de Direito, empregando esta expressão figurativa para designar todos os fatores que de fato influem a decisão judicial, tais como os juízos de valor ético-políticos, pareceres de técnicos e outros. Sob a impressão da importância proeminente que tem o tribunal dentro de um sistema de Direito consuetudinário e de jurisprudência com força de precedente, esta teoria ignora a diferença essencial que existe entre "fontes" do Direito juridicamente vinculantes e não juridicamente vinculantes. Erra, porque desconhece que fonte de Direito, isto é, a origem ou causa do Direito, aquilo de que o Direito nasce, aquilo que produz Direito, só pode ser o Direito, pois é o Direito que regula a sua própria produção.

A teoria, nascida no terreno da *common law* anglo-americana, segundo a qual somente os tribunais criam Direito, é tão unilateral como a teoria, nascida no terreno do Direito legislado da Europa continental, segundo a qual os tribunais não criam de forma alguma Direito mas apenas aplicam Direito já criado. Esta teoria implica a idéia de que só há normas jurídicas gerais, aquela implica a de que só há normas jurídicas individuais. A verdade está no meio. Os tribunais criam Direito, a saber — em regra — Direito individual; mas, dentro de uma ordem jurídica que institui um órgão legislativo ou reconhece o costume como fato produtor de Direito, fazem-no aplicando o Direito geral já de antemão criado pela lei ou pelo costume. A decisão judicial é a continuação, não o começo, do processo de criação jurídica.

Se, de um ponto de vista jurídico-político, se vê na diferença entre uma jurisprudência que está vinculada por normas gerais criadas por via legislativa ou consuetudinária e uma jurisprudência livre, não vinculada por tais normas, uma oposição de princípio entre dois sistemas jurídicos, deve notar-se que esta oposição é substancialmente reduzida através do instituto do caso julgado da decisão judicial, como mais tarde se mostrará[37].

h) *O negócio jurídico*

α) *O negócio jurídico como fato criador de Direito*

A norma jurídica individual, que representa a decisão judicial, estatui uma sanção que (no caso de uma decisão jurídico-penal) tem o caráter de uma pena ou (no caso de uma decisão jurídico-civil) tem o caráter de uma execução. O fim da sanção civil é o ressarcimento, especialmente o ressarcimento de um prejuízo[38]. A conduta através da qual se causa um prejuízo é contrária ao Direito (antijurídica), é um delito civil, na medida em que é condição de uma execução civil. Podem distinguir-se dois modos de provocar prejuízos, conforme estas são causadas em conexão com um negócio jurídico precedente ou independentemente de uma tal conexão. Um prejuízo da segunda espécie surge quando, v. g., alguém lesa ou destrói um objeto que é propriedade de outrem, ou quando alguém causa um prejuízo a outrem através de um delito criminal, como ofensas corporais, furto, etc. Nesta última hipótese, a sanção civil acresce à sanção penal. Uma lesão da primeira espécie surge quando, p. ex., duas pessoas concluíram um contrato e um dos contratantes causa ao outro um prejuízo pelo fato de não cumprir a sua obrigação contratual. Nesta hipótese, o fato condicionante da sanção civil compõe-se de duas partes integrantes: a conclusão de um contrato e uma conduta anticontratual; ou, expresso por forma mais geral: a realização de um negócio jurídico e uma conduta contrária ao negócio jurídico.

Uma conduta pode ser havida como contrária ao negócio jurídico porque o sentido subjetivo do ato ou dos atos que formam um negócio jurídico é uma norma, porque o negócio jurídico é um fato produtor de normas. Na linguagem tradicional a palavra "negócio jurídico" é usada tanto para significar o ato produtor da norma como ainda a norma produzida pelo ato. O negócio jurídico típico é o contrato. Num contrato as partes contratantes acordam em que devem conduzir-se de determinada maneira, uma em face da outra. Este dever-ser é o sentido subjetivo do ato jurídico-negocial. Mas também é o seu sentido objetivo. Quer dizer: este ato é um fato produtor de Direito se e na medida em que a ordem jurídica confere a tal fato esta qualidade; e ela confere-lhe esta qualidade tornando a prática do fato jurídico-negocial, juntamente com a conduta contrária ao negócio jurídico, pressuposto de uma sanção civil. Na medida em que a ordem jurídica institui o negócio jurídico como fato produtor de Direito, confere aos indivíduos que lhe estão subordinados o poder de regular as suas relações mútuas, dentro dos quadros das normas gerais criadas por via legislativa ou consuetudinária, através de normas criadas pela via jurídico-negocial. Estas normas jurídico-negocialmente criadas, que não estatuem sanções mas uma conduta cuja conduta oposta é o pressuposto da sanção que as normas jurídicas gerais estatuem, não são normas jurídicas autônomas. Elas apenas são normas jurídicas em combinação com as normas gerais que estatuem as sanções. O tribunal civil que decide um litígio surgido de um negócio jurídico tem não só que verificar a validade da norma jurídica geral com base na qual tal negócio foi realizado, como também o fato de o negócio ter sido realizado, o fato da existência de uma conduta contrária ao negócio e a circunstância de os prejuízos por este último fato causados não terem sido indenizados; e, com base nestas averiguações, tem de fixar a norma individual, nos termos da qual, se o prejuízo pelo tribunal determinado não for ressarcido dentro de um determinado prazo, deve ser executada uma sanção que é estatuída na norma jurídica geral a aplicar pelo tribunal. A sanção estatuída na norma jurídica geral constitui, como dever principal, o dever de omitir uma conduta contrária ao negócio jurídico e, portanto, de não provocar prejuízo que por ela é causado; e, como dever sucedâneo, o de indenizar o prejuízo causado pelo não-cumprimento do dever principal. A sanção pode ser evitada, quer pelo cumprimento do dever diretamente estatuído pelo negócio jurídico, quer, em caso de não-cumprimento deste dever, pelo cumprimento do dever de ressarcir que vem ocupar o seu lugar e que, neste caso, é um dever sucedâneo. O caso é o mesmo quando o prejuízo não é causado por uma conduta contrária ao negócio jurídico nem por uma conduta punível. Se, pelo contrário, o prejuízo é causado por uma conduta que é pressuposto de uma sanção penal — como, e. g., ofensas corporais graves —, então esta sanção não pode ser evitada pelo cumprimento do dever de indenizar o prejuízo causado pelo delito punível. Com efeito, nesta hipótese, a sanção civil que constitui este dever acresce à sanção penal que constitui o dever de não praticar o delito punível. Em relação a este dever o dever de indenizar não é um dever sucedâneo.

O negócio jurídico é, tal como o delito da conduta contrária ao negócio jurídico e o delito da não-indenização do prejuízo por tal conduta causado, pressuposto da sanção civil. Distingue-se do delito pelo fato de criar, de acordo com a ordem jurídica, a norma que é o seu sentido, ao passo que o delito não é um fato gerador de normas instituído pela ordem jurídica. O ato coercivo da sanção civil não é dirigido contra o indivíduo que realizou um negócio jurídico, mas apenas contra o indivíduo que, após ter celebrado um negócio jurídico, se conduz contrariamente a esse negócio jurídico ou deixa de indenizar o prejuízo causado através dessa conduta.

β) O contrato

Conforme o fato jurídico-negocial é constituído pelo ato de um indivíduo ou pelos atos de dois ou mais indivíduos, assim distiguimos entre negócios jurídicos unilaterais e negócios jurídicos bilaterais ou plurilaterais. O negócio jurídico de longe mais importante no Direito moderno é o negócio jurídico bilateral ou plurilateral chamado contrato.

O fato contratual consiste nas declarações de vontade concordantes de dois ou vários indivíduos, as quais vão dirigidas a uma determinada conduta destes. A ordem jurídica pode prescrever uma determinada forma — embora não tenha necessariamente de o fazer — que estas declarações devem revestir para representarem um contrato juridicamente vinculante, quer dizer: para produzirem normas que impõem deveres e conferem direitos aos indivíduos contratantes — prescrevendo, v. g., que as declarações devem ser realizadas por escrito e não simplesmente por via oral ou através de gestos. Em todo caso, as partes têm de por qual quer forma expressar a sua vontade, quer dizer, exteriorizá-la numa aparência. De outro modo, o fato de um contrato ter sido concluído não pode ser verificado num processo de aplicação do Direito, especialmente num processo judicial.

Entre a vontade real de uma das partes e a sua declaração por qualquer modo exteriorizada, pode existir uma discrepância, na medida em que a esta declaração é atribuído, pela contraparte no contrato ou pelo órgão aplicador do Direito, um sentido diferente daquele que a própria parte quis exprimir com a sua declaração. Quais as conseqüências que tem uma tal discrepância, é questão a que só pode responder-se com base na ordem jurídica, e não através da ciência jurídica. A ordem jurídica pode determinar que não se concluiu um contrato criador de Direito quando uma das partes está em posição de poder demonstrar que o sentido in-tendido (por ela visado) da sua declaração é diferente daquele que lhe é atribuído pela outra parte. Mas a ordem jurídica também pode determinar que uma tal discrepância não tem qualquer incidência sobre a validade da norma contratualmente criada, que ela é juridicamente irrelevante, que apenas importa o sentido que, no entender do órgão aplicador do Direito — em caso de litígio —, pode normalmente ser atribuído à declaração pela outra parte. A ordem jurídica pode conferir mais peso à declaração do que à vontade efetiva, ou, inversamente, conferir mais peso à vontade real do que à declaração. A resposta à questão de saber qual das duas soluções do presente problema deve ser preferida depende dos princípios de política jurídica que determinam o legislador. O ideal da segurança do tráfico pode conduzir a uma solução, o ideal da liberdade individual pode conduzir à outra.

Para que um contrato se conclua, tem de a declaração de uma das partes ser dirigida à outra parte e aceita por esta na sua declaração dirigida àquela. O contrato consiste, portanto, como se costuma dizer, numa proposta ou oferta e na sua aceitação. A oferta é uma proposta através de cuja aceitação é posta em vigor uma norma que regula a conduta recíproca das partes contratantes. Quando esta norma impõe uma obrigação ao proponente, a oferta tem o caráter de uma promessa. A distinção entre oferta e aceitação pressupõe que as duas declarações se não produzem ao mesmo tempo. A oferta deve preceder a aceitação. Assim, surge a questão de saber se a parte que faz a oferta tem de manter a vontade exteriorizada na declaração até o momento da aceitação, de forma a que, no momento da aceitação, as vontades das duas partes coincidam, e se, por isso, quando tal não seja o caso — porque o ofertante entretanto modificou a sua vontade e exteriorizou esta modificação de vontade retirando a oferta — nenhum contrato se conclui; ou se uma mudança de vontade surgida após a oferta é irrelevante e esta, portanto, não pode ser retirada. Se não pode ser retirada, põe-se ainda a questão de saber por quanto tempo permanece o ofertante vinculado à sua oferta. Também esta questão só pode ser respondida de acordo com os preceitos positivos da ordem jurídica. Se esta permite retirar a qualquer tempo a oferta, antes de feita a aceitação, fica muito dificultada a conclusão de um contrato entre ausentes. Para obviar a esta dificuldade, determina a ordem jurídica, por vezes, que o ofertante permaneça ligado, sob certas condições, à sua oferta, durante um determinado período de tempo. Isto significa que o contrato se conclui validamente se a oferta é aceita dentro deste prazo, mesmo que o proponente modifique a sua vontade, declarada na oferta. Então, pela aceitação da oferta, pode criar-se uma norma que vincule o proponente, mesmo contra a sua vontade.

Para que um contrato se realize devem existir declarações de vontade concordes das partes contratantes, declarações segundo as quais as partes querem o mesmo. Através deste fato é criada uma norma cujo conteúdo se determina através das declarações concordantes. Entre o contrato como fato produtor de normas jurídicas e a norma criada através desse fato deve manter-se uma nítida separação. Na terminologia tradicional, porém, a palavra "contrato" é usada para designar ambas as coisas. Fala-se de conclusão de um contrato e quer-se significar, com isso, os atos que formam o fato gerador de normas. Fala-se de vigência de um contrato e quer-se significar a norma criada através deste fato, pois só uma norma — e não um ato — pode "ter vigência". O domínio temporal de validade da norma contratualmente produzida pode estar determinado no seu conteúdo. Um contrato pode ser celebrado para valer por certo período de tempo. A norma também pode conter a determinação de que a validade do contrato pode cessar por declaração unilateral de uma das partes contratantes. O mesmo pode acontecer, segundo o Direito vigente, quando o contrato foi concluído para valer por tempo indeterminado. Se a duração da validade da norma contratualmente criada está fixada nesta mesma norma, ela não pode cessar por declaração unilateral de uma das partes contratantes. Neste caso, a sua cessação antes do decurso do prazo determinado só pode ser produzida através de uma norma criada pelas mesmas partes contratantes, ou, exprimindo o mesmo por outras palavras: nesse caso, o contrato só pode ser revogado através de um outro contrato concluído entre as mesmas partes.

Através de uma norma criada contratualmente só podem, em regra, ser estatuídas obrigações e direitos para as partes contratantes. Nisto se exprime o princípio da chamada autonomia privada. No entanto, uma ordem jurídica também pode permitir os chamados contratos a cargo ou em favor de terceiros, isto é, normas contratualmente criadas através das quais se impõem deveres ou conferem direitos a indivíduos que não participaram na produção do fato criador de Direito. A norma contratualmente criada pode impor às partes os mesmos deveres e conferir-lhes os mesmos direitos. Mas este conteúdo deve ser sempre querido pelas partes contratantes ou estar contido nas declarações concordes de todas as partes contratantes. A norma contratualmente criada tem caráter individual — como, e. g., na hipótese de um contrato de venda através do qual uma das partes é obrigada a entregar à outra, de uma só vez, um determinado objeto, e a outra é obrigada a entregar, de uma só vez, uma determinada quantia em dinheiro.

Mas o contrato também pode ter caráter geral, quer dizer: não obrigar a uma só e determinada prestação, ou a uma prestação e uma contraprestação, mas a um número indeterminado de prestações, ou prestações e contraprestações. Por exemplo: um contrato no qual uma sociedade seguradora se obriga, perante um determinado indivíduo, a pagar-lhe todas as despesas que, em caso de doença, faça com tratamentos médicos, e o indivíduo segurado se obriga a entregar à sociedade seguradora, mensalmente, uma determinada soma pecuniária.

No domínio do Direito internacional, existe em muitos tratados uma cláusula de adesão. Através de uma tal cláusula podem aderir ao tratado todos e quaisquer Estados, ou só determinados Estados. A adesão pode operar-se através de declaração unilateral ou através de pedido de adesão que tem de ser aceite pelas anteriores partes no tratado, pela sua maioria, ou por um órgão instituído pela norma pactícia. No último caso, a adesão opera-se através de um novo tratado; no primeiro caso, através da submissão unilateral à norma pactícia. Através da adesão, a norma pactícia passa a vigorar em relação aos aderentes.

Uma espécie particular de contratos (ou tratados) criadores de normas gerais é constituída por aqueles através dos quais — segundo o Direito estadual — é instituído um estatuto associativo ou — segundo o Direito internacional geral — é instituída uma organização internacional, como uma associação de Estados ou as Nações Unidas. Então fala-se de uma convenção. Adesão a uma associação ou a uma organização internacional é adesão à convenção através da qual foi instituída a associação ou a organização internacional. Se a adesão à associação ou à organização internacional somente é possível com o acordo de um órgão da associação ou da organização internacional, então essa adesão baseia-se sobre um contrato ou tratado concluído entre a associação ou a organização e o membro aderente, e cujo conteúdo é o estatuto da associação ou a carta da organização internacional. Se a adesão se pode operar através de declaração unilateral do aderente, há submissão a uma ordem jurídica parcial vigente. Através do ato de adesão, as normas do estatuto da associação ou da carta da organização internacional são postas a vigorar em relação ao sujeito aderente, o que significa que são criadas com validade em relação a este sujeito.

Uma tal adesão de uma pessoa privada a uma associação ou de um Estado a uma organização internacional é — diferentemente do contrato — um negócio jurídico unilateral. O mesmo vale dizer, no domínio do Direito privado, relativamente às chamadas ofertas ao público, isto é, às promessas publicamente anunciadas de um prêmio por uma determinada prestação. Em ambos os casos, através do ato de um sujeito é criada uma norma ou são criadas normas pelas quais é constituído numa obrigação o sujeito que põe o ato. Por aí se distinguem os negócios jurídicos unilaterais dos atos legislativos, das decisões judiciais e dos atos administrativos, através dos quais são criadas normas que obrigam outros que não os indivíduos que põem estes atos.

i) *Administração*

Ao lado da legislação e da jurisdição é também mencionada a administração como uma das três funções que, na teoria tradicional, são consideradas as funções essenciais do Estado. Legislação e jurisdição são funções jurídicas em sentido estrito, quer dizer, funções através das quais são criadas e aplicadas as normas da ordem jurídica estadual, consistindo a aplicação de uma norma jurídica na produção de uma outra norma ou na execução do ato de coerção estatuído por uma norma[39]. Os indivíduos que desempenham estas funções são órgãos jurídicos. Dizer que eles são, como tais, órgãos do Estado, ou seja, portanto, que a sua função pode ser atribuída ao "Estado", isto é, à comunidade jurídica constituída através da ordem jurídica estadual, significa que essa função é referida à unidade da ordem coercitiva que constitui esta comunidade. Esta ordem coerciva é uma ordem jurídica "estadual" porque e na medida em que institui, para esta função jurídica, órgãos funcionando segundo o princípio da divisão do trabalho e, na verdade, designados imediata ou mediatamente para a sua função — quer dizer, órgãos relativamente centrais —, é limitada no seu domínio territorial de validade a um espaço fixamente limitado — o chamado território do Estado — e é pressuposta com ordem suprema ou tão-somente subordinada à ordem jurídica internacional. No entanto, impõe-se notar que a função jurídica, ou seja, a criação e aplicação de normas da ordem jurídica estadual não é somente realizada por órgãos centrais mas também tem lugar num processo descentralizado. Tal sucede com a criação de normas jurídicas gerais através do costume e de normas jurídicas individuais e gerais através do negócio jurídico. Os indivíduos que realizam esta função são órgãos, tal como o órgão legislativo ou os tribunais, e a sua função pode, como a legislação e a jurisdição, ser igualmente referida à unidade da ordem jurídica estadual, ser atribuída à comunidade — o Estado — constituída por esta ordem jurídica. A terminologia tradicional, porém, não corresponde a esta realidade — como já anteriormente mostramos. As normas jurídicas criadas através do costume ou do negócio jurídico não são referidas como Direito criado pelo Estado, embora estas normas pertençam tanto à ordem jurídica estadual como as normas criadas pela legislação ou pelas decisões judiciais. A terminologia tradicional tem a tendência, já referida anteriormente, de designar como órgãos estaduais órgãos jurídicos mais ou menos centrais, quer dizer: de apenas atribuir à comunidade jurídica, ao Estado, a função realizada por tais órgãos. Típico a este respeito é que — como já notamos — considera o parlamento como órgão do Estado, mas já não o eleitorado ou o eleitor individual[40].

A atividade designada como administração estadual é, em grande parte, da mesma natureza que a legislação e a jurisdição, a saber, função jurídica no sentido estrito de criação e aplicação de normas jurídicas. A função do órgão administrativo superior, o governo, consiste na participação na atividade legislativa que lhe é adjudicada pela Constituição, no exercício do poder ou competência que lhe é atribuída pela Constituição para concluir tratados internacionais, na publicação, conforme à Constituição, de decretos e de ordens administrativas dirigidas aos órgãos da administração que lhe estão subordinados e aos súditos — quer dizer: na criação e aplicação de normas gerais e individuais.

Entre uma lei administrativa que, através da estatuição de sanções, obriga os indivíduos a uma determinada conduta em matérias de saúde, de atividade profissional ou de trânsito, e uma lei penal ou civil, não existe, técnico-juridicamente, qualquer diferença. As autoridades administrativas subordinadas ao governo têm, especialmente como órgãos de polícia, de aplicar normas gerais que estatuem sanções penais, e esta função não se distingue da da jurisdição dos tribunais através do seu conteúdo, mas apenas através da natureza do órgão em exercício de funções. O juiz é, na sua função, independente de um órgão superior, quer dizer, apenas está vinculado à norma geral que tem de aplicar, enquanto o órgão administrativo tem de acatar as instruções que lhe são dadas por um órgão que lhe está supra-ordenado. No entanto, esta distinção não é, de forma alguma, absoluta, pois também os órgãos administrativos superiores são — à falta de órgãos mais elevados —, como os tribunais, igualmente independentes. Pondo de parte a independência dos órgãos judiciais, não há qualquer diferença entre a função de um tribunal que, no caso de furto, aplica uma pena de prisão e, no caso de uma ofensa à dignidade, aplica uma pena de multa, e a função de um órgão administrativo que, no caso de violação de preceitos fiscais, de sanidade ou de trânsito, ordena a execução de análogas sanções. De resto, a execução da sanção, mesmo quando seja ordenada por um tribunal, é um ato administrativo. O órgão executivo não é um órgão judicial, mas um órgão administrativo.

Uma diferença funcional entre função judicial e função administrativa — que é sempre, no entanto, uma função jurídica no sentido estrito, porque é criação e aplicação de normas jurídicas — surge quando o ato coercivo não tem o caráter de uma sanção, quando se trate da aplicação de normas jurídicas estatuindo o internamento compulsório de doentes, a expropriação compulsória ou a destruição de propriedade e atos coercivos semelhantes, que se não apresentam como reação contra uma conduta de um indivíduo definida pela ordem jurídica[41].

Essencialmente diferente das duas espécies de atividade administrativa estadual referidas, que representam funções jurídicas em sentido estrito, é aquela que consiste não na criação ou aplicação de normas jurídicas, mas na observância de normas jurídicas por indivíduos especialmente qualificados, a saber, qualificados como "funcionários do Estado". Esta atividade, designada como administração estadual, é da mesma espécie que a atividade econômica e cultural dos particulares. Tal como estes, pode o Estado construir e explorar vias férreas, erigir escolas e hospitais, ministrar instrução e tratar os doentes. Como administração estadual, esta atividade distingue-se da atividade da mesma espécie realizada pelas pessoas privadas não através do seu conteúdo, mas pelo fato de os indivíduos que realizam esta atividade serem juridicamente qualificados como funcionários do Estado. Quer dizer: estas funções, sob certas condições — a saber, quando são desempenhadas por indivíduos qualificados de determinada maneira —, não são atribuídas aos indivíduos que as realizam, mas ao Estado. Em que consiste esta qualificação é o que mostraremos mais tarde[42]. Aqui deve salientar-se que esta atividade, que é pensada como atividade administrativa do Estado, constitui conteúdo de deveres funcionais específicos. Estes deveres funcionais são constituídos por normas jurídicas que ligam à não-realização ou à imprópria realização das funções do cargo penas específicas, que são as chamadas penas disciplinares. Na terminologia corrente, atribui-se ao Estado apenas a função realizada no cumprimento de um dever funcional e não este mesmo dever funcional. De igual modo, também as penas disciplinares a aplicar em virtude do não-cumprimento do dever funcional se não consideram como dirigidas contra o Estado. Se por uma lei se decide que o Estado deve construir e explorar uma via férrea, e esta determinação é interpretada como um "dever" do Estado, não é o dever funcional do órgão respectivo que, neste caso, é atribuído ao Estado. Estes deveres funcionais também existem quando o Estado, de acordo com a letra da lei, apenas recebe poder ou competência para construir e explorar uma via férrea. Quando, nesta hipótese, se fale de um dever do Estado, não se trata de qualquer dever no sentido jurídico estrito da palavra[43]. Se a atividade considerada como administração estadual não consiste na criação ou aplicação mas na observância de normas jurídicas, quer dizer, no cumprimento de deveres funcionais através de órgãos funcionalizados, se se atribui, portanto, ao "Estado", não uma função de criação ou de aplicação do Direito, mas uma função de observância do Direito, então, por força do uso lingüístico dominante, deve achar-se definida na ordem jurídica que constitui a comunidade não apenas a conduta atribuída ao Estado como comunidade jurídica, mas também a função de um indivíduo determinado para o efeito pela ordem jurídica, qualificado na sua posição jurídica pessoal como "funcionário", designado por certo modo para a função e funcionando de modo específico segundo o princípio da divisão do trabalho. No entanto, deve observar-se que também realizar funções de criação e de aplicação do Direito pode ser dever de cargo (funcional) dos indivíduos assim qualificados. Não só os órgãos da adminstração que desempenham funções jurisdicionais mas também os juízes independentes podem ter caráter funcionarial; e à atividade administrativa do Estado pertence também a prática de negócios jurídicos que produzem normas de Direito, assim como o cumprimento dos deveres e o exercício dos direitos criados por tais negócios jurídicos. Quer dizer: também estas funções podem, como conteúdo de deveres jurídicos de órgãos funcionarizados (e, portanto, como funções de observância do Direito) ser atribuídas ao Estado, ser consideradas como atos da administração estadual. Elas têm primariamente o caráter de funções de observância do Direito, pois realizam-se em cumprimento de deveres de cargo de órgãos funcionarizados e — na medida em que se trate de atos jurídico-negociais — apenas secundariamente têm o caráter de funções criadoras de normas jurídicas.

As normas que regulam a conduta destes indivíduos, impondo-lhes específicos deveres funcionais e conferindo-lhes específicos poderes funcionais formam, dentro da ordem jurídica total que regula a conduta de todos os indivíduos que vivem dentro do seu domínio territorial de validade, uma ordem jurídica parcial, a qual constitui uma comunidade parcial que apenas abrange os idivíduos qualificados como funcionários estaduais: o Estado, como aparelho burocrático de funcionários, tendo o governo no topo. Este conceito mais estreito de Estado deve ser distinguido do conceito mais lato, no qual cabem todos os indivíduos que vivem no território do Estado. Este inclui aquele. Um é a personificação da ordem jurídica total que regula a conduta de todos os indivíduos que vivem no território do Estado, o outro é a personificação da ordem jurídica parcial que apenas regula a função dos indivíduos qualificados como funcionários estaduais. A atribuição ao Estado destas funções traduz a relação com a unidade desta ordem jurídica parcial. Mas, sendo estas funções referidas à unidade da ordem jurídica parcial, são ao mesmo tempo referidas à unidade da ordem jurídica global que compreende esta ordem jurídica parcial. A atribuição ao Estado em sentido estrito implica a atribuição ao Estado em sentido lato.

Se se vê como fim da ordem jurídica estadual — ou, o que é o mesmo, como fim do Estado — provocar a conduta conforme ao Direito, a conduta que, pelo cumprimento do dever, afasta a sanção, ou possibilitar juridicamente uma determinada conduta através da estatuição de direitos em sentido técnico e de permissões positivas, então o fim do Estado, na medida em que esta conduta lhe não seja atribuída, na medida em que não seja tomada como função do Estado, apenas é mediatamente realizado através da função do Estado (ou função do Direito) que consiste na estatuição e execução de atos coercivos. Se, porém — como no caso da administração estadual que não tem, ou não tem primariamente, o caráter de criação ou aplicação do Direito mas o de observância do Direito —, a conduta dos órgãos funcionarizados é atribuída ao Estado, é considerada como função do Estado (no sentido estrito), então o fim do Estado (no sentido amplo) é realizado imediatamente através desta função do Estado (no sentido estrito). Nestes termos, poderemos distinguir uma administração estadual mediata, cuja função não difere da jurisdição, pois é, como esta, função de criação e aplicação do Direito, e uma administração estadual imediata, que difere essencialmente da função judicial porque é observância do Direito e porque, na medida em que tenha também função criadora de Direito, possui um caráter jurídico-negocial e não um caráter jurisdicional.

Daí resulta que, do ponto de vista de uma análise estrutural do Direito, são designadas sob o nome de administração estadual duas funções distintas uma da outra, e que o limite entre estas duas funções divide ao meio aquele domínio que, na teoria tradicional, é, como administração estadual, separado da função estadual designada como jurisdição ou justiça. Na distinção tradicional não se exprime uma diferença de funções, mas a diferença de dois quadros de autoridades — designadas como justiça e administração — cujo desenvolvimento no Estado moderno, se pode ser historicamente explicado, não se pode jurídico-sistematicamente justificar.

j) *Conflito entre normas de diferentes escalões*

α) *A decisão judicial "ilegal"*

Como a ordem jurídica apresenta uma construção escalonada de normas supra e infra-ordenadas umas às outras, e como uma norma só pertence a uma determinada ordem jurídica porque e na medida em que se harmoniza com a norma superior que define a sua criação, surge o problema de um possível conflito entre uma norma de escalão superior e uma norma de escalão inferior, isto é, a questão: *quid juris*, se uma norma não está em harmonia com a norma que determina a sua produção, especialmente se não corresponde à norma que preestabelece o seu conteúdo? Um tal conflito parece apresentar-se quando se tomem ao pé da letra certas expressões que são usuais na jurisprudência tradicional. Com efeito, esta fala de decisões jurisdicionais "ilegais" e de leis "anticonstitucionais" e, assim, dá a impressão de ser possível algo como uma norma contrária às normas em geral e uma norma jurídica antijurídica em especial. Sim, o próprio Direito parece contar com direito antijurídico e confirmar a sua existência pelo fato de tomar muitas disposições que se consideram ter como fim a anulação de direito antijurídico. Se, porém, existisse tal coisa como um direito antijurídico, desapareceria a unidade do sistema de normas que se exprime no conceito de ordem jurídica (ordem do Direito). Mas uma "norma contrária às normas" é uma contradição nos termos; e uma norma jurídica da qual se pudesse afirmar que ela não corresponde à norma que preside à sua criação não poderia ser considerada como norma jurídica válida — seria nula, o que quer dizer que nem sequer seria uma norma jurídica. O que é nulo não pode ser anulado (destruído) pela via do Direito. Anular uma norma não pode significar anular o ato de que a norma é o sentido. Algo que de fato aconteceu não pode ser transformado em não-acontecido. Anular uma norma significa, portanto, retirar um ato, que tem por sentido subjetivo uma norma, o sentido objetivo de uma norma. E isso significa pôr termo à validade desta norma através de outra norma. Se a ordem jurídica, por qualquer motivo, anula uma norma, tem de — como o mostrará a análise subseqüente — considerar esta norma primeiramente como norma jurídica objetivamente válida, isto é, como norma jurídica conforme ao Direito.

Assim como a questão de saber se, num caso concreto, existe um fato a que uma norma jurídica liga determinadas conseqüências tem de ser ligada à questão de saber quem é competente para responder à questão primeiramente referida, assim também a questão de saber se uma norma de Direito criada por um órgão jurídico está em conformidade com a norma superior que define a sua criação, ou até o seu conteúdo, não pode ser separada da questão de saber quem é que a ordem jurídica considera competente para decidir a questão anterior. Tal como a primeira, também a segunda questão só pode ser decidida pelo órgão que a ordem jurídica para o efeito determine e através do processo pela ordem jurídica fixado. Dizer que uma decisão judicial ou uma resolução administrativa são contrárias ao Direito, somente pode significar que o processo em que a norma individual foi produzida, ou o seu conteúdo, não correspondem à norma geral criada por via legislativa ou consuetudinária, que determina aquele processo ou fixa este conteúdo. Aqui, para simplificar, consideremos apenas a hipótese em que está em causa saber se a norma individual da decisão judicial corresponde à norma geral que deve aplicar e que define o seu conteúdo. Se a ordem jurídica conferisse a toda e qualquer pessoa competência para decidir esta questão, a custo se formaria uma decisão judicial que vinculasse uma das partes. Por isso, a questão — segundo o Direito estadual — somente pode ser decidida pelo próprio tribunal ou por um tribunal superior. Se um tribunal decide um caso concreto e afirma ter-lhe aplicado uma determinada norma jurídica geral, então a questão encontra-se decidida num sentido positivo e assim permanece decidida enquanto esta decisão não for anulada pela decisão de um tribunal superior. Com efeito, a decisão do tribunal de primeira instância — e a norma individual criada por esta decisão, portanto — não é, segundo o Direito vigente, nula, mesmo que seja considerada como "antijurídica" pelo tribunal competente para decidir a questão. Apenas é anulável, quer dizer: somente pode ser anulada através de um processo fixado pela ordem jurídica. Só quando a ordem jurídica prevê um tal processo é que a decisão pode ser atacada pelas partes processuais no caso de porem em questão a "juridicidade" (legalidade) da decisão. Mas se o processo em que uma decisão judicial pode ser atacada tem um termo, se há um tribunal de última instância cuja decisão já não pode ser atacada, se existe uma decisão com força de caso julgado, então a "juridicidade" (legalidade) desta decisão já não mais pode ser posta em questão. O que significa, porém, o fato de a ordem jurídica conferir força de caso julgado à decisão de última instância? Significa que, mesmo que esteja em vigor uma norma geral que deve ser aplicada pelo tribunal e que predetermina o conteúdo de norma individual a produzir pela decisão judicial, pode entrar em vigor uma norma individual criada pelo tribunal de última instância cujo conteúdo não corresponda a esta norma geral. O fato de a ordem jurídica conferir força de caso julgado a uma decisão judicial de última instância significa que está em vigor não só uma norma geral que predetermina o conteúdo da decisão judicial, mas também uma norma geral segundo a qual o tribunal pode, ele próprio, determinar o conteúdo da norma individual que há de produzir. Estas duas normas formam uma unidade. Tanto assim que o tribunal de última instância tem poder para criar, quer uma norma jurídica individual cujo conteúdo se encontre predeterminado numa norma geral criada por via legislativa ou consuetudinária, *quer* uma norma jurídica individual cujo conteúdo se não ache deste jeito predeterminado mas que vai ser fixado pelo próprio tribunal de última instância. Mas também o fato de a decisão do tribunal de primeira instância, e do tribunal de qualquer outra instância que não seja a última, ser, de acordo com as disposições da ordem jurídica, apenas anulável, quer dizer, o fato de ela permanecer válida enquanto não for anulada por uma instância superior, significa que estes órgãos recebem da ordem jurídica poder para criar, ou uma norma jurídica individual cujo conteúdo se encontra prefixado na norma jurídica geral, *ou* uma norma jurídica individual cujo conteúdo se não encontra predeterminado mas é estabelecido por estes mesmos órgãos — com a diferença de que a validade destas normas jurídicas individuais é apenas uma validade provisória, isto é, pode ser anulada através de um determinado processo, ao passo que tal já não vale na hipótese da norma individual em vias de passar em julgado criada pelo tribunal de última instância. A validade desta é definitiva. Mas tanto a validade provisória de uma como a validade definitiva da outra se baseiam sobre a ordem jurídica, ou seja, sobre uma norma geral preexistente, anterior à sua criação, que, quando determina o conteúdo das normas jurídicas individuais, o faz no sentido da alternativa referida. Uma decisão judicial não pode — enquanto for válida — ser contrária ao Direito (ilegal). Não se pode, portanto, falar de um conflito entre a norma individual criada por decisão judicial e a norma geral a aplicar pelo tribunal, criada por via legislativa ou consuetudinária. Nem mesmo no caso de uma decisão judicial de primeira instância atacável, quer dizer, anulável. O fundamento objetivo da sua anulabilidade não é — como pode ser afirmado pelas partes que a atacam, ou mesmo pelo tribunal de recurso — a sua ilegalidade, isto é, o fato de não corresponder à norma geral que deve aplicar — se assim fosse, seria nula, quer dizer, juridicamente inexistente, e não simplesmente anulável —, mas a possibilidade pela ordem jurídica prevista de estabelecer com vigência definitiva a outra alternativa, não realizada pela decisão atacada. Se a norma jurídica individual criada por uma decisão judicial é atacável, ela pode ser anulada pela norma com força de caso julgado de uma decisão de última instância não só quando o tribunal de primeira instância faz uso da alternativa para determinar ele próprio — com validade provisória — o conteúdo da norma por ele criada, mas também quando, de conformidade com a outra alternativa pela ordem jurídica estatuída, o conteúdo da norma individual criada pelo tribunal de primeira instância corresponde à norma geral que o predetermina. Se uma decisão judicial é atacável, então ela pode — objetivamente — ser atacada pelas partes processuais em ambas as hipóteses e ser anulada pelo tribunal superior, mesmo que as partes processuais fundamentem objetivamente o seu ataque — e porventura segundo o direito processual vigente, só assim o possam fundamentar — no fato de a decisão não corresponder à norma geral que predetermina o seu conteúdo. As partes processuais podem contar com o fato de que, quando uma decisão de última instância transite em julgado segundo o Direito vigente, não pode impedir-se que entre em vigor uma norma jurídica individual cujo conteúdo não é predeterminado por qualquer norma jurídica geral. Elas apenas fazem uso da possibilidade de atacar uma decisão judicial quando esta não corresponda aos seus interesses. É inteiramente indiferente que elas considerem subjetivamente esta decisão como conforme ou contrária ao Direito, ainda que a lei preceitue que uma decisão judicial somente pode ser atacada com o fundamento de ser, sob qualquer aspecto, "contrária ao Direito", quer dizer, de ser considerada pelas partes processuais como ilegal. Com efeito, a questão de saber se a decisão é "ilegal" não vai ser decidida pelas partes processuais mas pelo tribunal de recurso, e, seja como for, a decisão de última instância transita em julgado. Se tem qualquer sentido falar de uma decisão judicial "em si" conforme ou contrária ao Direito (legal ou ilegal), tem de admitir-se que também uma decisão conforme ao Direito pode ser anulada por uma decisão com força de caso julgado.

Por aí se mostra, em todo caso, que a possibilidade de predeterminar as normas individuais que hão de ser produzidas pelos tribunais através de normas gerais criadas por via legislativa ou consuetudinária é consideravelmente limitada. Porém, este fato não justifica a concepção acima referida segundo a qual, antes da decisão judicial, não haveria Direito algum, a idéia de que todo Direito é Direito dos tribunais, de que não haveria sequer normas jurídicas gerais mas apenas normas jurídicas individuais.

β) A lei "inconstitucional"

A afirmação de que uma lei válida é "contrária à Constituição" (anticonstitucional) é uma *contradictio inadjecto*; pois uma lei somente pode ser válida com fundamento na Constituição. Quando se tem fundamento para aceitar a validade de uma lei, o fundameto da sua validade tem de residir na Constituição. De uma lei inválida não se pode, porém, afirmar que ela é contrária à Constituição, pois uma lei inválida não é sequer uma lei, porque não é juridicamente existente e, portanto, não é possível acerca dela qualquer afirmação jurídica. Se a afirmação, corrente na jurisprudência tradicional, de que uma lei é inconstitucional há de ter um sentido jurídico possível, não pode ser tomada ao pé da letra. O seu significado apenas pode ser o de que a lei em questão, de acordo com a Constituição, pode ser revogada não só pelo processo usual, quer dizer, por uma outra lei, segundo o princípio *lex posterior derogat priori*, mas também através de um processo especial, previsto pela Constituição. Enquanto, porém, não for revogada, tem de ser considerada como válida; e, enquanto for válida, não pode ser inconstitucional.

Como a Constituição regula os órgãos e o processo legiferantes e, por vezes, determina até certo ponto o conteúdo de leis futuras, o legislador constitucional tem de ter em conta que as normas constitucionais não serão respeitadas sempre e totalmente — para nos exprimirmos da forma corrente —, que poderá surgir um ato com a pretensão subjetiva de ter criado uma lei, se bem que o processo pelo qual o ato se realizou, ou o conteúdo da lei criada por esse ato, não corresponda às normas da Constituição. Levanta-se, portanto, a questão de saber a quem deve a Constituição conferir competência para decidir se, num caso concreto, foram cumpridas as normas constitucionais, se um instrumento cujo sentido subjetivo é o de ser uma lei no sentido da Constituição há de valer também como tal segundo o seu sentido objetivo.

Se a Constituição conferisse a toda e qualquer pessoa competência para decidir esta questão, dificilmente poderia surgir uma lei que vinculasse os súditos do Direito e os órgãos jurídicos. Devendo evitar-se uma tal situação, a Constituição apenas pode conferir competência para tal a um determinado órgão jurídico. Um recurso de instância análogo ao processo judicial está excluído quando só exista *um* órgão legislativo central. Então, só ao próprio órgão legislativo ou a um órgão diferente dele — v. g., ao tribunal que tem de aplicar a lei, ou tão-somente a um tribunal especial — pode ser conferida competência para decidir a questão da constitucionalidade de uma lei. Se a Constituição nada preceitua sobre a questão de saber quem há de fiscalizar a constitucionalidade das leis, os órgãos a quem a Constituição confere poder para aplicar as leis, especialmente os tribunais, portanto, são por isso mesmo tornados competentes para efetuar esse controle. Visto que os tribunais são competentes para aplicar as leis, eles têm de verificar se algo cujo sentido subjetivo é o de ser uma lei também objetivamente tem este sentido. E só terá esse sentido objetivo quando seja conforme à Constituição.

A Constituição, porém, pode conferir a certos órgãos competência para aplicar leis e ao mesmo tempo excluir expressamente desta competência a fiscalização da constitucionalidade das leis a aplicar. As constituições contêm por vezes um preceito segundo o qual os tribunais e as autoridades administrativas não têm de verificar a constitucionalidade das leis a aplicar. Esta limitação, no entanto, só é possível em certa medida. Os órgãos chamados a aplicar o Direito não podem razoavelmente receber competência para aplicar como lei tudo o que subjetivamente se apresente como tal. Um mínimo de poder de controle tem de lhes ser deixado. Onde as leis, para serem vinculantes, têm de, segundo a Constituição, ser publicadas pelo governo numa folha oficial de legislação, a limitação do poder de controle significa apenas que os órgãos chamados a aplicar as leis, especialmente os tribunais, apenas têm de verificar se aquilo que se apresenta com o sentido subjetivo de uma lei foi publicado como lei na folha legislativa, quer dizer, no documento impresso por ordem do governo. Para verificar se aquilo que é publicado como lei foi decidido pelo órgão que a Constituição considera competente, através do processo prescrito pela Constituição e com o conteúdo determinado pela mesma, já não são competentes os órgãos chamados a aplicar o Direito. Para verificar estas questões pode ser competente o órgão governamental, diferente do órgão legislativo, que tenha a seu cargo a publicação. No entanto, também a este órgão pode ser retirada esta faculdade de controle — mas apenas em certa medida. O órgão governamental competente para a publicação ou — quando não seja exigida a publicação oficial — o órgão chamado a aplicar a lei, têm de, pelo menos, poder verificar se aquilo que se apresenta subjetivamente como lei foi ao menos decidido pelo órgão designado pela Constituição para legislar — quando o órgão competente para um controle limitado não tenha também a faculdade de averiguar se o processo através do qual tal foi decidido, ou o conteúdo da decisão, são conformes à Constituição. Esse órgão não pode, com efeito, estar vinculado a publicar ou a aplicar como lei tudo aquilo que subjetivamente se apresenta como tal. Então, só o próprio órgão legislativo terá competência para decidir se a lei por ele fixada é conforme à Constituição, quer dizer, se o processo pelo qual ele decidiu essa lei, ou o conteúdo que ele lhe deu, estão de harmonia com a Constituição. Em tal hipótese, a decisão positiva desta questão vai implícita no editar da lei pelo órgão legislativo. Isto significa que tudo que o órgão legislativo edita como lei há de valer como lei no sentido da Constituição, que as normas, que são o sentido subjetivo de um ato posto pelo órgão legislativo, têm o sentido objetivo de normas jurídicas ainda que a lei — segundo o parecer de alguém — não seja conforme às normas da Constituição que regulam o processo legislativo e o conteúdo das leis. O órgão legislativo está então numa situação análoga à de um tribunal de última instância cuja decisão tem força de caso julgado. Isto significa, porém, que o sentido das normas da Constituição que regulam a legiferação não é o de que as leis válidas só podem surgir pelo modo diretamente determinado na Constituição, mas que elas também podem surgir por outro modo, modo esse a determinar pelo próprio órgão legislativo. A Constituição dá ao legislador competência para, através de um processo diferente do diretamente determinado pelas normas constitucionais, criar normas jurídicas gerais e dar a estas normas um conteúdo diferente daquele que as normas da Constituição diretamente determinam. Estas normas constitucionais apenas representam uma das duas possibilidades criadas pela Constituição. A outra é criada pela Constituição pelo fato de ela não deixar a outro órgão diferente do legislador a decisão da questão de saber se a norma por ele editada como lei é lei no sentido da Constituição. As determinações constitucionais que regulam a legiferação têm o caráter de determinações alternativas. A Constituição contém uma regulamentação direta e uma regulamentação indireta da legiferação; e o órgão legislativo tem a possibilidade de opção entre as duas. Esta situação pode não ser conscientizada, ou não ser conscientizada plenamente, tanto pelo autor da Constituição como pelo legislador. Mas a descrição objetiva desta situação jurídica que — consciente ou inconscientemente — é criada por uma Constituição que não transfere para um órgão diferente do legislativo o controle da constitucionalidade das leis, não pode levar a qualquer outro resultado.

A situação jurídica é essencialmente diversa quando a Constituição transfere o controle e a decisão da questão de saber se uma lei corresponde às determinações constitucionais que regulam diretamente a legiferação para um órgão diferente do legislativo e confere a este órgão competência para anular uma lei que considere "inconstitucional". Esta função pode ser cometida a um tribunal especial, ou ao tribunal supremo, ou a todos os tribunais. Como já verificamos, ela é cometida a todos os órgãos competentes para aplicar o Direito, e especialmente aos tribunais, quando essa faculdade de controle não seja expressamente excluída da sua competência. Se todo tribunal é competente para controlar a constitucionalidade da lei a aplicar por ele a um caso concreto, em regra ele apenas tem a faculdade de, quando considere a lei como "inconstitucional", rejeitar a sua aplicação ao caso concreto, quer dizer, anular a sua validade somente em relação ao caso concreto. A lei, porém, permanece em vigor para todos os outros casos a que se refira e deve ser aplicada a esses casos pelos tribunais, na medida em que estes não afastem também a sua aplicação num caso concreto. Se o controle da constitucionalidade das leis é reservado a um único tribunal, este pode deter competência para anular a validade da lei reconhecida como "inconstitucional" não só em relação a um caso concreto mas em relação a todos os casos a que a lei se refira — quer dizer, para anular a lei como tal. Até esse momento, porém, a lei é válida e deve ser aplicada por todos os órgãos aplicadores do Direito. Uma tal lei pode permanecer em vigor e ser aplicada durante muitos anos antes que seja anulada pelo tribunal competente como "inconstitucional". Isto significa, porém, que os preceitos constitucionais relativos à anulação das leis que não correspondam às determinações da Constituição que diretamente regulam a legiferação têm o sentido de que também essas leis devem valer na medida e pelo tempo em que não forem anuladas pela forma constitucionalmente prevista. As chamadas leis "inconstitucionais" são leis conformes à Constituição que, todavia, são anuláveis por um processo especial. Também nestes casos as determinações constitucionais que regulam a legiferação têm a natureza alternativa acima caracterizada, pelo que o órgão legislativo detém a possibilidade de opção entre duas vias: a determinada diretamente pela Constituição e a que há de ser determinada pelo próprio órgão legislativo. A diferença, contudo, reside em que as leis criadas pela segunda via, sendo embora válidos, são anuláveis por um processo especial.

Com isto exprime-se que a Constituição, se bem que não possa excluir a segunda via, dá no entanto preferência à primeira. Tal pode ainda revelar-se pelo fato de certas pessoas que, de acordo com a Constituição, participam, ao lado do parlamento, no processo legislativo, tais como o chefe de Estado que promulga as leis ou o ministro que referenda os seus atos, poderem ser responsabilizadas e punidas por um tribunal especial pela chamada inconstitucionalidade de uma lei criada com a sua participação. Este processo não tem de estar ligado a um processo destinado à anulação da lei, se bem que o possa estar.

A responsabilidade pessoal do órgão pela legalidade da norma por ele criada não é tão notada nas relações entre Constituição e lei como nas relações entre Constituição e decreto e entre lei e decreto. A Constituição pode conferir poder a certos órgãos administrativos, especialmente ao governo, para, sob certos pressupostos bem determinados, editar normas jurídicas gerais na forma de decretos que se não limitem a desenvolver leis já existentes mas regulem certas matérias em vez das leis. Se o governo edita decretos destes sob outras condições que não as determinadas pela Constituição, podem ser por isso responsabilizados e punidos os membros do governo que editaram o decreto. Este processo não tem de estar ligado com um processo destinado a anular a lei, se bem que o possa estar. Os órgãos da administração que têm competência para editar decretos com base nas leis podem igualmente ser puníveis pela publicação de decretos ilegais, sem que o decreto "ilegal" tenha de ser necessariamente anulado. Se o decreto é válido até a sua anulação, ou se não é anulado, isso significa que o órgão administrativo também tem poder para o editar, mas que o autor da Constituição ou o legislador preceituam, não obstante, o estabelecimento de decretos que correspondam às determinações diretas da Constituição ou se mantenham dentro dos quadros da lei.

Em todos estes casos, um ato através do qual são criadas normas jurídicas válidas representa um delito, pois é pressuposto de uma sanção. Estes casos mostram que o princípio *ex injuria jus non oritur*, muitas vezes tomado pela jurisprudência tradicional como universalmente válido, tem exceções.

Verificamos acima que a fiscalização da constitucionalidade das leis através dos órgãos competentes para a publicação ou aplicação das mesmas somente pode ser limitado até certo ponto, pois não pode ser totalmente excluído, que por estes órgãos tem de pelo menos ser decidida a questão de saber se aquilo que subjetivamente se apresenta como lei foi estabelecido pelo órgão que a Constituição designa. Se esta questão é decidida negativamente pelo órgão competente, porventura porque aquilo que surge com a pretensão de ser uma lei vinculante não foi estabelecido pelo parlamento designado pela Constituição mas por um usurpador, o órgão competente para a fiscalização recusará a sua publicação ou aplicação. Se tal não sucede e se as normas gerais editadas pelo usurpador se tornam, deste jeito, eficazes, temos uma modificação revolucionária da Constituição e, portanto, uma lei constitucional, uma lei conforme à nova Constituição.

Assim como a publicação ou aplicação daquilo que subjetivamente se apresenta como lei podem ser recusadas pelos órgãos competentes para a publicação ou aplicação das leis, assim também a execução daquilo que se apresenta subjetivamente como uma decisão de um tribunal de última instância pode ser recusada pelo órgão competente para a execução das decisões judiciais porque, no parecer deste órgão, a decisão não foi tomada por um indivíduo ou por um colégio de indivíduos que, segundo a Constituição, constituem o tribunal de última instância, mas por indivíduos que se arrogaram a posição de um tribunal supremo. Se, no entanto, as suas decisões são executadas e, assim, se tornam eficazes, não temos — como no primeiro caso — uma modificação revolucionária total, mas apenas uma modificação revolucionária parcial da Constituição e, deste modo, uma decisão judicial conforme à Constituição.

A questão da legalidade de uma decisão judicial ou da constitucionalidade de uma lei é, formulada em termos gerais, a questão de saber se um ato que surge com a pretensão de criar uma norma está de acordo com a norma superior que determina a sua criação ou ainda o seu conteúdo. Quando esta questão deve ser decidida por um órgão para o efeito competente, quer dizer, por um órgão que para tal recebe poder de uma norma válida, pode ainda levantar-se a questão de saber se o indivíduo que de fato tomou esta decisão é o órgão competente, isto é, o órgão que para tal recebeu poder da norma válida. Esta questão pode, por sua vez, dever ser decidida por um outro órgão que, por isso mesmo, é de considerar como um órgão de hierarquia superior. Esta recondução a um órgão superior, contudo, tem de ter um fim. Tem de haver órgãos supremos sobre cuja competência já não poderão decidir órgãos superiores, cujo caráter de supremos órgãos legislativos, governativos (administrativos) ou jurisdicionais já não pode ser posto em questão. Eles afirmam-se como órgãos supremos pelo fato de as normas por eles postas serem globalmente eficazes. Com efeito, nesta hipótese, a norma que lhes confere competência para estabelecer estas normas é pressuposta como Constituição válida. O princípio segundo o qual uma norma só deve ser posta pelo órgão competente, isto é, pelo órgão que para tal recebe poder de uma norma superior, é o princípio da legitimidade. Ele é, como já verificamos, limitado pelo princípio da eficácia.

Da análise precedente resulta que entre a lei e a decisão jurisdicional, entre a Constituição e a lei, a Constituição e o decreto, a lei e o decreto, ou, numa fórmula inteiramente geral, entre uma norma superior e uma norma inferior de uma ordem jurídica, não é possível qualquer conflito que destrua a unidade deste sistema normativo, tornando impossível descrevê-lo em proposições jurídicas que não sejam contraditórias entre si.

k) *Nulidade e anulabilidade*

Do que acima fica dito também resulta que, dentro de uma ordem jurídica não pode haver algo como a nulidade, que uma norma pertencente a uma ordem jurídica não pode ser nula mas apenas pode ser anulável. Mas esta anulabilidade prevista pela ordem jurídica pode ter diferentes graus. Uma norma jurídica em regra somente é anulada com efeitos para futuro, por forma que os efeitos já produzidos que deixa para trás permanecem intocados. Mas também pode ser anulada com efeito retroativo, por forma tal que os efeitos jurídicos que ela deixou atrás de si sejam destruídos: tal, por exemplo, a anulação de uma lei penal, acompanhada da anulação de todas as decisões judiciais proferidas com base nela; ou de uma lei civil, acompanhada da anulação de todos os negócios jurídicos celebrados e decisões jurisdicionais proferidas com fundamento nessa lei. Porém, a lei foi válida até a sua anulação. Ela não era nula desde o início. Não é, portanto, correto o que se afirma quando a decisão anulatória da lei é designada como "declaração de nulidade", quando o órgão que anula a lei declara na sua decisão essa lei como "nula desde o início" (*ex tunc*). A sua decisão não tem caráter simplesmente declarativo, mas constitutivo. O sentido do ato pelo qual uma norma é destruída, quer dizer, pelo qual a sua validade é anulada, é, tal como o sentido de um ato pelo qual uma norma é criada, uma norma. A ordem jurídica somente pode conferir a um determinado órgão poder para anular uma norma criada por outro órgão, mas pode atribuir poder a quem quer que seja para decidir se algo que surge com a pretensão de ser uma norma jurídica tem objetivamente esta significação, quer dizer: se a norma foi produzida pela forma determinada pela ordem jurídica e com o conteúdo por esta mesma ordem jurídica fixado, e, portanto, se é vinculante para ele. Se a decisão é por tal forma descentralizada — e tal é o caso quando a ordem jurídica, tal como, v. g., o Direito internacional geral, não institui órgãos funcionando segundo o princípo da divisão do trabalho para a criação e aplicação de normas jurídicas —, ela pode ser proferida com sentidos divergentes. Um indivíduo pode declarar a norma em questão como norma jurídica válida, um outro pode recusar-lhe este caráter. A decisão tem, por isso, na medida em que está em questão a validade de uma norma jurídica, um caráter constitutivo. A norma questionada não é nula desde o início. A decisão de que é "nula" anula-a com eficácia retroativa para o sujeito que decide. Mesmo dentro de uma ordem jurídica estadual relativamente centralizada não pode excluir-se que qualquer indivíduo considere como "nulo" algo que subjetivamente se apresenta como norma jurídica. Este indivíduo, porém, apenas pode fazer isso a seu próprio risco, quer dizer, com o risco de que aquilo que ele considera nulo seja declarado pelo órgão competente como uma norma jurídica válida e, portanto, seja ordenada a execução da sanção estatuída nesta norma jurídica.

Não pode negar-se que há casos em que algo, especialmente uma ordem, que surge com a pretensão de ser uma norma jurídica, quer dizer, de ser uma norma posta por um ato conforme à norma fundamental, não costuma ser considerada tal por ninguém, sem que a ordem jurídica confira competência a todas as pessoas para essa apreciação, sem que seja sequer necessário um ato especial de anulação previsto pela ordem jurídica. Assim sucede quando, v. g., um internado num hospital de alienados edita uma "lei". Se se admite que, nestes casos, existe nulidade *a priori*, esta cai fora do domínio jurídico. Também não é de forma alguma possível determinar juridicamente estes casos. A ordem jurídica não pode fixar as condições sob as quais algo que se apresente com a pretensão de ser uma norma jurídica tenha de ser considerado *a priori* como nulo e não como uma norma que deve ser anulada através dum processo fixado pela mesma ordem jurídica. Quando a ordem jurídica estabelece, por exemplo, que uma norma que não foi posta pelo órgão competente, ou foi posta por um indivíduo que nem sequer possui a qualidade de órgão, ou uma norma que tem um conteúdo que a Constituição exclui, devem ser consideradas nulas *a priori* e que, portanto, não é necessário qualquer ato para as anular, necessita determinar quem há de verificar a presença dos pressupostos desta nulidade; e, como esta verificação tem caráter constitutivo, como a nulidade da norma em questão é efeito desta verificação, como não pode ser juridicamente afirmada antes de realizada tal verificação, esta verificação significa, mesmo quando se opere na forma de uma declaração de nulidade, a anulação, com efeito retroativo, de uma norma até aí considerada válida. Sob este aspecto, o Direito é como o rei Midas: da mesma forma que tudo o que este tocava se transformava em ouro, assim também tudo aquilo a que o Direito se refere assume o caráter de jurídico. Dentro da ordem jurídica, a nulidade é apenas o grau mais alto da anulabilidade.

VI
Direito e Estado

1. Forma do Direito e forma do Estado

A teoria da construção escalonada da ordem jurídica apreende o Direito no seu movimento, no processo, constantemente a renovar-se, da sua auto-criação. É uma teoria dinâmica do Direito, em contraposição a uma teoria estática do Direito que procura conceber este apenas como ordem já criada, a sua validade, o seu domínio de validade, etc., sem ter em conta a sua criação. No centro dos problemas de uma dinâmica jurídica situa-se a questão dos diferentes métodos de produção jurídica ou das formas do Direito. Se olharmos àquelas normas jurídicas que constituem a parte principal de uma ordem jurídica, aquelas, a saber, que ligam a uma determinada conduta humana um ato coercivo como sanção, e se reconhecermos que um indivíduo é juridicamente obrigado a uma determinada conduta pelo fato de a conduta oposta ser tornada pressuposto de uma sanção, poderemos distinguir dois tipos de normas jurídicas que estatuem obrigações: aquelas em cuja criação participa o indivíduo que vai ser obrigado, e aquelas que são criadas sem a sua comparticipação. O princípio que subjaz a esta distinção é o princípio da liberdade no sentido de autodeterminação. A questão decisiva, do ponto de vista do indivíduo subordinado às normas, é se a vinculação se opera com a sua vontade ou sem a sua vontade — eventualmente mesmo contra a sua vontade. É aquela diferença que se costuma caracterizar como a oposição entre autonomia e heteronomia e que a teoria jurídica costuma verificar, essencialmente, no domínio do Direito do Estado. Aqui, ela aparece como diferença entre democracia e autocracia, ou república e monarquia; e é também neste domínio que ela fornece a divisão usual das formas do Estado. Simplesmente, aquilo que se concebe como forma do Estado é apenas um caso especial da forma do Direito em geral. É a forma do Direito, isto é, o método de criação jurídica no escalão mais elevado da ordem jurídica, ou seja, no domínio da Constituição. Com o conceito de forma do Estado caracteriza-se o método de produção de normas gerais regulado pela Constituição. Se por forma do Estado se entende apenas a Constituição como forma da legiferação, isto é, da produção de normas jurídicas gerais, e se assim se identifica — no conceito de forma do Estado — o Estado com a Constituição como forma da produção de normas jurídicas gerais, o que se faz é seguir a concepção usual do Direito que o considera apenas como um sistema de normas gerais, sem se dar conta de que também a individualização das normas jurídicas gerais, o trânsito da norma jurídica geral para a norma individual, tem de conter-se nos quadros da ordem jurídica. A identificação da forma do Estado com a Constituição corresponde ao preconceito do Direito reduzido à lei. Mas o certo é que o problema da forma do Estado, como questão relativa ao método da criação do Direito, não só se apresenta ao nível da Constituição, e, portanto, não só se levanta relativamente à atividade legislativa, como também se põe a todos os níveis da criação jurídica e, especialmente, com referência aos diversos casos de fixação de normas individuais: atos administrativos, decisões dos tribunais, negócios jurídicos.

2. Direito público e privado

Como exemplo particularmente característico da sistemática da moderna ciência do Direito, referiremos a fundamental distinção entre Direito público e privado que já acima foi várias vezes mencionada. Como se sabe, até hoje se não conseguiu alcançar uma determinação completamente satisfatória desta distinção. Segundo a concepção dominante, trata-se de uma repartição das relações jurídicas. Assim, o Direito privado representa uma relação entre sujeitos em posição de igualdade — sujeitos que têm juridicamente o mesmo valor — e o Direito público uma relação entre um sujeito supra-ordenado e um sujeito subordinado — entre dois sujeitos, portanto, dos quais um tem, em face do outro, um valor jurídico superior. A relação típica de Direito público é a que existe entre o Estado e o súdito. Também se costumam designar as relações jurídicas de Direito privado como relações jurídicas *tout court*, como relações "de Direito" no sentido próprio e estrito da palavra, para lhes contrapor as relações de Direito público como relações "de poder" ou "de domínio". Assim, em geral, a distinção entre Direito privado e público tem tendência para assumir o significado de uma oposição entre Direito e poder não jurídico ou semijurídico, e, especialmente, de um contraste entre Direito e Estado. Se, porém, se investiga mais de perto em que consiste propriamente o maior valor atribuído a certos sujeitos, a sua supra-ordenação em relação aos outros, verifica-se que se trata de uma distinção entre fatos de produção jurídica. E a diferença decisiva é a mesma que subjaz à classificação das formas do Estado. O maior valor que advém ao Estado, isto é, aos seus órgãos, em relação aos súditos, consiste em que a ordem jurídica confere aos indivíduos qualificados como órgãos do Estado, ou, pelo menos, a certos de entre eles — os chamados órgãos da autoridade pública — a faculdade de obrigar os súditos através de uma manifestação unilateral de vontade (comando). Exemplo típico de uma relação de Direito público é o comando ou ordem administrativa, uma norma individual posta pelo órgão administrativo através da qual o destinatário da norma é juridicamente obrigado a uma conduta conforme àquele comando. Em contraposição, apresenta-se como típica relação de Direito privado o negócio jurídico, especialmente o contrato, quer dizer, a norma individual criada pelo contrato, através da qual as partes contratantes são juridicamente vinculadas a uma conduta recíproca. Enquanto aqui os sujeitos que hão de ser vinculados participam na criação da norma vinculante — nisto reside precisamente a essência da produção contratual do Direito —, o sujeito que vai ser obrigado não tem, relativamente ao comando administrativo de Direito público, qualquer espécie de participação na criação da norma vinculante. É o caso típico de uma criação normativa autocrática, ao passo que o contrato de Direito privado representa um método de criação jurídica pronunciadamente democrático. Por isso, pois, já também a antiga teoria designava a esfera jurídico-negocial como a esfera da autonomia privada.

3. O caráter ideológico do dualismo de Direito público e Direito privado

Se concebermos a distinção decisiva entre Direito público e privado como distinção de dois métodos de criação do Direito, se reconhecermos nos chamados atos públicos do Estado aqueles mesmos atos jurídicos que nos aparecem nos negócios jurídicos privados, sobretudo se nos dermos conta de que os atos que formam o fato produtor do Direito apenas são, em ambos os casos, o prolongamento do processo da chamada formação da vontade estadual, e de que, precisamente como no comando da autoridade, também no negócio jurídico privado apenas se realiza a individualização de uma norma geral — acolá, de uma lei administrativa, aqui, do código civil —, então não se nos afigurará de forma alguma paradoxal que a Teoria Pura do Direito, do seu ponto de vista universalista — sempre dirigido ao todo da ordem jurídica como sendo a chamada vontade do Estado — veja também no negócio jurídico privado, tal como no comando da autoridade, um ato do Estado, quer dizer, um fato de produção jurídica atribuível à unidade da ordem jurídica. Por esta forma, a Teoria Pura do Direito relativiza a oposição, tornada absoluta pela ciência jurídica tradicional, entre Direito privado e público, transforma-a de uma oposição extra-sistemática, quer dizer, de uma distinção entre Direito e não-Direito, entre Direito e Estado, numa distinção intra-sistemática; e precisamente porque, desse modo, também decompõe e destrói a ideologia que está ligada à absolutização da oposição em causa, comprova o seu caráter de ciência. Representando-nos, na verdade, a oposição entre Direito público e privado como a oposição absoluta entre poder e Direito ou, pelo menos, entre poder do Estado e Direito, cria-se a idéia de que no domínio do Direito público, especialmente no do Direito constitucional e administrativo — que têm especial importância política —, o princípio da legalidade não vale com o mesmo sentido e com a mesma intensidade que no domínio do Direito privado, que se considera, por assim dizer, o domínio propriamente jurídico. Acolá domina, diferentemente do que sucede aqui, não tanto o Direito estrito, mas antes o interesse do Estado, o bem público; e este deve ser realizado em todas as circunstâncias. Por isso, a relação entre norma geral e órgão de execução seria, no domínio do Direito público, diferente da que se verifica no Direito privado: não, como neste último caso, aplicação vinculada das leis a casos concretos, mas realização livre do fim do Estado tão-somente delimitada pelos quadros da lei e, em caso de necessidade — isto é, no caso do chamado estado de necessidade do Estado —, mesmo contra a lei. Uma análise crítica mostra, no entanto, que esta distinção não tem qualquer fundamento no Direito positivo — pelo menos na medida em que não se limita a afirmar que a atividade dos órgãos legislativos, governativos e administrativos é em geral vinculada pelas leis num grau menor do que a atividade dos tribunais, que a estes é pelo Direito positivo quase sempre conferida uma menor margem de livre apreciação do que àqueles, mas pretende significar algo mais. Esta doutrina de uma essencial distinção entre Direito público e privado enreda-se, além disso, na contradição de afirmar a liberdade (desvinculação) perante o Direito (*Freiheit vom Recht*) — que reclama para o domínio do "Direito" público enquanto domínio da vida do Estado — como princípio de Direito (*Rechts-Prinzip*), como a característica específica do Direito público. Eis porque ela somente poderia falar, quando muito, de dois domínios jurídicos configurados por maneira tecnicamente diversa, mas não de uma oposição essencial, absoluta, entre Estado e Direito. Este dualismo — de todo logicamente insustentável — não tem, porém, qualquer caráter teorético, mas apenas caráter ideológico. Desenvolvido pela doutrina constitucional, pretende garantir ao governo e ao aparelho administrativo que lhe está subordinado uma liberdade (desvinculação) como que deduzida da natureza das coisas; uma liberdade não em face do Direito, que seria afinal impossível, mas em face da lei, em face das normas gerais criadas pela representação popular ou com a cooperação essencial dessa representação. E o sentido de tal doutrina traduz-se não só em declarar que uma vinculação grande dos órgãos governamentais e administrativos contrariaria a essência da sua função, mas também em declarar tal vinculação como eventualmente superável nos casos em que ela, apesar de tudo, exista. E esta tendência pode ser constatada — a propósito da oposição habitual entre o governo e o parlamento — não só nas monarquias constitucionais como também nas repúblicas democráticas.

Por outro lado, a absolutização do contraste entre Direito público e privado cria também a impressão de que só o domínio do Direito público, ou seja, sobretudo, o Direito constitucional e administrativo, seria o setor de dominação política e que esta estaria excluída no domínio do Direito privado. Já num outro ponto mostramos que toda esta oposição entre o ''político'' e o ''privado'' não existe no domínio do direito subjetivo, que os direitos privados são direitos políticos no mesmo sentido em que o são aqueles que assim constumam ser designados, porque uns e outros, se bem que por forma diferente, detêm uma comparticipação na chamada formação da vontade estadual — ou seja, afinal, na dominação política. Por meio da distinção de princípio entre uma esfera pública, ou seja, política, e uma esfera privada, quer dizer, apolítica, pretende evitar-se o reconhecimento de que o Direito ''privado'', criado pela via jurídica negocial do contrato, não é menos palco de atuação da dominação política do que o Direito público, criado pela legislação e pela administração. Somente aquilo que se chama Direito privado, o complexo de normas em cujo centro se encontra a instituição da chamada propriedade privada, é, visto sob o aspecto da função que esta parte da ordem jurídica tem no contexto do todo jurídico, uma forma de produção de normas jurídicas individuais adequada ao sistema econômico capitalista. Ela corresponde ao princípio da autodeterminação e tem, neste sentido, caráter democrático. Porém, ao nível da produção de Direito geral, este sistema econômico tanto pode ter caráter democrático como autocrático. Os mais importantes Estados capitalistas do nosso tempo têm, na verdade, constituições democráticas, mas o instituto da propriedade privada e uma produção de normas jurídicas individuais baseada no princípio da autodeterminação também são possíveis nas monarquias absolutas e têm de fato existido nelas. Dentro da ordem jurídica de um sistema econômico socialista, na medida em que este só permite a propriedade coletiva, pode a produção de normas jurídicas individuais ter caráter autocrático enquanto, no lugar do contrato de Direito privado, surge o ato administrativo de Direito público. Mas também este sistema é compatível, tanto com uma produção democrática, como com uma produção autocrática de normas jurídicas gerais, quer dizer, tanto com uma Constituição democrática como com uma Constituição autocrática do Estado[1].

A falta de penetração na construção escalonada do Direito impediu também o reconhecimento de que, nos diferentes escalões de uma e mesma ordem jurídica, podem ter aplicação diferentes formas de produção jurídica, de que uma produção democrática de normas jurídicas gerais pode estar ligada a uma produção antocrática das normas jurídicas individuais e, inversamente, uma produção autocrática das normas jurídicas gerais pode estar ligada a uma produção democrática das normas jurídicas individuais[2].

4. O dualismo tradicional de Estado e Direito

Na oposição, aceite pela teoria jurídica tradicional, entre Direito público e privado, ressalta já com a maior clareza o forte dualismo que domina a moderna ciência do Direito e, como conseqüência, todo o nosso pensamento social: o dualismo de Estado e Direito. Quando a teoria tradicional do Direito e do Estado contrapõe o Estado ao Direito como uma entidade diferente deste e, apesar disso, o afirma como uma entidade jurídica, ela estrutura esta sua idéia considerando o Estado como sujeito de deveres jurídicos e direitos, quer dizer, como pessoa, atribuindo-lhe ao mesmo tempo uma existência independente da ordem jurídica.

Assim como a teoria do Direito privado pressupõe originariamente que a personalidade jurídica do indivíduo precede lógica e cronologicamente o Direito objetivo, isto é, a ordem jurídica, assim também a teoria do Estado pressupõe que o Estado, enquanto unidade coletiva que aparece como sujeito de uma vontade e de uma atuação, é independente do Direito e até preexistente ao mesmo. Mas o Estado cumpre a sua missão histórica — ensina-se — criando o Direito, o "seu" Direito, a ordem jurídica objetiva, para depois se submeter ele próprio a ela, quer dizer: para se obrigar e se atribuir direitos através do seu próprio Direito. Assim o Estado é, como entidade metajurídica, como uma espécie de poderoso *macro-ánthropos* ou organismo social, pressuposto do Direito e, ao mesmo tempo, sujeito jurídico que pressupõe o Direito porque lhe está submetido, é por ele obrigado e dele recebe direitos. É a teoria da bilateralidade e autovinculação do Estado que, apesar das patentes contradições que repetidamente lhe são assacadas, se afirma contra todas as objeções com uma tenacidade sem exemplo.

5. A função ideológica do dualismo de Estado e Direito

A doutrina tradicional do Estado e do Direito não pode renunciar a esta teoria, não pode passar sem o dualismo de Estado e Direito que nela se manifesta. Na verdade, este desempenha uma função ideológica de importância extraordinária que não pode ser superestimada. O Estado deve ser representado como uma pessoa diferente do Direito para que o Direito possa justificar o Estado — que cria este Direito e se lhe submete. E o Direito só pode justificar o Estado quando é pressuposto como uma ordem essencialmente diferente do Estado, oposta à sua originária natureza, o poder, e, por isso mesmo, reta ou justa em um qualquer sentido. Assim o Estado é transformado, de um simples fato de poder, em Estado de Direito que se justifica pelo fato de fazer o Direito. Do mesmo passo que uma legitimação metafísico-religiosa do Estado se torna ineficaz, impõe-se a necessidade de esta teoria do Estado de Direito se transformar na única possível justificação do Estado. Esta "teoria" torna o Estado objeto do conhecimento jurídico, a saber, da teoria do Estado, na medida em que o afirma como pessoa jurídica, e, ao mesmo tempo e contraditoriamente, acentua com todo o vigor que o Estado, porque e enquanto poder e, portanto, algo de essencialmente diverso do Direito, não pode ser concebido juridicamente. Esta contradição, porém, não lhe faz a menor mossa. Aliás as contradições em que necessariamente as teorias ideológicas se enredam não significam para elas qualquer obstáculo sério. Com efeito, as ideologias não visam propriamente o aprofundamento do conhecimento mas a determinação da vontade. Aqui não se trata tanto de apreender a essência do Estado como antes de fortalecer a sua autoridade.

6. A identidade do Estado e do Direito

a) *O Estado como ordem jurídica*

Um conhecimento do Estado isento de elementos ideológicos, e, portanto, liberto de toda metafísica e de toda mística, não pode apreender a sua essência de outro modo que não seja concebendo esta figura social — tal como já se tem feito nas indagações precedentes — como uma ordem de conduta humana. É usual caracterizar-se o Estado como uma organização política. Com isto, porém, apenas se exprime que o Estado é uma ordem de coação. Com efeito, o elemento "político" específico desta organização consiste na coação exercida de indivíduo a indivíduo e regulada por essa ordem, nos atos de coação que essa ordem estatui. São-no precisamente aqueles atos de coação que a ordem jurídica liga aos pressupostos por ela definidos. Como organização política, o Estado é uma ordem jurídica. Mas nem toda ordem jurídica é um Estado. Nem a ordem jurídica pré-estadual da sociedade primitiva, nem a ordem jurídica internacional supra-estadual (ou interestadual) representam um Estado. Para ser um Estado, a ordem jurídica necessita de ter o caráter de uma organização no sentido estrito da palavra, quer dizer, tem de instituir órgãos funcionando segundo o princípio da divisão do trabalho para criação e aplicação das normas que a formam; tem de apresentar um certo grau de centralização. O Estado é uma ordem jurídica relativamente centralizada.

Através desta centralização, a ordem jurídica estadual distingue-se da primitiva ordem pré-estadual e da ordem supra-estadual (ou interestadual) do Direito internacional geral. Nestas, quer na primeira, quer na segunda, as normas jurídicas gerais não são produzidas por um órgão legislativo central mas pela via consuetudinária, o que significa que o processo de criação jurídica geral é descentralizado. Nem a ordem jurídica pré-estadual nem a ordem jurídica supra (ou inter)-estadual instituem tribunais que sejam competentes para aplicar as normas gerais aos casos concretos, mas conferem poder aos próprios súditos da ordem jurídica para desempenharem esta função e, especialmente, para executarem as sanções estatuídas pela ordem jurídica pela via da autodefesa. São os membros da família do assassinado que, segundo o Direito primitivo, exercem a vingança de sangue contra o assassino e contra os membros da sua família, isto é, são aqueles que têm competência para executar a pena primitiva; é o próprio credor que é autorizado a lançar as mãos sobre o devedor remisso para se satisfazer, v. g., através da penhora — esta forma primitiva da execução civil. É o governo de cada Estado que, segundo o Direito internacional geral, tem poder para recorrer à guerra ou às represálias — sanções do Direito internacional — contra o Estado ofensor do Direito, ou seja: contra os súditos do Estado cujo governo violou o Direito. Na verdade, tanto no caso do Direito pré-estadual como no caso do Direito supra (ou inter)-estadual, os indivíduos que o criam consuetudinariamente, que o aplicam e que executam as sanções por ele estatuídas são órgãos jurídicos e, como tais, órgãos da comunidade jurídica. Não são, porém, órgãos centrais, funcionando segundo o princípio da divisão do trabalho como o governo, o órgão legislativo e os tribunais, instituídos pela ordem jurídica estadual.

A ordem jurídica da sociedade primitiva, bem como a ordem jurídica internacional geral, são ordens coercivas completamente descentralizadas e, precisamente por isso, não são Estados.

Se o Estado é concebido como uma comunidade social, esta comunidade apenas pode, como já acima[3] se expôs, ser constituída por uma ordem normativa. E, visto que uma comunidade apenas pode ser constituída por *uma* tal ordem normativa (sim, identifica-se mesmo com esta ordem), a ordem normativa que constitui o Estado apenas pode ser a ordem de coerção relativamente centralizada que nós verificamos ser a ordem jurídica estadual.

Como comunidade social, o Estado — de acordo com a teoria tradicional do Estado — compõe-se de três elementos: a população, o território e o poder, que é exercido por um governo estadual independente. Todos estes três elementos só podem ser definidos juridicamente, isto é, eles apenas podem ser apreendidos como vigência e domínio de vigência (validade) de uma ordem jurídica.

A população é constituída pelos indivíduos que pertencem a um Estado. Se se pergunta por que é que um indivíduo, conjuntamente com outros indivíduos, pertence a um determinado Estado, não poderemos encontrar outro critério para a resposta que não seja o de que ele está, conjuntamente com os outros, submetido a uma determinada ordem coerciva relativamente centralizada. Todas as tentativas para encontrar um outro vínculo que reúna, transforme numa unidade, indivíduos de línguas, raças, religiões e concepções de vida possivelmente diferentes, separados por oposições de classe e numerosos outros conflitos de interesses, falham necessariamente. Especialmente, não é possível mostrar qualquer espécie de interação anímica (espiritual) que, independentemente daquele vínculo, reúna todos os indivíduos pertencentes a um Estado por forma a que eles possam ser distinguidos de outros indivíduos pertencentes a outro Estado e entre si ligados por uma interação análoga, como se estes e aqueles formassem grupos separados. Não pode negar-se que não existe uma tal interação que ligue todos os indivíduos que pertencem a um determinado Estado e só esses. E também não pode ser negado, se se olha a uma interação real, que indivíduos pertencentes a Estados diferentes podem estar mais fortemente ligados entre si do que indivíduos pertencentes ao mesmo Estado. Na verdade, eles apenas juridicamente pertencem a este Estado. É verdade que eles podem

— como sói dizer-se — encontrar-se também espiritualmente ligados com o seu Estado, podem amá-lo, podem mesmo deificá-lo, estar prontos a morrer por ele. Mas o certo é que lhe pertencem mesmo quando tal não suceda, mesmo que o odeiem, que o atraiçoem ou que ele lhes seja completamente indiferente. A questão de saber se um indivíduo pertence a determinado Estado não é uma questão psicológica mas uma questão jurídica. A unidade dos indivíduos que formam a população de um Estado em nada mais pode ver-se do que no fato de que uma e a mesma ordem jurídica vigora para estes indivíduos, de que a sua conduta é regulada por uma e a mesma ordem jurídica. A população do Estado é o domínio pessoal de vigência da ordem jurídica estadual.

O território do Estado é um espaço rigorosamente delimitado. Não é um pedaço, exatamente limitado, da superfície do globo, mas um espaço tridimensional ao qual pertencem o subsolo, por baixo, e o espaço aéreo por cima da região compreendida dentro das chamadas fronteiras do Estado. É patente que a unidade deste espaço não é uma unidade natural, geograficamente definida. A um e mesmo espaço estadual podem pertencer territórios que estejam separados pelo mar, o qual não constitui domínio de *um só Estado*, ou pelo território de um outro Estado. Nenhum conhecimento naturalístico, mas só um conhecimento jurídico, pode dar resposta à questão de saber segundo que critério se determinam os limites ou fronteiras do espaço estadual, o que é que constitui a sua unidade. O chamado território do Estado apenas pode ser definido como o domínio espacial de vigência de uma ordem jurídica estadual[4].

Um caso especial, dentro da questão do domínio espacial de vigência das normas que formam a ordem estadual, é o da natureza daquelas figuras jurídicas que resultam de uma organização territorial do Estado, compreendendo os problemas da centralização e descentralização[6], o do ponto de vista sob o qual podem ser compreendidos a descentralização administrativa, os organismos dotados de autonomia administrativa, os municípios, os fragmentos do Estado, etc., mas particularmente ainda todas as formas de associação de Estados. De resto, a doutrina tradicional do Estado esquece que este não tem só uma existência espacial mas também tem uma existência temporal, que, se o espaço é considerado como um elemento do Estado, também o tempo o deve ser, que a existência do Estado, assim como é limitada no espaço, também o é no tempo, pois os Estados podem surgir e desaparecer. E, assim como a existência do Estado no espaço é o domínio espacial de vigência da ordem jurídica estadual, assim a existência temporal do Estado é o domínio temporal de vigência da mesma ordem jurídica. E, tal como a questão dos limites espaciais do Estado, também a questão dos seus limites temporais, isto é, a questão de saber quando um Estado começa e quando cessa de existir, é uma questão jurídica e não uma questão a que um conhecimento versando sobre a realidade natural possa dar resposta. É, como mais tarde veremos, o Direito internacional geral que determina o domínio espacial e temporal de vigência de cada ordem jurídica estadual, que delimita as ordens estaduais umas em face das outras e, assim, torna juridicamente possível a coexistência dos Estados no espaço e a sua sucessão no tempo.

É quase de per si evidente que o chamado poder do Estado, que é exercido por um governo sobre uma população residente dentro do território do Estado, não é simplesmente qualquer poder que qualquer indivíduo efetivamente tem sobre outro indivíduo e que consiste em o primeiro ser capaz de conduzir o segundo a observar uma conduta por aquele desejada. Há muitas relações de poder fáticas deste tipo sem que aquele que tem um tal poder sobre outrem seja considerado como Estado ou órgão estadual. O que faz com que a relação designada como poder estadual se distinga de outras relações de poder é a circunstância de ela ser juridicamente regulada, o que significa que os indivíduos que, como governo do Estado, exercem o poder, recebem competência de uma ordem jurídica para exercerem aquele poder através da criação e aplicação de normas jurídicas — que o poder do Estado tem caráter normativo. O chamado poder estadual é a vigência de uma ordem jurídica estadual efetiva. Dizer que o governo estadual, que exerce o poder do Estado, tem de ser independente, significa que ele não pode juridicamente ser vinculado por qualquer outra ordem jurídica estadual, que a ordem jurídica estadual só está subordinada à ordem jurídica internacional, se é que se subordina a qualquer outra ordem jurídica.

Costuma ver-se no exercício do poder do Estado uma manifestação de força (poder), que é tida como um atributo tão essencial do Estado que até se designa o Estado como poder e se fala dos Estados como "potências", mesmo que não se trate de uma "grande potência". O "poder" do Estado somente se pode manifestar nos meios de poder específicos que se encontram à disposição do governo: nas fortalezas e nas prisões, nos canhões e nas forças, nos indivíduos uniformizados como polícias e soldados. Mas estas fortalezas e prisões, estes canhões e forças são objetos inanimados; eles apenas se tornam instrumentos do poder estadual na medida em que sejam utilizados pelos indivíduos de acordo com as ordens que lhes são dadas pelo governo, na medida em que os polícias e soldados observem as normas que regulam a sua conduta. O poder do Estado não é uma força ou instância mística que esteja escondida detrás do Estado ou do seu Direito. Ele não é senão a eficácia da ordem jurídica.

Desta forma, o Estado, cujos elementos essenciais são a população, o território e o poder, define-se como uma ordem jurídica relativamente centralizada, limitada no seu domínio espacial e temporal de vigência, soberana ou imediata relativamente ao Direito internacional e que é, globalmente ou de um modo geral, eficaz.

b) *O Estado como pessoa jurídica*

O problema do Estado como uma pessoa jurídica, isto é, como sujeito agente e sujeito de deveres e direitos é, no essencial, o mesmo problema que se põe para a corporação como pessoa jurídica. Também o Estado é uma corporação, isto é, uma comunidade que é constituída por uma ordem normativa que institui órgãos funcionando segundo o princípio da divisão do trabalho, órgãos esses que são providos na sua função mediata ou imediatamente. E a ordem que constitui esta comunidade é a ordem jurídica que, para se distinguir da ordem internacional, é chamada nacional ou estadual. Assim como a corporação constituída por um estatuto fica subordinada à ordem jurídica estadual que lhe impõe deveres e confere direitos — tratando-a como uma pessoa jurídica —, assim também o Estado pode ser olhado como estando subordinado à ordem jurídica internacional que, tratando-o como uma pessoa jurídica, lhe impõe deveres e confere direitos. E, assim, tal como sucede em relação à corporação que se encontra subordinada à ordem jurídica estadual, também em relação ao Estado, como corporação submetida ao Direito internacional, pode fazer-se distinção entre deveres e direitos externos e internos: os primeiros são estatuídos pelo Direito internacional, os outros são estatuídos pela ordem jurídica estadual. Seguidamente, começaremos por tratar apenas o problema do Estado como pessoa jurídica, sem tomar em conta o Direito internacional que lhe impõe deveres e confere direitos.

α) O Estado como sujeito agente: o órgão do Estado

Se o Estado é figurado como sujeito agente, se se diz que o Estado fez isto ou aquilo, surge a questão de saber qual seja o critério segundo o qual certos atos, postos por indivíduos determinados, são atribuídos ao Estado, o critério segundo o qual estes atos são qualificados como atos ou funções do Estado, ou, o que é o mesmo, a questão de saber por que determinados indivíduos são considerados como órgãos do Estado ao porem determinados atos. A resposta a esta questão é a mesma que atrás foi dada a questão análoga com referência à pessoa jurídica da corporação, submetida à ordem jurídica estadual. Na atribuição da conduta de um determinado indivíduo à comunidade do Estado, constituída pela ordem jurídica, exprime-se apenas que esta conduta se encontra definida, na ordem jurídica que constitui o Estado, como pressuposto ou conseqüência. Visto que o problema do Estado, enquanto pessoa agente e, especialmente como pessoa que cumpre deveres jurídicos e exerce direitos subjetivos, é um problema de atribuição, precisamos tomar consciência desta operação mental para apreender o verdadeiro sentido do problema.

A questão de saber se uma determinada conduta, especialmente um determinado ato, uma determinada função, é conduta do Estado, é um ato estadual ou uma função do Estado, quer dizer, se é o Estado que, aqui, neste caso, como pessoa, põe um ato, desempenha uma função, não é uma questão dirigida à existência de um fato, como o é a questão de saber se um determinado indivíduo praticou uma determinada ação. Se a questão tivesse este sentido, jamais poderia receber uma resposta afirmativa. Com efeito, nunca é o Estado, mas sempre e apenas um determinado indivíduo, quem atua, quem põe um determinado ato, quem desempenha uma determinada função. Somente quando representamos o Estado, enquanto pessoa agente, como uma realidade diferente do indivíduo, como uma espécie de super-homem, ou seja, quando hipostasiamos a construção auxiliar de pessoa, é que a questão de saber se existe um ato do Estado, uma função estadual, pode ter o sentido de uma questão dirigida à existência de um fato, é que a resposta à questão poderá ser que um determinado ato ou uma determinada função *é* ou *não é* um ato do Estado ou uma função do Estado. Neste sentido, levanta-se, por exemplo, na literatura sobre Direito público, a questão de saber se a legiferação é uma função do Estado, a que se responde, ora afirmativa, ora negativamente. Como, porém, o Estado, enquanto pessoa agente, não é uma realidade mas uma construção auxiliar do pensamento jurídico, a questão de saber se uma certa função é função do Estado não pode ser dirigida à existência de um fato. Se ela é posta e resolvida nestes termos, é mal posta e mal resolvida. Corretamente posta, o seu sentido apenas pode ser: se e sob que pressupostos uma função realizada por certo indivíduo pode ser atribuída ao Estado.

Do ponto de vista de uma consideração centrada sobre o Direito, só pode ser concebida como função do Estado uma função definida na ordem jurídica, quer dizer, uma função jurídica no sentido estrito ou lato da palavra. Como, na atribuição à pessoa do Estado de uma função definida na ordem jurídica e realizada por um certo indivíduo, apenas se exprime a relação com a unidade da ordem jurídica que determina a função, toda função definida pela ordem jurídica pode ser atribuída ao Estado como personificação desta ordem jurídica. Isto é: servindo-nos de uma metáfora, podemos dizer a propósito de toda e qualquer função definida na ordem jurídica que é o Estado, como pessoa, quem a realiza. Com efeito, com isso nada mais se diz senão que a função está determinada na ordem jurídica. Podemos servir-nos desta metáfora, mas não temos necessariamente de o fazer, pois também podemos descrever a situação sem recorrer a ela. Servimonos dela quando, por qualquer razão, a consideramos vantajosa. Como o problema do Estado, enquanto pessoa agente, é um problema de atribuição, e esta atribuição se exprime na linguagem corrente, quando importe dar resposta à questão de saber se uma determinada função é função do Estado, impõe-se verificar primeiro se, no uso corrente da linguagem, esta função é atribuída ao Estado. Mas este uso lingüístico não é uniforme nem coerente. Em geral — para voltar à questão de saber se a atividade legislativa é função do Estado — a legislação é representada como função do Estado, quer dizer, é atribuída ao Estado. Porém, muitos autores não procedem desta forma. Recusam-se a considerar a legiferação como função do Estado[6]. São livres de pensar como quiserem. Enganam-se, no entanto, se querem dizer com isso que a legiferação, diferentemente do que sucede com as outras funções, não é de fato realizada pelo Estado, que o Estado pode, na realidade, concluir tratados, punir crimes, administrar vias férreas, mas não pode fazer leis. O verdadeiro sentido da sua recusa é que eles, por qualquer razão, no caso da legiferação não fazem uso da possibilidade, que também aqui se oferece, de operar aquela atribuição ao Estado, da mesma forma que usualmente não se atribui ao Estado um fato ilícito definido na ordem jurídica, embora isso fosse possível no mesmo sentido em que qualquer função é atribuída ao Estado, quer dizer, no mesmo sentido em que, com essa atribuição, tão-somente se exprime que o fato em questão se encontra definido na ordem jurídica que constitui a comunidade estadual.

Se se analisa o uso lingüístico em questão, quer dizer, se se procura determinar sob que pressupostos são atribuídas ao Estado, na linguagem do Direito, certas funções definidas pela ordem jurídica nacional, quando se diz que o Estado realiza — através de um determinado indivíduo, como seu órgão — uma determinada função, verifica-se que, em geral, uma função definida pela ordem jurídica somente é atribuída ao Estado, somente é considerada como função do Estado, se é exercida por um indivíduo funcionando segundo o princípio da divisão do trabalho e designado para essa função em conformidade com a mesma ordem jurídica, ou — o que significa o mesmo — que um indivíduo só é considerado como órgão do Estado quando seja chamado ao exercício desta função através de um processo determinado pela ordem jurídica. Na medida em que a função é referida à unidade da ordem jurídica e, assim, é atribuída à comunidade constituída por esta ordem jurídica, ao Estado, na medida em que ela é representada como função do Estado, esta ordem jurídica é personificada. O Estado, como ordem social, é a ordem jurídica nacional (para a distinguir da internacional), acima definida. O Estado, como pessoa, é a personificação desta ordem. No entanto, como já se observou, deve notar-se que, ao lado deste conceito de Estado, se utiliza um segundo, diferente daquele mas intimamente ligado com ele, nele incluído, e nos termos do qual, quando o Estado é representado como pessoa agente, ele tão-somente é, também, a personificação de uma ordem jurídica; não, porém, da ordem jurídica total, que regula a conduta de todos os indivíduos, que vivem dentro do seu domínio territorial de vivência — e, desse modo, constitui o Estado como uma comunidade jurídica a que pertencem todos estes indivíduos que vivem sobre um determinado território —, mas de uma ordem jurídica parcial que é formada por aquelas normas da ordem jurídica nacional estadual que regulam a conduta dos indivíduos que têm o caráter de órgãos, funcionam segundo o princípio da divisão do trabalho e são qualificados como "funcionários". Esta ordem jurídica parcial constitui uma comunidade parcial à qual apenas pertencem estes indivíduos. A esta comunidade parcial são atribuídas apenas as funções destes indivíduos. É o Estado como aparelho burocrático de funcionários, com o governo no cume. Como este problema da atribuição a uma pessoa jurídica já foi tratado na análise feita acima da pessoa jurídica da corporação, instituída sob a ordem jurídica estadual, não poderemos evitar repetições ao apresentar o problema da pessoa do Estado. Podem tais repetições justificar-se pela circunstância de a análise da natureza desta operação, que desempenha no pensamento jurídico um papel importante, trazer consigo uma importante revisão das concepções tradicionais. Como esta análise destrói a representação da pessoa do Estado como uma substância diferente do Direito, representação essa absolutamente errônea e conducente a novos erros, nunca será demais acentuá-la bem para bem a conscicncializarmos.

As funções atribuídas ao Estado dividem-se, segundo a tradicional teoria do Estado, em três categorias: legiferação, administração (incluindo a governação) e jurisdição. Todas três são — como se mostrou — funções jurídicas, quer sejam funções jurídicas no sentido estrito de funções de criação e aplicação do Direito, quer sejam funções jurídicas num sentido mais amplo que também inclui a função de observância do Direito. Se a legiferação, isto é, a criação de normas jurídicas gerais (de um escalão relativamente elevado) é considerada como função do Estado, é porque esta função é realizada por um parlamento — segundo o princípio da divisão do trabalho, portanto — que é eleito através de um processo fixado pela ordem jurídica. E aqui é importante notar que os indivíduos que exercem a função legislativa, os membros do parlamento, não têm a qualidade de funcionários do Estado, qualidade esta decisiva para a atribuição de outras funções ao Estado. Mas os indivíduos que elegem o parlamento, no exercício de um direito que lhes é conferido, não são, segundo a linguagem correntemente utilizada, designados como órgãos do Estado, nem a sua função é considerada como função do Estado. Diz-se, na verdade, que o Estado faz leis, mas não se diz que o Estado elege o parlamento; embora se pudesse dizer isto com tão bom fundamento como quando se diz que o Estado faz leis. Com efeito, a função aqui considerada, a criação do órgão legislativo, é uma parte essencial do processo pelo qual são criadas as leis. Este processo, no essencial, é integrado por duas fases: a criação do órgão, no processo eleitoral, e a criação da norma geral pelo órgão, no processo legislativo. Perfeitamente característico da natureza da atribuição que se manifesta no uso lingüístico dominante e sobre a qual se apóia a figuração do Estado como pessoa agente é o fato de a criação das normas jurídicas gerais através do costume não ser atribuída ao Estado, não ser considerada como função do Estado. O Direito consuetudinário é mesmo apontado, por aqueles que afirmam serem o Estado e o Direito dois fenômenos distintos um do outro, como argumento a favor da tese de que o Direito não é ou não é necessariamente criado pelo Estado, de que há um Direito que é criado ou se forma de um modo inteiramente independente do Estado. Mas, visto que o costume, exatamente como a legislação, é um fato criador de Direito geral definido pela ordem jurídica, aquele poderia ser atribuído ao Estado com tão bom fundamento como esta. Se a criação de Direito consuetudinário não é atribuída ao Estado, é somente porque não é função de um órgão funcionando segundo o princípio da divisão do trabalho, chamado a tal função através de um processo especial. Mas a atribuição ao Estado da função legislativa opera-se, como fizemos realçar, sem que o órgão que funciona segundo o princípio da divisão do trabalho seja qualificado como funcionário do Estado. Lembremos aqui a circunstância, também já mencionada a outro propósito, de que, na verdade, o estabelecimento da norma jurídica individual que representa uma decisão judicial — e já não a instauração da ação privada, que constitui uma parte essencial do processo em que a norma individual é criada — é considerado como função do Estado. Isto somente pode ser explicado pelo fato de o tribunal, e já não o demandante privado, ser um órgão que funciona segundo o princípio da divisão do trabalho, provido naquela função. Se, porém — como no processo penal —, a decisão judicial é condicionada por uma ação proposta por um acusador público, nomeado pelo governo do Estado, também esta função é considerada como função do Estado, por ser realizada através de um órgão funcionando segundo o princípio da divisão do trabalho, chamado àquela função. Diz-se que o Estado acusa o criminoso, tal como se diz que o Estado condena o criminoso. Pela mesma razão, a criação jurídico-negocial de normas jurídicas gerais ou individuais não é apontada como função do Estado, na medida em que não é realizada por órgãos para tal designados, funcionando segundo o princípio da divisão do trabalho e qualificados como funcionários estaduais, se bem que a realização de negócios jurídicos pelas "pessoas privadas" seja, precisamente como a legiferação e a jurisdição, função jurídica em sentido estrito, determinada pela ordem jurídica.

Como já referimos a outro propósito[7], a atividade designada como administração estadual consta de duas partes, diferentes na sua estrutura jurídica. A função do governo, isto é, do chefe de Estado e dos membros do gabinete, dos ministros ou secretários de Estado assim como, em grande medida, dos órgãos da administração submetidos ao governo, é função jurídica específica no sentido estrito da palavra, a saber, criação e aplicação de normas jurídicas gerais e individuais, através das quais os indivíduos submetidos ao Direito, os súditos, são obrigados a uma determinada conduta, na medida em que à conduta oposta é ligado um ato de coerção cuja execução, porque é realizada por um órgão que funciona segundo o princípio da divisão do trabalho, é atribuída ao Estado. Se se admite que a conduta que forma o conteúdo do dever jurídico constituído pela sanção é visada pela ordem jurídica porque deve ser provocada pela ameaça da sanção, e se se representa o fim da ordem jurídica como fim do Estado — da mesma forma que se representa o domínio territorial de vigência da ordem jurídica como território do Estado — poderá dizer-se que este fim do Estado é mediato, por ser realizado na conduta devida dos indivíduos, que não é atribuída ao Estado. Em parte, porém — e numa medida que, na verdade, vai sempre aumentando com o decorrer da evolução —, a atividade considerada como administração estadual representa uma realização imediata do fim do Estado. Com efeito, é uma conduta atribuída ao Estado que forma o conteúdo de deveres jurídicos. A função atribuída ao Estado não é função de criação e aplicação do Direito, mas função de observância do Direito. Os deveres cuja observância é atribuída ao Estado, que são considerados como função do Estado, são deveres de órgãos especialmente qualificados na sua posição jurídica — qualificados, a saber, como "funcionários" — e que atuam segundo o princípio da divisão do trabalho. Existem funções estaduais em que o fim do Estado é imediatamente realizado, existe administração imediata do Estado, quando — como sói dizer-se — o Estado se não limita a provocar uma determinada situação editando leis pelas quais os indivíduos que lhe estão submetidos são obrigados a uma conduta que representa esta situação, aplicando estas leis aos casos concretos e executando as sanções estatuídas por estas leis, mas ele próprio realiza essa situação por ele visada, quer dizer, a realiza através dos seus órgãos — ou seja, segundo o uso lingüístico dominante, a realiza por uma forma que lhe é atribuível. Tal o que sucede quando o Estado constrói e explora vias férreas, erige escolas e hospitais, fornece instrução, trata os doentes, em suma, quando desenvolve uma atividade econômica, cultural ou humanitária pela mesma forma que as pessoas privadas. A "estatização" desta atividade significa a sua funcionarização, quer dizer, a sua execução por órgãos, qualificados como funcionários, que funcionam segundo o princípio da divisão do trabalho. Em que consiste esta qualificação?

Em primeiro lugar, no fato de estes indivíduos serem providos na função, que lhes é cometida pelo governo ou por uma autoridade administrativa para tal competente, através de ato administrativo e estarem juridicamente subordinados ao governo; e, particularmente, no fato de o exercício da sua função ser tornado conteúdo de um dever específico, o dever funcional (de cargo), cujo cumprimento é garantido por preceitos disciplinares. A propósito importa notar que a atividade que se apresenta como administração do Estado imediata pode ser tornada em dever funcional de um órgão, por forma a ser deixada a esse órgão uma margem de apreciação mais ou menos lata no cumprimento do seu dever. Esta margem pode ser tão larga, a livre apreciação do órgão tão pouco limitada, que o elemento dever pareça volatizar-se. No entanto, tem de aceitar-se como existente — ainda quando reduzido a um mínimo —, na medida em que o dever funcional é considerado como elemento essencial do caráter de funcionário. Na verdade, estes órgãos realizam a sua função, não apenas acidental e esporadicamente, mas a título permanente, até atingirem um certo limite de idade, e realizam-na a título de emprego, quer dizer, com exclusão de outro modo de vida ou ganha-pão e, portanto, recebendo uma paga. Eles são pagos pelo Estado, quer dizer: a contraprestação pelos seus serviços — que, nos Estados modernos, é constituída por dinheiro — provém do patrimônio do Estado, do chamado fisco, ou seja, de um fundo central cujas constituição, aplicação, entradas e saídas são juridicamente reguladas. Esse fundo é essencialmente formado por impostos pagos pelos indivíduos subordinados ao Direito, que são obrigados por lei a pagar esses impostos, e é administrado por funcionários do Estado. Por este patrimônio do Estado são cobertas não só as despesas com o pagamento dos funcionários do Estado como também as outras despesas da administração estadual. Se a atividade considerada como administração estadual imediata, como, v. g., a exploração de um transporte estadual ou um monopólio estadual do tabaco, representa um empreendimento comercial (econômico), o ativo e o passivo desta empresa pertencem ao patrimônio do Estado. Aí reside uma importante diferença entre a atividade de administração imediata, atribuída ao Estado, e a atividade análoga dos particulares, que não é atribuída ao Estado. A natureza jurídica do patrimônio do Estado, o chamado fisco, será analisada mais tarde.

Se ao Estado limitado, no interior, à atividade legislativa e jurisdicional, bem como à execução das sanções, dermos a designação de Estado judicial, poderemos dizer que, com o estabelecimento da administração estadual imediata, aquele se transforma de Estado judicial em Estado judicial e administrativo. Este é o resultado de uma longa evolução que muito intimamente se conexiona com a crescente centralização da ordem jurídica, especialmente com a formação de um órgão central de governo e com a ampliação da sua competência. O órgão estadual administrativo é o tipo plenamente evoluído do funcionário público. No entanto, há numerosos graus intermediários que não apresentam todas as características acima descritas, há órgãos do Estado que não são nomeados pelo governo mas são eleitos pelo parlamento ou pelo povo, órgãos estaduais que não são providos a título duradouro, que não recebem vencimento fixo ou não recebem mesmo qualquer vencimento, mas atuam como funcionários honoríficos; órgãos estaduais cuja instalação ou provimento se não opera por ato administrativo, mas pela via do contrato de Direito civil.

A funcionarização da função estadual vai de mãos dadas com o trânsito do Estado judicial para o Estado administrativo. Ela abarca, de começo, certas funções jurídicas em sentido estrito, especialmente a execução do ato coercivo, a função policial no interior do Estado e a função bélica — de Direito internacional — nas relações exteriores (exércitos permanentes com oficiais de carreira). Uma vez criado, porém, um tal aparelho funcionarial, podem ser-lhe cometidas também outras funções que não são funções jurídicas em sentido estrito e específico. A administração estadual torna-se, numa medida cada vez maior, realização imediata do fim do Estado; mas isto ainda e apenas como função jurídica no sentido lato, quer dizer, como função de observância do Direito. Também na administração estadual imediata mantém o Estado o seu caráter jurídico. Da mesma forma que a ordem jurídica parcial que constitui o Estado em sentido estrito, também o Estado como aparelho funcionarial, com o governo no topo, é uma parte integrante da ordem jurídica total que constitui o Estado em sentido amplo — o Estado cujos súditos formam o domínio pessoal de validade da ordem jurídica, cujo país forma o domínio territorial de validade da mesma ordem jurídica e cujo poder é a eficácia desta ordem jurídica — e, por isso, a atribuição ao Estado em sentido estrito, como referência à unidade daquela ordem jurídica parcial, implica a atribuição ao Estado em sentido amplo, como referência à unidade da ordem jurídica global.

Com a transição para o Estado administrativo e o aumento, por ela implicado, da importância do aparelho funcionarial, está relacionada uma certa tendência para limitar o conceito de órgão de Estado ao de órgão funcionarizado, quer dizer, para fazer a atribuição ao Estado apenas daquelas funções determinadas pela ordem jurídica que sejam desempenhadas por indivíduos que funcionam segundo o princípio da divisão do trabalho e são qualificados como funcionários. A esta tendência se deve, sem dúvida, que certos autores não queiram designar como função estadual a atividade legislativa do parlamento, enquanto função que não é realizada por órgãos funcionarizados. No entanto, o parlamento revela, por vezes, certas características análogas às do funcionalismo. É o que sucede, por exemplo, quando os seus membros recebam um soldo, pago pela tesouraria do Estado. O chefe do Estado, numa monarquia absoluta ou constitucional, é um órgão do Estado, embora não se encontre submetido ao dever funcional. O chefe do Estado duma república democrática, e bem assim os membros do gabinete, tanto numa monarquia como numa república, têm de realizar as suas funções — que, no essencial, são funções jurídicas — como dever funcional (dever de cargo). Este dever, porém, não é constituído pelo direito disciplinar geral dos funcionários, mas por determinações especiais que estatuem uma responsabilidade específica. Também eles são órgãos estaduais, não como funcionários do Estado, mas na medida em que realizam, segundo o princípio da divisão do trabalho, uma função determinada pela ordem jurídica.

β) Representação

A atribuição da função precedentemente caracterizada à pessoa fictícia do Estado não é, de forma alguma, a única atribuição possível. Efetivamente, no uso corrente da linguagem, costumamos servir-nos de uma outra que está em íntima relação com a atribuição feita à pessoa do Estado, se é que não está mesmo incluída nela: é a atribuição que se opera no conceito da representação. Na verdade, por vezes, identifica-se a organicidade do Estado, isto é, a atribuição à pessoa estatal que se opera no conceito de órgão do Estado, com a representação, ao dizer-se que o órgão estadual "representa" o Estado. Porém, num sentido específico, apenas nos servimos do conceito de representação para exprimir a atribuição de uma função não à pessoa do Estado, mas ao povo. Dizemos de certos órgãos, como, por exemplo, do parlamento, que eles, na realização da sua função, representam o povo, sem no entanto excluirmos com isso a atribuição à pessoa do Estado, quer dizer, a sua caracterização como órgãos estatais. Na verdade, falamos, em regra, de representação do povo somente quando a função é desempenhada por um órgão eleito pelo povo. Mas o uso lingüístico não é coerente. Com a palavra representação designa-se também a atribuição da função de um órgão que não foi provido ou instalado por meio de eleição; e não apenas a atribuição ao povo, mas também a um outro órgão. Assim, diz-se do monarca absoluto e de um ditador que alcançou o poder por usurpação que eles representam o povo; e, numa monarquia que se transformou de absoluta em constitucional, diz-se do juiz nomeado pelo monarca que ele representa o monarca. "Representação" significa o mesmo que "atuação em vez ou no lugar de" (*Vertretung*). Diz-se: o incapaz não age por ele próprio, mas através do seu representante legal. Quer dizer: atribuem-se ao incapaz os atos do representante legal porque este, através dos seus atos, tem de realizar os interesses do representado[8].

Quando se diz que um órgão, no exercício da sua função, representa o povo, quer dizer, os indivíduos que formam a comunidade estadual, quando se atribui a sua função a estes indivíduos, quer significar-se que o indivíduo cuja função também pode ser atribuída à pessoa do Estado e que, portanto, pode ser considerado como órgão do Estado, está jurídica ou moralmente vinculado a exercer a sua função no interesse do povo, isto é, dos indivíduos que formam a comunidade estadual. Como no uso jurídico da linguagem os interesses são mais ou menos identificados com a vontade, presumindo-se que aquilo que um indivíduo "quer", é do seu interesse, crê-se encontrar a essência da representação no fato de a vontade do representante ser a vontade do representado, crê-se que o representante, através da sua atuação, não realiza a sua própria vontade mas a vontade do representado. Isto é uma ficção, mesmo quando a vontade do representante se encontre mais ou menos vinculada pela vontade do representado — como no caso da representação derivada de negócio jurídico, ou de representação subordinada a um estatuto funcional, segundo cujos preceitos os representantes da função estejam vinculados às instruções dos seus eleitores e possam por estes ser destituídos a todo o tempo. Com efeito, ainda nestes casos a vontade do representante é uma vontade diferente da vontade do representado. A ficção da identidade de vontades torna-se mais patente ainda quando a vontade do representante não está de forma alguma vinculada através da vontade do representado, como no caso da representação legal dos incapazes ou da representação do povo por um parlamento moderno, cujos membros são juridicamente independentes no exercício da sua função (o que costuma caracterizar-se dizendo que eles têm um "mandato livre"). A mesma ficção se apresenta quando dizemos que o juiz, numa monarquia constitucional, representa o monarca, que a sentença judicial é a vontade do monarca, e quando, por vezes, se vai até o ponto de afirmar que o monarca, no momento em que o juiz profere a sua sentença, está invisivelmente presente. A atribuição, tal como foi acentuado em outro ponto, envolve sempre, por sua própria essência, uma ficção, quer se atribua a função ou a vontade do indivíduo que efetivamente realiza a função, e que efetivamente tem a vontade que se realiza naquela função, a um outro indivíduo ou a uma pessoa jurídica. O fato de o parlamento ser eleito pelo povo, ou de o juiz ser nomeado pelo monarca, em nada modifica o caráter fictício da atribuição implícita no conceito de representação. Por isso, a forma e o processo por que um órgão é criado é irrelevante para a possibilidade da atribuição da sua função a um outro órgão ou ao povo. Decisiva é apenas a idéia de que a função deve ser realizada no interesse daquele indivíduo ou daqueles indivíduos aos quais se atribui a função. Por isso, a concepção, defendida por certas doutrinas políticas, de que um monarca absoluto ou um ditador[9] é o "verdadeiro" representante do povo, constitui uma concepção que não é nem mais nem menos fictícia do que a implicada pela teoria segundo a qual o parlamento eleito pelo povo representa o povo, segundo a qual, onde existe um tal parlamento, as leis são feitas pelo povo e o Direito — como se diz nas constituições de muitas repúblicas democráticas — provém do povo.

A questão é apenas a de saber sob que pressuposto nos é lícito, numa exposição científica do Direito, servirmo-nos da ficção que vai contida na atribuição da função exercida por um determinado indivíduo a uma pessoa jurídica ou a um outro indivíduo, ou por outras palavras, sob que condições é cientificamente legítimo o uso dos conceitos de organicidade ou de representação. A resposta é: sob o pressuposto de nos mantermos cônscios da natureza da atribuição e de nada mais querermos significar, com aquela atribuição a uma pessoa jurídica, isto é, com a organicidade, senão a relação desta função à unidade da ordem jurídica que a determina e é constitutiva de uma comunidade; sob o pressuposto de, com a atribuição a outro indivíduo ou a outros indivíduos — especialmente a todos os que formam a comunidade estadual, à população do Estado —, ou seja, com a representação, não queremos significar senão que o indivíduo que realiza a função está juridicamente, ou ético-politicamente apenas, vinculado a realizar esta função no interesse do indivíduo ou dos indivíduos aos quais, precisamente por isso, essa função é atribuída. O uso da ficção é incientífico quando, com a atribuição de uma função a uma pessoa jurídica, isto é, com a afirmação de que a pessoa jurídica de uma corporação ou do Estado realiza a função através de um órgão, cumpre um dever ou exerce um direito, se significa que a pessoa jurídica, como suporte desta função, como sujeito do dever que por ela é cumprido, como sujeito do direito que por ela é exercido, é uma entidade real que se distingue dos membros da corporação ou do Estado; ou quando, na hipótese da representação legal de um incapaz, se pretende ficcionar a sua capacidade ou, com a figuração do parlamento como representação do povo, se pretende esconder a modificação essencial que o princípio democrático da autodeterminação dos povos sofre pelo fato de ser limitado à escolha do parlamento por um grupo mais ou menos extenso de cidadãos; ou quando, com a afirmação de que um monarca absoluto ou ditador representa o povo, se pretende criar a ilusão da vigência do princípio democrático, na realidade completamente anulado. Por isso, a ficção, acima mencionada, de que o juiz independente representa o monarca, não é, pois, de forma alguma justificável. Visto que, com tal afirmação, não pode significar-se nem se significa que o juiz há de exercer a sua função no interesse do monarca, só se pode significar que esta função pertence propriamente ao monarca, o qual apenas a delega, por qualquer razão, no juiz por ele nomeado. Esta ficção, porém, está em contradição com o Direito positivo, mesmo quando o próprio legislador se sirva dela, mesmo quando a lei prescreva ao juiz que promulgue a sua sentença "em nome" do monarca. Esta ficção não tem senão o fim político de aumentar a autoridade do monarca, atribuindo-lhe uma função que lhe é expressamente retirada na transição da monarquia absoluta para a monarquia constitucional.

γ) *O Estado como sujeito de direitos e deveres*

Os deveres e direitos do Estado como pessoa jurídica, cuja estrutura será analisada a seguir, não são aqueles que são impostos ou conferidos ao Estado por uma ordem jurídica superior, o Direito internacional; são direitos e deveres que são estatuídos pela ordem jurídica estadual. Os deveres e direitos estatuídos pelo Direito internacional, que são análogos aos direitos e deveres estatuídos pela ordem jurídica estadual para as corporações que lhe estejam subordinadas, serão versados ao expormos as relações entre o Direito internacional e o Direito estadual.

γ.1) *Deveres do Estado: dever estadual e ilícito estadual; responsabilidade do Estado*

Fala-se freqüentemente de deveres do Estado num sentido que não é rigorosamente jurídico, quer dizer, sem empregar um conceito precisamente definido de dever jurídico. Se se pressupõe um tal conceito, e especialmente o conceito aqui aceito, segundo o qual existe um dever jurídico de observar uma determinada conduta quando a ordem jurídica liga à conduta oposta um ato coercivo a título de sanção, então não existe normalmente qualquer dever jurídico atribuível ao Estado, mas apenas um dever ético-político. Assim sucede quando, por exemplo, se diz que o Estado é obrigado a punir o malfeitor, embora a aplicação da pena pela ordem jurídica ligada a um delito não constitua conteúdo de um dever jurídico, pois a sua não-aplicação não é tornada pressuposto de uma sanção e o órgão aplicador do Direito apenas recebe competência para aplicar a pena, mas não é obrigado a aplicá-la. Se um tal dever existe como dever funcional do órgão aplicador do Direito, ele apenas pode — coerentemente — ser atribuído ao Estado quando a sua violação também lhe possa ser atribuída, pois sujeito de um dever jurídico é aquele através de cuja conduta o dever pode ser violado: o delinqüente potencial. Se o dever funcional de punir o malfeitor é constituído através de sanção penal e se, como é comum, não se atribui ao Estado qualquer delito punível — se é que se lhe atribui qualquer delito —, também lhe não pode ser atribuído, conseqüentemente, o dever em questão. Mas, no uso corrente da linguagem, não é sequer este dever funcional do órgão que é atribuído ao Estado. Como dever funcional, ele é considerado dever do indivíduo cuja conduta forma o conteúdo deste dever. Com isto se faz já o bastante para satisfazer ao requisito da existência de um "suporte" do dever; e não se torna necessária, por isso, qualquer atribuição à pessoa jurídica do Estado. Portanto, com o dever de punição do Estado, não se exprime este dever funcional do órgão, mas apenas se exprime um postulado ético-político endereçado à ordem jurídica: o de ligar a uma conduta socialmente perniciosa uma pena, a título de sanção.

É usual contrapor aos direitos e liberdades fundamentais dos indivíduos, constitucionalmente garantidos, deveres correspondentes por parte do Estado de não violar, através das leis, a igualdade ou liberdade que forma o conteúdo destes direitos ou, por outras palavras, de não interferir na esfera individual assim protegida, através de leis pelas quais esta esfera seja reduzida ou mesmo aniquilada. Na análise que acima fizemos destes direitos e liberdades fundamentais[10], mostrou-se que eles, em si, não são direitos subjetivos, que a "proibição" de editar certas leis que ofendam a igualdade e liberdade constitucionalmente garantidas não cria qualquer dever jurídico para o órgão legislativo, mas apenas cria a possibilidade de se anular a lei inconstitucional, através de um processo especial. Como não existe um dever jurídico do órgão legislativo de não editar quaisquer leis que ofendam a igualdade e liberdade constitucionalmente garantidas, e como o dever jurídico porventura existente, em relação ao chefe de Estado ou aos membros do gabinete, de não cooperarem em tais leis com a sua sanção, promulgação ou referendo, é considerado como dever destes órgãos e, portanto, não precisamos de o atribuir à pessoa jurídica do Estado, o dever do mesmo Estado de respeitar a igualdade e liberdade dos súditos traduz apenas a exigência ético-política da garantia constitucional acima caracterizada, dirigida à ordem jurídica.

Se se aceita que apenas existe um dever jurídico de realizar uma determinada conduta quando a ordem jurídica torna a conduta oposta pressuposto de uma sanção, se é juridicamente obrigado a uma determinada conduta apenas o indivíduo que, pela sua conduta, não só pode cumprir o dever mas também — e especialmente — o pode violar, então, sujeito do dever atribuído ao Estado é o indivíduo que — como órgão do Estado — tem de, pela sua conduta, cumprir este dever e que, portanto, o pode violar através da sua conduta; e, sendo assim, só seria coerente — como já foi posto em relevo na análise da pessoa jurídica da corporação — atribuir um dever jurídico à pessoa jurídica, em geral, e à pessoa jurídica do Estado, em especial, quando lhe fosse atribuída não só a observância, mas também a violação desse dever praticada pelo órgão, quando se admitisse que também o Estado pode cometer um ilícito. Mas, como a atribuição é apenas uma operação mental possível, e não uma operação de pensamento necessária, e envolve sempre uma ficção, pois, na realidade, nunca é o Estado como pessoa jurídica mas um indivíduo bem determinado quem cumpre ou viola o dever estatuído pela ordem jurídica, pode-se, no uso lingüístico, atribuir ao Estado um dever e a conduta que representa o seu cumprimento sem que também se lhe atribua a violação do dever; pode manter-se — no interesse da autoridade do Estado, ou seja, do seu governo — a concepção de que o Estado pode na verdade praticar — de conformidade com o dever — o lícito mas não — com violação do seu dever — o ilícito. Na verdade, na medida em que o ilícito seja um fato que se encontre definido pela ordem jurídica internacional, como ordem jurídica supra-ordenada à ordem jurídica estadual, e consista na violação de um dever que esta ordem jurídica ponha a cargo do Estado como pessoa jurídica, a atribuição do delito ao Estado opera-se, na linguagem tradicional, sem quaisquer dificuldades. Com efeito — como ainda veremos mais adiante — a ordem jurídica estadual pode autorizar um órgão do Estado a realizar uma conduta proibida pela ordem jurídica internacional, prescrevendo ou permitindo positivamente essa conduta. A conduta em questão apenas representa um delito para o Direito internacional, mas já não para o Direito estadual. A norma da ordem jurídica estadual que autoriza a conduta contrária ao Direito internacional não é anulável, segundo este mesmo Direito. O Direito internacional geral limita-se a ligar a esta conduta uma das suas conseqüências do ilícito: guerra ou represálias, por parte do Estado em face do qual exista o dever estatuído pelo Direito internacional. A afirmação de que um Estado violou os seus deveres de Direito internacional, não esbarra em qualquer resistência no uso lingüístico dominante; e o mesmo acontece com a afirmação de que as sanções estatuídas pelo Direito internacional são dirigidas contra o Estado delinqüente como tal, quer dizer, de que o Estado responde pelo delito por ele cometido[11].

A situação é diferente quando a pergunta a responder é se um fato delitual definido pela ordem jurídica estadual pode ser atribuído à pessoa do Estado como personificação *desta* ordem jurídica e se uma sanção estatuída pela ordem jurídica estadual pode considerar-se como dirigida contra o Estado. Aqui, revela-se a tendência para atribuir ao Estado, como comunidade jurídica, apenas uma conduta não definida na ordem jurídica estadual como delito, para considerar como órgão do Estado um indivíduo chamado a desempenhar uma função segundo o princípio da divisão do trabalho, apenas na medida em que a sua conduta não represente qualquer delito definido pela ordem jurídica estadual. Esta tendência exprime-se na fórmula: o Estado não pode praticar um ilícito. Fudamenta-se esta fórmula no fato de o Estado, que quer o Direito (porque o Direito é a sua "vontade"), não poder querer o ilícito (o não-Direito) e, por isso, não poder praticar o ilícito. Se um ilícito é praticado, só pode ser um ilícito do indivíduo que o cometeu através da sua conduta, mas não um ilícito do Estado, em relação ao qual este indivíduo apenas se comporta como órgão quando a sua conduta é autorizada pela ordem jurídica enquanto criação, aplicação, ou observância do Direito, mas não enquanto violação do Direito. A violação do Direito cai fora da autorização ou competência conferida a um órgão do Estado e não é, por isso, atribuível ao Estado. Um Estado que praticasse o ilícito seria contraditório consigo mesmo.

Uma tal delimitação da atribuição ao Estado é perfeitamente possível. Não é, porém, necessária, no sentido de que a atribuição de um ilícito ao Estado importaria uma contradição lógica. Dizer que o Direito é a "vontade" do Estado, é "querido" pelo Estado, é uma metáfora com a qual se não exprime senão que a comunidade constituída pela ordem jurídica é o Estado, e que a personificação desta ordem jurídica é a pessoa do Estado. E o ilícito não é — como se presume ao rejeitar a concepção de um ilícito estadual — a negação do Direito, mas, como já se mostrou, um pressuposto ao qual o Direito liga determinadas conseqüências. A afirmação de que uma conduta é "contrária" ao Direito (ilícita) não exprime qualquer oposição lógica, mas apenas uma oposição teleológica, entre ela e a conduta "conforme" ao Direito (lícita), na medida em que se aceita que a ordem jurídica procura impedir aquela — mas não esta — ao ligar-lhe uma sanção que vai dirigida contra o indivíduo que assim se conduz (ou contra um indivíduo que com este tenha uma determinada relação). Como o ilícito é um fato definido na ordem jurídica, pode ele muito bem ser referido à unidade personificada desta ordem jurídica, ou seja, pode ser atribuído ao Estado. Isso sucede, de fato, em certos casos. O princípio de que o Estado não pode praticar um ilícito não é mantido na linguagem correntemente usada sem importantes exceções.

Na verdade, não costuma atribuir-se ao Estado um delito que seja constituído através da sua sanção penal. Considera-se como sujeito do dever a cuja violação pode ser ligada uma pena o indivíduo que, pela sua conduta, violou o dever. Como, para uma atribuição ao Estado, segundo o uso lingüístico dominante, só podem ser tomados em conta deveres que hajam de ser cumpridos por indivíduos que para tal sejam designados, em conformidade com a ordem jurídica, como órgãos funcionando segundo o princípio da divisão do trabalho, presume-se que tais indivíduos, quando violam o dever que, como órgãos do Estado, lhes compete cumprir e cujo cumprimento é garantido por uma sanção penal, não atuam como órgãos do Estado. Somente quando eles atuem em cumprimento deste dever é que agem como órgãos. Na medida em que só uma conduta que se realiza em cumprimento do dever, e já não uma conduta realizada em violação do dever, é atribuída ao Estado e, portanto, não o Estado, mas só o indivíduo agente é encarado como delinqüente potencial, atribui-se ao Estado um dever que ele pode cumprir mas não pode violar. Já acima foi explicado[12] por que motivo não tem consistência a objeção de que uma tal atribuição não seria compatível com o conceito aqui desenvolvido de dever jurídico.

Efetivamente, a violação de um dever estatuído pela ordem jurídica estadual e, portanto, este mesmo dever, somente são atribuídos ao Estado quando tal dever tenha por conteúdo uma prestação de direito patrimonial, o seu cumprimento haja de ser feito à custa do patrimônio do Estado e a execução forçada, na medida em que possa existir, se efetue também sobre o patrimônio do Estado. A ordem jurídica pode determinar que, no caso de num processo judicial se verificar que foi executada uma pena contra um inocente, não só seja anulada a sentença penal e, portanto, a privação compulsória da liberdade ou da vida não deva ser considerada como pena, mas também que os prejuízos por tal fato causados ao indivíduo atingido (ou aos seus familiares) sejam indenizados por uma prestação feita à custa do patrimônio do Estado. Um determinado órgão estadual fica obrigado a realizar esta prestação. Se tal prestação é omitida, pode instaurar-se uma ação contra o Estado — diz-se —, e o Estado pode ser judicialmente condenado a efetuar a referida prestação; e — o que de fato a custo acontecerá, mas, no entanto, não deixa de ser possível — se a sentença não é cumprida, poder-se-á realizar uma execução forçada sobre o patrimônio do Estado. Neste caso, diz-se que o Estado violou o seu dever jurídico de indenizar os prejuízos causados pela execução da pena contra um inocente. Quer dizer, atribui-se ao Estado tanto o dever como o seu cumprimento e a sua violação; e, desde que se considere que o patrimônio em questão é patrimônio do Estado, também se atribui ao Estado o padecimento da sanção. A mesma atribuição se opera quando um indivíduo, na sua qualidade de órgão estadual, quer dizer, através de um ato atribuível ao Estado, realiza um negócio jurídico pelo qual são criadas obrigações para o Estado que hão de ser cumpridas à custa de um patrimônio que é considerado patrimônio do mesmo Estado. A atribuição do delito, representado pelo não-cumprimento da obrigação, à pessoa do Estado, é possível, pois o fato delitual é definido na ordem jurídica estadual como pressuposto da sanção, isto é, como pressuposto da execução forçada a dirigir contra o patrimônio do Estado. Se, porém, é possível, como veremos, considerar o patrimônio em questão como patrimônio coletivo dos indivíduos pertencentes à comunidade jurídica que designamos como Estado, então também poderemos atribuir esta obrigação a estes indivíduos e falar de obrigações (deveres) coletivas dos membros do Estado. O dever funcional que o órgão viola quando não cumpre o dever do Estado ou (o que é o mesmo) o dever coletivo dos membros do Estado, deve ser distinguido deste outro dever. Com efeito, este é constituído através da possível execução forçada do patrimônio do Estado, ao passo que aquele o é através de uma pena disciplinar dirigida contra o órgão que agiu contrariamente ao dever funcional. Aquele, e não este, é atribuído ao Estado (ou aos membros componentes do Estado).

Uma execução do patrimônio do Estado parece uma explicação absurda da situação eventualmente existente quando o próprio ato de coerção é atribuído ao Estado e, por isso, uma execução forçada do patrimônio do Estado parece significar um ato de coerção que o Estado dirige contra si próprio. Esta interpretação, no entanto, pode ser evitada. A situação efetiva é esta: a execução forçada há de operar-se contra a vontade do órgão em cuja competência se integra a administração daquela parte do patrimônio tomada em consideração. A sua recusa a conformar-se com a ordem do órgão estadual executivo é feita com violação do seu dever funcional. O ato de coação, a ser necessário, dirigir-se-ia, de fato, contra este indivíduo. Como a atribuição é apenas uma operação mental possível, mas não necessária, a atribuição do padecimento do mal, representado pelo ato de coerção, ao Estado, não é de forma alguma necessária, e não deve ser feita quando se pretenda evitar a configuração de um ato de coerção dirigido pelo Estado contra si próprio. A execução forçada realiza-se, então, no patrimônio do Estado, mas não deve interpretar-se como sendo dirigida contra a pessoa do Estado. O indivíduo contra o qual se dirige a execução forçada de um patrimônio não tem de ser, necessariamente, o sujeito dos direitos que constituem esse patrimônio.

As obrigações de prestação do Estado de caráter jurídico-patrimonial são, assim, quando representadas sem o recurso a uma atribuição, obrigações do órgão estadual cuja conduta forma o conteúdo destas obrigações. São obrigações que hão de ser cumpridas à custa de um patrimônio que é considerado patrimônio do Estado. Elas são constituídas pela estatuição de uma sanção, a saber, de uma execução forçada, que se considera como dirigida contra este patrimônio, mas não como dirigida contra a pessoa do Estado. A execução forçada é dirigida contra a pessoa do órgão do Estado que tem de administrar este patrimônio. Se este patrimônio é atribuído ao Estado como sujeito dos direitos que formam o mesmo patrimônio, o Estado responde com o seu patrimônio pelo ilícito que um indivíduo cometeu pelo não-cumprimento do dever que, na sua qualidade de órgão do Estado, deveria ter cumprido. Ao passo que, pelo que respeita às obrigações impostas ao Estado pelo Direito internacional, são atribuídos à pessoa do Estado não só a obrigação como também o padecimento do ato coercivo que constitui a obrigação, quanto às obrigações impostas ao Estado pela ordem jurídica estadual somente a obrigação, e já não também o padecimento do ato de coerção que a constitui, é atribuída à pessoa do Estado. O Estado como pessoa jurídica pode, de acordo com o uso lingüístico dominante, praticar um ilícito, não cumprindo uma obrigação de prestar que lhe é imposta pela ordem jurídica estadual e, portanto, violando esse seu dever de prestar; mas a execução forçada do patrimônio do Estado, que a ordem jurídica estadual liga a este ilícito do Estado como sanção, não é interpretada como sendo dirigida contra a pessoa do Estado. Quer dizer que o Estado responde pelo ilícito que lhe é atribuído, não com a sua pessoa, mas apenas com o seu patrimônio; enquanto que o órgão que se conduz contrariamente ao dever responde com a sua pessoa por este ilícito do Estado. Se, como mais tarde se mostrará, o patrimônio do Estado pode ser considerado patrimônio coletivo dos seus membros, a responsabilidade do Estado é responsabilidade coletiva dos seus membros.

γ.2) *Direitos do Estado*

Se, por direito subjetivo, se entende um direito reflexo que se acha provido do poder jurídico, caracterizado acima, de fazer valer o não-cumprimento do dever jurídico que se identifica com o direito reflexo, e se sujeito do direito é o indivíduo a quem a ordem jurídica confere este poder, então os direitos considerados direitos do Estado são direitos do indivíduo que, na sua qualidade de órgão do Estado, há de exercitar este poder jurídico.

Na atribuição ao Estado exprime-se a referência à ordem jurídica estadual que estabelece que o poder jurídico deve ser exercido por um determinado indivíduo. E também o dever ou obrigação cujo não-cumprimento é feito valer através do poder jurídico é interpretado como dever existente em face do Estado, e o direito reflexo que se identifica com este dever é interpretado como direito reflexo do Estado. De fato, a conduta devida de um indivíduo apenas pode ser realizada em face de um outro indivíduo ou de vários outros indivíduos. Mas o exercício do direito reflexo, isto é, a correspondente conduta do outro ou dos outros indivíduos em face dos quais o dever existe e que está co-determinada na conduta devida, pode constituir função de um indivíduo que tenha a qualidade de um órgão do Estado — quer dizer, esta conduta pode ser atribuída ao Estado. Tal é o caso quanto a certas obrigações de prestar, v. g., quanto à obrigação de prestar serviço militar ou à obrigação de pagar impostos. A prestação de serviço militar é recebida pelos órgãos militares do Estado, a prestação pecuniária do imposto é recebida pelos órgãos ou repartições de finanças do Estado, e esta recepção constitui conteúdo dos respectivos deveres funcionais. Mas, como sói dizer-se, eles não recebem a prestação para si, tal como um indivíduo, como patrão, recebe para si a prestação do seu empregado, ou um indivíduo, como credor, recebe do devedor a prestação pecuniária, para si. Eles recebem essas prestações "para o Estado". Quer isto dizer que a recepção é considerada como função do Estado, é atribuída ao Estado. Na hipótese da obrigação de pagar imposto, acresce ainda que a prestação pecuniária não vai para o patrimônio do indivíduo que funciona como órgão do Estado, mas para um patrimônio que é considerado patrimônio do Estado. O dever de prestar serviço militar e o dever de pagar impostos são considerados como deveres de Direito público. A mesma situação se apresenta, porém, na hipótese de deveres de prestar de caráter jurídico-privado, que são criados através de negócios jurídicos que o Estado, quer dizer, um determinado indivíduo, como órgão do Estado a quem a ordem jurídica confira poder para tanto, realiza. Também o exercício do poder jurídico de instaurar o processo conducente à execução da sanção, estatuída pela ordem jurídica como reação contra o não-cumprimento dos deveres aqui considerados, se processa através de um indivíduo qualificado como órgão estadual e é, como função estadual, atribuído ao Estado. Se se toma em linha de conta que estes deveres não são estatuídos no interesse dos indivíduos que têm de receber a prestação e de fazer valer o seu não-cumprimento, e se se admite que é um interesse do Estado que é garantido com a estatuição destes deveres, com isto só se poderá significar — uma vez que só os indivíduos podem ter interesses — que estes deveres são estatuídos no interesse da coletividade, quer dizer, de todos os indivíduos pertencentes à comunidade jurídica. E, então, podemos atribuir o recebimento da prestação e o exercício do poder jurídico, em vez de à pessoa fictícia do Estado, aos indivíduos pertencentes à comunidade jurídica, quer dizer, podemos considerar os indivíduos que recebem a prestação não só como órgãos do Estado mas também como órgãos do povo que forma o Estado, isto é, dos indivíduos pertencentes à comunidade jurídica. Nessa medida, é possível considerar os direitos em questão como direitos coletivos destes indivíduos.

Por vezes, os deveres de omissão, que formam a maior parte do Direito penal, são entendidos no sentido de que não têm existência somente em face dos indivíduos que são imediatamente afetados pela sua violação mas, mediatamente, também existem em face do Estado, e fala-se, por isso, especialmente com vista ao fato de a violação destes deveres ser feita valer através do acusador público, como órgão do Estado, de um direito do Estado à omissão destes delitos. Dizer que a omissão do delito tem de realizar-se em face do Estado, pressupõe a aceitação de que o delito não é uma conduta que apenas seja prejudicial ao indivíduo por ela imediatamente afetado, mas que também é prejudicial à comunidade, quer dizer, de que é uma conduta que lesa o interesse de todos os indivíduos pertencentes à comunidade jurídica, o que se revela precisamente no fato de ele dever ser perseguido, não por aqueles que são imediatamente prejudicados, mas por um indivíduo que funciona como órgão da comunidade jurídica e que defende o interesse desta comunidade, ou seja, o de todos os seus membros. Com base nesta consideração, também neste caso se pode falar de direitos coletivos dos membros do Estado.

Por vezes, fala-se ainda de um direito do Estado a punir o delinqüente. Um tal direito — como direito reflexo — só existe quando exista um dever jurídico de suportar a pena, quer dizer, quando à conduta através da qual um indivíduo se subtrai a uma pena que lhe foi aplicada está ligada uma nova pena.

De especial importância são os direitos reais e, particularmente, os direitos de propriedade do Estado. Com efeito, estes formam o núcleo do patrimônio que se considera como patrimônio do Estado, o qual, como acima se mostrou, desempenha o principal papel na atribuição operada em relação ao Estado como aparelho burocrático de funcionários e, por conseguinte, também na atribuição daquela função que se designa como administração estadual imediata.

O direito de propriedade de um indivíduo sobre uma coisa consiste em que todos os outros indivíduos são obrigados a suportar o exercício do poder de disposição que este indivíduo tem sobre a coisa, o seu uso, o seu não-uso e até a sua destruição, e que o indivíduo em face do qual existe o dever de tolerância de todos os outros tem o poder jurídico, tanto de dispor da coisa através de negócio jurídico, como de fazer valer, através de ação judicial, o não-cumprimento do dever de tolerância por parte daqueles outros indivíduos. Nos casos normais, compete a um e mesmo indivíduo tanto o poder de disposição de fato como o poder de disposição jurídico-negocial, e bem assim o exercício do poder jurídico. Este indivíduo é o proprietário da coisa. Se descrevermos aquela situação que é designada como direito de propriedade do Estado sobre uma coisa sem recorrer a uma atribuição, teremos de dizer que o poder de disposição de fato e jurídico-negocial sobre a coisa é reservado a determinados indivíduos que realizam os atos de disposição segundo o princípio da divisão do trabalho e no cumprimento de um dever funcional, e é reservado por modo tal que todos os outros indivíduos são obrigados a suportar estes atos e, assim, são excluídos do poder de disposição sobre a coisa; assim como teremos de afirmar que o poder jurídico de fazer valer, através de ação judicial, o não-cumprimento dos deveres de tolerância, é conferido a determinados indivíduos que possuem a mesma qualificação daqueles a quem é reservado o poder de disposição de fato e o poder de disposição jurídico-negocial.

Não é, claramente, ao mesmo indivíduo que compete o poder de disposição (de fato e jurídico-negocial) sobre a coisa e o exercício do poder jurídico; pelo contrário, as funções consideradas são distribuídas por diferentes indivíduos. A tal propósito deve notar-se que também o poder de disposição de fato sobre a coisa que é havida como propriedade do Estado, especialmente o seu uso, não compete a todos os indivíduos que são membros do Estado. Uma casa ou uma viatura pertencentes ao Estado apenas podem ser utilizadas por determinados indivíduos, de um modo juridicamente regulado. Mas, mesmo quando todas as funções consideradas fossem reunidas nas mãos de um indivíduo com a referida qualificação — o que, efetivamente, nunca acontece —, não consideraríamos este indivíduo como proprietário, pois presumir-se-ia que tanto nesta como na outra hipótese as funções são confiadas ao indivíduo que as exerce, não no interesse deste, mas no interesse da coletividade, quer dizer, de todos os indivíduos que pertencem à comunidade constituída pela ordem jurídica — por outras palavras: que o direito em questão serve não à proteção do interesse do referido indivíduo, mas de um interesse da comunidade.

A suposição — com correspondência nas circunstâncias de fato, ou apenas fictícia — de um tal interesse da comunidade fornece o critério de uma atribuição das funções consideradas — exercidas por determinados indivíduos na sua qualidade de órgãos estaduais — e, por conseguinte, do direito em questão, aos membros da comunidade. De fato, esta atribuição aos membros da comunidade estadual é implicada pela atribuição à pessoa fictícia do Estado, na hipótese de atribuição de direitos de propriedade.

A estatização da propriedade é sempre entendida como comunização, socialização da propriedade. As duas expressões são usadas como sinônimas. Neste sentido, propriedade do Estado é propriedade coletiva, patrimônio do Estado patrimônio coletivo dos membros do Estado; quer dizer: a atribuição, assim como se faz à pessoa do Estado, pode fazer-se aos indivíduos reais que formam a comunidade designada como Estado e constituída pela ordem jurídica. Em ambos os casos, ela envolve uma ficção. No uso corrente da linguagem, uma está incluída na outra. Se se acentua uma, se se diz que os indivíduos que exercem as funções da propriedade são órgãos do Estado, a propriedade é propriedade do Estado; se se acentua a outra, se se diz que esses indivíduos representam o povo, a propriedade é propriedade do povo.

c) *A chamada auto-obrigação do Estado; o Estado de Direito*

Somente com base na análise do conceito de Estado acima realizada pode corretamente entender-se o que a teoria tradicional designa por "auto-obrigação do Estado" e descreve como uma situação de fato que consistiria em que o Estado, existente como realidade social independentemente do Direito, cria primeiramente o Direito e, depois, se submete — por assim dizer, de livre vontade — ao Direito. Só assim ele seria Estado de Direito.

Em primeiro lugar, deve observar-se que um Estado não submetido ao Direito é impensável. Com efeito, o Estado apenas é existente nos atos do Estado, que são atos postos por indivíduos e são atribuídos ao Estado como pessoa jurídica. E tal atribuição apenas é possível com base em normas jurídicas que regulam especificamente estes atos. Dizer que o Estado cria o Direito significa apenas que indivíduos, cujos atos são atribuídos ao Estado com base no Direito, criam o Direito. Isto quer dizer, porém, que o Direito regula a sua própria criação. Não há, nem pode haver, lugar a um processo no qual um Estado que, na sua existência, seja anterior ao Direito, crie o Direito e, depois, se lhe submeta. Não é o Estado que se subordina ao Direito por ele criado, mas é o Direito que, regulando a conduta dos indivíduos e, especialmente, a sua conduta dirigida à criação do Direito, submete a si esses indivíduos.

De uma auto-obrigação do Estado apenas se poderia falar no sentido de que os deveres e direitos que são atribuídos à pessoa do Estado são estatuídos por aquela mesma ordem jurídica cuja personificação é a pessoa do Estado. Esta atribuição ao Estado, isto é, a referência à unidade de uma ordem jurídica e a personificação desta, daí mesmo resultante, é, como importa sempre acentuar, uma operação mental, um instrumento auxiliar do conhecimento. O que existe como objeto do conhecimento é apenas o Direito.

Se o Estado é reconhecido como uma ordem jurídica, se todo Estado é um Estado de Direito, esta expressão representa um pleonasmo. Porém, ela é efetivamente utilizada para designar um tipo especial de Estado, a saber, aquele que satisfaz aos requisitos da democracia e da segurança jurídica. "Estado de Direito" neste sentido específico é uma ordem jurídica relativamente centralizada segundo a qual a jurisdição e a administração estão vinculadas às leis — isto é, às normas gerais que são estabelecidas por um parlamento eleito pelo povo, com ou sem a intervenção de um chefe de Estado que se encontra à testa do governo —, os membros do governo são responsáveis pelos seus atos, os tribunais são independentes e certas liberdades dos cidadãos, particularmente a liberdade de crença e de consciência e a liberdade da expressão do pensamento, são garantidas.

d) *Centralização e descentralização*[13]

Se o Estado é concebido como uma ordem de conduta humana e, deste jeito, como um sistema de normas que são vigentes tanto temporal como espacialmente, então o problema de um desmembramento territorial do Estado em províncias ou em chamados Estados-membros é um problema especial do domínio espacial de validade das normas que formam a ordem estadual. A figuração corrente do Estado parte do pressuposto singelo de que todas as normas que formam a ordem estadual valem por forma igual para todo o território do Estado ou — na medida em que as referimos à pessoa da autoridade que põe as normas — provêm de uma única instância, de que uma única instância domina, de um centro, todo o território do Estado. Nesta última figuração — é a do chamado Estado unitário — entremistura-se, contudo, com a noção do domínio espacial de validade das normas que formam a ordem estadual, a noção da unidade e pluralidade dos órgãos criadores das normas. As duas noções, porém, devem ser claramente distinguidas. E, na medida em que, no conceito de "Estado unitário", se exprime a oposição entre centralização e descentralização, na medida em que o Estado unitário, como comunidade jurídica centralizada, é contraposto ao tipo da comunidade jurídica descentralizada, esta oposição pode primariamente figurar-se pura e simplesmente na perspectiva do domínio espacial de validade das normas que formam a ordem estadual — estaticamente, portanto, e sem o recurso ao momento dinâmico da unidade ou pluralidade dos órgãos criadores das normas.

A idéia de que as normas estaduais valem da mesma forma para todo o território do Estado é favorecida pela suposição de que a ordem jurídica estadual apenas consta de normas gerais, de que a ordem estadual se identifica com as normas postas em forma de lei. Com efeito, o caso em que as leis estaduais valem para todo o território do Estado, em que, portanto, não há leis estaduais que apenas valham para um domínio parcial do Estado, é bastante freqüente. Se por poder do Estado apenas se tem em vista o poder legislativo, então a concepção do Estado como uma comunidade jurídica centralizada — por sua própria essência — não colide demasiadamente com a realidade jurídica histórica, com as ordens jurídicas positivas. Se, porém, temos em vista as normas individuais que concretizam as normas gerais das leis e que são postas pelo ato administrativo e pela sentença judicial, pois que estas normas individuais pertencem, tanto como as gerais, à ordem jurídica estadual, então verifica-se que um Estado positivo a custo corresponderá jamais, quer à idéia de Estado unitário, quer à idéia de centralização.

Com efeito, mesmo que as normas gerais legisladas sejam editadas com validade para todo o território do Estado, o certo é que, em regra, se realiza a concretização das leis em normas individuais que — em certo sentido — apenas valem para domínios parcelares, e estas normas individuais são postas por órgãos aos quais apenas é conferida uma competência para produzir normas espacialmente limitada — limitada a uma região parcelar. Os Estados históricos, isto é, as ordens jurídicas positivas dos Estados singulares, nem são completamente centralizadas nem completamente descentralizadas; são sempre parcialmente centralizadas e, correlativamente, parcialmente descentralizadas, aproximando-se ora mais de um ora mais do outro tipo ideal.

Idealmente, uma comunidade jurídica centralizada é aquela cujo ordenamento consta única e exclusivamente de normas jurídicas que valem para todo o território do Estado, enquanto uma comunidade jurídica descentralizada é, idealmente, aquela cujo ordenamento consta de normas que apenas vigoram para domínios (territoriais) parcelares. Dizer que uma comunidade jurídica se desmembra em regiões ou parcelas territoriais, significa que todas as normas ou apenas certas normas deste ordenamento apenas vigoram para territórios parcelares. Neste último caso, a ordem jurídica que constitui a comunidade jurídica é integrada por normas com diferentes âmbitos espaciais de validade.

Em caso de descentralização completa — e não descentralização simplesmente parcial — não pode haver, porém, além das normas válidas para domínios parciais, quaisquer normas válidas para todo o território. Como, porém, a unidade do território se determina pela unidade de validade das normas, parece questionável se, no caso ideal de pura descentralização, se pode falar ainda de um território global e de *um* ordenamento estadual. É que a descentralização somente pode existir na medida em que se trate de desmembramento de uma e mesma comunidade jurídica, de um e mesmo território. Se a descentralização fosse tão longe que ficassem várias comunidades jurídicas, várias ordens jurídicas, umas ao lado das outras, com domínios territoriais de validade distintos (separados uns dos outros), sem que — à falta de qualquer comunidade, por mais frouxa que fosse — estes territórios pudessem ser considerados domínios parcelares de um território global, então pareceria ultrapassado o limite extremo dentro do qual a descentralização ainda é possível.

Somente uma pluralidade de comunidades ou ordens jurídicas colocadas umas ao lado das outras, sem uma ordem global que as abranja a todas, as delimite umas em face das outras e constitua uma comunidade global é que é — como mostraremos[14] — impensável. E, assim como todos os Estados, na medida em que são considerados como comunidades jurídicas coordenadas umas com as outras, têm de ser considerados como membros de uma comunidade internacional compreensiva, assim também todos os territórios (ou regiões) do Estado têm de ser considerados como domínios parcelares do âmbito espacial de validade da ordem jurídica universal.

Se a descentralização total — segundo a própria idéia — apenas existe na medida em que não haja quaisquer normas válidas para todo o território, ela só poderá ser entendida, se tivermos em conta a necessária unidade do ordenamento, no sentido de que não pode haver quaisquer normas postas com validade para todo o território, mas que pelo menos a norma fundamental pressuposta surge como válida para todo o território, território esse que, de conformidade com os ordenamentos parciais em que delega a mesma norma fundamental, se desmembra em domínios parcelares. Pelo menos, tem de ser constituída nesta norma fundamental a unidade de todo o território, ao mesmo tempo que a unidade da ordem jurídica global que abarca todas as comunidades jurídicas como ordenamentos parciais.

O caso extremo da descentralização é, simultaneamente, portanto, o caso-limite da coexistência de uma pluralidade de comunidades jurídicas, O pressuposto mínimo para que se possa falar ainda de descentralização é, ao mesmo tempo, o requisito mínimo indispensável para que possa ser pensada uma pluralidade de comunidades jurídicas. Se nos fixarmos nesta noção essencial, então só poderemos querer falar também de descentralização num sentido mais estrito quando a unidade de todo o território seja constituída por normas positivamente postas — e não simplesmente pela norma fundamental pressuposta. No entanto, isto é de reduzida importância, logo até porque a realidade jurídica também não ultrapassa estes limites estritos e o caso extremo de descentralização que o Direito positivo nos apresenta, o desmembramento da comunidade internacional em Estados singulares, também corresponde a este conceito de descentralização em sentido estrito.

Se as normas de uma ordem jurídica têm diferentes âmbitos espaciais de validade, existe a possibilidade — se bem que não a necessidade — de, para diferentes domínios parcelares, vigorarem normas de diferente conteúdo. A unidade formal do território jurídico não tem de estar ligada à unidade material do conteúdo jurídico. No caso-limite teórico, em que a unidade do território é constituída apenas pela norma fundamental pressuposta, e em que todas as normas postas apenas têm vigência para domínios territoriais parcelares, existe uma ordem jurídica unitária sem que valha para todo o território qualquer conteúdo jurídico-positivo comum.

A necessidade de uma diferenciação de conteúdo da ordem jurídica relativamente a diferentes domínios territoriais parcelares pode resultar de diversas causas. Diferenças geográficas nacionais ou religiosas no material a regular juridicamente reclamam consideração através de um desmembramento territorial da comunidade jurídica; e isto tanto mais, quanto maior for a extensão do território jurídico e quanto maior for a possibilidade de diferenciação apresentada pelas relações de vida a normar. Esta diferenciação de conteúdo da ordem jurídica sob o aspecto territorial, única que corresponde à natureza da descentralização, deve ser distinguida de uma diferenciação de conteúdo da mesma ordem jurídica feita simplesmente em atenção ao elemento pessoal. Podem ser estabelecidas, com validade para todo o território jurídico, normas de diferente conteúdo para indivíduos de diferente qualificação, v. g., de diferente língua, religião, raça, sexo, etc., ou ainda de diferente profissão. Se também nesta hipótese se pretende falar de um "desmembramento" do Estado, trata-se de um desmembramento segundo o princípio da personalidade e não — como significa o "desmembramento" do Estado no sentido próprio e habitual da palavra — segundo o princípio da territorialidade. Pode também falar-se de um "sistema provincial", na medida em que se designa por província o domínio parcial de validade delimitado pura e simplesmente em função do território.

Como resulta com clareza de quanto até aqui foi dito, o problema da centralização e descentralização, como problema do desmembramento territorial das comunidades jurídicas, é, primariamente, um problema do domínio espacial de validade das normas que formam a ordem jurídica. Só secundariamente acresce a este momento estático do domínio espacial de validade das normas um momento dinâmico que, se bem que completamente diferente e independente do primeiro, no entanto, é usado de uma maneira indistinta em combinação com ele quando se fala de centralização e descentralização. Enquanto que, do primeiro ponto de vista, se olham as normas em vigor tomando simplesmente em conta o seu diferente domínio espacial de validade, a visualização colhida da segunda perspectiva dirige-se ao tipo e modo de criação destas normas de diferente domínio de validade, ao ato de fixação das normas e, conseqüentemente, aos órgãos que as estabelecem. Neste caso, procura distinguir-se conforme as normas — que vigoram para todo o território jurídico ou apenas para territórios parcelares — foram postas por um só órgão ou por uma pluralidade de órgãos. E, se bem que tanto uma comunidade jurídica centralizada como uma comunidade jurídica descentralizada (em sentido estático) sejam possíveis, tanto no caso de unidade como na hipótese de pluralidade dos órgãos criadores do Direito, no entanto, ao conceito de centralização liga-se predominantemente a representação de normas (com validade para todo o território jurídico) que são postas por um único órgão, órgão este que forma como que o centro da comunidade — e que também espacialmente por qualquer forma se situa no centro — enquanto que, ao conceito de descentralização, vai ligada a idéia de uma pluralidade de órgãos, órgãos estes não colocados no centro mas espalhados por todo o território jurídico, que apenas são competentes para estabelecer normas com validade para territórios parcelares.

A propósito importa notar que não só a criação de normas jurídicas, mas também a sua aplicação, todas as funções estatuídas por uma ordem jurídica, em suma, podem, neste sentido dinâmico, ser centralizadas ou descentralizadas, quer dizer, ser realizadas por um único órgão ou por uma pluralidade de órgãos. A centralização no sentido dinâmico atinge o grau máximo quando todas as funções são realizadas apenas por um único órgão, especialmente quando todas as normas de uma ordem jurídica, tanto as gerais como as individuais, são criadas e aplicadas por um e mesmo indivíduo. A descentralização em sentido dinâmico alcança o grau mais elevado quando todas as funções podem ser exercidas por todos os indivíduos subordinados à ordem jurídica. Uma e outra são apenas casos-limite ideais que não se encontram na realidade social. As funções estatuídas numa ordem jurídica nunca podem ser realizadas por todos, assim como nunca o podem ser por um único indivíduo.

e) *A superação do dualismo de Direito e Estado*

Uma vez reconhecido que o Estado, como ordem de conduta humana, é uma ordem de coação relativamente centralizada, e que o Estado como pessoa jurídica é a personificação desta ordem coerciva, desaparece o dualismo de Estado e Direito como uma daquelas duplicações que têm a sua origem no fato de o conhecimento hispostasiar a unidade (e uma tal expressão de unidade é o conceito de pessoa), por ele mesmo constituída, do seu objeto. Então, o dualismo de pessoa do Estado e ordem jurídica surge, considerado de um ponto de vista teorético-gnoseológico, em paralelo com o dualismo, igualmente contraditório, de Deus e mundo[15]. Assim como a teologia afirma o poder e a vontade como essência de Deus, assim também o poder e a vontade são considerados, pela teoria do Estado e do Direito, como essência do Estado. Assim como a teologia afirma a transcendência de Deus em face do mundo e, ao mesmo tempo, a sua imanência no mundo, assim também a teoria dualista do Estado e do Direito afirma a transcendência do Estado em face do Direito, a sua existência metajurídica e, ao mesmo tempo, a sua imanência ao Direito. Assim como o Deus criador do mundo, no mito da sua humanização, tem de vir ao mundo, de submeter-se às leis do mundo — o que quer dizer: à ordem da natureza —, tem de nascer, sofrer e morrer, assim também o Estado, na teoria da sua autovinculação, tem de submeter-se ao Direito por ele próprio criado.

E, assim como o caminho para uma autêntica ciência da natureza somente foi desimpedido através do panteísmo, que identifica Deus com o mundo, quer dizer, com a ordem de natureza, também a identificação do Estado com o Direito, o conhecimento de que o Estado é uma ordem jurídica, é o pressuposto de uma genuína ciência jurídica. Quando, porém, penetramos a identidade de Estado e Direito, quando compreendemos que o Direito, o Direito positivo, que não deve ser identificado com a Justiça, é precisamente aquela mesma ordem de coerção que o Estado se apresenta como sendo um conhecimento que não se deixe prender a imagens antropomórficas mas penetre, através do véu da personificação, até as normas postas por atos humanos, então é absolutamente impossível justificar o Estado através do Direito. Assim como é igualmente impossível justificar o Direito pelo Direito, quando esta palavra não seja empregada, primeiro, no sentido de Direito positivo, e, depois, no sentido de Direito justo, de Justiça.

Então, a tentativa de legitimar o Estado como Estado "de Direito" revela-se inteiramente infrutífera, porque — como já foi acentuado — todo Estado tem de ser um Estado de Direito no sentido de que todo Estado é uma ordem jurídica. Isto, no entanto, não coenvolve qualquer espécie de juízo de valor político. A limitação já referida do conceito de Estado de Direito a um Estado que corresponda às exigências da democracia e da segurança jurídica, implica a idéia de que apenas uma ordem coercitiva assim configurada pode ser tida como "verdadeira" ordem jurídica. Uma tal suposição, porém, é um preconceito jusnaturalista. Também uma ordem coerciva relativamente centralizada que tenha caráter autocrático e, em virtude da sua flexibilidade ilimitada, não ofereça qualquer espécie de segurança jurídica, é uma ordem jurídica e a comunidade por ela constituída — na medida em que se distinga entre ordem e comunidade — é uma comunidade jurídica e, como tal, um Estado. Do ponto de vista de um positivismo jurídico coerente, o Direito, precisamente como o Estado, não pode ser concebido senão como uma ordem coerciva de conduta humana — com o que nada se afirma sobre o seu valor moral ou de Justiça. E, então, o Estado pode ser juridicamente apreendido como sendo o próprio Direito — nada mais, nada menos.

Esta superação metodológico-crítica do dualismo Estado-Direito é, ao mesmo tempo, a aniquilação impiedosa de uma das mais eficientes ideologias da legitimidade. Daí a resistência apaixonada que a teoria tradicional do Estado e do Direito opõe à tese da identidade dos dois, fundamentada pela Teoria Pura do Direito.

VII

O Estado e o Direito internacional

1. A essência do Direito internacional

a) *A natureza jurídica do Direito internacional*

O Direito internacional é — de acordo com a habitual determinação do seu conceito — um complexo de normas que regulam a conduta recíproca dos Estados — que são os sujeitos específicos do Direito internacional. Mais tarde se averiguará o que significa a afirmação de que os sujeitos do Direito internacional são os Estados, e se é verdade que apenas os Estados são sujeitos de Direito internacional, quer dizer, que o Direito internacional apenas regula a conduta dos Estados. Aqui importa, antes de mais responder à questão de saber se o complexo de normas que tem a designação de Direito internacional é — tal como se pressupõe nas páginas precedentes sem qualquer exame — Direito no mesmo sentido que o Direito estadual e, por conseqüência, pode ser objeto de uma ciência jurídica.

Segundo a determinação do conceito de Direito que aqui propusemos, o chamado Direito internacional é Direito se é uma ordem coercitiva da conduta humana, pressuposta como soberana; se liga aos fatos por ele definidos como pressupostos atos de coerção por ele determinados como conseqüências e, portanto, pode ser descrito em proposições jurídicas, da mesma forma que o Direito estadual.

Mais tarde se mostrará que o Direito internacional, na medida em que regula a conduta de Estados, também norma uma conduta humana. O que aqui está em questão é saber se ele regula tal conduta por forma a reagir contra uma determinada conduta, que considera como ilícita, com uma sanção, como conseqüência do ilícito. A questão decisiva é, portanto: o Direito internacional estatui atos coercivos como sanções?

Até aqui pressupõe-se que as sanções específicas do Direito internacional eram as represálias e a guerra. É fácil mostrar que esta suposição está certa relativamente à reação primeiramente referida. Com efeito, é um princípio basilar do Direito internacional geral que um Estado, quando julgue que certos dos seus interesses são lesados pela conduta de um outro Estado, é autorizado a lançar mão de represálias contra este. Por represália entende-se uma agressão à esfera de interesses de um Estado — noutras circunstâncias proibida pelo Direito internacional —, agressão essa que se realiza sem a vontade, ou melhor, mesmo contra a vontade desse Estado e, neste sentido, é um ato coercitivo, ainda que seja levada a cabo — por falta de resistência do Estado atingido — sem o emprego de coação física, isto é, sem o emprego da força das armas. No entanto, não está excluído o emprego da coação física. As represálias podem, quando seja necessário, ser exercidas mesmo com o emprego da força armada. Este ato de coerção, porém, apenas tem o caráter de uma represália enquanto ou na medida em que a ação das forças armadas não assuma — por virtude da sua amplitude e da sua intensidade — o caráter de uma guerra.

A diferença entre uma represália realizada com a força das armas e uma guerra é meramente quantitativa. A represália é uma agressão limitada à ofensa de determinados interesses, a guerra é uma agressão ilimitada à esfera de interesses de um outro Estado. Aqui deve entender-se por "guerra" a ação, realizada por meio da força armada, que um Estado dirige contra outro, sem se atender ao fato de haver ou não reação contra aquele por meio de uma ação da mesma espécie, isto é, por meio de uma contraguerra[1].

Como as represálias só são permitidas como reação contra a ofensa de determinados interesses de um Estado por outro Estado, elas têm o caráter de sanções, e as ofensas de interesses que as condicionam têm o caráter de uma violação do Direito internacional, quer dizer, de um delito internacional. Por esta forma, o Direito internacional protege certos interesses — não todos os interesses possíveis — dos Estados que lhe estão submetidos. Os interesses de um Estado protegidos pelo Direito internacional geral são precisamente aqueles contra cuja ofensa o Estado é, pelo Direito internacional, autorizado a dirigir represálias que visam o Estado ofensor destes interesses. A agressão limitada contra a esfera de interesses deste Estado, que é lícita como reação contra uma violação do Direito, quer dizer, como represália, é, ela própria, quando não seja realizada como reação deste tipo, um delito de Direito internacional. Esta agressão, portanto, ou é uma sanção ou — quando não seja uma sanção, isto é, uma reação contra um delito — é um delito.

Mas valerá isto também relativamente à agressão ilimitada contra a esfera de interesses de um Estado a que chamamos guerra? A este respeito contrapõem-se na doutrina duas concepções diametralmente opostas. Segundo a primeira, a guerra não é um delito nem uma sanção. Todo Estado pode, segundo o Direito internacional geral, por qualquer razão que seja, recorrer à guerra sem que, com isso, viole o Direito internacional. Segundo a outra, a guerra apenas é permitida, ainda de acordo com o Direito internacional geral, como reação contra uma violação do mesmo Direito internacional, quer dizer, contra a ofensa dos interesses de um Estado, quando esse Estado seja autorizado pelo Direito internacional geral a reagir àquela ofensa com represálias ou com a guerra. Tal como as represálias, também a guerra é, ela mesma — quando não seja uma sanção — um delito. É este o chamado princípio do *bellum justum*.

A idéia de que este princípio constitui parte integrante do Direito internacional subjazia já aos tratados de paz que puseram fim à Primeira Guerra Mundial e que forneceram o conteúdo do estatuto da Sociedade das Nações. Desde então esse princípio foi, porém, através do Pacto Briand-Kellog e da Carta das Nações Unidas, tornado inequivocamente conteúdo de tratados de um dos quais — o Pacto Briand-Kellog — se pode dizer que tem como partes todos os Estados do mundo, e do outro — a Carta das Nações Unidas — que pretende, sob este aspecto, vigorar em relação a todos os Estados do mundo.

Em vista destes fatos, a custo será hoje possível afirmar que, segundo o Direito internacional vigente, um Estado que se não tenha pacticiamente vinculado em contrário pode recorrer à guerra contra qualquer outro Estado, por qualquer razão que muito bem entenda, sem violar o Direito internacional, quer dizer, sem negar a validade do princípio geral do *bellum justum*[2]. A idéia de que a guerra, e bem assim as represálias, são sanções do Direito internacional, surge, assim, plenamente fundamentada.

Estas sanções consistem, tal como as sanções do Direito estadual, na privação compulsória da vida, da liberdade e dos outros bens, particularmente de bens econômicos dos indivíduos. Na guerra, são mortos, estropiados e aprisionados indivíduos, é destruída a propriedade do Estado ou dos particulares; por meio das represálias, são confiscadas a propriedade do Estado ou a dos particulares e são lesados outros bens jurídicos. Estas sanções do Direito internacional não se distinguem, quanto ao seu conteúdo, das do Direito estadual. Mas são — como sói dizer-se — dirigidas contra o Estado. Se a guerra e as represálias têm o caráter de sanções e estas sanções se consideram dirigidas contra o Estado, embora imediatamente sejam dirigidas contra indivíduos, quer dizer, se o padecimento das sanções é atribuído ao Estado, nesta atribuição exprime-se que os indivíduos que efetivamente sofrem o mal das sanções pertencem ao Estado, isto é, estão submetidos à ordem jurídica cuja personificação é o Estado como sujeito de Direito internacional e, enquanto tal, sujeito do delito de Direito internacional que constitui o pressuposto da sanção.

b) *O Direito internacional como ordem jurídica primitiva*

O Direito internacional, como ordem coerciva, mostra, na verdade, o mesmo caráter que o Direito estadual. Distingue-se dele, porém, e revela uma certa semelhança com o Direito da sociedade primitiva, pelo fato de não instituir, pelo menos enquanto Direito internacional geral vinculante em relação a todos os Estados, quaisquer órgãos funcionando segundo o princípio da divisão do trabalho para a criação e aplicação das suas normas. Encontra-se ainda num estádio de grande descentralização.

Encontra-se ainda no começo de uma evolução que o Direito estadual já percorreu há muito. A formação das normas gerais processa-se pela via do costume ou através do tratado, ou seja, por intermédio dos próprios membros da comunidade, e não por meio de um órgão legislativo especial. E o mesmo acontece ainda com a aplicação das normas gerais aos casos concretos. É o próprio Estado que se crê lesado no seu direito que tem de decidir se se verifica a hipótese de um ilícito pelo qual um outro Estado seja responsável. E, se este nega o ilícito alegado e não se chega a um acordo entre as partes em litígio quanto à existência do fato ilícito, não existe uma instância objetiva que deva decidir o litígio por um processo juridicamente regulado. Assim, é ainda o próprio Estado lesado no seu direito que é autorizado a reagir contra o violador do Direito com o ato de coerção estabelecido pelo Direito internacional geral, com as represálias ou com a guerra. É a técnica da autodefesa, que também foi o ponto de partida da evolução da ordem jurídica estadual.

c) *A construção escalonada do Direito internacional*

O Direito internacional consta de normas que originariamente foram criadas através de atos de Estados — quer dizer, dos órgãos para o efeito competentes segundo as ordens jurídicas dos Estados singulares — para regulamentação de relações interestaduais, atos esses que operaram tal efeito pela via do costume. São estas as normas do Direito internacional geral — geral porque impõe deveres e atribui direitos a todos os Estados. Entre elas tem particular importância a norma que usualmente é designada pela fórmula *pacta sunt servanda*. Ela autoriza os sujeitos da comunidade jurídica internacional a regular, através de tratados, a sua conduta recíproca, quer dizer, a conduta dos seus órgãos e súditos em relação aos órgãos e súditos dos outros. O processo consiste em que, através do expresso acordo de vontades dos órgãos de dois ou mais Estados para tanto competentes, são criadas normas pelas quais são impostos deveres e conferidos direitos aos Estados contratantes. O Direito internacional pactício atualmente em vigor tem, à parte certas exceções, caráter meramente particular. As suas normas não vigoram em relação a todos os Estados, mas apenas em relação a dois ou a um grupo maior ou menor de Estados. Constituem simplesmente comunidades parcelares.

A tal propósito importa notar que o Direito internacional particular pactício e o Direito internacional geral consuetudinário não devem ser considerados como grupos de normas entre si coordenados. Como a base de um é formada por uma norma que pertence ao outro, os dois encontram-se na relação de um escalão ou grau superior para um escalão ou grau inferior. E, se tomarmos também em consideração as normas jurídicas que são criadas pelos tribunais internacionais e por outros órgãos internacionais pacticiamente instituídos, então observa-se ainda um terceiro escalão na estrutura do Direito internacional. Com efeito, a função de um tal órgão criador de Direito internacional apóia-se, ela mesma, de novo, num pacto de Direito internacional, numa norma, portanto, que pertence ao segundo escalão do Direito internacional. Como este — o Direito internacional produzido pela via dos tratados internacionais — se apóia sobre uma norma do Direito internacional geral consuetudinário, sobre uma norma do estrato ou camada relativamente mais elevada, é mister que, como já anteriormente frisamos, valha como norma fundamental pressuposta do Direito internacional uma norma que institua como fato gerador de Direito o costume constituído pela conduta recíproca dos Estados.

d) *Imposição de obrigações e atribuição de direitos, pelo Direito internacional, de forma simplesmente mediata*

O Direito internacional impõe deveres e confere direitos aos Estados. Impõe aos Estados a obrigação de adotarem uma determinada conduta, na medida em que liga à conduta oposta as sanções acima referidas — represálias e guerra — e, assim, proíbe esta conduta, considerando-a delito, e prescreve a sua contrária. A ligação do delito com a sanção não se opera por forma a que apenas determinados delitos tenham por conseqüência uma das duas sanções e outros delitos a outra, mas por forma a que o Estado lesado no seu direito detenha a opção entre as duas. E este também não é obrigado pelo Direito internacional geral, mas tão-somente por ele autorizado, a reagir com uma sanção contra a violação do Direito — quer dizer, a dirigir contra o Estado que em face dele violou o Direito internacional e, conseqüentemente, faltou aos seus deveres, aqueles atos de coerção que, noutras circunstâncias, seriam proibidos. O direito reflexo do primeiro Estado, que se identifica com a obrigação que o outro tem em relação a ele, é revestido do poder, que este tem, de recorrer às sanções estatuídas pelo Direito internacional contra o Estado que viola o seu dever. Nisso consiste o seu direito subjetivo.

Difere de um direito subjetivo privado pelo fato de a sanção não dever ser primeiramente ordenada por uma decisão judicial e executada por um órgão funcionando segundo o princípio da divisão do trabalho, e, por isso, o Estado relativamente ao qual o dever foi violado não tem o poder jurídico de instaurar um processo judicial dirigido à sanção, mas tem o poder jurídico de decidir ele próprio que, no caso em apreço, deve ser dirigida uma sanção contra um Estado que, em face dele, faltou à sua obrigação, e o de executar ele próprio essa sanção.

Isso não significa — como geralmente se supõe — que o Direito internacional não imponha deveres e não confira direitos aos indivíduos singulares. Como todo Direito é essencialmente regulamentação da conduta humana, um dever jurídico, bem como um direito (subjetivo), não podem ter por conteúdo senão a conduta humana (ou também outros fatos, mas apenas em ligação com a conduta humana); e essa conduta não pode ser senão a conduta de homens em singular. Dizer que o Direito internacional impõe deveres e confere direitos aos Estados, significa simplesmente que não impõe deveres nem confere direitos aos indivíduos diretamente — como a ordem jurídica estadual —, mas apenas mediatamente, por intermédio da ordem jurídica estadual (de que apenas o "Estado" é a expressão personificadora).

A imposição de deveres e a atribuição de direitos ao Estado pelo Direito internacional têm o mesmo caráter que a imposição de obrigações e a atribuição de direitos a uma corporação pela ordem jurídica do Estado singular. O Estado é uma pessoa jurídica e as normas do Direito internacional, através das quais são impostas obrigações e são atribuídos direitos aos Estados enquanto tais, são normas imperfeitas, normas carecidas de complementação. Elas apenas determinam o elemento material e não o elemento pessoal da conduta humana que necessariamente têm por conteúdo. Apenas determinam o que deve ser feito ou omitido, mas não quem, isto é, que indivíduo humano, tem de realizar a atuação ou omissão previstas. O Direito internacional deixa à ordem jurídica de cada Estado a determinação deste indivíduo. A conduta deste indivíduo prescrita ou proibida pelo Direito internacional, a conduta que traduz a observância ou violação do dever e, portanto o mesmo dever, são atribuídos ao Estado, isto é, são referidos à unidade da ordem jurídica estadual, na medida em que aquela conduta é determinada por esta ordem jurídica como função do indivíduo que, no caso, funciona como órgão do Estado — função essa a realizar segundo o princípio da divisão do trabalho. O mesmo vale relativamente à conduta que consiste no exercício do direito reflexo e no uso do poder de reagir, contra a violação do dever que se identifica com o direito reflexo, com uma sanção: represálias ou guerra. A atribuição ao Estado de uma conduta proibida pelo Direito internacional, isto é, a admissão de uma capacidade delitual jurídico-internacional do Estado, não apresenta qualquer dificuldade. Pode muito bem a ordem jurídica estadual autorizar um órgão do Estado — ou obrigá-lo mesmo — a adotar uma conduta à qual a ordem jurídica internacional liga uma sanção. Já num outro contexto[3] se referiu a diferença que sob este aspecto existe entre um delito estatuído pela ordem jurídica internacional e um delito estatuído pela ordem jurídica estadual.

Como já notamos, a afirmação de que a guerra e as represálias, como sanções do Direito internacional, são dirigidas contra o Estado, significa que o padecimento do mal destas sanções, que de fato é sofrido pelos indivíduos pertencentes ao Estado, é atribuído à pessoa do Estado. A situação que aqui se apresenta pode, porém, ser realisticamente descrita sem o auxílio desta atribuição fictícia. Na medida em que os delitos de Direito internacional, que constituem o pressuposto das sanções, sejam cometidos por indivíduos que exercem as funções de governo do Estado e as sanções não sejam dirigidas contra estes mas sim contra outros indivíduos, poderemos ver o significado da afirmação de que as sanções são dirigidas contra o Estado no fato de as sanções estatuídas pelo Direito internacional geral — guerra e represálias — constituírem uma responsabilidade coletiva dos membros do Estado pelos delitos de Direito internacional cometidos pelo governo[4].

Esta responsabilidade coletiva é responsabilidade pelo resultado, pois o fato ilícito nem sequer é posto pelos indivíduos contra os quais se dirige o ato coercivo da sanção, e, por conseguinte, também a lesão de interesses causada pelo fato ilícito não é provocada intencional ou negligentemente por estes indivíduos.

Também quanto a esta responsabilidade coletiva o Direito internacional se assemelha ao Direito de uma comunidade primitiva.

As ações de combate que constituem o fato guerra devem, segundo o Direito internacional geral, ser dirigidas apenas contra os membros da força armada, que é um órgão do Estado. A atribuição do seu padecimento ao Estado pode, por conseguinte, exprimir que elas são dirigidas contra um órgão do Estado. Porém, não fica excluído que por estes atos sejam efetivamente atingidos indivíduos que não são membros do exército, e, com a técnica de guerra atual, nem mesmo é possível evitar que tal suceda.

No fato de o Direito internacional delegar nas ordens jurídicas estaduais a competência para determinar os indivíduos através de cuja conduta são cumpridos ou violados os deveres por ele estatuídos, ou são exercidos os direitos também por ele estatuídos, se esgota o sentido jurídico daquela peculiaridade do Direito internacional por força da qual este "impõe deveres e confere direitos apenas aos Estados", ou em virtude da qual só os "Estados são sujeitos de Direito internacional". O que com isto se exprime é simplesmente a imposição tão-só mediata de deveres e a concessão, também tão-somente mediata, de direitos aos indivíduos pelo Direito internacional — imposição e concessão mediatizadas, na verdade, pela ordem jurídica de cada Estado.

De resto, esta apreensão tão-somente mediata da conduta de cada indivíduo pelo Direito internacional constitui apenas a regra. Nesta ordem de idéias, tanto no domínio do Direito internacional geral consuetudinário como no do Direito internacional particular convencional ou pactício há importantes exceções; casos nos quais as normas de Direito internacional impõem deveres diretamente aos indivíduos em singular, na medida em que das normas de Direito internacional já resulta imediatamente, não só o que deve ser feito ou omitido, mas também qual o indivíduo que tem de adotar a conduta prescrita pelo Direito internacional — casos, portanto, em que indivíduos em singular surgem imediatamente como sujeitos (destinatários) daquele Direito.

A imediata imposição de deveres aos indivíduos pelo Direito internacional não se opera de fato por maneira a que a uma determinada conduta destes indivíduos sejam ligadas as sanções específicas do Direito internacional: represálias e guerra. Os deveres que o Direito internacional põe diretamente a cargo dos indivíduos são constituídos através de sanções específicas do Direito estadual: penas e execuções. A estatuição e execução destas sanções pode ser deixada pelo Direito internacional a uma ordem jurídica estadual, como no caso do delito internacional da pirataria. Estas sanções, porém, também podem ser estatuídas por uma norma criada por tratado de Direito internacional e a sua aplicação no caso concreto pode ser transferida para um tribunal internacional criado por tratado, como v. g., no caso de perseguição penal de criminosos de guerra, de acordo com a Convenção de Londres de 8 de agosto de 1945.

Na medida em que o Direito internacional se intromete, com a sua regulamentação, em matérias que até aqui apenas eram normadas pela ordem jurídica estadual, a sua tendência para a imediata atribuição de direitos e imposição de deveres aos indivíduos tem necessariamente de fortalecer-se. Portanto, na mesma medida, também a responsabilidade individual e a responsabilidade pela culpa têm de vir ocupar o lugar da responsabilidade coletiva e da responsabilidade pelo resultado. Do mesmo passo se desenvolve a formação de órgãos centrais — que atualmente apenas se observa dentro de comunidades jurídico-internacionais particulares — para a criação e execução das normas jurídicas. Esta centralização — tal como sucede na evolução da ordem jurídica estadual — refere-se em primeiro lugar à jurisdição, visa o estabelecimento de uma jurisdição internacional.

2. Direito internacional e Direito estadual

a) *A unidade do Direito internacional e do Direito estadual*

Toda a evolução técnico-jurídica apontada tem, em última análise, a tendência para fazer desaparecer a linha divisória entre Direito internacional e ordem jurídica do Estado singular, por forma que o último termo da real evolução jurídica, dirigida a uma centralização cada vez maior, parece ser a unidade de organização de uma comunidade universal de Direito mundial, quer dizer, a formação de um Estado mundial. Presentemente, no entanto, ainda não se pode falar de uma tal comunidade. Apenas existe uma unidade cognoscitiva de todo o Direito, o que significa que podemos conceber o conjunto formado pelo Direito internacional e as ordens jurídicas nacionais como um sistema unitário de normas — justamente como estamos acostumados a considerar como uma unidade a ordem jurídica do Estado singular.

A isto se opõe a concepção tradicional que pretende ver no Direito internacional e no Direito de cada Estado dois sistemas de normas diferentes, independentes um do outro, isolados um em face do outro, porque apoiados em duas normas fundamentais diferentes. Esta construção dualista — ou melhor, "pluralista", se levarmos em conta a pluralidade das ordens jurídicas estaduais — é, no entanto, insustentável, mesmo do ponto de vista lógico, quando tanto as normas do Direito internacional como as das ordens jurídicas estaduais devem ser consideradas como normas simultaneamente válidas, e válidas igualmente como normas jurídicas. Nesta concepção, compartilhada também pela doutrina dualista, está já contido o postulado teorético-gnoseológico que obriga a abranger todo o Direito num só sistema, quer dizer, a concebê-lo de um ponto de vista único como um todo fechado sobre si.

Na medida em que a ciência jurídica quer apreender como Direito o material que se lhe oferece com as características do Direito internacional, precisamente da mesma maneira como o faz para aquele material que se apresenta como Direito estadual, quer dizer, na medida em que o pretende abranger sob a categoria de norma jurídica válida, ela impõe-se — precisamente como a ciência da natureza — a tarefa de descrever o seu objeto como uma unidade. O critério negativo desta unidade é a ausência de contradição. Este princípio lógico vale também para o conhecimento no domínio das normas. Não podemos descrever uma ordem normativa por forma a afirmar que vale a norma: A deve ser e, ao mesmo tempo, também vale a norma: A não deve ser.

Do que especialmente se trata, ao determinar a relação existente entre Direito estadual e Direito internacional, é da questão de saber se podem existir conflitos insolúveis entre os dois sistemas de normas. Somente quando esta questão tenha de ser respondida afirmativamente é que fica excluída a unidade do Direito estadual e do Direito internacional. Neste caso, sim, só é efetivamente possível uma construção dualista ou pluralista das relações entre Direito estadual e Direito internacional. Mas, em tal hipótese, também não se pode falar de uma validade simultânea de ambos. É o que mostra o confronto com as relações entre o Direito e a Moral. Aqui, são de fato possíveis tais conflitos, como sucede, por exemplo, quando uma determinada ordem moral proíbe a morte de um homem, seja em que circunstâncias for, e uma ordem jurídica positiva estatui a pena de morte e confere ao governo poder para recorrer à guerra sob os pressupostos determinados pelo Direito internacional. Em tais casos, quem considera o Direito como um sistema de normas válidas tem de desatender a Moral, e quem considere a Moral como um sistema de normas válidas tem de desatender do Direito. Exprimimos isto dizendo: do ponto de vista da Moral a pena de morte e a guerra são proibidas, do ponto de vista do Direito uma e outra são prescritas ou permitidas. Com isto, porém, nada mais se diz senão que não há qualquer ponto de vista do qual a Moral e o Direito possam ser vistos simultaneamente como ordens normativas válidas. "Ninguém pode servir a dois senhores"[5].

Se houvesse conflitos insolúveis entre Direito internacional e Direito estadual e se, por isso, fosse inevitável uma construção dualista, desde que considerássemos o Direito estadual como um sistema de normas válidas, não só não poderíamos conceber o Direito internacional como Direito, como também o não poderíamos sequer conceber como uma ordem normativa vinculante que se encontra em vigor ao mesmo tempo que o Direito estadual. Apenas poderíamos interpretar as relações submetidas à nossa apreciação, ou do ponto de vista da ordem jurídica estadual, ou do ponto de vista da ordem jurídica internacional.

Na medida em que fosse este o significado de uma teoria que crê ter de aceitar a existência de conflitos insolúveis entre Direito internacional e Direito estadual e considera o Direito internacional, não como Direito, mas apenas como uma espécie de Moral internacional, nada haveria a opor-lhe do ponto de vista da lógica. Mas a generalidade dos representantes da teoria dualista vê-se forçada a considerar o Direito internacional e o Direito estadual como ordens jurídicas com vigência simultânea que são independentes uma da outra nessa sua vigência e podem entrar em conflito uma com a outra. Esta doutrina é insustentável.

b) *Não há qualquer conflito entre Direito internacional e Direito estadual*

A concepção de que o Direito estadual e o Direito internacional são ordens jurídicas distintas uma da outra e independentes uma da outra na sua validade é essencialmente baseada na existência de conflitos insolúveis entre os dois. Uma análise mais aprofundada mostra, porém, que o que se considera como conflito entre normas do Direito internacional e normas de um Direito estadual não é de forma alguma um conflito de normas, que tal situação pode ser descrita em proposições jurídicas que de modo algum se contradizem logicamente.

Um conflito dessa espécie é visto principalmente no fato de uma lei do Estado poder estar em cotradição com um tratado de Direito internacional, como, v. g., quando um Estado está obrigado por tratado a conceder aos membros de uma minoria os mesmos direitos políticos que confere aos membros da maioria e, numa lei desse Estado, são retirados aos membros do grupo minoritário todos os direitos políticos, sem que tal contradição, no entanto, afete, quer a validade da lei, quer a do tratado. Simplesmente, a este fato corresponde um outro perfeitamente análogo dentro da ordem jurídica estadual sem que, no entanto, se ponha por qualquer forma em dúvida, por tal motivo, a unidade desta. Também a chamada lei inconstitucional é uma lei válida e permanece tal sem que, por essa razão, se tenha de considerar a Constituição como anulada ou modificada. Também a chamada sentença ilegal é uma norma válida e permanece em vigor até ser anulada por uma outra sentença. Já acima claramente se mostrou que a "antinormalidade" de uma norma não significa que haja qualquer conflito entre a norma inferior e a norma superior, mas apenas traduz a anulabilidade da norma inferior ou a punibilidade de um órgão responsável.

A propósito importa especialmente notar que a fixação de uma norma "contrária às normas" pode ser um ato delitual ao qual a ordem jurídica liga os seus atos coercitivos específicos a título de sanções. Também já resulta do que anteriormente foi dito que o delito não é — como parece querer dizer a palavra "ilícito" (*"Un-recht"*) — uma negação do Direito (algo que, estando em oposição ao Direito, não é Direito), mas apenas um pressuposto específico ao qual o Direito liga conseqüências específicas, e que, portanto, entre o chamado "ilícito" (*"Un-recht"*) e o Direito, não existe qualquer contradição. Por conseguinte, não reside qualquer dificuldade lógica no fato de, através de um ato que é qualificado como delito, serem criadas normas jurídicas válidas. A fixação da norma pode ser ligada a sanções e a norma assim fixada ser, no entanto, válida: válida não só no sentido de que permanece em vigor até a sua anulação por meio de um ato jurídico, através de um processo especial para o efeito previsto pela ordem jurídica, mas ainda no sentido de que não pode sequer ser anulada através de um tal processo quando a ordem jurídica não o preveja. Tal é o caso nas relações entre o Direito internacional e o Direito estadual.

O sentido com que o Direito internacional impõe ao Estado o dever de realizar quaisquer atos e, especialmente, de estabelecer normas de determinado conteúdo, é simplesmente o seguinte: o ato oposto ou a fixação de normas de conteúdo oposto são pressupostos aos quais o Direito internacional liga as suas sanções específicas, as conseqüências do ilícito, que são as represálias ou a guerra. A norma criada com "violação" do Direito internacional permanece válida, mesmo do ponto de vista do Direito internacional. Com efeito, este não prevê qualquer processo através do qual a norma da ordem jurídica estadual "contrária ao Direito internacional'' possa ser anulada. Uma tal possibilidade só existe no domínio do Direito internacional particular.

A redação entre o Direito internacional e a norma da ordem jurídica estadual dita contrária ao Direito internacional é a mesma que existe entre uma Constituição estadual que — v. g., no seu elenco dos direitos fundamentais — determina o conteúdo de futuras leis e uma lei que ofenda os direitos fundamentais e que é, portanto, inconstitucional — dado como pressuposto que tal Constituição não estabeleça qualquer processo através do qual as leis possam ser anuladas com base na sua inconstitucionalidade, mas se limite à possibilidade de responsabilizar pessoalmente certos órgãos pela formação da chamada lei inconstitucional. A determinação e conteúdo da ordem jurídica estadual pelo Direito internacional opera-se precisamente da mesma maneira que a determinação do conteúdo de leis futuras através de uma Constituição que não institua qualquer jurisdição constitucional num sentido alternativo. A possibilidade de um outro conteúdo que não o prescrito não é excluída e este torna-se, precisamente por isso — se bem que apenas em segunda linha —, conteúdo delegado. A sua desqualificação opera-se simplesmente pelo fato de o estabelecimento de tais normas ser qualificado, sem prejuízo da validade destas, como delito de Direito internacional. Nem este fato nem a norma através dele criada, considerada como ''contrária ao Direito internacional'', estão em contradição lógica com o mesmo Direito internacional. Por este lado, portanto, nada obsta à admissão de uma unidade do Direito internacional e do Direito de cada Estado.

c) *As relações mútuas entre dois sistemas de normas*

A unidade entre Direito internacional e Direito estadual pode, no entanto, ser produzida de dois modos diferentes, do ponto de vista gnoseológico. E, quando consideramos ambos estes Direitos como ordenamentos de normas vinculantes simultaneamente válidas, não o poderemos fazer por qualquer outra forma que não seja abrangendo a ambos, por uma forma ou por outra, em *um* sistema descritível em proposições jurídicas não contraditórias.

Dois complexos de normas do tipo dinâmico, como o ordenamento jurídico internacional e um ordenamento jurídico estadual, podem formar um sistema unitário tal que um desses ordenamentos se apresente como subordinado ao outro, porque um contém uma norma que determina a produção das normas do outro e, por conseguinte, este encontra naquele o seu fundamento de validade. A norma fundamental do ordenamento superior é, neste caso, também o fundamento de validade do ordenamento inferior.

Dois complexos de normas também podem, porém, formar um sistema de normas unitário tal que os dois ordenamentos surjam como situados ao mesmo nível, quer dizer, delimitados, nos respectivos domínios de validade, um em face do outro. Isso pressupõe, porém, um terceiro ordenamento, de grau superior, que determine a criação dos outros dois, os delimite reciprocamente nas respectivas esferas de validade e, assim, os coordene.

A determinação do domínio de validade é — como resulta do anteriormente dito — a determinação de um elemento de conteúdo do ordenamento inferior pelo ordenamento superior. A determinação do processo de produção pode fazer-se direta ou indiretamente, conforme a norma superior determine o próprio processo no qual a inferior é produzida, ou se limite a instituir uma instância que, desta forma, é autorizada a produzir, como bem entenda, normas com validade para um determinado domínio. Em tal caso fala-se de delegação, e a unidade em que o ordenamento superior está ligado com o ordenamento inferior tem o caráter de uma conexão delegatória. Daí mesmo já ressalta que a relação do ordenamento superior com os vários ordenamentos inferiores em que aquele delega tem de ser, simultaneamente, a relação de um ordenamento total com os ordenamentos parciais por ele abrangidos. Com efeito, como a norma que é o fundamento de validade do ordenamento inferior forma parte integrante do ordenamento superior, pode aquele, enquanto ordenamento parcial, ser pensado como contido neste, enquanto ordenamento total. A norma fundamental do ordenamento superior — como escalão máximo do ordenamento global — representa o último fundamento de validade de todas as normas — mesmo das dos ordenamentos inferiores.

Se o Direito internacional e o Direito estadual formam um sistema unitário, então a relação entre eles tem de ajustar-se a uma das duas formas expostas. O Direito internacional tem de ser concebido, ou como uma ordem jurídica delegada pela ordem jurídica estadual e, por conseguinte, como incorporada nesta, ou como uma ordem jurídica total que delega nas ordens jurídicas estaduais, supra-ordenada a estas e abrangendo-as a todas como ordens jurídicas parciais. Ambas estas interpretações da relação que intercede entre o Direito internacional e o Direito estadual representam uma construção monista. A primeira significa o primado da ordem jurídica de cada Estado, a segunda traduz o primado da ordem jurídica internacional.

d) *A inevitabilidade de uma construção monista*

α) *O reconhecimento do Direito internacional por cada Estado: o primado da ordem jurídica estadual*

Como já acentuamos, os representantes de uma construção dualista consideram o Direito internacional como um sistema de normas jurídicas vinculantes que se encontram em vigor ao lado das normas do Direito estadual. Por isso, têm de dar resposta à questão de saber por que é que as normas do Direito internacional vinculam o Estado singular, que é que constitui o fundamento da sua validade. Ao responderem a esta questão, partem da validade da própria ordem jurídica estadual, pressuposta por eles como evidente. Quando, porém, se parta da validade de uma ordem jurídica estadual, surge a questão de saber como é que pode ser fundamentada, tomando este ponto de partida, a validade do Direito internacional.

Em tal hipótese, o fundamento da validade do Direito internacional tem de ser ancorado na ordem jurídica estadual. É o que se faz através da doutrina de que o Direito internacional apenas vigora em relação a um Estado quando seja reconhecido por este Estado como vinculante, e seja reconhecido tal como é configurado pelo costume no momento desse reconhecimento. Tal reconhecimento pode operar-se expressamente por um ato de legislação ou do governo, ou tacitamente, pela efetiva aplicação das normas do Direito internacional, pela conclusão de convênios internacionais, pelo respeito das imunidades estatuídas pelo Direito internacional, etc. Como, de fato, todos os Estados assim procedem, o Direito internacional encontra-se efetivamente em vigor em relação a todos os Estados. Mas só através deste reconhecimento expresso ou tácito o Direito internacional entra em vigor em relação ao Estado.

Esta concepção é a dominante na jurisprudência anglo-americana e tem expressão nas modernas constituições que contêm preceitos segundo os quais o Direito internacional geral deve ser havido como parte integrante da ordem jurídica estadual — com o que o Direito internacional geral é reconhecido e é tornado parte integrante da ordem jurídica estadual cuja Constituição contenha um tal preceito. A este propósito importa observar que o reconhecimento do Direito internacional pelo Estado não é um pressuposto estatuído pelo próprio Direito internacional do qual ele faça depender a sua própria validade em relação a cada Estado. Uma norma vigente do Direito internacional não pode estatuir um tal pressuposto, pois a própria vigência desta norma não pode estar na dependência desse pressuposto. Mas nada obsta a que os tribunais e outros órgãos aplicadores do Direito apenas considerem o Direito internacional como vinculante em relação ao respectivo Estado quando ele seja reconhecido por este como vinculante em relação a si. A conseqüência de uma tal concepção é que, quando um Estado não reconheça o Direito internacional como vinculante em relação a si próprio, aquele não vale (não é vigente) para ele. A idéia de que o Direito internacional não vale em relação a um Estado, de que as relações deste com outros Estados não estão subordinadas ao Direito internacional, não é inviável.

Segundo o Direito internacional vigente, este é aplicável às relações de um Estado com uma outra comunidade apenas sob a condição de esta comunidade ser reconhecida, por este Estado, como Estado no sentido do Direito internacional. (Importa, a propósito, notar que este reconhecimento de uma comunidade como Estado, postulado pelo Direito internacional, isto é, a verificação de que uma comunidade preenche os requisitos fixados pelo Direito internacional para que deva ser havida como Estado no sentido do mesmo Direito internacional, não deve ser confundido com o reconhecimento do Direito internacional por parte de um Estado.) Quando, ao responder à questão do fundamento de validade do Direito internacional, se parte da validade da própria ordem jurídica estadual, quando se pergunta por que é que o Direito internacional vale em relação ao Estado considerado como ordem jurídica já vigente, não se pode chegar a qualquer outra resposta que não seja a de que o Direito internacional tem de ser reconhecido por este Estado para valer em relação a ele. Na impostação da questão vai já implícita a suposição de que o fundamento de validade do Direito internacional tem de ser encontrado na ordem jurídica estadual, isto é, a admissão do primado da ordem jurídica do próprio Estado, ou seja, da sua soberania, ou, o que significa o mesmo, a aceitação da soberania do Estado relativamente ao qual está em questão a validade do Direito internacional.

Esta soberania do Estado é o fator decisivo para a admissão do primado da ordem jurídica estadual. Esta soberania não é qualquer qualidade perceptível — ou objetivamente cognoscível por qualquer outra forma —, um objeto real, mas é uma pressuposição: a pressuposição de uma ordem normativa com ordem suprema cuja validade não é dedutível de qualquer ordem superior. A questão de saber se o Estado é soberano não pode ser respondida através de uma análise da realidade natural. Soberania não é um máximo de poder real.

Os Estados que, em confronto com as chamadas grandes potências, nem sequer têm qualquer poder real que mereça ser tomado em conta, são tão soberanos como estas grandes potências. A questão de saber se um Estado é soberano é a questão de saber se se pressupõe a ordem jurídica estadual como suprema. É o que se faz quando se considera o Direito internacional, não como uma ordem jurídica que está acima da ordem jurídica estadual, mas como uma ordem jurídica delegada pela ordem jurídica estadual, quer dizer, quando apenas se considera o Direito internacional como válido em relação ao Estado se ele é reconhecido por este. Isto é tão possível como é possível — se bem que já não seja usual nos nossos dias — apenas considerar a ordem jurídica estadual como válida em relação ao indivíduo sob o pressuposto de ela ser por este reconhecida. Se se vê o fundamento de validade da ordem jurídica estadual no reconhecimento desta por parte do indivíduo relativamente ao qual ela vigora, parte-se da soberania do indivíduo, da sua liberdade; tal como, quando se vê o fundamento de validade do Direito internacional no seu reconhecimento pelo Estado, se parte da soberania do Estado. Dizer que o Estado é soberano não significa outra coisa senão que a fixação da primeira Constituição histórica se pressupõe como fato gerador de Direito sem que a esse propósito se faça referência a uma norma do Direito internacional que institua este fato como fato produtor de Direito.

O Direito internacional, que do ponto de vista do primado da ordem jurídica estadual — ou da soberania do Estado — apenas vale na medida em que um Estado o reconhece como vinculante em relação a si, surge, por conseguinte, não como uma ordem jurídica supra-estadual, e também não como uma ordem jurídica independente da própria ordem estadual, isolada em face desta, mas — na medida em que seja Direito — como uma parte integrante da própria ordem jurídica estadual. Tem-se-lhe chamado ''Direito estadual externo'', partindo da suposição de que regula as relações do Estado com o ''exterior'', as suas relações com outros Estados.

Mas o Direito internacional não se deixa definir pelo objeto que as suas normas regulam. Como já mostramos, o Direito internacional regula não só a conduta dos Estados, ou seja, não só regula mediatamente a conduta dos indivíduos, como também regula imediatamente a conduta desses mesmos indivíduos.

O direito internacional apenas pode ser definido ou determinado pela forma como as suas normas são produzidas. É um sistema de normas jurídicas que são produzidas pelo costume dos Estados, por tratados entre Estados e por órgãos internacionais que são instituídos por tratados concluídos entre Estados. Se as normas assim criadas apenas foram consideradas como válidas quando, através do reconhecimento, se tornem parte integrante de uma ordem jurídica estadual, se o seu último fundamento de validade é, por conseguinte, a norma fundamental pressuposta desta ordem jurídica, então a unidade de Direito internacional e Direito interno é obtida — não com base no primado da ordem jurídica internacional, mas com base no primado da ordem jurídica de cada Estado.

Pela necessidade de conceber o Direito internacional como um complexo de normas jurídicas válidas, a construção dualista, através da idéia, para ela indispensável, de que a validade do Direito internacional em relação a qualquer Estado depende do seu reconhecimento por parte desse Estado, é compelida a uma autonegação. Com efeito, se o Direito internacional apenas vale como parte integrante de uma ordem jurídica estadual, ele não pode ser uma ordem jurídica diferente daquela, independente dela na sua validade; e, nessa hipótese, não pode haver conflitos entre ambas, já mesmo porque ambas se apóiam — para nos exprimirmos na linguagem da jurisprudência tradicional — sobre a ''vontade'' de um e mesmo Estado.

β) O primado da ordem jurídica internacional

A segunda via pela qual se alcança o conhecimento da unidade de Direito internacional e Direito estadual toma por ponto de partida o Direito internacional como ordem jurídica válida.

Como verificamos ao fazer as considerações anteriores, se partimos da validade de uma ordem jurídica estadual, surge a questão de saber como, deste ponto de partida, poderá ser fundamentada a validade do Direito internacional. Vimos que, nesta hipótese, esta validade não pode ser fundamentada senão através do reconhecimento por parte do Estado em relação ao qual o Direito internacional vigora. Isso significa o primado da ordem jurídica estadual.

Se se parte da validade do Direito internacional, surge a questão de saber como, deste ponto de partida, se poderá fundamentar a validade da ordem jurídica estadual; e, nesta hipótese, esse fundamento de validade tem de ser encontrado na ordem jurídica internacional. Isto é possível porque, como já notamos a outro propósito[6], o princípio da efetividade, que é uma norma do Direito internacional positivo, determina, tanto o fundamento de validade, como o domínio territorial, pessoal e temporal de validade das ordens jurídicas estaduais e estas, por conseguinte, podem ser concebidas como delegadas pelo Direito internacional, como subordinadas a este, portanto, e como ordens jurídicas parciais incluídas nele como numa ordem universal, sendo a coexistência no espaço e a sucessão no tempo de tais ordens parcelares tornadas juridicamente possíveis através do Direito internacional e só através dele. Isso significa o primado da ordem jurídica internacional.

E este primado pode harmonizar-se com o fato de a Constituição de um Estado conter um preceito por força do qual o Direito internacional geral deve valer como parte integrante da ordem jurídica estadual. Se se parte da validade do Direito internacional, que não exige qualquer reconhecimento por parte do Estado, o mencionado preceito constitucional significa não que o Direito internacional seja posto em vigor relativamente ao respectivo Estado, mas que ele é — através de uma cláusula geral — transformado em Direito estadual. Tal transformação é necessária quando os órgãos do Estado, especialmente os seus tribunais, apenas sejam autorizados, segundo a Constituição, a aplicar Direito estadual, e, portanto, somente possam aplicar o Direito internacional quando o seu conteúdo tenha revestido a forma de Direito estadual — forma de lei, forma de decreto —, isto é, seja transformado em Direito estadual. Se, na falta de uma tal transformação, não pode ser aplicada, num caso concreto, uma norma de Direito internacional que a esse caso se refira, isso significa, quando se parta da validade do Direito internacional, não que esta norma do Direito internacional não tenha qualquer validade em relação ao Estado, mas apenas que, quando ela não é aplicada e, conseqüentemente, o Direito internacional é violado pela conduta do Estado, este se expõe à sanção que o Direito internacional estatui como conseqüência de tal conduta.

Como o Direito internacional regula a conduta de Estados, ou seja, a conduta dos indivíduos que, com base nas ordens jurídicas estaduais, exercem as funções de governo, precisa de definir o que é um Estado no sentido jurídico-internacional, quer dizer, tem de determinar sob que pressupostos os indivíduos devem ser considerados como governo de um Estado — e, portanto, sob que pressupostos deve ser havida como ordem jurídica válida a ordem coercitiva com base na qual eles funcionam —, sob que pressupostos os seus atos devem ser considerados como atos do Estado — e isto quer dizer, como atos do Estado no sentido jurídico-internacional.

O Direito internacional positivo determina que os indivíduos devem ser considerados como governo de um Estado quando sejam independentes de outros governos da mesma espécie e sejam capazes de conseguir, por parte dos indivíduos cuja conduta é regulada pela ordem coerciva com base na qual eles funcionam, obediência duradoura a essa mesma ordem coerciva, ou seja: quando esta ordem coerciva, apenas subordinada ao Direito internacional e relativamente centralizada, seja globalmente e de um modo geral eficaz, qualquer que seja a via por que os indivíduos que, com base nela, exercem as funções de órgão governativo alcançaram essa sua posição. Isto significa que a comunidade constituída por uma tal ordem coerciva é um Estado, e que a ordem coerciva que a constitui é uma ordem jurídica válida no sentido do Direito internacional.

A ordem jurídica internacional estatui, além disso, que o domínio territorial deste Estado, ou a esfera de validade espacial da ordem jurídica estadual, tem a extensão que tiver a eficácia desta ordem jurídica, que todos os indivíduos que vivam neste território — com certas exceções, determinadas pelo Direito internacional — estão submetidos a esta e a nenhuma outra ordem jurídica. Isto significa que, segundo o Direito internacional, cada Estado fundamentalmente apenas pode aparecer revestido da sua qualidade de aparelho de coerção dentro do seu próprio domínio territorial, isto é, dentro do território que lhe é atribuído pelo Direito internacional; ou, para falar sem recorrer a imagens, que a ordem jurídica do Estado singular apenas deve estatuir os seus atos de coerção específicos para o espaço de validade que jurídico-internacionalmente lhe é reservado e que estes atos de coerção apenas podem ser estabelecidos sem ofensa do Direito internacional dentro deste espaço.

Desta forma, torna-se juridicamente possível a coexistência no espaço de uma pluralidade de Estados, isto é, de uma pluralidade de ordens coercivas. Mas não só a existência do espaço, pois também a sucessão no tempo, quer dizer, a esfera temporal de validade das ordens jurídicas dos Estados em singular, é determinada pelo Direito internacional. O começo e o termo da validade jurídica da ordem estadual regem-se pelo princípio jurídico da efetividade. O nascimento e o desaparecimento do Estado, vistos desta posição, apresentam-se como fenômenos jurídicos, tal qual como a constituição e dissolução de uma corporação como pessoa jurídica na moldura do Direito estadual interno.

Mas ainda relativamente à esfera de validade material da ordem jurídica de cada Estado tem o Direito internacional incidência. Como as suas normas, especialmente, podem compreender todas as matérias possíveis e, portanto, também aquelas que até aqui foram reguladas pelas ordens jurídicas estaduais, ele limita o domínio de validade material destas. Os Estados singulares conservam, é verdade, mesmo sob o Direito internacional, a sua competência fundamental para normar tudo; no entanto, apenas mantêm esta competência na medida em que o Direito internacional não se aposse de uma matéria e, assim, a subtraia a uma livre regulamentação por parte da ordem jurídica estadual. Esta, se se pressupõe o Direito internacional como ordem jurídica supra-estadual, já não tem uma competência soberana. Mas tem, no entanto, uma pretensão à totalidade (*Totalitätsanspruch*), somente limitada pelo Direito internacional; quer dizer, ela não é de antemão limitada pelo Direito internacional a certas matérias, como acontece com outras ordens ou comunidades jurídicas imediatas em face do Direito internacional, constituídas por tratado internacional.

Assim, o Estado aparece como determinado pelo Direito internacional na sua existência jurídica em todas as direções, quer dizer, como uma ordem jurídica delegada pelo Direito internacional, tanto na sua validade como na sua esfera de validade. Somente a ordem jurídica internacional, e não qualquer ordem jurídica estadual, é soberana. Se as ordens jurídicas estaduais ou as comunidades jurídicas por elas constituídas, os Estados, são designadas como "soberanas", isso significa simplesmente que elas apenas se encontram subordinadas à ordem jurídica internacional, que elas são jurídico-internacionalmente imediatas.

Aqui é de esperar a objeção de que o Estado singular não pode ser concebido como uma ordem delegada pelo Direito internacional, pois os Estados históricos, quer dizer, as ordens de coerção estaduais, têm de preceder o aparecimento do Direito internacional geral, que é criado pelo costume dos Estados. Simplesmente, esta objeção baseia-se na falta de distinção entre a relação histórica dos fatos e a relação lógica das normas. Também a família é uma comunidade jurídica mais antiga do que o Estado — o Estado centralizado, abrangendo muitas famílias —; e, no entanto, é sobre a ordem jurídica estadual que hoje se funda a validade da ordem jurídica familiar. De igual modo, a validade de uma ordem jurídica de um Estado-membro funda-se na Constituição do Estado federal, se bem que o aparecimento desta seja cronologicamente posterior ao dos Estados singulares, outrora autônomos, e que somente mais tarde se reuniram num Estado federal. Não devemos confundir a conexão histórica com a conexão normológica.

Se partirmos do Direito internacional como uma ordem jurídica válida, o conceito de Estado não pode ser definido sem referência ao Direito internacional. Visto desta posição, ele é uma ordem jurídica parcial, imediata em face do Direito internacional, relativamente centralizada, com um domínio de validade territorial e temporal jurídico-internacionalmente limitado e, relativamente à esfera de validade material, com uma pretensão à totalidade (*Totalitätsanspruch*) apenas limitada pela reserva do Direito internacional.

γ) A diferença entre as duas construções monistas

O Direito internacional, cujo reconhecimento por parte de um Estado é, do ponto de vista do primado da ordem jurídica estadual, pressuposto da sua validade em relação a esse Estado, e que, portanto, somente vale como parte integrante de uma ordem jurídica estadual, é, quanto ao conteúdo, o mesmo Direito internacional que, do ponto de vista do primado da ordem jurídica internacional, vale como uma ordem jurídica supra-ordenada a todas as ordens jurídicas estaduais, as quais seriam ordens delegadas daquela. A diferença entre as duas construções monistas das relações entre o Direito internacional e o Direito estadual respeita apenas ao fundamento da validade do Direito internacional, não ao seu conteúdo. Segundo a primeira, que tem o seu ponto de partida na validade de uma ordem jurídica estadual, o fundamento de validade do Direito internacional é a norma fundamental pressuposta por força da qual a fixação da primeira Constituição histórica do Estado, cujo ordenamento forma o ponto de partida da construção, é um fato gerador de Direito. Segundo a outra, que não toma o seu ponto de partida numa ordem jurídica estadual mas no Direito internacional, o seu fundamento de validade é a norma fundamental pressuposta por virtude da qual o costume dos Estados é um fato gerador de Direito. O costume dos Estados é também um fato gerador de Direito nos quadros de um Direito internacional que apenas valha como parte integrante de uma ordem jurídica estadual. Porém, neste caso, ele não o é por força de uma simples norma pressuposta segundo a qual o costume dos Estados seria um fato gerador de Direito, mas por força de uma norma positivamente posta com o ato do reconhecimento, norma essa cujo fundamento de validade é, em última linha, a norma fundamental pressuposta da ordem jurídica estadual, ordem jurídica essa que forma o ponto de partida da construção, valendo o Direito internacional como parte integrante dela.

Como o Direito internacional tem o mesmo conteúdo nos dois casos, também em ambos os casos tem as mesmas funções: através do seu princípio da efetividade determina o fundamento de validade e o domínio de validade das ordens jurídicas estaduais. Uma destas ordens jurídicas estaduais é aquela da qual parte a construção que pressupõe o primado desta ordem jurídica estadual; isto é, aquela que, segundo esta construção, contém o Direito internacional como uma sua parte integrante. Só pode ser, em todos os casos, *uma* ordem jurídica, se bem que qualquer ordem jurídica estadual possa ser essa *uma*.

Se se considera o Direito internacional como parte integrante de uma ordem jurídica estadual, então é preciso distinguir entre a ordem jurídica estadual num sentido estrito e a ordem jurídica estadual num sentido amplo. A ordem jurídica estadual num sentido estrito é constituída pelas normas da Constituição do Estado e as normas postas, de acordo com esta Constituição, por atos legislativos, jurisdicionais e administrativos. A ordem jurídica estadual em sentido amplo é a ordem jurídica que forma o ponto de partida da construção, na medida em que também abrange o Direito internacional reconhecido, isto é, as normas que são criadas por costume dos Estados e por tratado entre os Estados.

O Direito internacional, que forma uma parte integrante desta ordem jurídica estadual, determina, através do seu princípio da efetividade, o fundamento de validade de toda ordem jurídica estadual, tanto daquela que não é o ponto de partida da construção como também daquela que o é e que, por isso, tem o Direito internacional como sua parte integrante. Mas, neste último caso, ele — como parte integrante da ordem jurídica estadual em sentido lato — desempenha esta função com referência à ordem jurídica estadual em sentido estrito. Em conseqüência disso, a relação das duas partes constitutivas desta ordem jurídica estadual em sentido amplo não deve ser considerada como uma relação de coordenação mas como relação de supra-infra-ordenação. A parte desta ordem jurídica estadual que representa o Direito internacional situa-se acima da parte que representa uma ordem jurídica estadual em sentido estrito. Figuradamente, exprime-se isso dizendo: o Estado que reconhece o Direito internacional submete-se, por isso mesmo, ao Direito internacional.

Mas o princípio da efetividade do Direito internacional, Direito este que forma uma parte integrante da ordem jurídica estadual, não é o último fundamento de validade desta ordem jurídica estadual em sentido estrito. Este é a norma fundamental pressuposta desta ordem jurídica, norma essa que é, ao mesmo tempo, o último fundamento de validade do Direito internacional tornado parte integrante da mesma ordem jurídica. Apenas entre esta ordem jurídica estadual em sentido amplo e a ordem jurídica internacional nela contida intercede aquela relação entre Direito internacional e Direito estadual que aqui caracterizamos como primado da ordem jurídica estadual.

Também a outra função que o Direito internacional desempenha através do seu princípio da efetividade — a delimitação do domínio de validade das ordens jurídicas estaduais — é realizada pelo Direito internacional, enquanto parte integrante de uma ordem jurídica estadual, somente em relação à outra parte integrante desta ordem jurídica — à ordem jurídica estadual em sentido estrito. Somente o domínio de validade desta é que é limitado pelo Direito internacional, o qual é parte integrante da ordem jurídica estadual em sentido amplo. E, de novo, o princípio da efetividade deste Direito internacional não é o último fundamento de validade desta limitação. É-o, sim, a norma fundamental pressuposta desta ordem jurídica estadual que tem o Direito internacional como sua parte integrante.

Tomadas que sejam em consideração, do ponto de vista da ordem jurídica estadual que forma o ponto de partida da construção e compreende o Direito internacional, outras ordens jurídicas estaduais, a relação que intercede entre estas e o Direito internacional distingue-se daquela que se verificaria segundo o primado da ordem jurídica internacional apenas na medida em que o princípio da efetividade do Direito internacional não é o último fundamento da sua validade e da delimitação do seu domínio de validade. Esse último fundamento é, visto da posição da ordem jurídica estadual que forma o ponto de partida da construção, a norma fundamental pressuposta desta mesma ordem jurídica estadual. Esta — tomada no seu sentido amplo, compreendendo o Direito internacional reconhecido — é, portanto, a única ordem jurídica soberana, no sentido de uma ordem jurídica suprema acima da qual nenhuma outra superior se pressupõe. Como, no entanto, dentro desta ordem jurídica estadual em sentido amplo, uma parte integrante, a saber, a ordem jurídica estadual em sentido estrito, está subordinada à outra parte integrante, a saber, a ordem jurídica internacional, a ordem jurídica estadual em sentido estrito não é uma ordem soberana mas — tal como as outras ordens jurídicas estaduais que não constituem o ponto de partida da construção — tão-somente uma ordem jurídico-internacionalmente imediata.

Por força do Direito internacional, que é sua parte integrante, a ordem jurídica estadual que forma o ponto de partida da construção é transmudada numa ordem jurídica universal que delega em todas as outras ordens jurídicas estaduais e compreende a todas. O resultado final é o mesmo que aquele a que conduz o primado da ordem jurídica internacional: a unidade gnoseológica de todo Direito vigente. Mas, enquanto o ponto de partida da construção, na hipótese do primado do Direito internacional, somente pode ser este mesmo Direito, o ponto de partida da construção, na hipótese do primado da ordem jurídica estadual, pode — como já notamos — ser qualquer ordem jurídica estadual — só o podendo ser, no entanto, *uma* de cada vez. E apenas quando a construção da relação entre Direito internacional e Direito estadual tome o seu ponto de partida numa ordem jurídica estadual é que se tem de chegar necessariamente à aceitação do primado desta ordem jurídica estadual — sim, só então é que este primado já é pressuposto.

Como acentuamos, a escolha de uma ou outra das duas construções da relação que intercede entre o Direito internacional e o Direito estadual não tem qualquer influência sobre o conteúdo daquele. O Direito internacional considerado como parte integrante de uma ordem jurídica estadual é, quanto ao conteúdo, idêntico ao Direito internacional havido como uma ordem jurídica supra-ordenada às ordens jurídicas estaduais.

Mas também o conteúdo do Direito estadual permanece intocado pela construção da relação intercedente entre ele e o Direito internacional. Estamos, portanto, em face de um abuso de uma ou de outra construção quando, como freqüentes vezes sucede, delas se deduzem soluções que apenas poderão ser adotadas com base no Direito internacional positivo ou no Direito estadual positivo. Assim, os representantes do primado da ordem jurídica internacional afirmam, a partir daí, que o Direito internacional está supra-ordenado ao Direito estadual, que aquele é, em face deste, a ordem jurídica mais elevada, que, em conseqüência, em caso de conflito entre os dois, o Direito internacional goza de prevalência — quer dizer, o Direito estadual que o contradiga é nulo.

Como resulta claramente do que anteriormente se disse, um tal conflito de normas entre Direito internacional e Direito estadual não pode de forma alguma existir. Uma norma do Direito estadual não pode ser nula: apenas pode ser anulável. E somente pode ser anulável por motivo da sua "contradição com o Direito internacional" ("*Völkerrechts-widrigkeit*") se o Direito internacional ou o próprio Direito estadual prevêem um processo que conduza à sua anulação. O Direito internacional geral não prevê tal processo. O fato de ele ser pensado como situando-se acima do Direito estadual não pode compensar a falta de uma norma que tal determine.

Do fato de o Direito internacional se situar acima dos Estados, acredita-se que é possível concluir que a soberania do Estado é essencialmente limitada e, por essa via, se torna possível uma organização mundial eficaz. O primado do Direito internacional desempenha um papel decisivo na ideologia política do pacifismo. A soberania do Estado — que o primado do Direito internacional exclui por completo — é algo completamente diferente da soberania do Estado que é limitada pelo Direito internacional. Aquela significa: autoridade jurídica suprema; esta: liberdade de ação do Estado. A limitação desta opera-se através do Direito internacional precisamente do mesmo modo, quer este seja pensado como ordem jurídica supra-estadual, quer como ordem jurídica integrada na ordem jurídica estadual. Uma organização mundial eficaz é tão possível pela aceitação de uma construção como pela aceitação da outra.

Mais ainda que o primado do Direito internacional, está exposto ao referido abuso o primado da ordem jurídica estadual que se funda na pressuposição da soberania do Estado. Do fato de o Direito internacional apenas valer por força do seu reconhecimento pelo Estado e, portanto, apenas enquanto parte constitutiva da ordem jurídica estadual, ou — o que é o mesmo — do fato de que o Estado é soberano, deduz-se que o Estado não está necessariamente vinculado aos tratados que conclui, ou que é inconciliável com a sua natureza submeter-se — mesmo que seja num tratado por ele concluído — a um tribunal internacional com jurisdição obrigatória ou ser vinculado pela decisão da maioria de um órgão colegial, mesmo que este órgão e o seu processo tenham sido instituídos através de um tratado concluído pelo Estado. Tal como sucede com o primado do Direito internacional relativamente à ideologia pacifista, assim também o primado do Direito estadual, a soberania do Estado, desempenha um papel decisivo na ideologia imperialista. E, aqui como acolá, a ambigüidade do conceito de soberania serve de ponto de apoio.

Contudo, se o Estado reconheceu o Direito internacional e este vale, por isso, em relação a este Estado, então vale da mesma forma como se vigorasse enquanto ordem jurídica supra-estadual. E, sendo assim, vale a norma de Direito internacional segundo a qual os Estados ficam vinculados aos tratados por eles celebrados, qualquer que seja o conteúdo que eles dêem às normas pacticiamente criadas. Nenhum conteúdo pode, segundo o Direito internacional, ser excluído de uma norma criada por tratado internacional com o fundamento de que é inconciliável com a natureza do Estado que celebra o tratado, especialmente com a sua soberania. O fato de a soberania do Estado não ser limitada por qualquer Direito internacional situado acima dele é perfeitamente conciliável com o fato de um Estado, pela circunstância de, por força da sua soberania, reconhecer o Direito internacional e, assim, o tornar parte constitutiva da ordem jurídica estadual, limitar ele próprio a sua soberania, ou seja, neste caso, a sua liberdade de ação, assumindo as obrigações estatuídas pelo Direito internacional geral e pelos tratados por ele concluídos.

A questão de saber em que medida esta soberania do Estado é limitável pelo Direito internacional por ele reconhecido apenas pode ser respondida com base no conteúdo do Direito internacional. Tal resposta não pode ser deduzida do conceito de soberania. O Direito internacional positivo, porém, não põe quaisquer restrições à limitação da soberania do Estado como liberdade de ação do mesmo Estado. Por meio de tratado pode ser criada uma organização internacional a tal ponto centralizada que tenha ela própria caráter de Estado, por forma tal que os Estados contratantes que nela sejam incorporados percam o seu caráter de Estados. É, porém, uma questão de política a questão de saber até que ponto um governo estadual deve ou pode limitar a liberdade de ação do seu Estado através de tratados de Direito internacional. A resposta não pode ser deduzida, quer do primado do Direito internacional, quer do primado do Direito estadual.

3. Concepção do Direito e concepção do mundo

A oposição das duas construções monistas da relação do Direito internacional com o Direito estadual, isto é, das duas vias pelas quais se alcança a unidade gnoseológica de todo Direito vigente, tem um surpreendente paralelo na oposição que existe entre uma mundividência (concepção do mundo — *Weltanschauung*) subjetivista e uma mundividência objetivista.

Assim como a concepção subjetivista parte do próprio Eu soberano para compreender o mundo e, deste modo, não pode conceber este como mundo exterior, mas apenas como mundo interior, como representação (idéia) e vontade do Eu, assim também a construção designada como primado da ordem jurídica estadual parte do próprio Estado soberano para apreender o mundo exterior do Direito, o Direito internacional e as outras ordens jurídicas estaduais, e só pode, portanto, conceber este Direito externo como Direito interno, como parte constitutiva da ordem jurídica do próprio Estado. Do mesmo modo que a mundividência subjetiva, egocêntrica, conduz ao solipsismo, isto é, à concepção de que só o próprio Eu existe como ser soberano, e que tudo o mais apenas existe nele e a partir dele, e, assim, não pode sufragar a pretensão dos outros entes a serem também um Eu soberano, também o primado da ordem jurídica do próprio Estado conduz a que apenas este possa ser concebido como soberano, pois a soberania de um, isto é, do nosso próprio Estado, exclui a soberania de todos os outros Estados. Neste sentido, o primado da ordem jurídica do nosso próprio Estado pode ser designado como subjetivismo, ou mesmo como solipsismo do Estado.

Assim como a mundividência objetivista parte do mundo exterior real para conceber o Eu, e não só o próprio Eu do observador mas todo o Eu, e, ao proceder deste modo, não pode deixar subsistir este Eu como ser soberano e centro do mundo mas apenas como parte integrante do mesmo mundo, também a construção a que chamamos primado da ordem jurídica internacional parte do mundo externo do Direito, do Direito internacional como ordem jurídica válida, para conceber a existência jurídica dos Estados singulares. Ao proceder assim, porém, não pode deixar que estes valham como autoridades soberanas, mas apenas como ordens jurídicas parciais incorporadas no Direito internacional.

E, assim como o conhecimento científico do mundo não é de forma alguma afetado por aquela oposição, do mesmo modo que o mundo, como objeto deste conhecimento, permanece o mesmo, da mesma forma que as leis naturais que o descrevem permanecem as mesmas, quer este mundo seja pensado como mundo interior do Eu quer o Eu seja pensado no interior do mundo, assim também a oposição entre as duas construções jurídicas não tem qualquer espécie de influência sobre o conteúdo do Direito, quer do Direito internacional, quer do Direito estadual, e as proposições jurídicas pelas quais o seu conteúdo é descrito permanecem as mesmas, quer se pense o Direito internacional como incluído no Direito estadual quer se pense este como compreendido naquele.

Também podemos comparar a oposição entre as duas construções jurídicas com a oposição existente entre a imagem geocêntrica, ptolomaica, do mundo e a imagem heliocêntrica, copernicana, do mesmo. Assim como, segundo uma das construções, o nosso próprio Estado está no centro do mundo do Direito, assim, na imagem ptolomaica do mundo, a nossa Terra é situada num ponto central à volta do qual o Sol gira. Assim como, segundo a outra construção, o Direito internacional ocupa o centro do mundo jurídico, assim, na imagem copernicana do mundo, o Sol se localiza no centro à volta do qual gira a nossa Terra.

Mas esta oposição de duas concepções astronômicas do mundo é apenas uma oposição de dois sistemas de referência diversos. Max Planck[7] observa a propósito: "Se tomarmos, por exemplo, um sistema de referências fixamente ligado com a nossa Terra, teremos de afirmar que o Sol se move no céu; se, inversamente, deslocarmos o sistema de referência para uma estrela fixa, o Sol encontra-se em repouso. Na oposição entre estas duas formulações não existe contradição nem obscuridade: trata-se somente de duas diferentes maneiras de considerar as coisas. Segundo a teoria física da relatividade, que presentemente pode ser considerada como aquisição científica assegurada, ambos os sistemas de referência e os modos de consideração que lhes correspondem são igualmente corretos e por igual justificados, e é fundamentalmente impossível, sem arbitrariedade, decidir entre eles através de quaisquer medições ou cálculos".

O mesmo vale dizer das duas construções jurídicas das relações entre Direito internacional e Direito estadual. A sua oposição baseia-se na diferença de dois sistemas de referência diversos. Um está solidamente vinculado com a ordem jurídica do nosso próprio Estado, o outro com a ordem jurídica internacional. Os dois sistemas são igualmente corretos e igualmente justificados. É impossível, com base numa consideração de ciência jurídica, decidir jurídico-cientificamente por um deles. A ciência jurídica apenas pode apresentar as duas e verificar que um ou outro dos sistemas de referência tem de ser aceito quando se pretenda definir a relação entre Direito internacional e Direito estadual.

A própria decisão por um deles, essa situa-se fora da ciência jurídica. Ela apenas pode ser determinada por outras considerações que não as científicas — por considerações políticas. Aquele para quem a idéia da soberania do seu Estado é valiosa, porque se identifica com este na sua autoconsciência exaltada, preferirá o primado da ordem jurídica estadual ao primado da ordem jurídica internacional. Aquele, para quem a idéia de uma organização mundial é mais valiosa, preferirá o primado do Direito internacional ao primado do Direito estadual. Isso não significa, como já foi acentuado, que a teoria do primado da ordem jurídica estadual seja menos favorável ao ideal da organização mundial do que o primado da ordem jurídica internacional. Parece, porém, fornecer a justificação de uma política que rejeite toda limitação importante à liberdade de ação do Estado. Esta justificação baseia-se num sofisma para o qual concorre de maneira funesta a ambigüidade do conceito de soberania — por um lado, autoridade jurídica suprema, por outro, liberdade de ação. Mas este sofisma é agora — como se mostrou — uma sólida parte integrante da ideologia política do imperialismo, que opera com o dogma da soberania estatal.

O mesmo vale dizer — *mutatis mutandis* — relativamente à preferência do primado da ordem jurídica internacional. Este não é mais desfavorável ao ideal da soberania (o mais possível) ilimitada, no sentido de liberdade de ação do Estado, do que o primado da ordem jurídica do Estado singular; mas parece justificar, melhor que o primado da ordem jurídica estadual, uma substancial limitação da liberdade de ação do Estado. Também isto é um sofisma; mas também este sofisma desempenha, de fato, um papel decisivo dentro da ideologia política do pacifismo.

A Teoria Pura do Direito, ao desmascarar estes sofismas, ao retirar-lhes a aparência de demonstrações lógicas que, como tais, seriam irrefutáveis, e ao reduzi-los a argumentos políticos aos quais se pode obviar com contra-argumentos da mesma espécie, desimpede o caminho para o livre desenvolvimento de um ou outro destes pontos de vista políticos, sem postular ou justificar qualquer deles. Como teoria, ela fica perante eles completamente indiferente.

VIII
A interpretação

1. A essência da interpretação. Interpretação autêntica e não-autêntica

Quando o Direito é aplicado por um órgão jurídico, este necessita de fixar o sentido das normas que vai aplicar, tem de interpretar estas normas. A interpretação é, portanto, uma operação mental que acompanha o processo da aplicação do Direito no seu progredir de um escalão superior para um escalão inferior. Na hipótese em que geralmente se pensa quando se fala de interpretação, na hipótese da interpretação da lei, deve responder-se à questão de saber qual o conteúdo que se há de dar à norma individual de uma sentença judicial ou de uma resolução administrativa, norma essa a deduzir da norma geral da lei na sua aplicação a um caso concreto. Mas há também uma interpretação da Constituição, na medida em que de igual modo se trate de aplicar esta — no processo legislativo, ao editar decretos ou outros atos constitucionalmente imediatos — a um escalão inferior; e uma interpretação dos tratados internacionais ou das normas do Direito internacional geral consuetudinário, quando estas e aqueles têm de ser aplicados, num caso concreto, por um governo ou por um tribunal ou órgão administrativo, internacional ou nacional. E há igualmente uma interpretação de normas individuais, de sentenças judiciais, de ordens administrativas, de negócios jurídicos, etc., em suma, de todas as normas jurídicas, na medida em que hajam de ser aplicadas.

Mas também os indivíduos, que têm — não de aplicar, mas — de observar o Direito, observando ou praticando a conduta que evita a sanção, precisam de compreender e, portanto, de determinar o sentido das normas jurídicas que por eles hão de ser observadas. E, finalmente, também a ciência jurídica, quando descreve um Direito positivo, tem de interpretar as suas normas.

Desta forma, existem duas espécies de interpretação que devem ser distinguidas claramente uma da outra: a interpretação do Direito pelo órgão que o aplica, e a interpretação do Direito que não é realizada por um órgão jurídico mas por uma pessoa privada e, especialmente, pela ciência jurídica. Aqui começaremos por tomar em consideração apenas a interpretação realizada pelo órgão aplicador do Direito.

a) *Relativa indeterminação do ato de aplicação do Direito*

A relação entre um escalão superior e um escalão inferior da ordem jurídica, como a relação entre Constituição e lei, ou lei e sentença judicial, é uma relação de determinação ou vinculação: a norma do escalão superior regula — como já se mostrou — o ato através do qual é produzida a norma do escalão inferior, ou o ato de execução, quando já deste apenas se trata; ela determina não só o processo em que a norma inferior ou o ato de execução são postos, mas também, eventualmente, o conteúdo da norma a estabelecer ou do ato de execução a realizar.

Esta determinação nunca é, porém, completa. A norma do escalão superior não pode vincular em todas as direções (sob todos os aspectos) o ato através do qual é aplicada. Tem sempre de ficar uma margem, ora maior ora menor, de livre apreciação, de tal forma que a norma do escalão superior tem sempre, em relação ao ato de produção normativa ou de execução que a aplica, o caráter de um quadro ou moldura a preencher por este ato. Mesmo uma ordem o mais pormenorizada possível tem de deixar àquele que a cumpre ou executa uma pluralidade de determinações a fazer. Se o órgão A emite um comando para que o órgão B prenda o súdito C, o órgão B tem de decidir, segundo o seu próprio critério, quando, onde e como realizará a ordem de prisão, decisões essas que dependem de circunstâncias externas que o órgão emissor do comando não previu e, em grande parte, nem sequer podia prever.

b) *Indeterminação intencional do ato de aplicação do Direito*

Daí resulta que todo o ato jurídico em que o Direito é aplicado, quer seja um ato de criação jurídica quer seja um ato de pura execução, é, em parte, determinado pelo Direito e, em parte, indeterminado. A indeterminação pode respeitar tanto ao fato (pressuposto) condicionante como à conseqüência condicionada. A indeterminação pode mesmo ser intencional, quer dizer, estar na intenção do órgão que estabeleceu a norma a aplicar.

Assim, o estabelecimento ou fixação de uma norma simplesmente geral opera-se sempre — em correspondência com a natureza desta norma geral — sob o pressuposto de que a norma individual que resulta da sua aplicação continua o processo de determinação que constitui, afinal, o sentido da seriação escalonada ou gradual das normas jurídicas. Uma lei de sanidade determina que, ao manifestar-se uma epidemia, os habitantes de uma cidade têm de, sob cominação de uma pena, tomar certas disposições para evitar um alastramento da doença. A autoridade administrativa é autorizada a determinar estas disposições por diferente maneira, conforme as diferentes doenças. A lei penal prevê, para a hipótese de um determinado delito, uma pena pecuniária (multa) ou uma pena de prisão, e deixa ao juiz a faculdade de, no caso concreto, se decidir por uma ou pela outra e determinar a medida das mesmas — podendo, para esta determinação, ser fixado na própria lei um limite máximo e um limite mínimo.

c) *Indeterminação não-intencional do ato de aplicação do Direito*

Simplesmente, a indeterminação do ato jurídico pode também ser a conseqüência não intencional da própria constituição da norma jurídica que deve ser aplicada pelo ato em questão. Aqui temos em primeira linha a pluralidade de significações de uma palavra ou de uma seqüência de palavras em que a norma se exprime: o sentido verbal da norma não é unívoco, o órgão que tem de aplicar a norma encontra-se perante várias significações possíveis. A mesma situação se apresenta quando o que executa a norma crê poder presumir que entre a expressão verbal da norma e a vontade da autoridade legisladora, que se há de exprimir através daquela expressão verbal, existe uma discrepância, podendo em tal caso deixar por completo de lado a resposta à questão de saber por que modos aquela vontade pode ser determinada. De todo o modo, tem de aceitar-se como possível investigá-la a partir de outras fontes que não a expressão verbal da própria norma, na medida em que possa presumir-se que esta não corresponde à vontade de quem estabeleceu a norma.

Que a chamada vontade do legislador ou a intenção das partes que estipulam um negócio jurídico possam não corresponder às palavras que são expressas na lei ou no negócio jurídico, é uma possibilidade reconhecida, de modo inteiramente geral, pela jurisprudência tradicional. A discrepância entre vontade e expressão pode ser completa, mas também pode ser apenas parcial. Este último caso apresenta-se quando a vontade do legislador ou a intenção das partes correspondem pelo menos a uma das várias significações que a expressão verbal da norma veicula.

A indeterminação do ato jurídico a pôr pode finalmente ser também a conseqüência do fato de duas normas, que pretendem valer simultaneamente — porque, v. g., estão contidas numa e mesma lei —, contradizerem total ou parcialmente.

d) *O Direito a aplicar como uma moldura dentro da qual há várias possibilidades de aplicação*

Em todos estes casos de indeterminação, intencional ou não, do escalão inferior, oferecem-se várias possibilidades à aplicação jurídica. O ato jurídico que efetiva ou executa a norma pode ser conformado por maneira a corresponder a uma ou outra das várias significações verbais da mesma norma, por maneira a corresponder à vontade do legislador — a determinar por qualquer forma que seja — ou, então, à expressão por ele escolhida, por forma a corresponder a uma ou a outra das duas normas que se contradizem ou por forma a decidir como se as duas normas em contradição se anulassem mutuamente. O Direito a aplicar forma, em todas estas hipóteses, uma moldura dentro da qual existem várias possibilidades de aplicação, pelo que é conforme ao Direito todo ato que se mantenha dentro deste quadro ou moldura, que preencha esta moldura em qualquer sentido possível.

Se por "interpretação" se entende a fixação por via cognoscitiva do sentido do objeto a interpretar, o resultado de uma interpretação jurídica somente pode ser a fixação da moldura que representa o Direito a interpretar e, conseqüentemente, o conhecimento das várias possibilidades que dentro desta moldura existem. Sendo assim, a interpretação de uma lei não deve necessariamente conduzir a uma única solução como sendo a única correta, mas possivelmente a várias soluções que — na medida em que apenas sejam aferidas pela lei a aplicar — têm igual valor, se bem que apenas uma delas se torne Direito positivo no ato do órgão aplicador do Direito — no ato do tribunal, especialmente. Dizer que uma sentença judicial é fundada na lei, não significa, na verdade, senão que ela se contém dentro da moldura ou quadro que a lei representa — não significa que ela é *a* norma individual, mas apenas que é *uma* das normas individuais que podem ser produzidas dentro da moldura da norma geral.

A jurisprudência tradicional crê, no entanto, ser lícito esperar da interpretação não só a determinação da moldura para o ato jurídico a pôr, mas ainda o preenchimento de uma outra e mais ampla função — e tem tendência para ver precisamente nesta outra função a sua principal tarefa. A interpretação deveria desenvolver um método que tornasse possível preencher ajustadamente a moldura prefixada. A teoria usual da interpretação quer fazer crer que a lei, aplicada ao caso concreto, poderia fornecer, em todas as hipóteses, apenas *uma única* solução correta (ajustada), e que a "justeza" (correção) jurídico-positiva desta decisão é fundada na própria lei. Configura o processo desta interpretação como se se tratasse tão-somente de um ato intelectual de clarificação e de compreensão, como se o órgão aplicador do Direito apenas tivesse que pôr em ação o seu entendimento (razão), mas não a sua vontade, e como se, através de uma pura atividade de intelecção, pudesse realizar-se, entre as possibilidades que se apresentam, uma escolha que correspondesse ao Direito positivo, uma escolha correta (justa) no sentido do Direito positivo.

e) *Os chamados métodos de interpretação*

Só que, de um ponto de vista orientado para o Direito positivo, não há qualquer critério com base no qual uma das possibilidades inscritas na moldura do Direito a aplicar possa ser preferida à outra. Não há absolutamente qualquer método — capaz de ser classificado como de Direito positivo — segundo o qual, das várias significações verbais de uma norma, apenas uma possa ser destacada como "correta" — desde que, naturalmente, se trate de várias significações possíveis: possíveis no confronto de todas as outras normas da lei ou da ordem jurídica.

Apesar de todos os esforços da jurisprudência tradicional, não se conseguiu até hoje decidir o conflito entre vontade e expressão a favor de uma ou da outra, por uma forma objetivamente válida. Todos os métodos de interpretação até ao presente elaborados conduzem sempre a um resultado apenas possível, nunca a um resultado que seja o único correto. Fixar-se na vontade presumida do legislador desprezando o teor verbal ou observar estritamente o teor verbal sem se importar com a vontade — quase sempre problemática — do legislador tem — do ponto de vista do Direito positivo — valor absolutamente igual. Se é o caso de duas normas da mesma lei se contradizerem, então as possibilidades lógicas de aplicação jurídica já referidas encontram-se, do ponto de vista do Direito positivo, sobre um e o mesmo plano. É um esforço inútil querer fundamentar "juridicamente" uma, com exclusão da outra.

Que os habituais meios de interpretação do *argumentum a contrario* e da analogia são completamente destituídos de valor resulta já superabundantemente do fato de que os dois conduzem a resultados opostos e não há qualquer critério que permita saber quando deva ser empregado um e quando deva ser utilizado o outro. Também o princípio da chamada apreciação dos interesses é tão-só uma formulação, e não qualquer solução, do problema que aqui nos ocupa. Não fornece a medida ou critério objetivo segundo o qual os interesses contrapostos possam ser entre si comparados e de acordo com o qual possam ser dirimidos os conflitos de interesses. Especialmente, tal critério não pode ser retirado da norma interpretanda, da lei que a contém ou da ordem jurídica global, como pretende a teoria chamada da ponderação dos interesses. Com efeito, a necessidade de uma interpretação resulta justamente do fato de a norma aplicar ou o sistema das normas deixarem várias possibilidades em aberto, ou seja, não conterem ainda qualquer decisão sobre a questão de saber qual dos interesses em jogo é o de maior valor, mas deixarem antes esta decisão, a determinação da posição relativa dos interesses, a um ato de produção normativa que ainda vai ser posto — à sentença judicial, por exemplo.

2. A interpretação como ato de conhecimento ou como ato de vontade

A idéia, subjacente à teoria tradicional da interpretação, de que a determinação do ato jurídico a pôr, não realizada pela norma jurídica aplicanda, poderia ser obtida através de qualquer espécie de conhecimento do Direito preexistente, é uma auto-ilusão contraditória, pois vai contra o pressuposto da possibilidade de uma interpretação.

A questão de saber qual é, de entre as possibilidades que se apresentam nos quadros do Direito a aplicar, a "correta", não é sequer — segundo o próprio pressuposto de que se parte — uma questão de conhecimento dirigido ao Direito positivo, não é um problema de teoria do Direito, mas um problema de política do Direito. A tarefa que consiste em obter, a partir da lei, a única sentença justa (certa) ou o único ato administrativo correto é, no essencial, idêntica à tarefa de quem se proponha, nos quadros da Constituição, criar as únicas leis justas (certas). Assim como da Constituição, através de interpretação, não podemos extrair as únicas leis corretas, tampouco podemos, a partir da lei, por interpretação, obter as únicas sentenças corretas.

De certo que existe uma diferença entre estes dois casos, mas é uma diferença somente quantitativa, não qualitativa, e consiste apenas em que a vinculação do legislador sob o aspecto material é uma vinculação muito mais reduzida do que a vinculação do juiz, em que aquele é, relativamente, muito mais livre na criação do Direito do que este. Mas também este último é um criador de Direito e também ele é, nesta função, relativamente livre. Justamente por isso, a obtenção da norma individual no processo de aplicação da lei é, na medida em que nesse processo seja preenchida a moldura da norma geral, uma função voluntária.

Na medida em que, na aplicação da lei, para além da necessária fixação da moldura dentro da qual se tem de manter o ato a pôr, possa ter ainda lugar uma atividade cognoscitiva do órgão aplicador do Direito, não se tratará de um conhecimento do Direito positivo, mas de outras normas que, aqui, no processo da criação jurídica, podem ter a sua incidência: normas de Moral, normas de Justiça, juízos de valor sociais que costumamos designar por expressões correntes como bem comum, interesse do Estado, progresso, etc. Do ponto de vista do Direito positivo, nada se pode dizer sobre a sua validade e verificabilidade. Deste ponto de vista, todas as determinações desta espécie apenas podem ser caracterizadas negativamente: são determinações que não resultam do próprio Direito positivo. Relativamente a este, a produção do ato jurídico dentro da moldura da norma jurídica aplicanda é livre, isto é, realiza-se segundo a livre apreciação do órgão chamado a produzir o ato. Só assim não seria se o próprio

Direito positivo delegasse em certas normas metajurídicas como a Moral, a Justiça, etc. Mas, neste caso, estas transformar-se-iam em normas de Direito positivo.

Se queremos caracterizar não apenas a interpretação da lei pelos tribunais ou pelas autoridades administrativas, mas, de modo inteiramente geral, a interpretação jurídica realizada pelos órgãos aplicadores do Direito, devemos dizer: na aplicação do Direito por um órgão jurídico, a interpretação cognoscitiva (obtida por uma operação de conhecimento) do Direito a aplicar combina-se com um ato de vontade em que o órgão aplicador do Direito efetua uma escolha entre as possibilidades reveladas através daquela mesma interpretação cognoscitiva. Com este ato, ou é produzida uma norma de escalão inferior, ou é executado um ato de coerção estatuído na norma jurídica aplicanda.

Através deste ato de vontade se distingue a interpretação jurídica feita pelo órgão aplicador do Direito de toda e qualquer outra interpretação, especialmente da interpretação levada a cabo pela ciência jurídica.

A interpretação feita pelo órgão aplicador do Direito é sempre autêntica. Ela cria Direito. Na verdade, só se fala de interpretação autêntica quando esta interpretação assuma a forma de uma lei ou de um tratado de Direito internacional e tem caráter geral, quer dizer, cria Direito não apenas para um caso concreto mas para todos os casos iguais, ou seja, quando o ato designado como interpretação autêntica represente a produção de uma norma geral. Mas autêntica, isto é, criadora de Direito é-o a interpretação feita através de um órgão aplicador do Direito ainda quando cria Direito apenas para um caso concreto, quer dizer, quando esse órgão apenas crie uma norma individual ou execute uma sanção. A propósito importa notar que, pela via da interpretação autêntica, quer dizer, da interpretação de uma norma pelo órgão jurídico que a tem de aplicar, não somente se realiza uma das possibilidades reveladas pela interpretação cognoscitiva da mesma norma, como também se pode produzir uma norma que se situe completamente fora da moldura que a norma a aplicar representa.

Através de uma interpretação autêntica deste tipo pode criar-se Direito, não só no caso em que a interpretação tem caráter geral, em que, portanto, existe interpretação autêntica no sentido usual da palavra, mas também no caso em que é produzida uma norma jurídica individual através de um órgão aplicador do Direito, desde que o ato deste órgão já não possa ser anulado, desde que ele tenha transitado em julgado. É fato bem conhecido que, pela via de uma interpretação autêntica deste tipo, é muitas vezes criado Direito novo — especialmente pelos tribunais de última instância.

Da interpretação através de um órgão aplicador do Direito distingue-se toda e qualquer outra interpretação pelo fato de não ser autêntica, isto é, pelo fato de não criar Direito.

Se um indivíduo quer observar uma norma que regula a sua conduta, quer dizer, pretende cumprir um dever jurídico que sobre ele impende realizando aquela conduta a cuja conduta oposta a norma jurídica liga uma sanção, esse indivíduo, quando tal conduta não se encontra univocamente determinada na norma que tem de observar, também tem de realizar uma escolha entre diferentes possibilidades. Porém, esta escolha não é autêntica. Ela não é vinculante para o órgão que aplica essa norma jurídica e, por isso, corre sempre o risco de ser considerada como errônea por este órgão, por forma a ser julgada como delito a conduta do indivíduo que nela se baseou.

3. A interpretação da ciência jurídica

Sobretudo, porém, tem de distinguir-se rigorosamente a interpretação do Direito feita pela ciência jurídica, como não autêntica, da interpretação realizada pelos órgãos jurídicos.

A interpretação científica é pura determinação cognoscitiva do sentido das normas jurídicas. Diferentemente da interpretação feita pelos órgãos jurídicos, ela não é criação jurídica. A idéia de que é possível, através de uma interpretação simplesmente cognoscitiva, obter Direito novo, é o fundamento da chamada jurisprudência dos conceitos, que é repudiada pela Teoria Pura do Direito. A interpretação simplesmente cognoscitiva da ciência jurídica também é, portanto, incapaz de colmatar as pretensas lacunas do Direito. O preenchimento da chamada lacuna do Direito é uma função criadora de Direito que somente pode ser realizada por um órgão aplicador do mesmo[1]; e esta função não é realizada pela via da interpretação do Direito vigente.

A interpretação jurídico-científica não pode fazer outra coisa senão estabelecer as possíveis significações de uma norma jurídica. Como conhecimento do seu objeto, ela não pode tomar qualquer decisão entre as possibilidades por si mesma reveladas, mas tem de deixar tal decisão ao órgão que, segundo a ordem jurídica, é competente para aplicar o Direito. Um advogado que, no interesse do seu constituinte, propõe ao tribunal apenas uma das várias interpretações possíveis da norma jurídica a aplicar a certo caso, e um escritor que, num comentário, elege uma interpretação determinada, de entre as várias interpretações possíveis, como a única "acertada", não realizam uma função jurídico-científica mas uma função jurídico-política (de política jurídica). Eles procuram exercer influência sobre a criação do Direito. Isto não lhes pode, evidentemente, ser proibido. Mas não o podem fazer em nome da ciência jurídica, como freqüentemente fazem.

A interpretação jurídico-científica tem de evitar, com o máximo cuidado, a ficção de que uma norma jurídica apenas permite, sempre e em todos os casos, uma só interpretação: a interpretação "correta". Isto é uma ficção de que se serve a jurisprudência tradicional para consolidar o ideal da segurança jurídica. Em vista da plurissignificação da maioria das normas jurídicas, este ideal somente é realizável aproximativamente.

Não se pretende negar que esta ficção da univocidade das normas jurídicas, vista de uma certa posição política, pode ter grandes vantagens. Mas nenhuma vantagem política pode justificar que se faça uso desta ficção numa exposição científica do Direito positivo, proclamando como única correta, de um ponto de vista científico objetivo, uma interpretação que, de um ponto de vista político subjetivo, é mais desejável do que uma outra, igualmente possível do ponto de vista lógico. Neste caso, com efeito, apresenta-se falsamente como uma verdade científica aquilo que é tão-somente um juízo de valor político.

De resto, uma interpretação estritamente científica de uma lei estadual ou de um tratado de Direito internacional que, baseada na análise crítica, revele todas as significações possíveis, mesmo aquelas que são politicamente indesejáveis e que, porventura, não foram de forma alguma pretendidas pelo legislador ou pelas partes que celebraram o tratado, mas que estão compreendidas na fórmula verbal por eles escolhida, pode ter um efeito prático que supere de longe a vantagem política da ficção do sentido único: É que uma tal interpretação científica pode mostrar à autoridade legisladora quão longe está a sua obra de satisfazer à exigência técnico-jurídica de uma formulação de normas jurídicas o mais possível inequívocas ou, pelo menos, de uma formulação feita por maneira tal que a inevitável pluralidade de significações seja reduzida a um mínimo e, assim, se obtenha o maior grau possível de segurança jurídica.

Notas

Prefácio à segunda edição

1. Este apêndice — que consta da edição alemã — foi publicado em português com o título *A justiça e o Direito Natural* por Arménio Amado Editor, Coimbra. (N. do E.)

Capítulo 1

1. Do conceito de dever-ser vale o mesmo que George Edward Moore diz, nos *Principia Ethica*, Cambridge, 1922, pp. 77 e ss., do conceito de "bom": "'bom' é uma noção simples, precisamente como 'amarelo' é uma noção simples". (Em inglês no original — N. T.) Uma noção simples não é definível nem — o que vale o mesmo — analisável. Para evitar mal-entendidos deve acentuar-se que a afirmação de que a distinção entre ser e dever-ser é um dado imediato da nossa consciência não significa de forma alguma que o conteúdo do dever-ser, aquilo que deve ser e, neste sentido, é "bom", possa ser conhecido imediatamente através de uma específica faculdade espiritual, que haja uma "visão" (intuição) específica para o bem e o mal (cf. Karl Menger, *Moral*, *Wille und Weltgestaltung*, *Grundlegung zur Logik des Sitten*, Viena, 1934, p. 28). O conteúdo do dever-ser, ou seja, aquilo que uma moral positiva ou uma ordem jurídica positiva prescreve, é determinado através de um ato de vontade e, depois de assim determinado, conhecido.

2. Arthur N. Prior, *Logic and the Basis of Ethics*, Oxford, 1944, p. 18, exprime este pensamento na seguinte frase: "é impossível deduzir uma conclusão de ética de premissas inteiramente não-éticas". (Em inglês no original — N. T.)

3. Já não posso sustentar a concepção por mim anteriormente seguida, e segundo a qual os votos de concordância que constituem a decisão da maioria pela qual uma lei é posta a vigorar não teriam de ser necessariamente atos de vontade, pois muitos dos votantes não conheceriam ou conheceriam apenas de uma maneira muito imperfeita o conteúdo da lei a que dão o seu assentimento e o conteúdo do querer teria de ser conscientemente conhecido por parte do indivíduo querente. Com efeito, quando um membro do parlamento vota um projeto de lei cujo conteúdo desconhece, o conteúdo do seu querer é uma espécie de atribuição de poder ou competência. O votante quer que se torne lei aquilo — seja o que for — que se contém no projeto de lei que vota.

4. Cf. *infra*. Ernst Mally, *Grundgesetze des Sollens, Elemente der Logik des Willens*, Graz, 1926, caracteriza o dever-ser como sentido do querer (p. 10). O que aqui se apresenta como distinção entre o dever-ser enquanto sentido subjetivo e dever-ser enquanto sentido objetivo de um ato de vontade é descrito por Mally como distinção entre "dever-ser" e dever-ser "efetivo" (fático). Segundo Mally o dever-ser "efetivo" aparece quando se introduz o conceito de "justificação". Pelo fato de algo dever-ser não se segue ainda "que esse algo deva ser efetivamente. Mas é nisto que reside toda a justificação. Uma pretensão — mesmo no sentido subjetivo da palavra — que é justificada, é evidentemente ela mesma, por qualquer modo, conforme ao que se exige, corresponde a um dever-ser; só pode ser efetivamente justificada quando este dever-ser efetivamente exista... *Há (pelo menos) uma situação de fato que efetivamente deve existir*" (p. 18). O que eu designo por dever-ser como sentido objetivo de um ato designa-o Mally por dever-se "efetivo" (fático). Esta expressão é, porém, uma contradição nos termos se por "fato" se entende um ser. Se por validade "objetiva" de uma norma se não entende senão aquilo que no texto acima se designa como tal, então, a observação de Alf Ross, "Imperatives and Logic", *Philosophy of Science*, vol. II, 1944, p. 33, segundo a qual "o lugar próprio da crença numa validade objetiva é o quarto de arrumos de velharias da metafísica ético-religiosa" (em inglês no original — N. T.), não se justifica.

5. Cf. *infra*.

6. Cf. *infra*.

7. Cf. *General Theory of Law and State*, pp. 29 e ss. A teoria aí exposta de que a vigência da norma não é um fato psicológico e, portanto, não é uma ordem — como ato de vontade psíquica —, e de que a vigência se deve distinguir da eficácia da norma, ganha em clareza quando — como no texto — a norma é caracterizada como o sentido de um ato de vontade.

8. Cf. *infra*. Concluir, do fato de que apenas uma norma em certa medida eficaz é válida, que vigência e eficácia são idênticas, é o mesmo erro lógico que se comete quando, do pressuposto de que o "prazer", e apenas o "prazer", é "bom", se conclui que o "bom" coincide com o "agradável" (prazer). Moor, *op. cit.*, p. 10, chama a este erro lógico "falácia naturalística". Pode ser verdade que todas as coisas que são boas sejam *também* qualquer coisa mais e.g. agradáveis)... Porém, numerosos filósofos têm julgado que, quando nomeiam essas outras propriedades, estão de fato a definir o bom; que essas propriedades, de fato, não eram simplesmente "outra coisa", algo diferente, mas absoluta e plenamente o mesmo que o bem (bondade). A este ponto de vista proponho-me chamar 'falácia naturalística'..." (Em inglês no original — N. T.)

9. Cf. *infra*.

10. Em referência a este "permitir" (no sentido de "conferir um direito"), rejeitamos em tempo a distinção entre direito imperativo e permissivo (*imperative and permissive law*). Esta distinção deve, no entanto, ser mantida com referência aos outros significados da palavra "permitir", particularmente quando por "permitir" se entenda também "conferir poder ou competência". Cf. *infra*.

11. Moritz Schlick, o fundador da escola filosófica do positivismo lógico, afirma no seu trabalho *Fragen der Ethic*, Schriften zur Wissenschaftlichen Weltauffasseung, vol. 4, Viena, 1930, p. 11, que uma norma (no caso ele tem em vista especialmente uma norma moral) "não é outra coisa senão uma simples tradução de um *fato* da realidade, pois ela indica apenas as circunstâncias nas quais

uma atuação, uma disposição psicológica ou um caráter são efetivamente designados como 'bons', isto é, como eticamente valiosos. A elaboração de normas não é outra coisa senão a fixação do conceito de bom, cujo conhecimento é empreendido pela ética". O juízo que afirma que uma conduta corresponde a uma norma seria, por isso, um juízo de realidade. Ora, isso é incorreto, pois o sentido da valorização ética, ou seja, do juízo que afirma que uma conduta é boa, não é afirmação de um fato da realidade, isto é, de um ser, mas de um dever-ser. Quando a norma indica as circunstâncias nas quais uma conduta é boa, ela não determina como a conduta de fato é, mas como ela deve ser. A norma não é um conceito ou, como também diz Schlick, uma definição. O conceito de algo exprime que, quando alguma coisa tem as qualidades determinadas na definição do conceito, cai sob este conceito, isto é, *é* aquilo que o conceito designa; e, quando não tem estas qualidades, não se enquadra neste conceito, isto é, não é aquilo que o conceito designa. O conceito não exprime que algo *deva* ter as qualidades determinadas na definição. O conceito da boa conduta é: uma conduta que corresponde a uma norma. Este conceito contém três elementos: "norma", "conduta", "correspondência" como relação entre "norma" e "conduta". Este conceito não exprime que uma conduta *deva* corresponder a uma norma, mas apenas que, quando não corresponde a uma norma, se não enquadra no conceito de boa conduta e, portanto, não *é* uma conduta boa. Que a conduta *deva* corresponder à norma, esse é o sentido da "norma" que, juntamente com a "conduta" e a "correspondência", constitui um elemento do conceito de boa conduta, não o sentido do conceito. A conduta é boa, não por corresponder ao conceito, mas por corresponder à norma. Ela pode contradizer a norma, mas não o conceito.

12. Relativamente à questão de saber se as normas podem ser objeto de valoração de outras normas especialmente quanto à questão de saber como é que o direito positivo pode ser valorado como justo ou injusto, cf. Apêndice.

13. Alf Ross, *Towards a Realistic Jurisprudence*, Copenhague, 1946, p. 42, opõe ao dualismo lógico de ser e dever-ser, realidade e valor, fatos da ordem do ser e normas do dever-ser — por mim propugnado — a objeção de que este dualismo é incompatível com uma interpretação normativa dos fatos, com uma valoração da realidade. "Se o sistema de normas há de ter o mínimo interesse para a jurisprudência, será seguramente porque, de uma qualquer maneira, tem de ser apto a ser usado para uma interpretação da realidade social, isto é, para estabelecer a concordância ou discordância desta última com o sistema normativo..." (Em inglês no original — N. T.) Porém, a averiguação de que um fato da ordem do ser corresponde ou não corresponde a uma norma de dever-ser não seria possível se o ser e o dever-ser representassem dois domínios diferentes. Esta objeção não colhe. O ter a afirmação de que algo é um sentido completamente diferente da afirmação de que algo deve ser e o não se seguir, do fato de que algo é, que algo deve ou não deve ser, assim como o não se seguir, do fato de que algo deve ser, que algo é ou não é — nisto consiste o dualismo lógico de ser e dever-ser — não são incompatíveis com a existência — que já foi acentuada atrás — de uma relação entre os dois termos. O fato de algo poder ser tal como deve ser, o fato de uma realidade poder ser valiosa, resulta, portanto, de um *quid*, que é (especialmente uma conduta real) poder ser identificado com um *quid*, que deve ser (especialmente com uma conduta estatuída numa norma como devida) exceto quanto ao modo que, num caso, é ser e, no outro, dever-ser. Para nos representarmos um ser correspondente a um dever-ser, uma realidade valiosa, não

precisamos admitir que o dever-ser se possa reduzir a um ser específico, ou que o valor seja imanente à realidade. Entende Ross que, para entre o ser e o dever-ser ser determinável uma relação de concordância ou discordância (*agreement or disagreement*), será necessário "que os dois sistemas sejam comparáveis e, portanto, possam ter algo em comum". (Em inglês no original — N. T.) O que eles têm em comum é o *quid* que deve ser e que, ao mesmo tempo, pode ser ou pode não ser. Assim como na afirmação de que algo é devemos distinguir o "algo", que é, do "ser" que desse algo é afirmado, também na afirmação de que algo deve ser devemos distinguir o "algo", que deve ser, do dever-ser que desse algo é afirmado. Cf. *supra*.

14. Quando uma norma prescreve uma conduta que, na realidade, é susceptível de diferente medida, parece que tal conduta pode corresponder à norma segundo diferentes graus, isto é, mais ou menos. Trata-se, porém, de uma ilusão. Quando uma norma prescreve que o homicídio deve ser punido com vinte anos de cárcere e um tribunal pune o homicídio com prisão por toda a vida e outro tribunal o castiga com dez anos de prisão, não se pode dizer que uma das sentenças corresponde "mais" e a outra corresponde "menos" à norma a aplicar, mas apenas que nenhuma delas corresponde à dita norma. Somente a sentença que puna o homicídio com vinte anos de cárcere é conforme àquela norma. E quando uma norma simplesmente prescreva que o homicídio deve ser punido com a privação da liberdade, sem determinar a medida dessa privação da liberdade, também a sentença que aplique prisão por toda a vida não corresponde mais à norma a aplicar que as sentenças que apliquem vinte ou dez anos de prisão, mas as três sentenças correspondem à referida norma absolutamente no mesmo grau, pois a norma deixa ao tribunal a determinação da medida da privação de liberdade. O mais ou menos não se refere à conformidade com a norma, mas à pena, que pode ter diferentes graus, e a norma a aplicar tem um conteúdo tal que diferentes medidas da pena lhe correspondem em grau igual. Quando uma norma prescreve que um empréstimo deve ser reembolsado, e um devedor, que contraiu um empréstimo de 1.000, apenas restitui 900, não se pode dizer que ele obedeça à norma "menos" do que se restituísse os 1.000, mas simplesmente que ele *não* se conforma à referida norma, não cumpre a sua obrigação de restituir o empréstimo recebido. O que é "menos" não é a correspondência à norma, mas a soma de dinheiro: ele pagou menos do que devia ter pago. E, se o devedor restitui os 1.000, ele não obedece "mais" à norma a seguir do que quando restitui apenas 900 — mas quando paga 1.000, e só quando paga 1.000, é que ele obedece a essa norma, cumpre a sua obrigação. E também se o devedor, por erro ou por qualquer outro motivo, restitui 1.100, não obedece "mais" à norma do que quando restitui 1.000, pois, com os 100 que ele paga a mais, ele atua já fora do domínio de validade da norma a observar. O que é "mais" não é a conformidade com a norma mas a soma paga. Referir o mais ou menos à correspondência-à-norma constitui um erro lógico.

15. Relativamente à diferença que existe entre estatuir e pressupor uma norma, cf. *infra*.

16. Por vezes a relação de meio a fim é apresentada como um "dever-ser". Henry Sidgwick, *The Methods of Ethics*, sexta edição, Londres, 1901, p. 37, diz: "a noção *ought* (dever-ser moral) permanece no 'imperativo hipotético' que prescreve os meios mais adequados a qualquer fim que nos possamos ter proposto. Quando (e. g.) um médico diz: 'Se desejas ter saúde deves (*ought*) levantar-te ce-

do', isto não é o mesmo que dizer: 'o levantar cedo é uma condição indispensável para se ter saúde'. Esta última proposição exprime a relação dos fatos fisiológicos em que a primeira se fundamenta, mas não é simplesmente esta relação de fatos o que a palavra *ought* implica: ela implica também o que há de irracional em adotar um fim e recusar a adoção dos meios indispensáveis para alcançar esse fim". (Em inglês no original — N. T.) A palavra *ought*, na proposição que Sidgwick toma como exemplo, não pode significar "deve-ser" (*sollen*) no mesmo sentido em que uma norma de moral prescreve uma determinada conduta como devida (obrigatória). O termo inglês *ought* é também empregado no sentido de "ter de ser" (*müssen*). Em alemão diz-se — mais corretamente —: quem quer o fim tem de querer o meio. Este "tem de" (*müssen*) exprime a necessidade causal que existe entre o meio — como causa — e o fim — como efeito. A afirmação de Sidgwick de que a frase: se queres ter saúde "deves" (*sollst* — mais corretamente "tens de" — *müsst*) levantar-te cedo, significa algo diferente da frase: "levantar cedo é condição indispensável para se ter saúde", não é verdadeira. O *ought*, na primeira frase, também não exprime a irracionalidade da conduta de quem, querendo ter saúde, omite levantar-se cedo, e, portanto, a racionalidade daquele que, querendo ter saúde, também quer levantar-se cedo. Somente seria esse o caso se, do fato de alguém querer algo como fim, se seguisse logicamente que esse alguém quer o meio apropriado. Isto, porém, seria uma conclusão falaciosa. Do fato de alguém querer um fim não se segue que ele queira o meio correspondente, nem que deva querer o meio. A norma, segundo a qual devemos querer o meio, não pode resultar do fato real (da ordem do ser) de que queremos o fim, mas apenas poderia resultar da norma segundo a qual devemos querer o fim. Sidgwick identifica o ser-devido moral com o ser-racional. Pressupõe que o conduzir-se moralmente bem se identifica com o conduzir-se racionalmente, e a conduta moralmente má se identifica com a conduta irracional. Fala, com efeito, "de ações que julgamos retas e do que deve ser feito como *reasonable* ('racional')" e diz "que a má conduta é essencialmente irracional". Esta identificação é conseqüência do conceito por ele aceite de razão prática, a qual prescreve como devemos agir (*op. cit.*, pp. 23 e ss.). Sobre a insustentabilidade do conceito de razão prática, cf. *infra*.

17. Mateus, V, 38 e ss.

18. Cf. *infra*.

19. A ordem social religiosa erigida nos Dez Mandamentos do Antigo Testamento (2. Moisés, XX) é diretamente estabelecida por uma autoridade transcendente, por Deus ou Jeová. As palavras das normas que constituem esta ordem são apresentadas como proferidas pelo próprio Deus. "E Deus disse todas estas palavras...". O ato de legislação, porém, tem lugar no aquém, pois Jeová vem, para tal efeito, ao cume do Monte Sinai. Esta ordem social estabelece sanções, tanto penas como recompensas. Jeová diz: "Eu sou um Deus zeloso que persegue o pecado dos que me odeiam nos seus descendentes até a terceira e quarta gerações; e confiro graças a muitos milhares de homens que me amam e observam os meus mandamentos". "Não usarás mal do nome do Senhor, teu Deus; pois o Senhor não deixará impune aquele que faz mau uso do Seu nome". "Deves honrar teu pai e tua mãe, para que vivas por longos anos na terra que o Senhor, teu Deus, te oferece".

20. 2. Moisés, XXI, 24 e ss. A passagem diz: "Se um boi ataca um homem ou uma mulher por forma a provocar-lhe a morte, deve lapidar-se o boi, e a sua

carne não deve ser comida. Assim, o dono do boi ficará ilibado de culpa. Mas quando o boi já anteriormente marrava e o seu dono, avisado disso, não o guardou, se aquele depois matar um homem ou uma mulher, será lapidado o boi e o seu dono morrerá". A passagem está em ligação com as disposições penais relativas ao homicídio e às ofensas corporais, algumas linhas depois das palavras: "Olho por olho, dente por dente, mão por mão, pé por pé", formulação bíblica do princípio de talião (retributivo).

21. Cf. Demóstenes, *Discurso contra Aristocrates*, 76; Platão, *As Leis*, 873; e Aristóteles, *Constituição dos Atenienses*, cap. 57.

22. Cf. Karl V. Amira, *Tierstrafen und Tierprozesse*, Innsbruck, 1891.

23. Sobre o conceito de dever jurídico, cf. *infra*.

24. Cf. *supra*.

25. Quanto à questão de saber em que condições um ato praticado por determinado indivíduo pode ser imputado à comunidade jurídica, cf. *infra*.

26. Cf. Kelsen: *Collective Security under International Law*, U. S. Naval College, International Law Studies, Washington, 1957.

27. Eis uma modificação — não destituída de relevo — da concepção apresentada na minha *General Theory of Law and State*, pp. 22 e ss., sobre a relação entre o Direito e a paz.

28. Cf. *infra*.

29. Os conceitos de ilícito e de conseqüência do ilícito (sanção) são tratados com mais pormenor *infra*.

30. Cf. *infra*.

31. Cf. *infra*.

32. Agostinho, na sua *Civitas Dei* IV, 4, levanta o problema da distinção entre o Estado, como uma comunidade de Direito, e um bando de salteadores.

33. Cf. *infra*.

34. Cf. *infra*.

35. Cf. *Wörterbuch des Völkerrechts und der Diplomatie*, 2º vol., p. 270.

36. *Op. cit.*, XIX, 22.

37. Agostinho, *Civitas Dei*, IV, 4.

38. Apêndice, cf. nota (1) da Introdução.

39. A norma fundamental, contudo, não é idêntica à definição nela contida. Como norma, ela não é um conceito. Quanto à relação entre norma e conceito, cf. *supra*.

40. Cf. *infra*.

41. Cf. *infra*.

42. Cf. *infra*.

43. Cf. *supra*.

44. Cf. *supra*.

Capítulo 2

1. Uma vez que Schlick interpreta erroneamente a norma como "reprodução de um fato da realidade" (cf. *supra*), afirma ele, *op. cit.*, pp. 14 e ss., que a Ética é uma ciência de fatos e que, mesmo se ela fosse "uma ciência de normas", não deixaria de ser "uma ciência de *fatos*. Ela ocupa-se do *real*". Apóia este ponto de vista sobre a afirmação seguinte: "As valorações últimas são, na

realidade da consciência humana, fatos existentes...'' É verdade que as ''valorações'', isto é, os atos através dos quais uma conduta é julgada em acordo ou em desacordo com uma norma, constituem fatos da ordem do ser, tanto como os atos através dos quais são estabelecidas as normas constitutivas dos valores. As normas, porém, que são estabelecidas através destes atos e aplicadas nos atos de valoração, não são fatos da ordem do ser, mas conteúdos de sentido, ou seja, o sentido dos atos que estabelecem as normas. Este sentido é um dever-ser. A Ética, como a ciência jurídica, é ciência de normas ou ciência normativa porque tem por objeto normas de dever-ser como conteúdos de sentido, e não os atos da ordem do ser insertos no nexo causal, cujo sentido são as normas. Isso não significa de forma alguma que as normas, como na Ética de Kant (Schlick, *op. cit.*, p. 8), sejam comandos sem um comandar, exigências sem um exigir, isto é, normas sem atos que as ponham. Significa antes que o objeto da Ética — assim como o da ciência jurídica — é constituído por normas, e que os atos que põem as normas somente constituem objeto da Ética na medida em que sejam conteúdo das normas, isto é, na medida em que sejam regulados por normas. A interpretação errônea da Ética como ciência de fatos, a concepção de que a Ética apenas constitui um ramo da psicologia e da sociologia (cf. Alfred J. Ayer, *Language, Truth and Logic*, Londres, 1936, p. 168: ''Parece, então, que a Ética, como ramo do conhecimento, nada mais é do que uma seção da psicologia e da sociologia'' — em inglês no original — N. T.), baseia-se na não-distinção entre o ato que põe a norma e a norma posta como sentido desse ato.

A tentativa do positivismo lógico de representar a Ética como ciência empírica de fatos provém claramente do legítimo empenho de a subtrair ao domínio da especulação metafísica. Mas tal empenho já é bastante respeitado quando as normas que formam objeto da Ética são conhecidas como conteúdos de sentido de fatos empíricos postos pelos homens no mundo da realidade, e não como comandos de entidades transcendentes. Se as normas da Moral, assim como as normas do Direito positivo, são o sentido de fatos empíricos, tanto a Ética como a ciência jurídica podem ser designadas como ciências empíricas — em contraposição à especulação metafísica —, mesmo que não tenham por objeto fatos mas sim normas.

2. Ver em apêndice uma indagação sobre o problema da Justiça.

3. Esta é, como se sabe, a doutrina ética de Kant. Cf. *Grundlegung zur Metaphysik der Sitten*. Obras completas de Kant, editadas pela Königlich Preussischen Akademie der Wissenschaften, vol. IV, pp. 397 e ss.

4. Kant, *op. cit.*, p. 398: ''Eu afirmo, porém, que, na hipótese de uma ação desta espécie (quando é realizada por inclinação), por mais que tal ação seja conforme ao dever, por mais que ela seja merecedora de estima, não tem, no entanto, qualquer verdadeiro valor moral...''

5. Também segundo Kant, uma ação, para ter valor moral, isto é, para ser moralmente boa, deve não só ser realizada ''por dever'' (*aus Pflicht*) mas ainda estar ''em conformidade com o dever'' (*pflichtmässig*), isto é, corresponder à lei moral. A norma moral: não atues por inclinação mas ''por dever'', pressupõe, portanto, outras normas morais que obrigam a determinadas ações. Uma das posições mais fundamentais da sua Ética é a de que ''o conceito do bom e do mau não deve ser determinado antes da lei moral..., mas somente... segundo a mesma e através da mesma'' (*Kritik der praktischen Vernunft*. Akademie-Ausgabe, V, pp. 62-3).

Segundo Kant, atua "por inclinação" quem "encontra uma íntima satisfação" em agir como age (*Grundlegung zur Metaphysik der Sitten*, p. 398). Mas também quem age "por dever", isto é, "por consideração da lei", age por inclinação, pois age assim porque encontra uma íntima satisfação em observar a lei, porque a consciência de agir de conformidade com a lei, de conformidade com o dever, lhe dá uma "íntima satisfação". É, portanto, agir, por inclinação, de acordo com o dever. De um ponto de vista psicológico isto não pode ser negado — e a questão de saber por que motivos um homem atua é uma questão psicológica.

Kant distingue o Direito, como regulamentação da conduta externa, da Moral como regulamentação da conduta interna, ou seja, dos motivos da ação. Em conformidade com esta idéia contrapõe a "legalidade" à "moralidade". Diz (*Die Metaphysik der Sitten*, Akademie-Ausgabe, IV, p. 214): "As leis da liberdade são chamadas *morais* para as distinguir das leis naturais. Na medida em que elas se dirigem apenas às simples ações externas e à sua legalidade (conformidade à lei) chamam-se *jurídicas*; se, porém, exigem ainda que devam ser elas próprias (as leis) as razões determinantes das ações, então são *éticas*. E então diz-se: 'a conformidade com as primeiras é a *legalidade*, a conformidade com as segundas a *moralidade* da ação'". Quer dizer: também as normas jurídicas são normas morais, e também as normas morais, portanto, se dirigem às ações externas; apenas *uma* norma moral prescreve que nós devemos agir, não por inclinação, mas por consideração da lei. Quando Kant diz que só a ação que corresponde a esta norma tem valor moral, distingue, pois, um valor moral em sentido estrito ou específico: concordância em relação a esta norma moral especial; e um valor moral em sentido amplo: concordância relativamente às outras normas morais. Também a legalidade é um valor moral, pois ela é concordância com normas "morais".

6. É este o sentido dos fragmentos 53, 80, 112 (Diels). "A guerra (*πόλεμος*) é o pai (*πατήρ*) de tudo e o rei (*βασιλεύς*) de tudo. Ela demonstra que uns são deuses e os outros são homens; a uns torna ela escravos e a outros homens livres". É justo que na guerra os vencedores se tornem deuses ou homens livres, e os vencidos homens ou escravos. Com efeito: "O homem deve saber que a guerra é um princípio geral (*ξυνόν*) e o Direito é luta (*δίκην ἔριν*), e que tudo acontece com base na luta e na necessidade (*κατ ἔριν καὶ χρεώμενα*)". A Ética de Heráclito é uma espécie de doutrina do Direito natural: "A sabedoria consiste em dizer a verdade e agir de acordo com a natureza, perscrutando-a (*ποιεῖν κατά φύσιν ἐπαίοντας*)". Do fato de a realidade da natureza mostrar a guerra e a luta como um fenômeno geral segue-se que a guerra e a luta são justas.

7. Lucas, XII, 51: "Pois de agora em diante cinco numa casa estarão desavindos; três contra dois e dois contra três. Será o pai contra o filho e o filho contra o pai; a mãe contra a filha e a filha contra a mãe; a sogra contra a nora e a nora contra a sogra". Lucas, XII, 52, 53. É verdade que Jesus também disse: "Bem-aventurados os pacíficos, pois eles serão chamados filhos de Deus" (Mateus, V, 9); porém, também outras frases que nos Evangelhos lhe são atribuídas são entre si contraditórias. Cf. Kelsen, *What is Justice?*, Berkeley, 1957, pp. 25 e ss.

8. Como é a realidade que é valorada, a valoração moral do Direito positivo refere-se imediatamente aos atos produtores das normas e só mediatamente se refere às normas postas por esses atos. Cf. *supra* e *infra*.

9. Cf. *infra*.

Capítulo 3

1. Sobre o conceito da relação jurídica, cf. *infra*.

2. É esta a posição da Teoria Pura do Direito em face da chamada teoria "egológica" do Direito que afirma ser o objeto da ciência jurídica constituído não pelas normas, mas pela conduta humana; e em face da teoria marxista, que considera o Direito como um agregado das relações econômicas. Cf. Kelsen, "Reine Rechtslehre und Egologische Theorie", Österreichische Zeitschrift für Öffentliches Recht, 5 Bd., 1953, pp. 450-482, e Kelsen, *The Communist Theory of Law*, Nova Iorque, 1955.

3. Cf. *infra*.

4. Cf. *infra*.

5. Contudo, na terminologia tradicional da jurisprudência alemã, as expressões *Rechtsnorm* (norma jurídica) e *Rechtssatz* (proposição jurídica) são usadas como sinônimas. Em íntima conexão com isto está o fato de esta jurisprudência confundir a função normativa da autoridade jurídica com a função cognoscitiva da ciência jurídica. Bastante significativo a tal propósito é o fato de o autor quiçá mais representativo no domínio da teoria geral do Direito, Adolf Merkel, identificar expressamente, na sua influente obra *Juristische Encyclopädie*, 2ª ed., 1900, parágrafo 12, os conceitos de *Rechtsnorm* e *Rechtssatz*, e caracterizar no parágrafo 22 o "Direito como teoria e poder": "Como teoria, na medida em que nos indica como se devem determinar os limites das esferas de poder humanas. Como poder, na medida em que exige e garante o respeito destes limites".

6. Cf. *infra*.

7. Tal como o Direito é identificado com a ciência descritiva do Direito, assim também, no uso corrente da linguagem, se identifica a Moral, uma ordem normativa, com a ciência da Ética. A Ética descreve as normas de uma determinada Moral, ensina-nos como nos devemos conduzir de acordo com essa Moral; porém, como ciência, nada prescreve sobre a maneira por que nos devemos conduzir. O cientista da Ética (*der Etiker*) não é a autoridade moral que estabelece as normas que ele descreve em proposições de dever-ser (normativas). É contudo possível — e é este, por vezes, efetivamente o caso — que uma proposição de dever-ser que o autor de uma Ética formula na sua obra tenha, de acordo com a intenção deste autor, não o sentido de uma descrição, mas o sentido de uma prescrição. Quer dizer: o cientista da Ética arroga-se a autoridade de estabelecer uma norma, de fazer prescrições de Moral. Nesse caso ele excede a sua competência como representante de uma ciência e expõe-se a que lhe seja perguntado o que é que lhe confere poder para o estabelecimento de normas morais — pergunta a que ele dificilmente conseguirá dar resposta satisfatória. A resposta no sentido de que é a ciência da Ética que lhe confere competência para estabelecer uma norma moral em nome desta ciência seria, de qualquer forma, falsa. Com efeito, a ciência é função cognoscitiva e descrição, não função volitiva e prescrição. Bem característica da confusão entre Moral e Ética é a obra de Charles L. Stevenson, *Ethics and Language*, New Haven, Yale University Press, 1944, onde afirma: "a ética normativa é mais que uma ciência" (p. VII) e em resposta à pergunta "Que é que distingue as asserções (enunciados) éticas das científicas?" responde: "As asserções éticas têm um sentido que é aproximadamente em parte imperativo" (p. 26). (Em inglês no original — N. T.) "Imperativas" são as normas de uma Moral. As proposições (ou enunciados) de uma Ética são meramente descritivas.

8. A ciência jurídica é conhecimento e não constituição (elaboração) do Direito. Na jurisprudência tradicional, porém, domina a opinião de que a ciência jurídica também pode e deve elaborar o Direito. É típico a este propósito o que escreve Karl Engisch, *Einführung in das juristische Denken*, Stuttgart, 1956, p. 8: "Constitui... privilégio quase excessivo da ciência jurídica, entre as ciências culturais, não ter de se limitar a acompanhar ou a seguir o Direito, indo ao lado e atrás dele, mas ser-lhe permitido colaborar no ajustamento do próprio Direito e da vida, tanto da vida do Direito como da vida subordinada ao Direito". Aí está uma confusão entre ciência jurídica e política do Direito.

9. Christoph Sigwart, *Logik*, 3ª ed., Tübingen, 1904, pp. 17 e ss., distingue entre imperativos que não pretendem ser verdadeiros mas querem ser observados e, por isso, nem podem ser verdadeiros nem falsos, e juízos que, como proposições assertórias ou afirmativas, querem ser verdadeiros e, por isso, podem ser verdadeiros ou falsos. Entre estes juízos destaca as asserções sobre imperativos. Explica o autor: "O imperativo... não exige a crença na sua verdade, mas obediência... Nada de essencial é modificado neste significado mais imediato e usual do imperativo, como expressão de uma determinada vontade individual, pelo fato de ele surgir sob a forma de uma lei geral. O legislador, enquanto se apresenta em face dos cidadãos ou em face dos fiéis de uma religião com um imperativo, comporta-se em relação a eles como o indivíduo perante outro indivíduo: ele não fala para comunicar uma verdade que deva ser acreditada, mas para fazer pública uma lei que deve ser acatada. Quer o que emite o comando surja como um indivíduo real, quer surja como ente coletivo, quer o motivo pressuposto para a obediência seja a submissão à autoridade pessoal quer o seja a submissão à impessoal ordem do Estado — o conteúdo do que é expresso não é a comunicação de uma verdade mas a injunção de fazer certa coisa e deixar de fazer outra. Também a forma 'tu deves' com que se apresentam certos comandos, como os do Decálogo, não exprime imediatamente senão isto mesmo. Dever-ser é o correlato de querer... Em todo o caso, porém, há neste 'tu deves' um duplo sentido que não existe no simples imperativo. Com efeito, dever-ser (*Sollen*) tem também o sentido de um genuíno predicado numa asserção que quer ser verdadeira; significa ser obrigado, ser vinculado — um predicado modal que exprime uma relação existente entre a vontade individual subjetiva e um poder emissor de comandos ou uma norma objetiva. O imperativo originário está agora transformado na significação do predicado... e a afirmação de que eu estou obrigado (tenho o dever de) [isto é, de que eu me devo comportar de determinada maneira] pode ser verdadeira ou falsa com relação a uma ordem jurídica ou moral pressuposta... Finalmente, a mesma ambivalência transfere-se também para as proposições que apresentam a forma gramatical de uma simples asserção. O artigo do código penal que diz: Quem fizer isto e aquilo será punido por esta e por aquela forma — não pretende informar sobre o que efetivamente acontece, como a fórmula de uma lei natural, mas estabelecer um preceito. A mesma proposição, porém, contém uma autêntica asserção quando se configura a lei na sua eficácia: exprime então o que regularmente acontece dentro de um determinado Estado". Seguindo a jurisprudência tradicional, Sigwart identifica validade com eficácia. Como a ciência jurídica se representa ou configura a validade de uma ordem jurídica, ela não exprime o que normalmente acontece mas o que deve acontecer segundo uma determinada ordem jurídica. O que importa é salientar que, de acordo com Sigwart, estas proposições normativas são juízos que podem ser verdadeiros

ou falsos. Pode-se, por isso, contrapor à norma que estatui um determinado comportamento como devido — e que não pode ser verdadeira nem falsa mas simplesmente válida ou não válida — não somente um juízo de realidade, que descreve um comportamento efetivo (real), mas também um juízo normativo (*Soll-Urteil*), que descreve uma norma e que igualmente pode ser verdadeiro ou falso como o juízo de realidade.

Harold Ofstad, "The descriptive definition of the concept of 'legal norm' proposed by Hans Kelsen", *Theoria*, vol. XVI, 2, 1950, pp. 118 e ss., diz que a minha distinção entre as normas jurídicas postas pela autoridade jurídica e as proposições normativas nas quais a ciência jurídica descreve estas normas e que eu — para as distinguir das normas jurídicas — designo por "proposições jurídicas", não é clara. Nota ele, na p. 132: "De acordo com Kelsen as formulações da ciência jurídica são ao mesmo tempo formulações de dever-ser (normativas) e descritivas. Seria interessante se ele precisasse melhor o seu sentido descritivo e normativo". (Em inglês no original — N. T.) Creio ter feito isso no texto e remeto particularmente Ofstad para as considerações de Sigwart acima citadas, sobre o duplo sentido do dever-ser.

10. Cf. *supra*.

11. Anders Wedberg, "Some Problems in the Logical Analysis of Legal, Science", *Theoria*, vol. XVII, Estocolmo, 1951, pp. 246 e ss., distingue entre "dois tipos de proposições jurídicas": "proposições internas e externas". Por "proposições internas" entende ele "as proposições que enunciam as próprias regras" [jurídicas], isto é, a representação da norma jurídica. Por "proposições externas" as "proposições que enunciam que uma dada regra (norma) está (ou não está) em vigor numa dada sociedade, em um certo momento" (pp. 252-53), quer dizer, a afirmação de que uma norma jurídica está ou não está "em vigor" dentro de uma determinada ordem jurídica positiva. Wedberg distingue ainda entre "proposições fatuais e normativas", entendendo por "proposições fatuais" proposições de ser e por "proposições normativas" "a prescrição, a proibição e a permissão", e, portanto, normas ou proposições de dever-ser (p. 251). Não distingue entre uma norma de dever-ser e a proposição de dever-ser (ou normativa) que a descreve ou representa. As proposições por ele designadas como "internas" são "proposições normativas", proposições de dever-ser; as proposições designadas como "externas" são "proposições fatuais". A afirmação de que uma norma jurídica está "em vigor" é, portanto, de acordo com o seu ponto de vista, uma afirmação de ser, a afirmação sobre um fato da ordem do ser: o fato de que, por um ato do legislador ou através do costume, a norma jurídica foi posta ou é eficaz. Nestes fatos vê ele a "base fatual da ciência jurídica" (pp. 247-48). Afirma que as asserções de uma ciência jurídica somente podem ter o caráter de afirmações de ser deste tipo: "as asserções de uma ciência jurídica racionalmente reconstruída devem ser principalmente asserções de proposições externas. As proposições internas, que exprimem regras jurídicas, não devem ser afirmadas indiscriminadamente... mas somente quando (i) sejam fatuais e (ii) a sua verdade possa ser empiricamente verificada" (p. 261). (Em inglês no original — N. T.)

Contra esta concepção da essência da ciência jurídica de Wedberg deve notar-se, como já se fez mais detalhadamente no texto, que, se o objeto da ciência jurídica é o Direito, e o Direito é — como Wedberg concede — a norma (p. 246), as asserções da ciência jurídica, isto é, as asserções com as quais esta ciência descreve o Direito, não podem ser afirmações de ser, mas têm de ser afirmações de dever-ser (*Sollaussagen*) —, e que a asserção: uma determinada norma jurídica está "em vigor" (*in force*) significa o mesmo que estoutra: uma determinada norma jurídica é vigente — o que, por sua vez, não significa senão que nos devemos comportar tal como a norma jurídica prescreve. A asserção de que uma norma jurídica foi efetivamente posta não é uma descrição ou representação da norma jurídica, mas de um fato cujo sentido é a norma jurídica. A asserção refere-se, portanto, a um outro objeto que não o Direito. Wedberg toma por firme que as asserções da ciência jurídica têm de ser afirmações de ser porque pressupõe que a ciência jurídica, como ciência "objetiva", empírica, apenas pode fazer asserções sobre "fatos observáveis" e, portanto, afirmações de ser (p. 247), e que apenas as afirmações de ser podem ser verdadeiras. "Se um cientista do Direito (*legal scientist*) *afirma* apenas proposições externas, tudo o que ele afirma pode muito bem ser verdadeiro, e os seus fins e métodos não são essencialmente diferentes dos de muitas outras atividades científicas. O plano (*status*) científico das proposições externas é de todo independente do plano científico das proposições internas, isto é, das próprias normas jurídicas" (p. 260). (Em inglês no original — N. T.) Não vê que não só as afirmações de ser como também as afirmações de dever-ser, que descrevem normas de dever-ser, podem ser verdadeiras, pois o dever-ser da norma e o dever-ser da afirmação que a descreve têm diferente caráter lógico. A ciência jurídica permanece dentro do domínio da experiência na medida em que apenas tem por objeto normas que são estabelecidas por atos humanos e se não refere a normas procedentes de instâncias supra-humanas transcendentes, isto é, na medida em que exclui toda a especulação metafísica. Cf. a este propósito, *infra*.

12. É este o sentido da tese que eu defendi no meu livro *Hauptprobleme der Staatsrechtlehre, entwickelt aus der Lehre vom Rechtssatz* (1911). Não tornei, porém, suficientemente claro este sentido, pois ainda não tinha traduzido terminologicamente a distinção entre proposição jurídica e norma jurídica. É certo que, na primeira edição do presente trabalho, se acentua expressivamente o contraste entre a função produtora de normas da autoridade jurídica e a função formuladora de proposições jurídicas da ciência do Direito. Porém, a diferenciação entre norma jurídica e proposição jurídica ainda não é aí coerentemente mantida sob o aspecto terminológico. A tese de que as normas jurídicas, das quais se compõe o Direito, não são imperativos mas juízos hipotéticos, foi primeiramente defendida por Ernst Zitelmann, *Irrtum und Rechtsgeschäft*, Leipzig, 1879, pp. 200, 222-23. As normas jurídicas, ou — o que para Zitelmann era o mesmo — as proposições jurídicas, afirmam, tal como as leis naturais, "uma ligação causal entre certos fatos e um dever-ser no sentido de um ser-obrigado de uma pessoa" (*op. cit.*, p. 222). Porém, "a lei natural determina qual o efeito que um fato terá, a lei natural dita as leis" (*op. cit.*, p. 205). À causalidade afirmada na norma jurídica, considerada enquanto proposição jurídica, chama Zitelmann uma "causalidade jurídica" (*juristische Kausalität*) colocando-a ao lado da "causalidade natural". Zitelmann tem consciência de que a causalidade "jurídica" não é idêntica à causalidade "natural", de que, neste caso, apenas se trata de uma analogia. Nota o autor: "Pode censurar-se o fato de lhe darmos [à relação afirmada na norma jurídica] o nome de causalidade jurídica. Quem quiser poderá escolher melhor expressão. O fato, porém, de que existe uma ligação necessária de específica natureza jurídica permanecerá intocado" (*op. cit.*, p. 225). Zitelmann aproximou-se muito do conhecimento de uma ligação especificamente normativa de elementos, análoga à conexão causal. Porém, não o conseguiu no essencial

porque, seguindo a jurisprudência tradicional, não distinguiu entre a norma jurídica, como uma função da autoridade criadora do Direito, e a proposição jurídica, como uma função da ciência jurídica, descritiva do Direito, e porque não viu que esta forma da ligação de elementos se apresenta não somente na descrição do Direito como também na descrição de todos os outros sistemas de normas. Cf. também Kelsen, *Hauptpróbleme der Staatsrechtslehre*, pp. 225 e ss.

13. Cf. Kelsen, *Vergeltung und Kausalität*, Haia, 1941, pp. 1 e ss. e *Society and Nature*, Chicago, 1943, pp. 1 e ss.

14. Cf. Kelsen, *Vergeltung und Kausalität*, pp. 259 e ss. e *Society and Nature*, pp. 249 e ss.

15. Cf. Kelsen, *General Theory of Law and State*, pp. 165 e ss.

16. Cf. *infra*.

17. Cf. *infra*.

18. Cf. *infra*.

19. É esta a posição de Kant. Diz ele, na *Grundlegung zur Metaphysik der Sitten* (p. 448): "Portanto, digo: todo ser que não pode agir senão *sob a idéia da liberdade* é, precisamente por isso, para efeitos práticos, efetivamente livre, isto é, valem em relação a ele todas as leis que estão inseparavelmente ligadas com a liberdade, justamente *como se* a sua vontade fosse validamente definida como livre, tanto em si mesma como na filosofia teorética". Quer dizer: do ponto de vista do conhecimento teorético a liberdade da vontade que, na filosofia prática, na Ética, se crê ter de pressupor para tornar possível a imputação moral, é uma pura ficção. A vontade do homem é considerada *como se* não fosse causalmente determinada, se bem que, na realidade, seja causalmente determinada. — *Op. cit.*, p. 455: "Por isso a liberdade é apenas uma *idéia* da razão cuja realidade objetiva é em si duvidosa". — *Op. cit.*, p. 459: "A liberdade, contudo, é simplesmente uma idéia..., que, portanto, pelo fato de jamais ser possível subpor-lhe um exemplo com base em qualquer analogia, não pode jamais ser concebida (conceituada), nem mesmo compreendida".

20. F. A. Lange, *Geschichte des Materialismus*, 8ª ed., 1908, II, p. 404: "Entre a liberdade, como forma da consciência subjetiva, e a necessidade, como fato da investigação objetiva, não pode haver contradição, como tampouco a há entre uma cor e um tom".

21. Cf. Hans Vaihinger, *Die Philosophie des Als Ob*, 2ª ed., Berlim, 1913, p. 573.

22. Neste sentido, Schlick, *op. cit.*, p. 114.

23. Assim o nota acertadamente Isaiah Berlin, *Historical Inevitability*, Auguste Comte Memorial Trust Lecture, nº 1, Londres, 1954, p. 26. O próprio Berlin admite que a responsabilidade somente é possível aceitando-se a liberdade da vontade no sentido de indeterminação causal.

24. Para mais esclarecimentos sobre o problema da liberdade na sua relação com a lei da causalidade, cf. Kelsen, "Kausalität und Zurechnung", Österreichische Zeitschrift für Öffentliches Recht, 6, Bd., 1954, pp. 137 e ss. O caminho aqui seguido para a solução do problema do conflito entre a causalidade da natureza e a liberdade da imputação normativa aproxima-se da solução tentada por Kant na medida em que também ele pressupõe estas duas diferentes ordens (*Kritik der reinen Vernunft*, Akademie-Ausgabe, III, p. 373, *Grundlegung zur Metaphysik der Sitten*, IV, p. 458), a saber, uma causal, constituindo a necessidade natural, e outra normativa ou moral, constituindo a necessidade do dever-

ser, sobre cuja base se produz a imputação, que pressupõe a liberdade. Porém, como ele vê a liberdade numa causa não efetivada e, portanto, num plano em que a lei por força da qual toda a causa tem de ter um efeito e todo o efeito tem de ter uma causa não tem validade, mas tem de admitir, no entanto, que essa lei vale sem exceção no mundo empírico, o mundo dos sentidos ou dos fenômenos, é obrigado a deslocar a liberdade — e, com ela, no fundo, a ordem normativa, e bem assim a imputação, que nela se baseia — para um outro mundo, o mundo da coisa em si, por ele chamado mundo inteligível. Diz ele (*Kritik der praktischen Vernunft*, V, p. 95): "Como esta lei [a lei da causalidade], porém, respeita inevitavelmente a toda a causalidade das coisas na medida em que a sua existência é determinável no tempo [quer dizer: a todas as coisas do mundo empírico]", não nos resta, quando queremos "salvar" a liberdade, "qualquer outro caminho que não seja atribuir a existência de uma coisa enquanto é determinável no tempo e, conseqüentemente, também a causalidade segundo a lei da *necessidade natural*, ao *simples fenômeno* (aparência), e a *liberdade à própria essência como coisa em si*". Só o homem, como coisa em si, como essência inteligível, só a vontade inteligível, portanto, pode ser considerada como livre, ao passo que o homem empírico, como fenômeno, e, portanto, também a sua vontade empírica devem ser considerados como determinados causalmente. Kant identifica vontade e razão prática e afirma que esta razão tem de, "como razão prática ou como vontade de um ser racional, ser considerada como livre por si mesma" (*Grundlegung zur Metaphysik der Sitten*, p. 448). Visto que, assim, é a razão prática que, como vontade, é livre, e a lei moral é estabelecida por esta vontade, vontade esta que, como vontade livre, apenas pode ser uma vontade inteligível, também a lei moral — assim se leva a construção kantiana até o fim — se situa no mundo inteligível. Kant crê poder evitar a contradição entre causalidade e liberdade pela referência da causalidade ao mundo empírico e da liberdade ao mundo inteligível. Mas a imputação produz-se de fato com base numa ordem normativa que regula a conduta do homem empírico e vale no mundo empírico. Só se imputa algo ao homem empírico. Kant diz expressamente (*Kritik der reinen Vernunft*, pp. 372-73): "As nossas imputações apenas podem ser referidas ao caráter empírico"; mas afirma também: "Com respeito a este caráter empírico não há... qualquer liberdade". A liberdade do homem empírico, única que interessa, crê Kant salvá-la admitindo que o homem empírico, isto é, o homem como fenômeno, e o homem como coisa em si, o homem inteligível, são um e o mesmo ser. Isto, porém, não é possível segundo a representação do próprio Kant da relação entre fenômeno e coisa em si. Com efeito, a coisa em si é a causa ou o fundamento do fenômeno e não pode, por isso mesmo, ser idêntica a este. A contradição entre causalidade e liberdade reside precisamente no fato de se afirmar de uma e a mesma coisa que ela é causalmente determinada e, ao mesmo tempo, que ela é livre, isto é, não causalmente determinada. Kant pode evitar a contradição apenas pelo fato de não referir à mesma coisa causalidade e liberdade, mas referir a causalidade à coisa como fenômeno e a liberdade à coisa em si — portanto, precisamente pelo fato de pressupor que o homem, como fenômeno, não é o mesmo ser que ele designa por homem como coisa em si.

De resto a coisa em si desempenha na filosofia de Kant um papel muito questionável. No trabalho mais representativo da sua filosofia, a *Kritik der reinen Vernunft*, diz ele (p. 65): "O que possam ser os objetos em si e enquanto isolados de toda a... receptividade dos nossos sentidos, isso permanece para nós completamente incógnito"; e (p. 224): "O que possam ser as coisas em si não o sei, e também não preciso saber, que nunca uma coisa me aparece senão no seu fenômeno (manifestação)". Nesse caso, também não se pode saber que o homem como coisa em si é livre, que ele tem esta natureza e não qualquer outra, e não se pode, bem assim, fundamentar nesta afirmação a possibilidade da imputação, decisiva para a Ética de Kant. Na p. 449 diz Kant da coisa em si: "Este ser de razão (*ens rationis ratiocinatae*) é, pois, na verdade, uma mera idéia, e, portanto, não é tomado sem mais e *em si mesmo* como algo real, mas é apenas problematicamente colocado como fundamento (porque não o podemos alcançar através de qualquer conceito da razão), a fim de podermos encarar todas as conexões entre as coisas do mundo dos sentidos *como se* elas tivessem neste ser de razão o seu fundamento...". Aqui a coisa em si — tal como a liberdade dela afirmada na passagem acima referida — é uma ficção. No entanto, não pode negar-se que Kant, em contradição com as passagens aqui citadas, tinha de considerar a coisa em si ou, mais exatamente, as coisas em si, como trans-subjetivamente existentes, e não como mera ficção, para poder manter a liberdade da vontade, que é um fundamento da sua Ética. E — como de outras expressões suas se pode concluir — considerou-a efetivamente como existente. — A referência às duas ordens diferentes segundo as quais o acontecer é interpretado encontra-se na *Kritik der reinen Vernunft*, pp. 372-73: "Com relação a este caráter empírico não há, portanto, qualquer liberdade. Contudo, é unicamente segundo ele que nós podemos considerar o homem quando nos limitamos simplesmente a *observar* e — como sucede na antropologia — queremos investigar fisiologicamente as causas motoras das suas ações. Se considerarmos justamente as mesmas ações com referência à razão — não à razão especulativa para as *explicar* segundo a sua origem, mas unicamente à razão enquanto ela é a causa que se produz a si própria —, numa palavra, se as compararmos com esta razão num intuito ou com uma intenção *prática* [quer dizer, se considerarmos o homem do ponto de vista da razão prática, que prescreve a lei moral], então encontramos uma regra e uma ordem completamente diferentes da ordem natural". E, deste ponto de vista, ou considerado sob esta ordem, o homem seria, como coisa em si, livre. Mas a questão de saber se o homem empírico, a sua vontade empírica e as suas ações, que seguem esta vontade e têm lugar no mundo empírico, são causalmente determinadas, identifica-se com a questão de saber se o homem, a sua vontade e as suas ações, quando se faz a imputação, não são causalmente determinados, ou seja, se são livres no sentido kantiano. E esta questão, quer seja impostada num sentido positivo ou num sentido negativo, apenas pode ser respondida através da mesma "observação" dos fatos, isto é, pela via do conhecimento científico-natural (antropológico), através da razão teorética no sentido kantiano. A razão prática, na qual Kant procura o seu refúgio e à qual atribui, como razão legisladora, uma função voluntária, não pode *conhecer* se o homem — como fenômeno ou como coisa em si — é livre. Ela apenas poderia postular (exigir) que ele fosse livre, se bem que não seja nem possa ser livre perante ela enquanto razão teorética. De maneira perfeitamente acertada específica Kant que, quando se trata de imputação nos encontramos perante uma outra ordem, completamente diferente "da ordem natural", e que consideramos o homem como "livre" enquanto interpretamos a sua conduta segundo esta outra ordem. Mas, para o considerarmos como livre, temos de não transferir o homem ou o seu questionável duplo, o homem como coisa em si, para um mundo inteligível inacessível ao nosso conhecimento, para um mundo de coisas das quais nós nada sabemos e nada precisamos saber. Com efeito, a liberdade, que de fato está essencialmente ligada à imputação, não significa, como Kant supõe, sob a influência do dogma teológico da liberdade de arbítrio, a cessação da lei da causalidade, ou seja, que a vontade do homem, criado à semelhança de Deus, seja — como a vontade de Deus — causa de efeitos sem ser o efeito de uma causa. O que ela significa é que o homem, ou, mais corretamente, uma determinada conduta, a saber, a conduta determinada pela ordem moral ou jurídica, constitui o ponto terminal da imputação de uma outra conduta humana, por esta ordem normativa também determinada, imputação que se opera com base na mesma ordem normativa.

Esta visão das coisas, porém, é impedida pela errada suposição de que a imputação ao homem somente é possível desde que se pressuponha que a causalidade é, em relação à vontade humana, suspendida ou, então, limitada, de forma a que essa vontade possa, na verdade, ser causa de efeitos, mas não efeito de uma causa.

25. Cf. *infra*.

26. Schlick, *op. cit.*, p. 108, distingue a lei natural, isto é, a lei da causalidade, enquanto "fórmula que descreve como algo efetivamente se passa", da lei moral ou jurídica, enquanto "prescrição sobre como algo se deve passar", e observa: "As duas espécies de 'leis' têm apenas em comum o fato de ambas costumarem ser expressas de uma *fórmula*. De resto, elas absolutamente nada têm a ver, de fato, uma com a outra, e é muito lamentável que se use para duas coisas tão diversas a mesma palavra...". Isto está certo apenas na medida em que por lei moral ou jurídica se designem as normas da Moral ou do Direito, mas já não na medida em que, com tal expressão, se designem as proposições da ética e da ciência jurídica que descrevem a Moral e o Direito. Neste segundo caso, é comum às leis naturais e às leis morais ou jurídicas a circunstância de ambas estas espécies de leis enunciarem a ligação entre fatos. Por tal fundamento, umas e outras são, com razão, designadas como "leis". Schlick esquece que as "leis" morais e jurídicas são formuladas pelas ciências que descrevem a Moral e as normas jurídicas da mesma forma que as leis naturais o são pela ciência que descreve a natureza; que só as normas descritas pelas primeiras, e não as "leis" que as descrevem, são "prescrições". Cf. *supra*.

27. Constitui elemento característico da teoria da sociedade de Marx desqualificar a descrição do Direito — imposto por uma classe dominante a uma classe dominada — como um sistema de normas, afirmando que essa descrição se caracteriza como uma ideologia que falsifica a realidade no interesse da classe dominante. Para uma consideração não ideológica, o Direito não seria um sistema de normas, mas um agregado de relações econômicas nas quais se realiza a exploração dos dominados pela classe dominante. Como um sistema de exploração, tem de ter caráter coativo, quer dizer: tem de estar essencialmente ligado ao aparelho de coação do Estado. A sociedade sem classe e sem exploração do comunismo é, por isso, uma sociedade sem Estado e sem Direito. Cf. Kelsen, *The Communist Theory of Law*, pp. 2 e ss.

28. Cf. *supra*.

Capítulo 4

1. Cf. *infra*.

2. Se se concebe o Direito como ordem coercitiva e se tomam em considera-

ção apenas aquelas normas que estatuem sanções, isto é, atos de coação, como reações contra uma conduta por isso mesmo qualificada como ilícito, o Direito é reação contra o ilícito; e, então — como diz Tomás de Aquino, *Summa Theologica*, I-II, 96, Art. 5 —, apenas os maus, e não os bons, estão sujeitos à ordem jurídica: "Alio vero modo dicitur aliquis subjectus legi, sicut coactum cogenti. Et, hoc modo, homines virtuosi et justi non subduntur legi; sed soli mali. Quod enim est coactum et violentum, est contrarium voluntati. Voluntas autem bonorum consonat legi, a qua malorum voluntas discordat. Et ideo, secundum hoc, boni non sunt sub lege; sed solum mali".

3. Cf. *supra*.

4. Alf Ross, *op. cit.*, p. 75, objeta à Teoria Pura do Direito que a sua determinação do conceito de dever jurídico conduziria a um *regressum ad infinitum*. O dever de realizar uma determinada conduta seria constituído por uma norma que obriga um órgão jurídico a reagir com uma sanção, no caso de uma conduta oposta. Este dever do órgão poderia, porém, ser constituído por uma norma que obrigasse um outro órgão, no caso de o primeiro não cumprir o seu dever, a reagir com uma sanção "e assim por diante, interminavelmente". Do que se diz no texto resulta, porém, que o dever jurídico de realizar uma determinada conduta pode ser constituído por uma norma que apenas autorize (confira poder) — e não obrigue — a, no caso de uma conduta oposta, reagir com uma sanção; e resulta ainda que, quando o órgão é constituído no dever de reagir com uma sanção, este dever, em última instância, apenas pode ser constituído por uma norma que confira competência (autorize) a um outro órgão para reagir com uma sanção — não que o obrigue a tal. Também esta norma é descrita por uma proposição jurídica que afirma que, sob determinados pressupostos, deve efetivar-se um ato de coerção, pois "dever-ser" significa não apenas "prescrever", mas também "autorizar ou conferir competência" ou "permitir positivamente", e o conceito de dever jurídico não se identifica com o conceito de dever-ser. Cf. *supra*.

5. É evidente que a conduta de um indivíduo tem também de realizar-se em face de um indivíduo concretamente determinado quando este outro indivíduo, por qualquer razão, precise ainda de ser determinado, como sucede, por exemplo, se entre A e B existe um litígio sobre a questão de saber a qual dos dois é C obrigado a prestar uma determinada coisa e só pela decisão judicial fica determinado em face de quem é C obrigado a fazer a prestação. É também possível a hipótese de, segundo a ordem jurídica, existir um dever de uma determinada conduta, mas ser preciso ainda determinar o indivíduo humano que tem de realizar essa conduta. É o que se verifica, por exemplo, na hipótese de o eventual proprietário de um imóvel ser obrigado a permitir a utilização de um caminho que passa por esse imóvel. Cf. também o caso, adiante referido, de herança jacente.

6. Heinrich Dernburg, *System des Römischen Rechts*.

7. Cf. *supra*.

8. Cf. *infra*.

9. Cf. *infra*.

10. Cf. *infra*.

11. Em escritos anteriores designei a operação de pensamento em questão como "imputação" ("*Zurechnung*"). Porém, como com esta palavra se caracteriza antes de tudo a ligação normativa de dois fatos, que é análoga à ligação causal, tive de distinguir a imputação de uma função a uma comunidade, como imputação "central", da ligação normativa de dois fatos, como imputação "peri-

férica''. Esta terminologia não é muito satisfatória e conduz a mal-entendidos. Por isso limito agora o uso da palavra "imputação" à ligação normativa de dois fatos.

12. Cf. a propósito a exposição relativa ao conceito de pessoa jurídica, *infra*.

13. Cf. *supra*.

14. Para distinguir o pressuposto da sanção qualificado como delito dos outros pressupostos da sanção, cf. *supra*.

15. Cf. a exposição relativa à capacidade delitual da corporação, representada como pessoa jurídica, *infra*.

16. Cf. o que se diz, *infra*, quanto ao problema do ilícito estadual.

17. Cf. *infra*.

18. Cf. *infra*.

19. Quanto ao problema da centralização e da descentralização, cf. *infra*.

20. Na teoria tradicional geralmente só é posta a questão de saber se pode haver direitos sem sujeito. Cf. *infra*.

21. O problema dos direitos sem sujeito surgiu especialmente a propósito da chamada herança jacente. Segundo o direito sucessório romano, os direitos que formavam o patrimônio do *de cujus* somente passavam ao herdeiro testamentário depois de uma declaração de vontade nesse sentido por parte deste. A herança jacente (*hereditas jacens*), isto é, os direitos patrimoniais naquele intervalo entre a morte do *de cujus* e a declaração de aceitação do herdeiro, eram geralmente considerados como direitos *sine domino*, quer dizer, direitos sem sujeito. Para manter o pressuposto de que não poderia haver um direito sem sujeito, explicou-se a situação dizendo que a herança traz em si a pessoa do *de cujus* (*hereditas personam defuncti sustinet*) (Dernburg, *Pandekten*, III, parágrafo 61). Quer dizer: sujeito dos direitos patrimoniais que formam a herança é o autor da herança — que já não existe. Eis uma ficção típica da teoria jurídica. Não há aqui propriamente direitos sem sujeito, mas apenas direitos cujo sujeito não é um indivíduo já determinado mas um indivíduo ainda a determinar, perante o qual existem os deveres que se identificam com os direitos reflexos e o qual tem o poder jurídico de fazer valer, através de uma ação, o não-cumprimento de tais deveres. Também os deveres de natureza jurídico-patrimonial do autor da herança que se transferem para o herdeiro não são, durante este estádio intermediário, deveres sem sujeito, mas deveres de um indivíduo ainda por determinar. Quer o indivíduo esteja já determinado, quer seja preciso ainda determiná-lo, isto não faz qualquer diferença para a questão decisiva: saber se se trata ou não de deveres em face de uma pessoa individualmente determinada, de deveres de uma pessoa determinada e do poder jurídico a exercer por uma determinada pessoa. Esta pessoa será, em qualquer caso, determinada pela ordem jurídica. O fato de o elemento pessoal da conduta que forma o conteúdo do dever ou do direito apenas vir a ser determinado quando o elemento material já está determinado é irrelevante para a questão de saber se estes direitos e deveres têm um "sujeito".

22. No entanto, deve acentuar-se que a linguagem jurídica usual não é conseqüente, que, particularmente, o autor de uma ação judicial, que exerce um genuíno poder jurídico, não é designado como órgão. Cf. *supra*.

23. Cf. *supra*.

24. G. F. Puchta, *Cursus der Institutionem*, 10ª ed., 1873, vol. I, pp. 4, 5, 6. A contradição que consiste no fato de a liberdade ser definida como conceito fundamental do Direito o qual, também segundo Puchta (*op. cit.*, p. 8), é "pres-

crição" e, portanto, norma e vínculo, é ainda mais acentuada pelo fato de esta teoria jurídica não conceber a liberdade apenas como autodeterminação empírica mas, sobretudo, como livre arbítrio metafísico, fundando a vontade livre do homem na sua analogia com Deus. Ao mesmo tempo, porém, descreve a vontade humana como subordinada à vontade divina. Diz Puchta, *op. cit.*, p. 1: "Pela liberdade o homem é semelhante a Deus...". Mas, na p. 6, diz: "A liberdade não é dada ao homem para que a sua vontade tenha em si mesma o seu fim e a sua linha de orientação...". "O homem tem a liberdade a fim de que, por livre determinação sua, realize a vontade de Deus... Na obediência a Deus reside a verdadeira liberdade".

25. Muito significativa sob este aspecto é a filosofia jurídica de Hegel (*Grundlinien der Philosophie des Rechts*. Obras completas, editadas por Georg Lasson, vol. VI, "Der Philosophischen Biblioteck", vol. 24, Leipzig, 1921). A essência da personalidade reside na vontade livre. "A generalidade desta vontade livre para si é a simples relação consigo na sua unicidade — relação formal, relação autoconsciente, pois, se o não fosse, seria vazia de conteúdo. O sujeito é nessa medida, *pessoa*. É por força da personalidade que eu... me conheço como o infinito, o geral, o livre". (Par. 35) "A pessoa tem de se dar uma esfera exterior da sua liberdade para ser como idéia". (Par. 41) A esfera exterior da liberdade é a propriedade. "A vontade livre, primeiramente, tem de se dar uma existência (*Dasein*) para não permanecer abstrata, e o primeiro material sensível desta existência são as coisas, quer dizer, os objetos exteriores. O primeiro modo da liberdade é aquele que devemos conhecer como *propriedade*, a esfera do direito formal e abstrato... A liberdade que aqui temos é aquilo a que nós chamamos pessoa, quer dizer, o sujeito que é livre, livre para si, e se dá nas coisas uma existência". (Aditamento ao par. 33) "Com relação às coisas exteriores o *racional* é que eu possua propriedade". (Par. 49) "Só na propriedade a pessoa é como razão". (Adenda ao par. 41) "A pessoa, distinguindo-se de si mesma, comporta-se em relação a uma outra pessoa como proprietária e, na verdade, cada uma delas só tem existência para a outra como proprietária". (Par. 40) De tudo o que se segue "que apenas a *personalidade* confere um direito sobre as coisas e, portanto, que o direito pessoal é essencialmente direito real". (Par. 40) Segue-se ainda a "necessidade da propriedade privada". (Adenda ao par. 46) e a rejeição do comunismo como dirigido contra a natureza do Direito, como não-Direito. "Dado que, na propriedade, a minha vontade se torna, para mim, objetiva como pessoal, como vontade do indivíduo singular, portanto, aquela (scl. propriedade) recebe o caráter de propriedade privada... A idéia do Estado platônico contém uma *injustiça* (*Unrecht*) contra a pessoa ao considerá-la incapaz da propriedade privada como princípio geral. A idéia (concepção) de uma fraternidade pia ou amigável e espontânea ou autonomamente estabelecida entre os homens, com *comunidade de bens* e banimento do princípio da propriedade privada, pode facilmente ocorrer àqueles espíritos que desconhecem a natureza da liberdade do espírito e do Direito e a não apreendem nos seus momentos determinantes". (Par. 46) As tendências políticas desta teoria da pessoa são patentes.

26. Cf. *supra*.

27. Cf. *supra*.

28. Cf. *infra*.

29. Cf. *supra*.

30. Cf. *supra*.

31. Cf. *supra.*

32. Uma tal situação apresenta-se também no caso, que versaremos mais tarde, de a ordem jurídica internacional proibir uma determinada conduta dos Estados mas a ordem jurídica estadual obrigar um órgão estadual a essa conduta. Cf. *infra.*

33. Na *Charter of the International Tribunal*, que forma uma parte integrante do chamado *London Agreement for the Prossecution and Punishment of the Major War Criminals of the European Axis*, diz-se, no Art. 9: "No julgamento de qualquer membro individual de qualquer grupo ou organização o Tribunal pode declarar (em conexão com qualquer ato de que o indivíduo possa ser culpado) que o grupo ou organização de que o indivíduo foi membro era uma organização criminosa". (Em inglês no original — N. T.)

34. No entanto, deve observar-se que, quando se tomam em consideração relações internacionais, se acha perfeitamente natural dizer que um Estado faz guerra a outro Estado, se bem que os atos de coerção em que a guerra consiste — mortes, ferimentos, aprisionamentos — apenas sejam dirigidos contra os indivíduos como membros do Estado. Atribui-se, portanto, à corporação do Estado, como pessoa jurídica, o padecimento destes males. Cf. *infra.*

Capítulo 5

1. Cf. *supra.*

2. Menger, *op. cit.*, pp. 20-21, nega a possibilidade de deduzir logicamente da norma fundamental uma ordem jurídica de normas concretas. Isto é sem dúvida verdade, mas não atinge a Teoria Pura do Direito que afirma que, da norma fundamental, apenas podemos deduzir o fundamento de validade e não o conteúdo das normas jurídicas concretas. Por isso Wedberg compreende mal a teoria da norma fundamental quando afirma, na p. 256 da *op. cit.*: "Kelsen mantém que todo o sistema jurídico contém uma única norma básica (*Grundnorm*) da qual todas as restantes normas do sistema são extraídas por conclusão". (Em inglês no original — N. T.) A norma fundamental não está "contida" numa ordem jurídica positiva, pois ela não é uma norma positiva, isto é, posta, mas uma norma pressuposta pelo pensamento jurídico; e se Wedberg, com a afirmação: as restantes normas são "derivadas" da norma básica, quer dizer que as normas da ordem jurídica — o seu conteúdo portanto — "resultam" da norma fundamental, isso não corresponde à verdade, pois da norma fundamental resulta apenas a validade objetiva das normas e não as normas preenchidas de conteúdo. Wedberg objeta contra a teoria da norma fundamental: "Se temos uma série finita de normas, P_1..., Pn, podemos sempre combiná-las na simples regra conjuntiva, P_1 &... & Pn. Quando acentua que cada sistema jurídico é derivado de uma única norma, pretende Kelsen afirmar que cada sistema é derivado de uma norma básica que não é equivalente a um somatório de múltiplas normas?" (Em inglês no original — N. T.) Evidentemente que a norma fundamental não significa o mesmo que a soma de todas as normas positivas de uma ordem jurídica. Ela é uma norma diferente destas normas e representa o seu fundamento de validade: uma norma pressuposta, não uma norma posta.

3. Mais tarde se falará no caso especial de uma norma fundamental que não se refere imediatamente a uma Constituição e se não refere apenas mediata-

mente à ordem jurídica criada de acordo com ela, mas se refere imediatamente a esta mesma ordem jurídica. Cf. *infra*. Este caso particular não é considerado na exposição subseqüente. Esta tem apenas em vista o caso normal: uma norma fundamental que se refere imediatamente a uma Constituição.

4. Uma norma pensada não é uma norma cujo conteúdo seja imediatamente evidente. A norma fundamental de uma ordem jurídica positiva, a seguir formulada, não é de forma alguma imediatamente evidente. Cf. *infra*.

5. Karl Engisch, *Die Einheit der Rechtsordnung*, Heidelberg, 1935, pp. 11 e ss., aceita realmente, em princípio, a teoria da norma fundamental, mas crê encontrar a norma fundamental na Constituição de Direito positivo. É-nos lícito, diz ele, "se não queremos permanecer prisioneiros do domínio formal", "interpretar (a norma fundamental) no sentido de uma regra que legitima as mais altas instâncias chamadas a exercer a criação legislativa", "de uma regra que atribui o poder legislativo mais alto, do qual quaisquer outros são recebidos por delegação, nos Estados parlamentares, e. g., a uma representação do povo e, na Alemanha de hoje [1935], ao Reichskanzler e ao Führer". "Como é patente, nós tomamos a '*Grundnorm*' inteiramente pelo seu conteúdo: primeiro, porque uma Constituição concreta pode ter um conteúdo muito mais amplo que as regras sobre a criação do Direito; segundo, porque a Constituição, mesmo que a tomemos apenas nas suas partes que se ocupam da criação do Direito, freqüentemente só significa um maior desenvolvimento e precisão daquilo que já anteriormente estava implicitamente contido numa norma fundamental — porventura proclamada e reconhecida por uma revolução —; terceiro, porque a Constituição pode sofrer modificações — e justamente com base na norma fundamental — também quanto àqueles pontos que se ocupam da criação jurídica, modificações essas que não afetam a existência da norma fundamental". Quer dizer: Engisch "distingue" a norma fundamental da Constituição somente na medida em que não a identifica com o documento chamado "Constituição", com a Constituição em sentido formal; mas designa como "norma fundamental" uma norma de Direito positivo, aquilo, portanto, que aqui designamos como Constituição em sentido material. De acordo com isto, rejeita uma "interpretação lógico-jurídica da norma fundamental". Que a Constituição (no sentido material da palavra) é o fundamento jurídico-positivo do processo de criação jurídica — e não é outra coisa o que significa a "norma fundamental" que Engisch tem em vista —, é coisa evidente para cuja verificação se não torna necessária qualquer teoria especial da norma fundamental. O problema que a Teoria Pura do Direito procura resolver com a teoria da norma fundamental somente se levanta quando se põe a questão de saber qual é o fundamento de validade da Constituição jurídico-positiva; e a norma que é este fundamento de validade não pode ser qualquer norma positiva, quer dizer, posta — só pode ser uma norma pressuposta. Quando se fecham os olhos à necessidade teorética de pôr esta questão também se não poderá ver o caráter "lógico-jurídico" da norma fundamental da Teoria Pura do Direito.

Também Ilmar Tammelo, *Drei Rechtsphilosophische Aufsätze*, Willsbach e Heidelberg, 1948, p. 13, opina que "não é viável considerar a norma fundamental simplesmente como um dado lógico-jurídico ou gnoseológico-jurídico, e não ao mesmo tempo como norma jurídico-positiva, pois a rejeição desta última qualidade conduziria à lógica conseqüência de que também às normas jurídicas e aos sistemas de normas que sobre ela se baseiam não cabe qualquer positividade". Esta objeção não colhe porque a positividade de uma ordem jurídica não assenta sobre a norma fundamental, não é derivada dela. Da norma fundamental somente se deriva a validade objetiva de uma ordem coerciva positiva, isto é, efetivamente posta e globalmente eficaz. A positividade consiste no efetivo estabelecimento e eficácia das normas. Tammelo presume que a norma fundamental pertence àquele grupo de normas "que são *implicitamente* dadas nos textos legislativos assim como nas formas de expressão do Direito consuetudinário e que são construídas ao proceder-se à elaboração do material jurídico-positivo e a partir deste". Já no texto acima mostramos por que é que a norma fundamental não pode ser considerada como *co-estabelecida* (posta) nos atos de vontade legiferantes, especialmente no ato constituinte. Certo é apenas que os órgãos legiferantes, quando interpretam como normas objetivamente válidas o sentido subjetivo do ato constituinte e dos atos postos com fundamento na Constituição, pressupõem a norma fundamental.

Edwin W. Patterson, *Jurisprudence. Men and Ideas of the Law*. Brooklin, The Foundation Press, Inc., 1953, pp. 262 e ss., objeta contra a teoria da norma fundamental: "o suposto de que a constituição é válida e de que as leis criadas em conformidade com ela são válidas... depende em último termo da autoridade política não somente das entidades oficiais que criaram a constituição mas também daquelas que mantêm e sustentam aquela mesma constituição na atualidade. Isto é algo que está para além da constituição e das normas criadas em conformidade com ela". (Em inglês no original — N. T.) A admissão de que a Constituição e as normas criadas de acordo com ela são válidas não depende de forma alguma da autoridade do autor da Constituição. Com efeito, a suposição de que a Constituição é válida é idêntica à suposição de que o autor da Constituição é uma "autoridade", a mais alta autoridade jurídica. A norma fundamental responde à questão de saber qual é o fundamento desta autoridade. Neste sentido ela está de fato "fora da constituição" (*outside the constitution*). Quem são aqueles que mantêm a Constituição (*maintain and uphold*)? Pois são os indivíduos que criaram a Constituição e os indivíduos que aplicam a Constituição enquanto criam normas de conformidade com ela e fazem a aplicação destas normas. Nisto reside a eficácia da Constituição e da ordem jurídica criada de harmonia com ela. A esta eficácia se refere claramente Patterson. A norma fundamental faz desta eficácia um pressuposto da validade. — Patterson diz ainda: "a autoridade política do sistema jurídico... depende também da presente situação política". (Em inglês no original — N. T.) Também com esta afirmação ele se refere à eficácia da ordem jurídica. Esta é, como acentua a Teoria Pura do Direito, pressuposto e não fundamento da validade. Diz Patterson: "num conspecto global, se procuramos uma explicação simples daquilo que faz com que um esquema de poder no papel seja ou se torne num esquema de poder eficaz (em ação), o hábito de obediência de Austin e Bentham parece uma explicação melhor do que a norma fundamental". (Em inglês no original — N. T.) Isto mostra claramente que a questão que Patterson tem em vista é a questão da origem e eficácia da ordem jurídica e não de forma alguma, pois, a questão, que daquela se distingue, do fundamento da validade. A sua polêmica não atinge o alvo.

Patterson objeta (p. 390) contra a norma fundamental como pressuposição lógico-transcendental (no sentido da teoria do conhecimento de Kant): "A teoria de Kelsen não diz ao jurista ou ao homem público qual o escopo a visar quando se cria uma nova lei. Falta-lhe uma axiologia jurídica..." (Em inglês no original — N. T.) Mas também sob este aspecto existe analogia com a lógica transcendental de Kant. Assim como os pressupostos lógico-transcendentais do conhecimento da realidade natural não determinam por forma alguma o conteúdo das leis naturais, assim também a norma fundamental não pode determinar o conteúdo das normas jurídicas ou das proposições jurídicas que descrevem as normas jurídicas. Assim como só podemos obter o conteúdo das leis naturais a partir da experiência, assim também só podemos obter o conteúdo das proposições jurídicas a partir do Direito positivo. A norma fundamental tampouco prescreve ao Direito positivo um determinado conteúdo, tal como os pressupostos lógico-transcendentais da experiência não prescrevem um conteúdo a esta experiência. Aí reside precisamente a diferença entre a lógica transcendental de Kant e a especulação metafísica por ele rejeitada, entre a Teoria Pura do Direito e uma teoria metafísica do Direito do tipo da doutrina do Direito natural.

6. À questão: quem pressupõe a norma fundamental? responde a Teoria Pura do Direito: todo aquele que pensa (interpreta) o sentido subjetivo do ato constituinte e dos atos postos de acordo com a Constituição como seu sentido objetivo, quer dizer, como normas objetivamente válidas. Esta interpretação (este pensar assim o referido sentido objetivo) é função do conhecimento, não da vontade. Como a ciência jurídica, enquanto conhecimento, apenas pode descrever normas, e não ditá-las ou prescrevê-las e, portanto, não pode estabelecer normas, eu cheguei incidentalmente a manifestar (''Was ist ein Rechtsakt?'' Österreichische Zeitschrift für Öffentliches Recht, 4. Bd., 1952, p. 271) reservas quanto à idéia de que a norma fundamental fosse também pressuposta pela ciência jurídica. Estas reservas são afastadas pela análise da distinção, apresentada no texto, que existe entre o pôr (estabelecer) e o pressupor de uma norma.

7. Cf. *supra*.

8. Cf. *infra*.

9. Exemplo típico de uma tal teoria realista é o trabalho de Alf Ross, *Towards a Realistic Jurisprudence* (cf. *supra*). Ross procura superar o dualismo de validade e eficácia como dualismo de ''realidade'' (*reality*) e ''validade'' (*validity*). Esta tentativa, porém, conduz a uma teoria em si contraditória. Ross, como ele próprio declara, parte da concepção de que a ciência jurídica visa o conhecimento da efetiva conduta humana e de que, portanto, é psicologia e sociologia: ''Parto da suposição de que a ciência do Direito é um ramo da doutrina da conduta humana, e de que, portanto, o fenômeno jurídico deve ser descoberto dentro do campo da psicologia e da sociologia'' (p. 78). Mas então Ross já toma como pressuposto aquilo que ele quer demonstrar com a sua teoria jurídica ''realista'': que na descrição do Direito — ou, como diz Ross: do fenômeno jurídico — não pode haver qualquer dualismo de ser e dever-ser, de *reality* e *validity*, pois o fenômeno jurídico tem exclusivamente o caráter de ser, *reality*, o Direito não é dever-ser e, portanto, não é norma em vigor (válida), mas apenas conduta fática. Como a ''validade'' só se pode afirmar de uma norma de dever-ser e não de um fato de ser, Ross pode afirmar, sob o pressuposto por ele aceito — mas só sob este pressuposto — que não existe algo como ''validade'' enquanto existência específica das normas: ''A validade no sentido de uma categoria ou esfera de existência coordenada com a realidade é um contra-senso no sentido literal da palavra: validade (valor ou dever) não é algo de objetivo ou concebível, não tem significação, é uma mera palavra'' (p. 77). (Em inglês no original — N. T.) Ross acredita poder mostrar que o conceito de uma validade objetiva de dever-ser das normas jurídicas é racionalização ''errônea'' (*erroneous*), ''teorético-gnoseo-

logicamente impossível'' (*epistemologically impossible*), ''sem sentido'' (*meaningles*) de certos fatos psicológicos (pp. 89, 91, 95) que ele caracteriza como ''atitudes de conduta'' (*behaviour attitudes*) ou ''impulsos para a ação'' (*impulses to action*) (pp. 77, 81).

A conseqüência inevitável desta concepção é que o conceito de ''validade'' (*validity*) não pode ser acolhido no conceito de Direito, que o Direito não deve ser descrito como um sistema de normas válidas mas tem de o ser como um agregado de atos fatuais de conduta humana, tal como já foi tentado, muito antes da teoria jurídica ''realista'' de Ross, por outras teorias que designavam a si mesmas como realistas. Mas Ross rejeita decididamente estas teorias. Diz ele da tentativa destas teorias de conceber o Direito como simples fato: ''isto resulta numa completa dissolução do conceito de Direito. Com efeito, levantar-se-á a questão de como é possível delimitar precisamente a conduta social que é Direito de toda e qualquer outra conduta social. Uma tal delimitação não pode realizar-se sem regressar à noção de validade que se tentou evitar'' (p. 49). (Em inglês no original — N. T.) Ross vai até o ponto de afirmar que a exclusão do conceito de validade do conceito de Direito é a eliminação do elemento especificamente jurídico, isto é, do elemento próprio que é o critério decisivo daquela conduta que forma o objeto da ciência jurídica. ''Não se pode chegar a uma verdadeira doutrina realista do Direito esconjurando simplesmente todas as noções de validade do conceito de Direito. Isso significaria inevitavelmente a esconjuração do elemento especificamente jurídico, do próprio elemento que é o critério decisivo daquela parte da conduta humana que se toma por objeto de estudo na jurisprudência'' (p. 145). (Em inglês no original — N. T.) Ross tem por isso de admitir que a finalidade da sua teoria realista do Direito não é eliminar o conceito de validade, mas apenas interpretar diferentemente este conceito. ''O nosso intento, ao determinar o conceito de Direito, não é esconjurar as idéias normativas, mas submetê-las a uma diferente interpretação, vendo-as como elas são: a expressão de certas experiências psicofísicas peculiares que são um elemento fundamental no fenômeno jurídico'' (p. 49). (Em inglês no original — N. T.)

Ross não nega, portanto, que com a palavra ''validade'' se designa um elemento essencial ao conceito de Direito, e acentua que a idéia normativa não pode ser excluída do conceito de Direito. ''A idéia normativa'' não pode significar senão a idéia de uma norma de dever-ser, em contraposição a um fato da ordem do ser. Ross, porém, afirma que o elemento da ''validade'', essencial ao Direito, não é um ''dever-ser'', não é, portanto, algo normativo, mas é um fato da ordem do ser, a saber, o fato psicológico de que os indivíduos que vivem sob uma ordem jurídica tomam a instância produtora do Direito por uma ''autoridade'', pois que a consideram competente para estabelecer o Direito. ''As autoridades que efetivam o Direito... têm de ser olhadas como autoridades, ou seja, como tendo *competência jurídica* para estabelecer o Direito a exercer a coação'' (p. 80). (Em inglês no original — N. T.) Por outras palavras: o que designamos como o elemento da ''validade'' essencial ao conceito de Direito, aquilo que designamos como o seu caráter normativo, é o fato-de-ser de tomarmos o Direito por uma ordem normativa cujas normas têm validade objetiva. Esta opinião ou crença designa Ross como ''atitude de conduta desinteressada'' (*desinterested behaviour attitude*). A sua racionalização é o conceito da validade objetiva. Se esta racionalização é — como Ross afirma — errônea, a crença na autoridade ou competência da instância legisladora, e assim como a opinião de que o Direito é constituído por normas dotadas de validade objetiva, têm de ser errôneas. Ross considera a "desinterested behaviour attitude", ao lado do fato de que os indivíduos temem os atos coercitivos, as sanções estatuídas pela ordem jurídica — fato este que Ross designa por "interested behaviour attitude" — como um motivo da observância do Direito, quer dizer, como uma causa da eficácia do Direito. Se aceitássemos esta teoria, teríamos de definir o Direito como aquela conduta humana que é provocada (causada) pela errônea representação (idéia) de que nos devemos conduzir em harmonia com uma ordem normativa objetivamente válida.

Contra esta teoria deve objetar-se que, se, no lugar da validade de dever-ser, se põe o fato da crença "errônea" numa validade de dever-ser, não se dá uma outra interpretação ao conceito de validade — como Ross afirma — mas afasta-se esse conceito, isto é, faz-se justamente aquilo que Ross considera desacertado: "esconjurar as idéias normativas" ou "esconjurar todas as noções de validade do conceito de Direito", e substitui-se por um conceito completamente diferente que é igualmente descabido designar por "validade" (*validity*), porque induz em erro. Mas Ross rejeita a exclusão do conceito de uma validade de dever-ser — de que parte na sua teoria — em contradição com a sua mesma teoria, porque no fundo vê-se obrigado a admitir que não podemos determinar o conceito de Direito sem o auxílio do conceito de validade de dever-ser, e, no entanto, repudia, por qualquer razão, esta mesma idéia.

Se a validade, quer dizer, o fato psicológico designado por Ross como "validity" — a crença na autoridade ou competência da instância legisladora ("*belief in authority*", "*desinterested behaviour attitude*") e, portanto, a crença de que nos devemos conduzir de harmonia com o Direito como norma objetivamente válida —, é, como Ross afirma, um elemento essencial do conceito de Direito, este fenômeno tem de apresentar-se sempre que o fenômeno jurídico se apresenta. É, porém, patente que tal não sucede. Em muitos casos em que os indivíduos se conduzem juridicamente (de acordo com o Direito) — e numa tal conduta fatual consiste o fenômeno jurídico, se o Direito não é norma mas conduta fática —, o motivo da conduta não é esta crença. Com efeito, a questão de saber se a instância legislativa é "competente", quase nunca é consciencializada pelos indivíduos que se conduzem em conformidade com o Direito. Em muitos casos, eles conduzem-se de acordo com o Direito apenas por temor das sanções do Direito ("*interested behaviour attitude*", segundo Ross); em muitíssimos casos, a sua conduta conforme ao Direito é motivada, não pela crença na autoridade da instância legisladora, nem pelo receio das sanções do Direito, mas apenas pelo temor das sanções divinas; e em muitíssimos outros casos é apenas o desejo de evitar certas desvantagens sociais que de fato se encontram ligadas à conduta contrária ao Direito sem terem o caráter de sanções jurídicas, tais como a perda de crédito no caso do não-pagamento de dívidas, ou o desprezo social no caso de homicídio, furto, fraude e outros delitos. Se, porém, o Direito é conduta de fato, e conduta conforme ao Direito, e o motivo da conduta conforme ao Direito, no entanto, nem sempre é, de modo algum, o fato-de-ser designado por Ross como "*validity*", esta "*validity*" não pode ser um elemento essencial do conceito de Direito. Como elemento essencial do conceito de Direito, a "validade" não pode ser senão validade de "dever-ser". Ross rejeita o postulado afirmado pela Teoria Pura do Direito de que o conceito de Direito deve necessariamente compreender o sentido com o qual o Direito se endereça aos indivíduos cuja conduta regula, e deve necessariamente, por isso, ser determinado como norma de dever-ser; pois —

afirma Ross — o "dever-ser" não é o verdadeiro sentido, mas apenas um sentido enganoso, pretenso (*pretended*). Porém, diz igualmente: "Com isto, no entanto, não pretendo dizer que a proposição jurídica — como alguns supõem — pode ser reinterpretada como uma afirmação no modo indicativo quanto ao que acontecerá (provavelmente) no futuro. Isto seria, de fato, esquecer a tendência da proposição jurídica para o que é válido" (p. 106). (Em inglês no original — N. T.) Contudo, se o Direito não é dever-ser, não é norma, mas ser (*reality*) e, por isso, conduta fática, as afirmações sobre o Direito, na medida em que se referem à conduta que é regulada pelas normas jurídicas, podem apenas ser afirmações sobre uma conduta que provavelmente terá lugar no futuro. "A tendência da proposição jurídica" é o sentido da afirmação sobre o Direito. Se o sentido desta afirmação é dirigido "ao que é válido", não pode ser uma afirmação sobre um fato, pois um fato-de-ser não é válido. Apenas pode ser afirmação sobre uma norma de dever-ser, não a afirmação de que os indivíduos erroneamente crêem que se devem conduzir de acordo com o Direito, mas de que eles se devem conduzir de conformidade com o Direito.

O admitir-se que a validade objetiva de dever-ser (da ordem do dever-ser) é um elemento essencial do conceito de Direito não significa, porém, que esta validade exista na realidade e possa, assim, ser constatada da mesma forma que as propriedades de um objeto apreensíveis pelos sentidos. Neste ponto há que concordar com Ross quando ele, do ponto de vista de uma consideração psicossociológica apenas dirigida à realidade, diz que a *validity* não é "something objectively given" (algo objetivamente dado) (p. 77). Mas com isso ele não diz nada que a Teoria Pura do Direito — e do ponto de vista da sua consideração dirigida ao dever-ser — também não afirme. Com efeito, ela acentua com ênfase que a afirmação de que o Direito tem validade objetiva, quer dizer, que o sentido subjetivo do ato legislativo é também o seu sentido objetivo, é apenas uma interpretação possível — e possível sob uma determinada *pressuposição* —, e não uma interpretação necessária destes atos, que é inteiramente possível não atribuir um tal sentido aos atos legislativos. Isto não é, porém, razão para desqualificar o conceito da validade objetiva de dever-ser do Direito como racionalização da crença na autoridade ou competência da instância legisladora. Este conceito — se é um elemento essencial do conceito de Direito — não é uma racionalização desta crença, pois esta crença está totalmente ausente na maioria dos casos em que o fenômeno jurídico, no sentido da teoria realista, nos surge. E a racionalização — se é que é sequer uma racionalização — não é errônea. Com efeito, ela só seria errônea se a crença racionalizada fosse errônea, se estivéssemos perante uma crença falsa. Não existe, porém, qualquer crença errônea — como porventura na hipótese da crença na existência dos deuses. Na verdade, a crença na autoridade da instância legisladora, o que quer dizer, na validade objetiva de dever-ser do Direito, não é crença na existência de uma realidade que não existe. É uma determinada interpretação do sentido de atos reais. Esta interpretação não pode ser errônea, apenas pode ser infundada. É, no entanto, fundada quando, como mostra a Teoria Pura do Direito, pressupomos uma norma fundamental que legitima o sentido subjetivo dos atos legiferantes como seu sentido objetivo. Aquilo a que Ross chama "racionalização errônea" nada mais é senão o caráter condicionado da validade objetiva do Direito verificado pelo Teoria Pura do Direito.

10. Cf. *supra*.

11. Cf. *supra*.

12. Cf. *infra*.

13. Relativamente ao fato do costume dos Estados, cf. *infra*.

14. Quanto à razão por que não pode admitir-se uma norma de Direito positivo produzida consuetudinariamente que institua o fato do costume dos Estados como fato produtor de Direito, cf. *infra*.

15. Rejeito a teoria, sufragada por muitos autores — e de começo também por mim —, segundo a qual a norma *pacta sunt servanda* deveria ser considerada como fundamento do Direito internacional, pois ela só pode manter-se com a ajuda da ficção de que o costume dos Estados é um tratado tácito.

16. Cf. *supra*.

17. O exemplo por mim anteriormente escolhido para ilustrar a pressuposição, simplesmente possível e não necessária, da norma fundamental: um anarquista não pressupõe a norma fundamental, induz em erro. O anarquista rejeita emocionalmente o Direito como ordem coerciva, desaprova-o, deseja uma comunidade livre de coação, não constituída por uma ordem coerciva. O anarquismo é uma posição política, baseada num determinado desiderato. A intepretação sociológica, que não pressupõe a norma fundamental, é uma posição teorética. Também um anarquista pode, como jurista, descrever um Direito positivo como um sistema de normas válidas sem aprovar este Direito. Muitos tratados nos quais uma ordem jurídica capitalista é descrita como um sistema de normas constitutivas de deveres, poderes, direitos e competências foram escritos por juristas que politicamente desaprovaram essa ordem jurídica.

18. Por isso a teoria da norma fundamental não é — como por vezes erroneamente se concebe — uma teoria do reconhecimento. Esta afirma que o Direito positivo é válido quando é reconhecido pelos indivíduos que lhe estão subordinados, quer dizer: quando estes indivíduos querem que nos devamos conduzir de harmonia com as normas do Direito positivo. Este reconhecimento é afirmado como efetivamente prestado e, quando não seja demonstrável, é ficcionado como reconhecimento "tácito". A teoria do reconhecimento pressupõe — consciente ou inconscientemente — o ideal da liberdade individual como autodeterminação, isto é, a norma segundo a qual o indivíduo só deve o que ele próprio quer. É esta a norma fundamental desta teoria. É patente a diferença entre ela e a teoria da norma fundamental de uma ordem jurídica positiva defendida pela Teoria Pura do Direito.

19. A função teorético-gnoseológica — e não ético-política — da norma fundamental era a que eu tinha em vista quando incidentalmente utilizei a expressão — não muito feliz — de "Direito natural lógico-jurídico". Relativamente à interpretação da Teoria Pura do Direito como teoria jusnaturalista, cf. Apêndice, nota (1) da Introdução.

20. Cf. *infra*.

21. Cf. *supra*.

22. Sobre a origem da teoria da *opinio necessitatis*, cf. Paul Guggenheim: *Contribution à l'histoire des sources du droit des gens*. Académie de droit international, Recueil des Cours, t. 94, 1958, II, p. 52.

23. Cf. *supra*.

24. Cf. *supra*.

25. Friedrich Karl von Savigny, *System des heutigen Römischen Rechts*, 1840, p. 35.

26. Léon Duguit, *L'État, le droit objective et la loi positive*, 1901, pp. 80 e ss., 616.

27. Cf. *infra*.
28. Cf. *infra*.
29. Cf. *supra*.
30. Cf. *supra*.
31. Relativamente à limitação jurídico-positiva deste chamado direito de controle dos tribunais e outros órgãos aplicadores do Direito, cf. *infra*.
32. Cf. *supra*.
33. Cf. Apêndice, nota (1) da Introdução.
34. Georg Cohn, *Existenzialismus und Rechtswissenschaft*, Basiléia, 1955. Cf. também Kelsen, "Existenzialismus in der Rechtswissenschaft?", Archiv für Rechtsund Sozialphilosophie, vol. 43, cad. 2, 1957, pp. 161 e ss.
35. Cf. *supra*.
36. Esta teoria é desenvolvida por John Chipman Gray em *The Nature and Sources of the Law*, 2ª ed., 1927. Cf. Kelsen, *General Theory of Law and State*, pp. 150 e ss.
37. Cf. *infra*.
38. Cf. *supra*.
39. Cf. *supra*.
40. Cf. *supra*.
41. Cf. *supra*.
42. Cf. *infra*.
43. Cf. *infra*.

Capítulo 6

1. Cf. Kelsen, "Foundations of Democracy", Ethics, An International Journal of Social, Political and Legal Philosophy, publicado pela University of Chicago Press, vol. LXVI, nº 1, Parte II, 1955, pp. 1-101.
2. Cf. Kelsen, *Algemeine Staatslehre*, 1925, pp. 361 e ss., e Kelsen, *General Theory of Law and State*, 1945, pp. 283 e ss.
3. Cf. *supra*.
4. Cf. Kelsen, *Der soziologische und der juristische Staatsbegriff*, 2ª ed., Tübingen, 1928.
5. Cf. *infra*.
6. Assim, eu próprio, nos meus *Hauptproblemen der Staatsrechtlehre*, pp. 465 e ss., considerei a legiferação, não como função do Estado, mas como função da sociedade.
7. Cf. *supra*.
8. Cf. *supra*.
9. Cf. Kelsen, *The Political Theory of Bolshevism*, 3ª impressão, 1955, p. 51 e "Foundations of Democracy", pp. 6 e ss.
10. Cf. *supra*.
11. Cf. *infra*.
12. Cf. *supra*.
13. Cf. Kelsen, *Allgemeine Staatslehre*, pp. 163 e ss.
14. Cf. *infra*.
15. Cf. a esse respeito Kelsen, *Der soziologische und der juristische Staatsbegriff*, pp. 205 e ss.

Capítulo 7

1. Cf. Kelsen, *Principles of International Law*, New York, 1952, pp. 25 e ss.
2. Cf. *op. cit.*, pp. 33 e ss.
3. Cf. *supra*.
4. Muito significativo é o uso desta atribuição numa guerra civil. Os revoltosos não dizem da sua ação guerreira que ela se dirige contra o Estado, mas sim que apenas se dirige contra o governo de então; quer dizer, não atribuem o padecimento do mal, que essa sua atuação causa aos indivíduos, ao Estado. Mas o governo contra o qual, no dizer dos insurretos, a ação revolucionária é dirigida e que — enquanto detiver o controle efetivo — é o governo legítimo que representa o Estado, considerará esta atuação, em conformidade com a linguagem de muitas leis penais, como "antiestadual", quer dizer, como dirigida contra o Estado.
5. Mateus, VI, 24.
6. Cf. *supra*.
7. Max Planck, *Vorträge und Erinnerungen*, Stuttgart, 1949, p. 311.

Capítulo 8

1. Cf. *supra*.

GRÁFICA PAYM
Tel. [11] 4392-3344
paym@graficapaym.com.br